铁路客站建设与管理

主　编　王　峰
副主编　高世勤　孟庆宏　韩志伟
　　　　蔺鹏臻　郑海波　杨　煜

科学出版社

北京

内 容 简 介

本书主要介绍了铁路客站的发展历史、新时期面临的建设挑战和发展趋势;论述了铁路客站规划、设计、建设管理和精益建造的理论与方法,铁路客站运营管理的主要内容和措施,BIM 技术在客站设计、施工和运营等阶段的应用,以及铁路客站的商业开发;梳理了新时期铁路客站施工中的 10 大类、30 余项代表性施工技术,以及建设中容易出现的 6 大类、51 个实际问题及其推荐解决方案。

本书适合从事铁路建设与管理等相关技术研究的工程技术人员和科学研究人员阅读。

图书在版编目(CIP)数据

铁路客站建设与管理/王峰主编. —北京:科学出版社,2018.6
ISBN 978-7-03-054424-7

Ⅰ.①铁… Ⅱ.①王… Ⅲ.①铁路车站-客运站-管理 Ⅳ.①U291.6

中国版本图书馆 CIP 数据核字(2017)第 221823 号

责任编辑:陈 婕 纪四稳/责任校对:张小霞
责任印制:师艳茹/封面设计:陈 敬

科学出版社 出版
北京东黄城根北街 16 号
邮政编码:100717
http://www.sciencep.com
北京汇瑞嘉合文化发展有限公司 印刷
科学出版社发行 各地新华书店经销
*
2018 年 6 月第 一 版 开本:720×1000 1/16
2018 年 6 月第一次印刷 印张:27
字数:530 000
定价:228.00元
(如有印装质量问题,我社负责调换)

《铁路客站建设与管理》编写委员会

主　编：　王　峰

副主编：　高世勤　孟庆宏　韩志伟　蔺鹏臻
　　　　　郑海波　杨　煜

编　委：　马新仓　包存文　王玉生　吴亚东
　　　　　齐旭燕

撰写组：
　　　第1章　蔺鹏臻　陈志敏
　　　第2章　韩志伟　刘廷滨　马殿军
　　　　　　　蔺鹏臻　魏　巍　冀　伟
　　　第3章　杨　煜　齐旭燕　吴亚东
　　　　　　　张戎令　王玉生
　　　第4章　郑海波　谢　斌　包存文
　　　第5章　马新仓　张家玮　郑海波
　　　　　　　夏文传
　　　第6章　孟庆宏　杨　林
　　　第7章　高世勤　韩志伟　郑海波
　　　　　　　张家玮
　　　第8章　王　峰　孟庆宏　郑海波
　　　第9章　包存文　王云峰　马新仓

前　　言

铁路客站是发达完善铁路网的重要组成部分。21 世纪,中国铁路客站建设充分借鉴发达国家的先进理念和成功经验,立足国内客站建设的实际,以理念创新为先导,以技术创新为突破,以管理创新为保障,取得了辉煌的成就。2003 年以来,全国共建成新型铁路客站 800 余座,其中省会级客站近 50 座,涌现出如北京南站、上海虹桥站、武汉站、兰州西站等一大批能力充足、功能完善、换乘便捷的代表性高铁客站,为旅客提供了宽敞、舒适、优美的候车环境和人性化的服务设施,推动了铁路客站由管理型向服务型的转变,赢得了社会各界的广泛赞誉。

铁路客站具有建设理念新、建设规模大、技术难度高、专业接口多、协调难度大、施工组织难、运营管理细等突出特点。回顾十余年来中国铁路客站创新发展的历程,有很多经验值得总结,其中最核心、最关键的是在客站规划、设计、施工和运营等各环节中以创新为引领和驱动,以精心设计、精心施工、精心管理与运营为基础和保障。

本书立足新时期铁路客站的发展历程,充分吸收国内外已建客站的先进理念、先进技术和先进管理方法,力求形成客站建设和管理的系统性技术体系,以进一步推动中国客站建设和管理的总体水平,为中国高铁走向世界提供客站领域的技术支撑。

全书共 9 章。第 1 章概述铁路客站的发展历史,以及新时期面临的建设挑战和发展趋势。第 2 章论述铁路客站规划与设计的理论与方法。第 3 章梳理新时期铁路客站施工中的 10 大类、30 余项代表性施工技术。第 4 章论述铁路客站建设管理的理论和方法。第 5 章论述铁路客站运维管理的主要内容和措施。第 6 章论述 BIM 技术在客站设计、施工和运维等阶段的应用。第 7 章论述铁路客站的商业开发。第 8 章论述铁路客站的精益建造理论和方法。第 9 章梳理铁路客站建设中容易出现的 6 大类、51 个实际问题及其推荐解决方案。

在编写本书的过程中,作者参考和借鉴了国内外铁路客站及相关领域的技术文献和建设项目资料,在此对文献作者表示敬意与感谢。同时,国家铁路局、中国铁路总公司工程管理中心、工程鉴定中心和房建处、兰州铁路局、上海铁路局、武汉铁路局、北京铁路局、兰州交通大学、同济大学建筑设计研究院、中国中铁建工集团有限公司、中国中铁航空港建设集团有限公司、中铁一局集团有限公司、中铁二十一局集团有限公司、北大青鸟集团等单位的专家参加了本书的审稿工作,在此深表感谢!

由于全书涉及内容较广,编者水平有限,难免存在不妥之处,欢迎广大读者批评指正。

目　　录

第1章 绪 论

1.1 铁路客站发展历史

1825年,英国成功修建了世界上第一条铁路,铁路的优越性和巨大的发展潜力迅速为人们所认识,很快铁路便在英国和世界各地通行起来。随着铁路的诞生,一种重要的公共建筑形式——火车站建筑开始走进了城市。时至今日,世界铁路客站走过了漫长的风雨历程,它有过唯我独尊、极尽奢华的辉煌,也有过在新型交通方式冲击下渐遇冷落的衰微和沉沦,并在如今演进着多元化、人性化的回归和复兴。

1.1.1 国外铁路客站的发展历程

第一条铁路建成并投用以来,铁路为人类社会的文明进步与经济发展作出了巨大贡献。随着世界铁路的发展,铁路客站的发展经历了四个阶段。

1. 初期阶段(19世纪30~40年代)

该时期铁路客站非常简单且功能单一,一般只是在铁路的路轨上覆盖一个站台雨棚为乘客遮风挡雨,基本上没有特定的空间形式和艺术特征。1830年建成的世界上最早的客站——英国利物浦的格劳恩车站就是该阶段客站的代表。随后,为了满足不同层次旅客的需要,在一些重要铁路客站中增设了提供餐饮和储藏货物的设施,如伦敦的波士顿站(1837年)、帕丁顿站(1838年)、滑铁卢站(1848年)(图1-1)和国王十字站(图1-2)等。

图1-1 滑铁卢站

图1-2 国王十字站

　　铁路客站的选址因城市发展背景和规模而有所不同,欧洲城市如伦敦、巴黎,均把车站建在城市周边,而美国则是在铁路客站周围发展城市。总之,以站台为主体是19世纪30~40年代铁路客站的最大特征。

2. 快速发展阶段(19世纪50年代~20世纪初)

　　该时期铁路客站逐渐发展成为旅客心目中具有"城市门户"作用的标志性建筑,它应用了一些先进的建筑思潮和方法,以及代表当时先进技术的钢铁和玻璃等新兴材料,并逐渐蓬勃发展,成为一种体态宏伟、功能复杂的建筑类型。这时期客站的主体是巨大钢铁桁架,带有透光的玻璃屋顶,体现了工业革命带来的钢铁业的巨大发展,也反映出"新艺术"运动的影响。

　　这时期的铁路客站建设讲究豪华气派,带有浓重的古典主义风格,拥有宏伟华丽的主站房、豪华的候车厅及跨度极大的月台大厅,室内功能划分详细而又等级有序,体现了工业革命时期欧美资本主义国家极度膨胀的表现欲。因此,这一阶段的铁路客站称为"维多利亚式",如图1-3所示的英国的维多利亚站。19世纪后期建成的伦敦圣潘克拉斯火车站、巴黎总站、法兰克福总站,以及建于20世纪初的华盛顿总站(图1-4)和意大利米兰中央火车站,都是这一时期的代表。

图1-3　维多利亚站　　　　　　　　　　图1-4　华盛顿总站

3. 平稳阶段(20世纪20~60年代)

　　20世纪20年代以来,随着汽车、飞机等其他交通工具的快速发展和日渐普及,加之铁路自身存在的速度慢、效率低等问题,铁路发展变得迟缓,铁路客站的建设也陷入低潮。与此同时,现代主义建筑运动对铁路客站设计产生了巨大影响,建筑一改过去规模庞大、装饰烦琐的风格,逐渐追求简化、紧凑和高效,带来一股清新、简洁的风气。客站的主体仍是旅客进站大厅和候车大厅,并以此联系其他辅助服务空间。与前一时期不同之处在于,该时期客站设计开始重视高效率的流线组织,减少不必要的空间和分隔,平面更加紧凑,使用效率大大提高。意大利罗马总站(图 1-5)和德国法兰克福站(图 1-6)都是这一时期颇具代表性的客站。

図 1-5　意大利罗马总站　　　　　　　　图 1-6　德国法兰克福站

20 世纪 50 年代以后,以日本为代表的一些发达国家开始发展高速铁路,同时对城市中原有的铁路客站进行了大规模的改造升级,使铁路客站与城市公共交通的衔接更加方便快捷,其客运功能日渐丰富。由于铁路旅客列车接发频率及正点率的普遍提高,取而代之的是一个多功能大厅。这种复合的多功能空间,使得客站内部的流线组织进一步简化,缩短了旅客的滞留时间,同时极大地提高了客站空间的使用效率。加拿大的渥太华车站和荷兰的鹿特丹总站(图 1-7)就是这一时期的成熟作品。

4. 综合发展阶段(20 世纪 70 年代至今)

20 世纪 70 年代以后,全球出现大范围能源危机,许多国家开始重新认识铁路的地位。与此同时,随着欧洲高速铁路的建设,铁路运输以其低能耗、高效率、环保、安全等优势迎来新的发展机遇。由于发达国家现有交通运输系统已相当完备,高速铁路的引入形成了更加完备的交通网络体系。新建铁路客站在站址的选择上更加注重与城市道路、轨道交通、公路、航空、水运等交通方式的结合,设计上更加注重客站与站外交通的有机衔接,以及内部各种交通方式之间便捷有效的换乘,有利于城市公共交通体系整体优势的发挥。

这一时期的铁路客站建造工艺采用了大量现代建筑技术成果,以精巧、纤细、富于想象力的大跨度结构代替了原来规模宏大并带有古典装饰的巨型结构。同时,采用先进的节能环保技术来确保客站经济高效地使用。这些变化反映了当代铁路客站建造上的高科技水平和先进的建筑设计发展潮流。法国的里昂机场站、里尔站、普罗旺斯站,德国的法兰克福机场站、柏林中央火车站(图 1-8)、斯潘道站,奥地利的林兹站都属于这个时期的典型客站。

图 1-7　鹿特丹总站　　　　　　　　　图 1-8　柏林中央火车站

1.1.2　我国铁路客站的发展历程

随着铁路建设的发展,我国铁路客站从无到有,经历了四个阶段。

1. 中华人民共和国成立以前的铁路客站——传统型

1888 年年底,我国自办铁路中的第一个商埠站——天津老龙头火车站(图 1-9)开始动工,标志着我国站房建筑发展的开端。

19 世纪末～20 世纪 20 年代,我国的铁路客站多为国外建筑师设计,基本上沿袭和照搬西方国家的模式。客站规模小,内部功能简单,外观为具有西方各国特色的古典主义风格的大杂烩,坡顶、钟楼和拱券是其主要构图元素。京汉铁路汉口大智门站、京奉铁路正阳门东站及京张铁路西直门站是典型代表客站。20 世纪 30～40 年代,我国建筑师逐渐主导设计或参与其中,出现了外观中西合璧甚至完全模仿我国传统建筑的铁路客站,如南京下关站(今南京西站)和老杭州客站(图 1-10)。

图 1-9　天津老龙头火车站　　　　　　　图 1-10　老杭州客站

总体而言,中华人民共和国成立以前的铁路客站数量少、功能简单、质量低,建筑形式多为线侧平式,外观、空间上多侧重装饰,实用性低。

2. 中华人民共和国成立初期的铁路客站——功能单一型

中华人民共和国成立后,我国铁路取得了长足发展。这一时期,我国新建和改建了北京站(图1-11)、广州站(图1-12)、韶山站、长沙站和南京站等一大批铁路客站。该时期的铁路客站内基本没有商业空间,站房候车厅的设计借鉴了苏联铁路客站模式。

图1-11 北京站

图1-12 广州站

大型客站在建造形式上以体现中国的时代特征为主,多采用对称、高大、庄严的形象,其典型代表为1959年9月建成的北京站,其功能流线、空间组织极具民族色彩的建筑形象,这在此后很长一个时期内对我国铁路站房设计产生了重要影响。

3. 改革开放后的铁路客站——综合型

20世纪80年代以后,随着我国国民经济的快速发展,改革开放为学术界汲取国外先进成果创造了有利条件,因此这一时期的客站建设借鉴了发达国家的设计,并引进了不少国外设计理念和建筑形式,先后建成上海新客站(图1-13)、北京西客站(图1-14)、成都站、郑州站等一大批铁路客站。

图1-13 上海新客站

图1-14 北京西客站

这一时期大型客站的显著特征是高架候车厅,综合服务建筑前后相连、紧密结合。高架候车厅的出现,使铁路两侧双向进站成为可能。候车厅的修建不需要另外占用站前广场或城市用地,使其容量扩大并简化。同时,客站一改过去单一的上下车功能,开始向满足旅客多种需求的多功能综合型方向发展,与 20 世纪 60～70 年代相比,具有了明显的市场经济特征。

客站建筑具有讲究美观先进的特点。1998 年落成的杭州站把铁路客站建筑放在铁路、城市和城市交通这个综合大系统内思考,真正做到将站场、站房和站前广场统筹规划、一体设计。杭州站的建成使该时期铁路客站建设水平达到了一个新高度。这一时期的铁路客站参照了发达国家商业综合体的形式,车站建筑体量巨大,立面宏伟壮观,虽然满足了当时各地城市的时代风貌,但与当时中国的铁路运输特点不相适应。

4. 新型铁路客站——枢纽型

2003 年以来,我国开始加快铁路客站建设,为了更好地指导新时期客站的建设,原铁道部提出了“以人为本,以流为主”的客站建设理念。在这一理念指导下,我国设计并建成了北京南站(图 1-15)、武汉站、广州南站、上海虹桥站(图 1-16)、西安北站、成都东站(图 1-17)、南京南站(图 1-18)、郑州东站(图 1-19)和兰州西站(图 1-20)等一批以客运专线为主的城市交通枢纽客站。这些设计充分反映了当代铁路客站的巨大变革。表 1-1 为我国代表性新建高铁客站一览表。

图 1-15　北京南站

图 1-16　上海虹桥站

图 1-17　成都东站

图 1-18　南京南站

图 1-19 郑州东站

图 1-20 兰州西站

表 1-1 我国代表性新建高铁客站一览表

序号	车站名称	建成时间	车站等级	建筑面积/万 m²	特色
1	北京南站	2008 年 8 月 1 日	特大型	31	它是我国第一条高速铁路的始发站,是集国有铁路、地铁、市郊铁路和公交、出租等市政交通设施为一体的大型综合交通枢纽,是我国首座高标准现代化的客运专线大型客站。地下三层,地上两层。地下二、三层分别为 4 号、14 号地铁站台层;地下一层为换乘大厅、车库及设备用房;首层为站台、旅客进站厅及贵宾候车室;地上二层为高架候车区,东西两侧落客平台与高架环道相连,南北两侧共享空间与地面进站厅和地下换乘大厅连通。它是我国高铁客站的开篇之作,也是我国铁路现代化建设和铁路技术创新的里程碑工程
2	武汉站	2009 年 12 月 26 日	特大型	37	我国第一个上部大型建筑与下部桥梁共同作用的新型结构火车站。车站首层为铁路桥梁结构,上层为大跨度空间流线型金属钢结构。站房主要分为地面层、站台层和高架层。设计犹如一只展翅的大鸟,寓意千年鹤归、九省通衢及中部崛起
3	广州南站	2010 年 1 月 30 日	特大型	61.5	整体建筑包括主站房、无柱雨棚、高架车场(站台)、停车场等。主体结构共四层,包括地上三层和地下一层。车站屋顶安装了面积约 2000m² 的太阳能电池板,将太阳能转为电能后,直接为车站供电
4	上海虹桥站	2010 年 7 月 1 日	特大型	23	铁路站房立体共五层。站房采用线上高架候车结构,包括东西两个站房和高架站房,并在两侧设置站前高架和落客平台

序号	车站名称	建成时间	车站等级	建筑面积/万 m²	特色
5	西安北站	2011年1月11日	特大型	42.5	站房由地下两层和地上两层组成,从上到下依次为高架候车层、站台层、地下通道和地铁站。车站采用上进下出的设计思路,实现了进站和出站客流的互不干扰与立体分离
6	成都东站	2011年5月8日	特大型	22	集铁路客运、长途及旅游客运、地铁、公交、出租以及社会停车等功能于一体的大型现代化综合交通枢纽,设计中融合了金沙文化以及青铜面具元素,共有五层,主要包括高架候车层、站台层、出站层及两层地铁
7	南京南站	2011年6月28日	特大型	45.8	主站房由支撑钢柱、站台层劲性钢结构、候车层平面箱形桁架结构和屋盖钢网架组成,被誉为亚洲第一大高铁站
8	郑州东站	2012年9月28日	特大型	41.18	车站采用"桥建合一"的结构形式,线下轨道层采用"钢骨混凝土柱+双向预应力混凝土箱型框架梁+现浇混凝土板"结构体系,该结构增大了出站层的结构空间,增加了高架站场的整体刚度,为各种管线安装创造了宽松的条件
9	兰州西站	2014年12月26日	特大型	26	站房分为高架候车层、站台层、出站层三层,建筑总高度39.55m。功能格局为"南北地上进站、高架候车、地下出站"。旅客流线模式为"上进下出,南北方向进站,东西方向出站"。设计融入丝路飞天文化,建筑风格兼有中原传统文化和西域风情的特色

1.2　新型枢纽型客站的特点与空间组成

1.2.1　新型枢纽型客站的特点

长期以来,将铁路客站分为站房、站场、跨线设施和站前广场几个部分,将完整的旅客进出站过程人为地分为几个部分,其结果往往是把车站的功能复杂化。新型枢纽型客站打破了这种界限,把车站作为一个统一的整体来看待,考虑系统集成和整体最优。

随着高速铁路建设的快速推进,一批功能强大、设施先进、服务一流的现代化铁路客站相继建成。新观念、新技术在铁路客站中的研究和运用,使铁路客站与以往相比在形式上发生了根本的改变。现代铁路客站凸显了较以往传统客站有重大不同的基本特征,主要表现在以下三个方面:①大型客站采用枢纽型的设计思路,将铁路、地铁、轻轨、城市公交、出租车综合起来,同时将铁路站房与城市广场统筹考虑、一体化设计,形成了比较固定的设计模式;②面对城市土地资源的日益紧张,铁路客站的规划设计应满足立体化、多层化、多功能的要求;③倡导客站总体规划布局因势利导、内部空间组织化繁为简、建筑空间开敞通透、造型流畅,以彰显其标志性建筑的定位,并在一定程度上反映地域历史与文化特色。

1. 交通体系从二维走向立体

传统铁路客站受铁路设计规范和管理体制所限,绝大多数是以候车大厅为核心组织建筑内部交通,利用室外广场组织交通转换。在倡导综合化、高速化的今天,铁路客站应使自身的内部交通与城市综合交通换乘接驳,使城市交通从二维形式向多层次立体化发展。因此,从某种意义上讲,高速铁路客站的功能正呈现集约化发展,以实现城市综合交通的高效复合。高速铁路客站与城市交通相结合,包括接驳地铁、地下商业街、地面公共交通、出租车、社会车辆、高架轻轨甚至高架步行天桥等,利用地下、地面、高架的连接方式在城市空间中形成不同的运行层面。各系统要素需要立体化的设计策略,包括站房与站场、站房与站前广场、站场与站前广场、站前广场自身的立体化,合理地组织轨道交通、地面公共交通、出租车和社会车辆,以避免交通干扰,实现零距离换乘。

2. 建筑功能由单一走向综合

近年来,随着城市经济文化的发展,大型综合建设项目在整合城市资源方面的优势逐渐凸显,而传统铁路客站由于封闭的建筑空间、枯燥乏味的等候过程和以候车为核心的单一功能已无法适应当代旅客的需求。在这种背景下,无论是铁路客站建筑周边环境还是客站内部综合空间的建设,都应该吸纳更多的城市功能,实现使用功能的综合化,这在铁路客站建设中体现得尤为突出。铁路客站实际上就是集合多种城市功能的综合体建筑,它可以集购物、金融、餐饮、酒店、娱乐及住宅于一体,通过平面与立体的各式交通空间与客站主体相联系,在满足客站基本功能的基础上增加综合服务性的复合空间,形成新的客站组织模式,成为充满经济活力及文化魅力的城市中心。

3. 建筑空间由封闭走向开放

传统铁路客站的封闭性造成城市结构的割裂,削弱了铁路线路两侧城市空间的连续性。考虑到这些不利因素,近年来建设的高速铁路客站更加关注空间的开放化,逐步融入城市的空间系统,形成适合于区域发展和人性化的开放化、立体化的动态系统,从而实现区域的协调发展。高速铁路客站内部空间与城市空间的统一考虑,往往是将城市空间向建筑内部渗透,使其在地面、地下和空中多个层面对接形成街道、广场、绿地等城市空间和步行系统,从而使建筑空间更加开放,人们在其中的归属感也更趋强烈。

4. 建筑形式由分散走向整体

以往的铁路客站内部功能分区明晰,呈对称布局,体现了现代主义建筑"形式服从功能"的原则,形成了"三段式"的形态构成。当今,高速铁路客站重视通过性设计,消解不同功能空间的划分,达到综合大厅下多种功能空间的复合,建筑空间组织也从平面组织向立体方向发展,从而使布局形式紧凑统一。另外,受当代审美影响,新时期高速铁路客站更重视建筑的整体性营造,并逐步形成了功能与形式的统一。在当前的客站建筑创作中,一系列符合新科技、新观念的建筑形态不断涌现,呈现出形体巨构化、空间流动性、界面连续性的特点。

1.2.2 新型枢纽型客站的空间组成及布局模式

1. 客站的空间组成

铁路客站是为旅客办理客运业务的场所,一般包括站前广场、站房和站场三大功能区域。三大功能区域在平面和空间上可以有三种不同的位置布置方式,如图 1-21 所示。

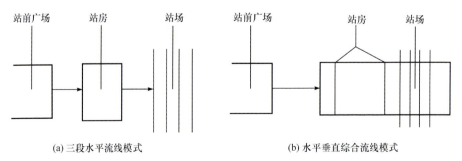

(a) 三段水平流线模式　　　　　　　　(b) 水平垂直综合流线模式

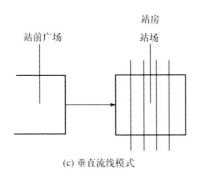

(c) 垂直流线模式

图 1-21 站前广场、站房与站场的相对关系

1) 站场建筑空间形式

铁路站场是铁路站房设计的基础,是铁路运载工具到发、停留、作业、整备、检修的场所。我国铁路客站多采用通过式站场布置,如图 1-22 所示。旅客列车到发线采用贯通式,两端连通正线。站场中部为并列布设的线路及旅客站台,两端为道岔汇聚的咽喉区,站台之间通过跨线设备相连并连通至站房。多条铁路线路引入时,多利用站外进出站线路进行交叉疏解、合并或并行引入地面车场,站场两端进路交叉干扰严重,站场规模大,咽喉能力紧张。国外大城市铁路客站多采用尽端式站场布置,可以深入城市中心布设;旅客列车到发线为尽端式,一般多线平行引入,咽喉能力大,站场能力大。

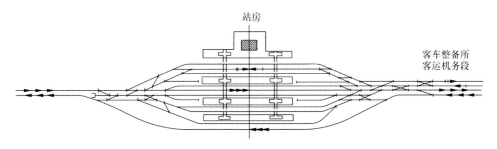

图 1-22 通过式站场布置图

早期铁路正线引入城市采用的是沿地面铺设的方式,铁路客站站场也是地面铺设。随着铁路建设工程技术的发展,铁路客站站场可以采用高架或地下的建设模式以减少对城市的分隔或与城市交通的交叉干扰。由于高速铁路新型客站衔接的线路方向、列车种类增加,为解决站场内不同线路、不同方向、不同类型列车到发流线间交叉干扰问题,站场设计出现两种趋向:一种是我国高速铁路建设过程中出现的采用多车场单层平面布设的站场设计模式,如图 1-23 所示;另一种是国外高速铁路建设过程中出现的将不同方向线路及车场布设在不同空间层面形成的立体站场模式。

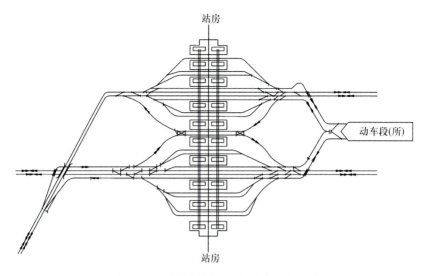

图 1-23　多车场单层平面布设站场布置图

2）站房建筑空间形式

铁路站房是铁路客站设计的主体，是办理售票、候车和行包邮件承运、交付及保管的地点。传统铁路客站站房内设有客运用房、技术办公房屋和职工生活用房三类房屋。早期的旅客站房以候车空间、售票空间、进站广厅为主体空间，餐饮、商业、旅馆、文化娱乐等服务空间从无到有，设置在进站广厅和候车室附近。随着客站功能的演变，站房内部功能空间的结构比重及配置方案发生变化，站房由单层平面设置发展为多层立体叠合布局，相对封闭的功能空间向开敞通透的开放式大空间转变，呈现从复杂、大规模向紧凑、简化、高度复合演变的趋势。

3）站前广场建筑空间形式

站前广场是铁路客站与城市交通的结合部，同时是铁路客流、行包流及城市道路机动车流集散的场所，通常由站房平台、旅客活动地带、人行通道、车行道、公交站点、停车场、绿化、建筑小品等部分组成。

早期的客站建筑设计中，站前广场均为露天平面布置，通过前后分流或左右分流的设计手法，分割广场平面来组织站前广场交通，将车流与人流组织到不同区域。这种平面布局的方式会导致人车混杂、交通混乱的局面。20 世纪 90 年代以来，我国许多新建、改建的车站站前广场都成功地采用了立交方式，如深圳站、北京西站和杭州站等。新建大型高速铁路客站的建设使传统意义的"站前广场"转换为"换乘大厅"的形式。

2. 客站的布局模式

结合铁路客站的发展趋势，当代铁路客站总体布局应满足以下基本要求：①客站各组成部分的规模合理；②总体布局模式适宜；③车站广场交通组织方案遵循以人为本、公交优先的原则；④铁路客站与城市道路、城市轨道交通的衔接便捷；⑤建筑功能多元化、用地集约化；⑥客站地下空间统筹考虑、综合利用。

按照站前广场、站房和站场相互之间的位置关系，铁路客站总体布局模式可分为平面布局模式，站房与站场立体布局模式，站前广场立体布局与站房、站场立体布局的组合模式以及综合式立体布局模式四种。

1）平面布局模式

平面布局模式下，铁路客站的站前广场、站房和站场三大部分在平面上依次布置，形成三段式的平面布局结构。平面布局模式适合中小型铁路客站。平面布局模式客站与城市道路一般采用平面衔接（一字形衔接模式、T字路口形衔接模式和放射形衔接模式）。

2）站房与站场立体布局模式

站房与站场立体布局模式可分为线上式站房布局模式和线下式站房布局模式，如沈阳北站、长春站就是采用的这种布局模式。站房与站场立体布局模式在平原地区一般适用于大型客站，但在山地城市，有些客站虽然规模不大，也可依据地形条件采用线上式站房布局模式或线下式站房布局模式。站房与站场立体布局模式客站与城市道路的衔接应根据客站规模及周边道路条件、地形条件来确定采用平面衔接或立体衔接。

3）站前广场立体布局与站房、站场立体布局的组合模式

这种模式下，铁路客站除站房与站场采用立体布局模式外，站前广场也采用多层布局，其目的是将进出站的各类车流、人流疏解，减少车与人、车与车之间的相互冲突和交叉。北京西站、杭州站、南京站等客站均采用了广场立体布局与站房、站场立体布局的组合模式。这种模式的客站与城市道路的衔接一般采用立体衔接模式。

4）综合式立体布局模式

新型铁路客站在总体空间布局上采用多层面立体化的空间布局模式，高架候车、多向入口、上进下出，并大面积开发地下空间。常见的铁路客站总体空间布局分为三个原理层面：一般高架层为进站层，地面层为站场，地下层为出站空间、换乘空间，如北京南站就采用了这种模式。也有较多的铁路客站分为四层，将站场高架和站场下面的地面空间留给城市，减少对城市交通的割裂，并在站场下面引入城市交通系统，如广州南站、新武汉站、合肥南站等，采用的就是这种模式。

1.2.3　新型枢纽型客站的空间发展方向

传统铁路客站的空间构成模式大多是将铁路客站的站前广场、站房和站场在平面上依次排开，站场与站房的位置关系一般为线侧平式、线侧下式、线侧上式和

线正上式等。随着铁路客运量和城市交通量的迅速上升,站场与站房之间的交流与冲突不可避免。传统的功能布局方式、低效率的等候式旅客流线设计、分离的停车场型车辆流线组织都不能满足当代铁路客站的功能要求。因此,铁路客站建筑与站前广场、站场的设计必须密切融合,创造全新的铁路客站形式。

1. 立体化空间组织

立体化空间组织的其中一个推动因素是土地的集约化使用,除此之外,立体化空间组织也能让功能空间之间、城市与建筑之间建立更紧密的联系。铁路客站作为一个城市中公共性特别强的建筑,更应该考虑建筑与城市的一体化设计,在空间职能上形成建筑紧密联系城市和积极接纳城市功能。与传统的铁路客站相比,新时期综合型铁路客站将城市交通系统及城市功能空间引入车站内部,使单一功能的铁路客站功能多样化。新型铁路客站综合开发利用地面、地上及地下空间,将传统的站前广场、站房、站场重新组织,形成立体层叠、高架候车、上进下出的格局,使内部空间联系更为紧密、流线更为科学,并提高了土地利用率,减小铁路客站对城市的消极影响。

2. 内部空间高度复合

空间复合是指不同功能空间发生关联而合成一新的空间整体,反过来解读,则为统一空间区域中有多种功能空间的并置或交叠。空间复合化设计的本质体现在三个方面:一是开放性设计,复合化空间的设计打破内部各空间的相对独立,空间达到相互融合,实现内部空间的开放性;二是整体性设计,复合化空间的设计使分散的单元空间统一起来,形成一个大的整体空间;三是适应性设计,复合化空间的设计结果必然是具有流动性的大空间,因此可以根据实际需要灵活调整空间的划分,另外,复合化设计的空间对人流密度的波动有较强的适应性。开放性、整体性和适应性的空间设计的优点是:打破各个功能空间严格划定、各自为政的局面,使空间广泛融合;让功能空间相互补充、相互渗透和互动,增强空间活力;空间的复合化使空间的组织紧凑、距离短捷,空间之间的连续性好,各个空间的可达性好,给使用者带来方便,提高了人的行为的有效性。

3. 集中式大空间

集中式空间组合往往能形成以中心空间为主、各副空间为辅的空间等级结构,形成良好的空间秩序。一方面,集中式空间组织使空间具有向心力,空间是聚合的形态而非分散的形态,使空间与空间之间的联系紧密,其路径具有多样性,且更为短捷,周围空间具有良好的可达性,这些优点使其成为大多数新型"通过式"铁路客站的选择。另一方面,得益于现代大跨度空间结构的发展,铁路客站在集中式空间的基础上形成集中式大空间。例如,上海南站周围的一系列小空间和中部候车大厅被包络在统一的大屋檐下,内部俨然形成了一个"小城市"。新型铁路客站的集中式大空间组合使各种功能空间紧凑,旅客不用频繁进出站便能完成各种活动,很好地解决了新型铁路客站的功能繁复的事实与空间简洁的要求间的矛盾,这对于快速通过有着重要意义。

4. 人性化空间规划

客站的总体布局要从"人"的角度考虑,把空间可读、导向明确作为客站总平面布局的要点。例如,兰州西站的进站大厅(图 1-24)是一个覆盖在站台和高架候车室之上贯通的大空间,旅客进入大厅就可以一目了然地看清楚整个客站的布局,进而选择自己的行进方向。

图 1-24　兰州西站进站大厅

5. 高铁不停站上下旅客

想象一下这样的世界:火车永不停止地运转,在经过车站时都不用浪费时间停下来接乘客。乘客不用在站台上等待,也不用排队通过火车一系列狭窄的门,而是在轨道上的吊舱里面等待。这是未来高铁的发展方向。这个设计理念是:首先,要上车的乘客走进位于铁轨上方站台上的一个吊舱里,当火车通过车站时,吊舱锁住火车车顶,乘客通过一个楼梯进入底下的火车车厢里;然后想要下车的乘客移动到车厢尾部,进入顶部吊舱,当火车到站时,尾部吊舱脱离,就可在下一站下车,另外一个吊舱再次连接上火车。在北京和广州之间,大概有 30 个火车站点,如果每站火车需要停 5min 来让乘客上下车,那么整个旅途就增加了 2.5h 的时间。这种概念设计既能缩短火车运行时间,又能节省能源和燃料,具有一定的前瞻性。

1.3　铁路客站发展的新趋势与新挑战

1.3.1　铁路客站建设与管理的新趋势

高速铁路的出现,大大推动了铁路交通运输业的发展,并使铁路在交通运输体系中逐渐占据了主导地位。近年来,我国高速铁路的快速发展激发了大规模的高速铁路客站建设。回顾近年来国外及我国范围内高铁客站建设案例,可以清楚地看到,当代高速铁路客站正发生着深刻变革,从运送旅客的功能性"容器"逐渐转变为具有城市发展触媒、城市空间节点作用的鲜活有机整体。当下,它正以更现代化的方式展现交通建筑的效率和动感,以更开放的积极姿态融于城市的公共生活,以更具个性的形象体现城市的内在性格与精神特质,展现一座城市乃至一个国家的风貌。

1. 铁路客站建设的新趋势

1) 先进的设计理念及建设手段

设计理念是客站建设的灵魂,它不仅要面对现实、适应当前需要,而且要面向未来,具有前瞻性。新建铁路客站的设计要在"以人为本、服务运输、强本简末、系统优化、着眼发展"的新的建设理念指导下进行。因此,铁路客站的建设必须用先进的设计思路来实现。随着一批新型客站的建设,一大批国内外优秀的、富有经验的设计队伍,带来了许多具有启发性的、高水平的新思路。建筑师把这些新思路与我国的国情、路情和客站站房的使用需求相结合,积极探索出新一代中国客站的设计理念、建筑模式。

一个功能强大、系统完备的车站建设需要采用先进的技术去实现,主要体现在标准化管理思路和实施信息化管理两个方面。

2) 铁路客站融入城市综合体

从城市角度给铁路客站定位,环保、生态、节能、人性化和可持续发展等国际上最先进的建筑理念在新的客站设计中得到了充分体现,铁路客站正向城市交通枢纽的概念转化并融入城市综合体中。以往呆板单一的模式正在被各种适应未来的、功能合理的、设计新颖的模式所取代,各种不同形式的交通被组织到客站不同的层面,并融入城市交通、商业综合体中。例如,台北火车站(图 1-25),位于其后方介于市民大道兴华阴街间的交九用地,开发完成后,可提供长途客运转运站用地,届时台北火车站周边长途客运将转移至此,除改善当地交通问题外,更可带动客运公司上下车月台站区土地的开发,展现台北火车站特定专用区的新风貌。

图 1-25 台北火车站

3）"铁路＋物业"客站模式

新一代铁路客站应在继承的基础上，结合新的需求创新发展。新观念带来新的设计思路，新视角开启新的建设模式。"铁路＋物业"的客站模式具有以下主要特征。

（1）建设理念上客运为根，服务为本，以站拓商，以商养站。客运业务是铁路客站之根，适应时代、满足需求是客站生存之本。根据自身特点和市场需求，以舒适快捷的客运业务合理搭配效益良好的物业运作，以客流拓展经营、以效益促进服务，两者互补共生。

（2）规划上符合城市发展的以公共交通为导向的开发（TOD）模式。新一代铁路客站建设面向社会、服务城市，成为重要的公共交通设施之一纳入城市建设的TOD模式，符合站点周边高强度集约化的土地开发策略。

（3）"铁路＋物业"客站是兼具内外交通功能的城市综合体。车站形式灵活多样，不再孤立强调站房的个体形象，通过赋予多样化复合功能，成为具备交通功能的城市综合体。综合体的建筑体量大小并不取决于车站的等级和规模，可以消除过去攀比城市客站规模心态，使站房功能回归客运需求本身。

（4）"铁路＋物业"客站是可持续发展的绿色车站。车站强调"四节一环保"，规模适当、高效舒适，可灵活适应未来变化发展。将第三代客站建设后期逐步建立的"节能环保"意识拓展为以"绿色铁路客站标准"评价客站全生命周期。

2. 铁路客站管理的新趋势

随着我国高标准铁路建设的不断深入推进，一大批基于科学理念建成的现代化铁路客站也逐步投入使用。铁路客站必须从经营管理上不断适应新形势的要求，建立完善客站多元化经营的开发运营管理机制，实施多元化经营战略，全方位拓展市场，多渠道地提高经济效益。

铁路客站多元化经营包括客站运输业和客站非运输业。在客站运输业中，将满足旅客基本出行需求作为主要目标；而客站非运输业主要以满足旅客高层次需求为目标，力争为社会民众提供其他商业服务。客站多元化经营不是简单地将商业空间引入客站中，而是从根本上将非运输业务作为增加收入的来源。对于客站运输业和客站非运输业的管理部门与经营主体，应建立完善相互之间的协作机制和管理体系，推进客站多元化经营业务统筹组织的系统化，提升客站经营管理水平和配套商业服务水平。

此外，客站应该更好地体现公共建筑的城市职能，使城市居民可以享受到铁路客站建筑的作用，在站内开辟有效的消费活动空间，让更多的社会人群也可以在站内餐饮、购物。根据国外客站综合开发的成功实践，采取建设客站综合楼的形式，增建上盖物业，将商业空间和站运空间联系起来成为整体，是现代化铁路客站综合开发的发展趋势。利用这种开发模式，可以盘活铁路存量资产、全方位拓展铁路客站经营效益。

1.3.2　铁路客站建设与运营管理所面临的新挑战

1. 建设面临的新挑战

2003 年以来，我国高速铁路快速发展。与之相对应的高铁客站迎来了快速发展的难得机遇。这些客站无论在站区规划、功能布局、交通流线、建筑造型、关键技术上，还是在服务设施上，与以往客站相比都有重大创新和突破，但也面临着一系列的需求和挑战，主要体现在以下方面。

1) 建设理念新

为贯彻落实"以人为本"和"可持续发展"的理念，客站的功能定位需要从"单一的铁路客运场所"向"综合交通枢纽"转化，运营管理需要从"便于管理"向"方便旅客"转变。传统客站的建设理念已无法适应功能上的巨大变化，必须要有与之相适应的新理念。这种新理念还需要落实到管理、设计、施工等各个层面。

2) 时间要求紧

高铁客站的规划设计受制于高铁线路、车场以及城市轨道交通、市政道路、站区规划等多重因素，开工时间一般滞后高铁线路 2 年左右，但必须与高铁线路同时开通。我国高铁的工期一般只有 4 年，留给客站的工期只有 2 年左右。

3) 技术难度大

综合交通枢纽的功能定位、立体化的功能布局模式和动车组高速通过对特大型高铁客站的空间结构、节能环保、环境控制、消防安全等带来了一系列技术难题。尤其是大空间、大跨度的空间结构体系最为复杂，需要承受动车组高速通过和反复停靠的长期活载。突破特大型高铁客站空间结构上的难题，是实现综合交通枢纽功能定位的基本前提。

4）专业接口多

高铁客站是一个复杂、庞大的系统，涉及 30 多个专业，同时与地铁、市政道路、城市规划等行业密不可分，专业接口管理和系统集成管理的难度大。

5）协调难度大

高铁客站与城市轨道交通、市政设施等工程关系紧密，涉及市政、规划、环保、国土、地铁，甚至航空等十几个部门。例如，上海虹桥站涉及 4 家铁路企业、5 家地铁公司以及机场、市政等多家利益主体，多业主、多设计单位、多工程、多专业、多工种、多操作之间交叉，错综复杂。

6）施工组织难

特大型高铁客站具有多工程同步施工、多工种交叉施工的特点，具有场地局促、进出口少、施工单位多、运输量大的共性。如何确保施工场地内外交通畅通和多层次立体交叉作业状态下各工序的有序转换，对施工组织提出了巨大挑战。

2. 运营管理面临的新挑战

目前，我国铁路客站的多元化经营活动涵盖了餐饮、零售、广告、休闲等多个领域，高铁客站商业开发也借鉴国际国内的交通枢纽商业模式，在开发理念和运作方式上进行了有益的探索尝试。从运营情况来看，客站多元化经营已经取得了一定的经济效益，对客站的空间和资源优势进行了一定程度的利用，有利于客站通过业务组合来提高盈利能力。但是从管理层面来看，客站多元化开发经营的配套机制和制度还不尽完善，存在一些突出问题，面临一些新的挑战。

1）客站多元化经营规划滞后

目前，我国铁路客站的方案设计和经营理念仍是以运输生产为主，客站商业部分的规划、设计比较滞后，缺乏在客站项目早期对多元化经营的整体考虑。客站在设计上更多地停留在满足旅客旅行需求的层面，客站建筑设计规范主要是客运服务的内容，而商业开发的内容及要求极其匮乏。客站商业开发多以客运辅助配套的名义进行，多数客站只是利用现有的客站资源有限度地进行商业经营。

2）经营主体与管理部门的协调配合不顺畅

客站多元化开发经营过程中，经营主体需要与客运、路政、公安、消防、卫生等多部门以及地方政府部门、设计单位、施工方等开展合作，其中伴随着大量的协调配合问题。例如，春运期间，一些客站的业务管理部门不与企业沟通，直接关停旅客候车茶座，将茶座免费用作旅客候车室，影响了多元化经营创收。又如，部分客站对商业网点的水电、消防等设施的管理职责划分不明确，协调处理机制不健全，严重影响了商业经营活动的开展和铁路商业开发的市场信誉。

3）铁路部门与合资公司、地方政府的利益分配存在矛盾

铁路部门与合资公司、地方政府在某些项目的经营主体和利益分配方面存在较多矛盾。铁路局对合资公司所属客站的商业开发缺乏统一规范的管理制度，铁

路局在承担合资公司所属客站的商业开发中,由于收益分配不能达成一致,经常出现商业运作搁置、延后的现象。在站外传媒设施的设置及利益分配上,铁路客站与地方政府市容市貌管理等部门也存在较大争议。诸如此类的问题反映出铁路客站开发经营主体与合资公司、地方政府的沟通协调需要进一步加强。

4) 客站多元化经营人才缺乏

客站多元化经营最大的挑战是规划设计的专业复杂性,因此必须引进具备专业特长和市场实战经验的商业设计人才,同时要培养精通铁路专业管理和现代商业经营管理的企业家队伍。由于铁路辅业改制等历史原因,铁路多元化经营企业落实铁路总公司要求,接收了大量运输业分流人员,导致客站非运输业工作人员的专业性和技术性较差,不适应客站多元化经营的高标准要求。

随着铁路改革的推进,对铁路客站进行多元化开发,是响应铁路行业推进多元化经营战略、提高经济效益的重要举措,也是合理配置资源、促进客站与城市经济协调发展的有效途径。铁路还需进一步转变经营理念、创新开发模式、健全管理体系、完善管理制度,努力提高客站经济效益,促进客站的现代化发展和可持续发展。

参 考 文 献

窦静雅,谢晓东,吴卫平,等.2013.铁路客站多元化经营管理机制研究探讨[J].铁道经济研究, 4:12-16.

杜洪涛.2006.城市综合交通枢纽的规划与设计研究——以广州铁路新客站为例[J].城市规划, 7:85-88.

韩志伟.2007.新型铁路客站设计建设的实践与探索[J].铁道经济研究,6:23-30.

何尚.2010.世界铁路发展的第三次浪潮[J].中国报道,12:46-47.

李迎九.2011.新时期铁路客站建设管理初探[J].上海铁道科技,2:1-3.

刘其斌,马桂贞.1997.铁路车站及枢纽[M].北京:中国铁道出版社.

石博.2011.大型高速铁路客运站与站前广场一体化趋势研究[D].长沙:中南大学.

王磊.2004.客站综合体——谈大型城市铁路客站设计的发展方向[D].成都:西南交通大学.

王麟书.2005.关于我国铁路客站站房建设思考[J].中国铁路,11(5):27-29.

向传林.2007.城市铁路客运枢纽站前空间秩序研究[D].重庆:重庆大学.

杨林山.2005.我国大型铁路客站候车空间组织模式的发展趋势及设计对策[D].成都:西南交通大学.

姚振平,邵国贵,林正.2003.北京西客站交通拥堵分析与整治建议[J].道路交通与安全,3:6-11.

张佳.2007.上海南站交通枢纽换乘的空间导向研究[D].上海:同济大学.

郑健.2010.中国高铁客站的创新与实践[J].铁道经济研究,6:1-3.

郑键.2007.创新建设理念建造一批百年不朽的铁路客站[J].中国铁路,(9):30-34.

第 2 章　铁路客站的规划与设计

2.1　铁路客站的规划

铁路规模及技术标准的提高、区域及城市经济的发展、客站功能定位的改变，使当代铁路客站的规划条件及面临的问题越来越复杂。在这些条件和问题中，很多是以往铁路客站规划设计不易应对的，如客运专线、城际铁路、普速铁路等不同等级的铁路建设，使枢纽城市的客站规划面临客站数量和规模确定、新站选址、多客站分工等问题；区域及城市发展，要求铁路客站规划能成为引导城市旧区更新改造和新区发展的重要手段，并满足城市功能空间规划等要求；面对趋于复杂的规划条件和问题，不仅要对铁路行业功能、城市规划分析，更要站在更高层面，系统地分析各种相关因素，按照"系统集成、整体最优"的原则，探索当代铁路客站的规划设计。

2.1.1　影响铁路客站规划的关键因素

铁路客站的规划需要研究铁路枢纽所在城市中铁路客站的数量与规模、多客站模式中各客站的分工、铁路客站在城市中的区位、铁路客站衔接交通的方式及衔接模式等因素。这些因素紧密联系、互相制约，在规划时应统筹考虑、系统决策。

1. 铁路客站的数量与规模的规划

铁路枢纽中对客站数量与规模的规划，主要与枢纽客流的性质及流量、城市规模、枢纽结构、城市布局、客站建设条件和各种交通方式联运要求（主要是航空的衔接）等因素有关，如上海虹桥铁路客站与虹桥机场实现了紧密衔接（图 2-1）。

图 2-1　上海虹桥铁路客站与虹桥机场的紧密衔接

2. 多客站模式中各客站的分工的规划

客站分工包括主、辅分工和承担铁路客流(或铁路客运作业)分工两个方面,二者相互关联。影响各客站分工的因素有很多,包括城市人口分布状况、铁路客站现状布局及分工、铁路枢纽规划的线路引入情况以及枢纽总图布置、城市布局、备选客站位置的建设条件等。

3. 铁路客站在城市中的区位的规划

影响铁路客站区位的因素有很多,这些因素既要统筹铁路行业的需求,又要与城市规划等外部因素充分协调一致,不能片面地放大某一因素,而是要系统考虑。

1) 影响客站区位铁路行业的因素

影响客站区位铁路行业的因素主要包括:①铁路线路接入城市的方向在一定程度上决定着客站在城市中所处的方位;②铁路枢纽总图布置;③客站类型;④客站用地规模;⑤铁路运输组织因素。

2) 影响客站区位的外部因素

影响客站区位的外部因素主要包括:①城市用地条件;②城市规划因素;③多方式联运因素;④市内交通系统的发展因素。

2.1.2　基于需求的铁路客站规划要求

1. 铁路网快速建设及客流增长对铁路客站规划的要求

随着铁路网的快速建设和高速发展,引入铁路枢纽地区的线路数量增加,以大城市为依托的铁路枢纽应不断完善,才能满足客流乘降及中转,这对客站规划提出了新要求,应根据枢纽总图布置,配置新的客站或扩大既有客站规模,并配套与客站相关的设施。此外,铁路客流的增长,客站功能、服务能力的改变,对铁路客站规划也提出了新的要求,应增强客站的服务能力,并在客站区位上适应客流分布变化。

2. 铁路技术进步以及运营模式的改变对铁路客站规划的要求

客运专线、高速铁路、城际铁路的建设和高密度、公交化的铁路运营发展趋势必然对客站规划提出新的要求,客站规划设计应更加注重考虑方便到达、方便换乘、方便购票、快速通过、快速上车等因素,客站规划应该能够适应多模式、多层次的网络布局和运营模式。

3. 铁路枢纽总图布置对铁路客站规划的要求

铁路枢纽总图布置是对铁路枢纽内各主要车站的分布、相互位置及枢纽内主要设备的配置进行规划。它一般依据引入线路的方向、数量和技术特征,客货运量的流向、大小和性质,既有铁路设施的情况,结合城市地形地貌条件及城市规划来确定。枢纽总图布置要方便枢纽内旅客乘降、中转以及货物到发、编组、中转,结合目前我国大城市市区"退二进三"(第二产业从市区搬迁到郊区产业园、市区主要发展第三产业)的规划原则。另外,客站规划模式也会对枢纽总图布置提出要求,例如,多客站模式有利于分散单个客站的客流量,控制单个客站的规模,更有利于实现流线清晰、短捷,换乘方便、快捷,并有利于分散城市交通压力。但多客站模式会增加枢纽的复杂程度,因此要求枢纽总图合理布置,以提高铁路运输效能。例如,北京枢纽的客站规划结构由"四主两辅"组成,四个主要客站为北京站、北京西站、北京南站、北京北站,两个辅助客站为北京东站和丰台站(图 2-2)。

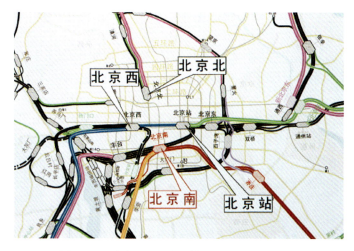

图 2-2　北京枢纽"四主两辅"的客站规划结构图

4. 铁路客流旅程时间控制对铁路客站规划的要求

"安全、快速、方便、舒适"是铁路客流出行的基本要求,其中,缩短铁路客流旅程时间是体现"快速"要求的重要指标,也是铁路技术进步以及提高铁路自身在综合交通体系中竞争力的重要因素。

2.1.3　基于区域和城市经济发展的铁路客站规划要求

1. 区域发展对铁路客站规划的要求

伴随着我国经济的快速发展和城市化水平的提高,在环渤海京津冀地区、长江三角洲地区、珠江三角洲地区等经济发达地区形成经济联系紧密、一体化趋势特征明显、由若干个不同规模的城市(镇)共同构成的都市带。大型铁路客站及其所延伸城际轨道交通、长途客运等交通系统使其具有了服务都市带的能力,如新广州站集客运专线、城际铁路和普速铁路于一体,位于广州市番禺区,距广州市中心区、佛山市、中山市、东莞市均一小时车程,处于珠江三角洲的中心地带。新站区虽然距离广州中心区较远,但其位置处于广深线、地铁线和广珠城际轨道交通等多种交通方式的汇合点,旅客乘降和换乘十分方便,而且位于珠江三角洲中心地带也使其更有效地承担起服务整个区域的功能,必然对区域经济发展起到较好的促进作用。

2. 城市发展对铁路客站规划的要求

铁路客站规划首先应与城市规模相适应。城市规模决定了城市交通战略及主导交通方式、铁路客站数量及主要的接驳方式、旅客出行便捷程度及平均出行时间等。例如,特大型中心城市一般采用多客站模式,并以城市公共交通尤其是大力发展城市轨道交通作为主要的接驳出行方式;中小城市采用单客站模式就能满足铁路旅客的出行需求。铁路客站的区位在宏观上还应与城市空间发展战略相协调、引导城市功能空间的合理分布,铁路客站特别是大型铁路客站的建设和改造,将改善客站周边地区的可达性,使相关地区形成某种"超前引力"并逐步产生"聚集效应",在这种作用下,客站带来的商机和旺盛的人气有利于带动周边地区的更新和发展,形成具有吸引力的城市区域。我国许多大城市的铁路客站位于旧城区,对其进行改造、重建为旧城更新及经济复兴提供了契机;而大城市的新客站有些位于新城区,新客站便捷的交通联系和强大的吸引力往往是新城开发的先导和依托。

3. 城市形象对铁路客站规划的要求

对于城市,铁路客站在一定程度上是反映城市形象的重要载体,是体现城市进步的建筑物,也是城市重要的"门户"。基于铁路客站的这些功能,其规划设计时必须考虑与城市形象的关系,力求与城市环境、城市设计、城市景观相结合。例如,南京站(图 2-3)位于金陵古城城北,前临玄武湖、后枕小红山,所在区位景观环境优

图 2-3　南京站及周边环境

美,其规划设计非常注重与城市形象相融合,将站房设计、广场景观设计与玄武湖景观资源融为一体,使客站成为南京城市形象的重要元素。

4. 城市功能空间对铁路客站规划的要求

铁路客站不仅要满足交通功能,还要满足城市功能空间具有的交流功能、景观功能、防灾功能、服务功能等要求(表 2-1)。

表 2-1　铁路客站的功能、特性及空间组成

功能	特性	空间组成
交通节点的功能	集结、转换各种交通	交通空间
城市道路节点功能	形成城市道路节点	
交流功能	形成休闲、娱乐、交流的中心	环境空间
景观功能	作为城市景观的重要组成部分	
服务功能	提供各种商业服务和信息服务	
防灾功能	作为防灾、避难、紧急活动的节点	

2.1.4　基于城市综合交通体系的铁路客站规划要求

铁路客站是城市中由多种运输方式连接的固定设备和移动设备组成的整体,是城市交通运输系统的重要组成部分,是不同运输方式的交汇点,也是综合运输网络中客流集散的场所。因此,将铁路客站建成大型客运综合交通枢纽,是组织城市交通方式换乘最有效的途径之一。

1. 城市综合交通体系要求铁路客站由“终端”向“枢纽”转变

城市综合交通体系的逐步形成,要求铁路客站由“铁路运输终端”转变为“城市综合交通枢纽”,主要解决对内与对外交通换乘的问题。因此铁路客站的功能定位要突出其集散特征,客站规划也由只需考虑铁路交通问题,转变为对多种交通方式有机结合的综合换乘中心的系统思考。

2. 公共交通发展对铁路客站规划的要求

公共交通以其大运量、快速、准时、环保等优势正在逐步成为我国各大城市主要的公共交通手段之一,同时将成为这些城市中大型和特大型铁路客站旅客集散的重要交通方式。

3. “多式联运”对铁路客站规划的要求

“多式联运”即多方式联合运输。综合交通体系内的多方式联合运输,航空、铁

路、公路相互协调,在一些特大城市已将铁路客站引入航空港,以长途客运和地区公交线作为铁路客站衔接方式的多方式联运特征。

2.1.5　基于城市综合体发展的铁路客站规划要求

近年来,随着城市集约化发展,铁路客站综合体的作用和功能远远超越了单纯的交通枢纽。在铁路客站综合体建设中,城市空间与建筑空间相互渗透,建筑城市化已成为一种不可阻挡的趋势,也亟须解决其所引发的城市、交通问题。

铁路客站综合体作为对城市开放的交通运输和服务枢纽,需要对其做全方位的功能分析、对其内部与外部空间做出全新的构思、对其与城市的关系做出新的认定。铁路客站综合体的建设不仅关系到交通运输本身,同时涉及一座城市的许多方面,会对城市土地使用、空间环境乃至城市生活产生重大甚至根本性的影响。因此,正确认识铁路客站综合体与城市的关系,运用恰当的方式实现其与城市的共同发展,对现阶段城市建设以及城市交通建筑建设尤为重要。

1. 综合体建筑与综合体铁路客站

欧美各国在 20 世纪 70 年代城市复兴实践中的"综合体建筑"为铁路客站综合体的设计打开了思路。从城市交通发展史来看,铁路客站自身的规模、站型与铁路运输能力、城市综合水平密切相关。随着客运量增大,站房规模和站型得到发展,并开始注重纪念性、宏伟性及象征性。自 20 世纪 50 年代起,高速铁路与城市交通的衔接开始密切,随后交通、环境污染及能耗等问题又推动人们再度振兴污染少、能耗低、效率高的铁路运输,因此"综合体客站"应运而生。"综合体客站"集交通换乘和商业服务于一体,多种功能流线呈立体分布,规模更宏大、空间更复杂,并在交通、商业与环境等多方面与城市形成融合。

我国铁路客站经历了从单一功能到综合功能、从线侧式布局到线上(线下)式布局、从平面型站前广场到立体型站前广场等阶段的演变发展,在优化内部流线、提高土地效益、分流城市交通、融合城市功能等方面较好地适应了城市的发展需要。

2. 铁路客站"一体化"设计的基本要素

由于铁路客站具备大型建筑的典型功能与空间特点,所以铁路客站的"一体化"使客站功能与城市功能更为紧密地联系与接纳,使两者在空间形态上多层次、立体化地渗透与融合。其中,交通组织、商业服务、环境景观形态三方面构成了客站"一体化"的最基本要素,这三方面也是客站与城市的主要结合点。

沈阳新北站综合体(图 2-4)是我国首创的综合楼站型,其候车与旅馆、餐厅、商场、游艺等设施的面积的比值接近 50%。这一形式被各地延用,表明它具有极大的市场需求。

图 2-4　沈阳新北站综合体

3. 桥建合一综合结构体系的建立和推广应用

近年来发展起来的桥建合一综合结构体系,是结构创新的典型成果。经过诸多工程实例的应用,桥建合一创新技术成果已得到推广应用。

2.1.6　铁路客站规划案例

1. 国外铁路客站规划的经验

德国、法国、日本等国家既有铁路网比较发达,客运总站均伸入市区中心腹地,多为尽端式客站。客站均有多方向线路并行引入,新建高速线一般均在城市外围接通既有线,利用既有线引入既有站,城市旅客基本上不改变原有的乘车习惯,且市区内基本不产生新的建设工程。国外铁路客站中对车站综合交通不乏成功解决的范例,如法国里尔欧洲之星站、法国巴黎戴高乐机场站分别堪称中等城市及特大城市将铁路客站建设成为综合交通枢纽的典范。

1) 法国里尔欧洲之星站

法国里尔欧洲之星站(图 2-5)是修建高速列车(TGV)时新建的客站,与老的里尔法兰德斯车站相距不远。利用新客站的建设所带来的发展机遇,全面的规划和开发新老车站之间的区域。环城高速公路临近车站侧面,一条城市主干道从车站中间穿过,使旅客上下车可以直接与车站进出口相连。一个地铁车站和一个轻轨车站直接位于车站下方,这使交通相当便捷。加上轻巧的车站结构、半透明的屋面和玻璃外墙,使人在车站的内部便能看到周边的景象和进出站的列车。法国里尔欧洲之星站的综合交通解决方案和站区规划设计,反映出高速铁路出现后车站建设上的一些新理念。

图 2-5　法国里尔欧洲之星站站区周边环境

2）法国巴黎戴高乐机场站

法国巴黎戴高乐机场站（图 2-6）已投入使用 40 余年，目前日平均航空乘客在 13 万人以上，旅客吞吐量位居欧洲前列。针对如此庞大的交通需求，围绕戴高乐机场站已经形成了一个综合的、由公共交通和私人交通共同组成的交通系统。

图 2-6　法国巴黎戴高乐机场站及周边综合交通

公路网络：围绕戴高乐机场站，有多条等级不同的公路。其中作为巴黎地区南北向的主干道 A1 公路，从整个机场地区的西部自北向南穿过，是进入机场地区最主要的入口，还在东面与巴黎的环城公路相交。近年来，由于这些高速公路的压力逐渐加大，有关部门正对重要路段进行扩建，主要是加宽重要路段，增加车道数。

铁路网络：目前，以巴黎为中心，由三条放射形铁路、两条环状铁路构成网络。戴高乐机场站同时是欧洲铁路网络的重要枢纽站，能够完成从机场至市内客流运输任务的线路，目前只有地区快速铁路专线的 B3 支线，其终点站设在戴高乐机场 2 号航站楼中，与整个机场航站楼融为一体。这个终点站同时是欧洲高速铁路网的重要车站,成功地将铁路、高速公路和航空三种交通方式融合在一起,可以称为世界上交通转换中心的成功典范。

2. 我国铁路客站规划的经验

将铁路客站作为城市综合交通枢纽的认识正在逐步强化,将铁路客站建成新型城市综合交通枢纽是我国铁路科学发展的需要。遵循铁路客站的规划设计原则,借鉴国外铁路客站的规划经验,把我国铁路客站打造成为新型城市综合交通枢纽是发展的趋势,如北京南站、上海虹桥站、新广州站、武汉站、兰州西站。

1) 北京南站

北京南站(图 2-7)的设计根据北京市城市总体规划的要求,引入市郊铁路和地铁,同步配套建设周边城市道路系统,使其成为集铁路、地铁、市郊铁路和公交、出租车等市政交通设施为一体的大型综合交通枢纽。

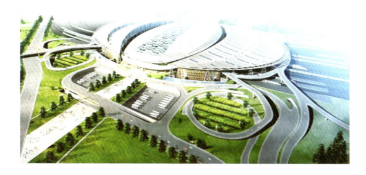

图 2-7　北京南站及周边交通

2) 上海虹桥站

上海虹桥站(图 2-8)东起外环线、西至华翔路、北临北翟路、南到沪青平公路,是京沪高速铁路的终点站、沪杭客运专线的起点站,是上海第一大站。在城市轨道交通方面,新的交通枢纽汇集地铁线,还预留了两条地铁轨道。在城市高速铁路方面,将实现自浦东至虹桥的磁悬浮线路贯通。加之配套的公路系统及虹桥航空港,成功地将铁路(包括地铁、市内及城际磁悬浮铁路、市郊铁路)、高速公路和航空三种交通方式融合在一起,成为世界上交通转换中心新的成功典范。

3) 新广州站

新广州站(图 2-9)周边现有东新、广珠西线、南大干线、广明等高等级公路,规划的三纵四横道路网将新广州站与各高等级公路及其他城市道路连接。新广州站将客运专线、城际铁路、地铁及公路等交通方式紧密衔接,实现零距离换乘,成为珠江三角洲乃至整个华南地区的客运中心。

图 2-8　上海虹桥站及周边交通

图 2-9　新广州站及周边交通

4）武汉站

武汉站（图 2-10）东广场的城市三环线连接 10 多条高速公路，城市交通构成路网框架，形成向外联系的快速、便捷的干道系统；配合车站建设，武汉市将轨道交通线引入车站，实现各城区及周边客流安全、快速进出武汉站。各种交通方式的有机衔接，便捷顺畅的内在功用演绎出新时代的"九省通衢"，使武汉站成为华中地区乃至全国的铁路客运中心。

5）兰州西站

兰州西站位于兰州市七里河区，处于兰州市的中心地带，枢纽区北侧为城市主干道西津西路，南侧为城市快速路南山路。交通枢纽区涵盖了铁路站房、地铁站点、公交车场、社会车场、出租车场、旅游大巴车场等多种交通方式，也包含市民休闲、商业、办公、酒店等多种开发功能等。兰州西站交通枢纽是集各类交通设施及开发于一体的大型、综合交通枢纽。随着枢纽区的建设,该区域将成为兰州市发展的新的城市核心区(图 2-11)。

图 2-10　武汉站及周边交通

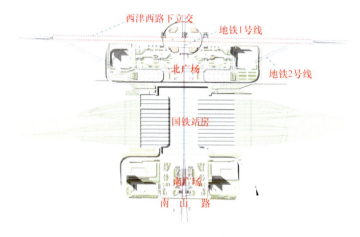

图 2-11　兰州西站平面布置图

2.2　铁路客站的总平面设计

　　铁路客站由站前广场、站房和站场客运设施三大部分组成。站前广场是铁路与城市联系的节点,是铁路与城市公共交通换乘的主要场所。站房是旅客办理乘车业务、等候和通过的空间,是解决铁路旅客进出站的功能核心。站场客运设施包括站台、站台雨棚和天桥、地道等。铁路客站的总体布局主要是确定站前广场、站房和站场三大组成部分的规模与空间关系。

2.2.1　铁路客站的功能定位与总体布局要求

1. 铁路客站功能定位

铁路客站设计理论最核心的内容是对功能的研究。铁路客站的功能定位是进行功能设计的前提。铁路客站的功能定位随着社会的发展而发展，不同时代其功能定位也有所不同。传统的铁路客站从选址到规划设计，都是以铁路交通运输为主要功能，以经济实用为设计原则，运营管理更多考虑客站管理的方便，忽视了对旅客的尊重和人文关怀。铁路客站设计贯彻"以人为本，以流为主"的原则，逐渐将客站的功能定位从"服务运输、经济适用"向"服务社会、先进适用"转化，铁路客站也应逐步从以往"单一的客运作业场所"和"城市大门"向"综合交通枢纽"转变，与整个城市、整个区域的交通规划融为一体。功能布局从"单一性"向"复合性"转化；流线模式从"等候式"向"通过式"过渡；运营方式从"管理型"向"服务型"转变；复合功能带来一体化的空间布局模式；注重铁路客站功能的适应性研究。

2. 铁路客站总体布局的发展趋势

当代铁路客站，特别是大型、特大型铁路客站，总体布局随着客站设计理念的更新展现出一些新的发展趋势：立体化空间组织、复合化空间使用、人性化空间规划、客站地下空间的统筹利用、中小型客站的简单化。

例如，武汉站的进站大厅是一个覆盖在站台和高架候车室之上贯通的大空间，旅客进入大厅就可以一目了然地看清楚整个客站的布局，进而选择自己的行进方向(图 2-12)。

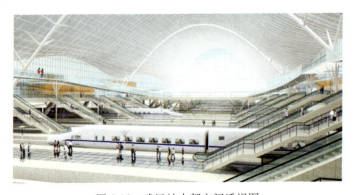

图 2-12　武汉站内部空间透视图

3. 铁路客站总体布局的特点

结合对客站总体布局发展趋势的分析，当代铁路客站总体布局应具有以下特点：①人性化要求，这是铁路客站总体布局的根本要求；②以流为主，是指客站总体布局应以流线设计为主；③以功能需求为导向；④节约用地；⑤动态发展；⑥公交优先；⑦与城市规划相结合、融合于环境。此外，还应按站区城市设计和景观设计的要求，将其塑造为具有现代化都市特色的交通空间，创造出令人满意的、具有明晰空间特色的总体布局形态。

4. 当代铁路客站总体布局的模式

按照站前广场、站房和站场相互之间的位置关系，铁路客站总体布局模式可分为平面布局模式，站房与站场立体布局模式，站前广场立体布局与站房、站场立体布局的组合模式以及综合式立体布局模式。相对于平面布局模式，后三种模式属于立体布局模式。

2.2.2　站前广场的功能组织与布局

站前广场是连接客站与城市的纽带，是铁路与城市公共交通体系换乘的主要场所。它是客站的三大组成部分之一，与站房、站场在使用功能上有密切的关系，是铁路客站建筑设计中的一个重要环节。站前广场的功能主要有三种：交通功能、环境功能和城市轨道交通换乘节点功能。其中，站前广场最重要的交通功能设计具体包括：广场交通与城市交通的衔接；广场上各种场地规划的布局，如车行通道、停车场和乘降站点、步行活动场地的布置，人行通道的布置，广场建筑的规划布局等。

1. 站前广场功能布局原则

站前广场功能布局应遵循以下原则：公交优先，人车分流，流停分离，流线互不交叉，应对旅客季节性出行。

2. 站前广场功能布局模式

站前广场的功能布局模式与客站的规模、类型和性质有紧密联系。随着站前广场功能的发展，其主要表现为两种模式。一种是平面布局模式，我国传统的铁路站前广场均采用平面布局模式，如兰州站广场（图 2-13）。另一种是立体布局模式。随着铁路客运流量和城市交通容量的迅速扩展，如果仍采用分割广场平面来组织站前广场交通，必然会导致人车混杂、交通混乱，广场交通组织采用立交方式势在必行。例如，苏州站（图 2-14）站前广场成功采用了立交方式组织交通，站前广场的空间组合模式转向立体。

图 2-13　兰州站广场

图 2-14　苏州站鸟瞰图

2.2.3　站房的功能组织与布局

站房是客站建筑的主体,站房中设有为旅客使用的公共区和客站运营管理工作需要的非公共区,如售票室、行包房等。站房内可供旅客使用的房间及设备分为已检票区(如绿色通道)和进站通廊;非付费区,如进站广厅、售票厅、行包托取厅、旅客服务设施、出站厅等。候车空间可根据客流情况确定。非公共区的各类房间和设备也应根据客站的规模、性质等具体要求配置。

1. 站房功能布局原则

(1)随着铁路客运专线的建设以及既有线提速改造工程的实施,旅客列车运行速度和列车的接发频率都将大大提高,铁路旅客运输能力和运输质量将会大幅提升,铁路客运正逐步向高速化、公交化方向发展。

(2)随着城市交通体系的快速发展以及城市交通容量的不断扩大,旅客能更迅速地集散和换乘,在站停留的时间也将会大大缩短,候车空间的容量、形式和内容也应有相应的变化。网上订票、电话订票、自动售票系统、自动检验票系统、客站电子显示查询系统以及客站指示系统等现代科技及信息手段的运用,不但使传统的售票空间得以减少,也使旅客通过客站的速度加快,候车空间逐渐由"等候式"向"通过式"转变。我国铁路站房的功能组织在不同的阶段形成了具有不同特点的布局模式,其功能布局模式大约可分为以下阶段:①分散等候式空间模式;②集中等候式空间和高架候车模式;③快速通过式空间模式。

（3）随着经济社会的发展、人民生活水平的提高、社会活动节奏的加快,旅客的时间价值观念将进一步增强,出行需求、方式和出行习惯也在逐渐发生变化。这些都将极大地促进铁路站房的功能布局模式的发展与变化。

2. 站房功能空间组成

站房的功能空间可以分为交通功能空间和辅助功能空间。交通功能空间是客站的核心空间,其他功能空间都是围绕交通功能空间展开并有机联系形成整体。

1）交通功能空间

交通功能空间是指与铁路运输、客运交通有关的功能空间,可分为出站空间、入站空间和内部使用空间三部分。

2）辅助功能空间

辅助功能空间是指与旅客乘坐交通工具没有必然关联的功能空间,是客站功能布局复合化与城市化的必要组成部分和机能协调部分,主要包括管理区和服务区。

2.2.4　站场的功能组织与布局

站场是铁路客站设计的基础,包括列车到发线路、供旅客乘降和行包装卸使用的站台、站台雨棚及各种跨线设施(如天桥、地道)等,其主要功能是完成旅客的乘降、换乘以及列车的停靠和驶离。

1. 站场功能发展趋势与布局特点

在我国以往铁路客站设计中,站场与站前广场、站房虽相互关联,但界线明显;而在当代大型、特大型铁路客站设计中,由于站台和到发线数量较过去成倍增加,为使旅客便捷地乘降和换乘,站场、站房及站前广场这三部分的设置在平面位置和空间关系上逐步趋于重叠与融合,形成综合交通枢纽。

2. 站场功能布局要点

1）向"通过式"转变

结合目前国情条件,"等候式"与"通过式"两者并存的状态将持续很长一段时期,铁路客站最主要的空间还是候车大厅和综合换乘大厅,站台的功能主要是为旅客上下车服务。传统站台的宽度主要考虑疏散的需要，一般根据客站规模来确定。当前铁路客运专线的站台一般为：岛式站台宽度不小于12m，侧式站台宽度不小于8m。在未来的"通过式"客站中，站台空间将不仅为旅客乘降提供服务，还承担主要的候车、换乘、商业服务等功能。站台宽度设计应充分考虑未来功能的转变，适当预留发展余地，为旅客流量的增加提供弹性空间，并且兼顾可能增加的各种设施，如自动扶梯、电梯、小型商业信息设施等。

2）向立体化转变

随着我国铁路建设的快速发展，立体化站场必然会出现，因此必须在客站规划与技术准备上提前做好筹划。最新设计的深圳福田站就是一个全地下式车站。新广州站是高架站场模式，其高架站场下方引入了多条公交车站点，公交与铁路客站形成垂直换乘的关系，十分便捷。

2.3　铁路客站的建筑设计

铁路客站建筑设计，需要分析站房、站前广场、站场共同组成的空间形态要素，并对结构、材料、审美、内部空间、环境、景观等深入研究。在此基础上，结合我国丰富多样的文化特性、千差万别的地理气候特点，以及公众对地域文化性形象的审美期待，就铁路客站空间形态设计在地域性和文化性表达方面进行更深入的思考与研究。

2.3.1　铁路客站的空间形态设计

1. 当代铁路客站空间形态设计的发展特征及关键要素

1）铁路客站空间形态系统要素的变化

铁路客站空间形态系统要素的变化体现在站房组合模式及其变化。例如，西安北站采取的超长出挑屋面，形成与廊道交通带区域强有力的凹凸层次对比（图2-15）；深圳北站采用封闭围合廊道交通带的手法，形成一个颇有新意的隧道穿越效果的形态变化（图2-16）。

图 2-15　西安北站正立面图

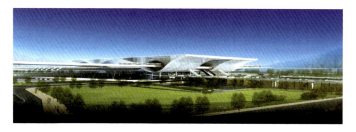

图 2-16　深圳北站透视图(一)

2) 站房与站台雨棚组合关系的变化

对于当代大型铁路客站,特别是枢纽型客站,站房与站台雨棚一体化(简称"站棚一体化")趋势是站房与站台雨棚在空间组合关系上最重要的变化,即将站房和站台雨棚从整体空间形态、空间结构,甚至功能组织方面,进行整体化设计。

"站棚一体化"空间形态的出现改变了以往站房与站台雨棚的空间分割模式,较好地从空间形态组合的角度与未来复合性发展趋势做出呼应,走向真正的现代化复合型交通枢纽空间。从形式造型手法来看,"站棚一体化"必然为整体造型提供更大的利用边界,从而带来更大的创作余地。北京南站就是已建成的"站棚一体化"优秀案例,而广州南站(图 2-17)、武汉站(图 2-18)、深圳北站(图 2-19)等,更加深刻地诠释了"站棚一体化"空间形态。

图 2-17　广州南站鸟瞰图

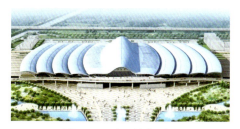

图 2-18　武汉站鸟瞰图

图 2-19　深圳北站鸟瞰图

3）站前广场组合模式及其变化

由于需求差异以及组织客流的复杂性，不同规模的城市对站前广场的设计要求有很大的不同，与站房空间形态关系也有着较多差异。

就特大型与大型客站来说，站前广场区域是旅客抵达与分散的空间区域，与站房呈较为"扁平"的连接模式。新出现的城市立体交通模式使这种"扁平"转化为立体叠合式空间组织方式，由站房的大挑檐、大型支撑柱等造型形成带有半围合的站前广场空间，如深圳北站(图 2-20)前部的曲线造型形成的一个动感十足的"屋顶"广场，杭州东站(图 2-21)倾斜的塑性支撑柱带来的颇具震撼力的空间限定等。但是，在某些地价较高的枢纽城市的铁路客站，站前广场反而向小尺度方向缩减，如上海虹桥枢纽站，其广场部分被尽量压缩。而前面提到的深圳福田站，站房、站场均置于地下，站前广场已经完全失去了本身的立足点，成为在尺度上可以任意伸缩的景观式广场，甚至可以完全消失，被其他建筑占据。因此，在空间视觉组织关系上，大型铁路客站平面式广场与站房的空间关系已发生了巨大的改变，需要站在"广场-城市交通体系-站房"的立体式视觉关系上进行整合与组织，不仅要从行人的视点进行空间造型推敲，还要从城市综合交通体系、城市区域经济发展的全新视点来展开空间塑造。

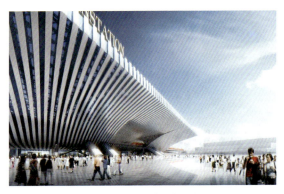

图 2-20　深圳北站透视图(二)

图 2-21　杭州东站透视图

4）站场组合模式及其变化

站场部分最主要的空间形态要素就是站台、站台雨棚及支撑柱，它们的相互组合关系基本上有以下几种：站台雨棚及支撑柱与线路的空间形态关系、站房与站台雨棚的组织关系以及站台本身的空间形态变化。与传统模式相比，我国铁路技术的大发展使上面三种组合关系出现了重大变化，形成了无站台雨棚柱体系、站台空间设计变化、站棚一体化的发展趋势。

2. 铁路客站建筑的审美取向与空间形态设计

建筑艺术审美价值存在多元性，允许个性化的发挥，但是也需要同一性的"共通感"来体现社会生活意义和价值观念。因此，在铁路客站空间形态设计中，不可避免地要受当代审美需求的影响，从对两者平衡关系的把握中寻求创新。

1）在铁路客站建筑审美的总体趋向与空间形态创作方面

铁路客站作为城市综合交通体系的重要节点、城市区域发展的核心，是城市发展和城市文化的映射与窗口，而充当城市地标、充分表现时代精神和地域文化特色则是铁路客站空间形态需要担当的重任，因此遵循多样统一性的形式美法则，仍是当代审美在铁路客站空间形态创作角度的真实趋向。例如，对称性作为一种古典审美构图原则，几乎出现在所有铁路客站空间形态的设计中，这种取向通过制约形成秩序，不仅能够达到高亢雄浑的交响曲般的审美感染力，而且完全可以融入一些更新颖的造型风格，达到审美表现上的综合平衡，如上海南站（图2-22）圆环对称下的高技术风格、杭州东站（图2-23）未来主义和新塑形主义的有效融合等。这一观念与铁路客站设计中的创新理念、手法并不冲突，在铁路客站空间形态的认知上，当代审美在统一性和多样性的选择中处于总体平衡的现实趋向，均衡、比例、尺度、韵律感等审美基本原则的影响还是普遍和稳定的。

图 2-22　圆环对称的上海南站

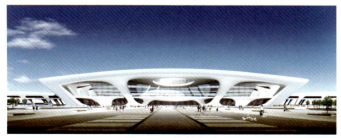

图 2-23　杭州东站

2）在铁路客站交通建筑特性与当代审美的结合方面

"建筑的性格特征很大程度是其功能的自然流露"，因为功能是建筑最真实的要素之一，形式则更容易成为外力强加的产物，如果形式表现出功能的特点，更容易使一种建筑类型区别于另外一种建筑类型，这样的原理更适用于铁路客站。当前，空间形态上的视觉开放成为铁路客站较为共通的现代表征。有时，铁路客站的地域文化性审美视觉需求会与开放通透的现代功能性发生矛盾，通过从屋顶形态、支撑结构尺度与形态，以及照明科技与艺术结合的设计手法等方面，将客站功能、技术和文化性的复杂要求整合在一起，以收到一种具有交通建筑特性的当代铁路客站的公共审美期待。

3）在当代文化审美对象的选取与表现方面

合理把握创作题材的选取与处理，选择适宜的审美对象，形成建筑空间形态与审美表征的有效逻辑关联，对铁路客站空间形态的地域性、文化性的创作极为重要。不少文化审美题材，在其本身所属的人文领域的存在价值也许很高，但移植到建筑空间形态、特别是铁路客站等大型公共建筑形态上，就可能在普遍的公共期待视域中产生一定的错位。因此，在铁路客站建筑设计中，需要充分考虑有关因素，确定最合理的建筑形式，以最大限度地体现建筑物的美感。

4）在整体性审美方面

"格式塔"心理学对铁路客站建筑设计有重要影响。这种心理学中有一个理论：在一个单一视场或参照系内，视觉整体判断只接受少量非关联的对象刺激；如果难以整合，整体判断会倾向混乱与无序，无法清晰识别。因此，针对铁路客站承担的功能、结构、文化形态等复杂要求，"格式塔"心理学的简单化视觉心理倾向、图-底关系、连续性、邻近与类似、经验性影响以及对比关注等原理，就是对杭州东站（图 2-24）等客站空间形态成功塑造的重要因素之一。

图 2-24　杭州东站鸟瞰图

3. 内部空间形态与环境

当代铁路客站的内部空间形态设计最核心的原则就是"以人为本",所有的内部空间形态都应以该原则为设计主导,在此前提下,还要结合建筑本身的结构形态来展开形式表现,尽量以形式与功能的直接逻辑关系作为内部空间形态设计的出发点。铁路客站内部空间形态设计探索,需要重点研究以下内容:①以空间形态塑造为主导形成直观的方位感和易识别性;②关注空间多样性和适应性的变化趋势;③注重结构形态与内部空间形态表现的逻辑关系;④注重室内装饰设计的整体性;⑤强调无障碍设计。

4. 铁路客站的城市景观设计

从城市景观角度研究铁路客站的空间形态,必须立足于铁路客站在我国的现实性和特殊性,以及体验人群的综合要求。一方面,当前我国铁路客站发展速度很快,从布局来看,既有处于城市中心地带和区域中心地带的客站,又有接近城市边缘的新开发地段的客站,它们各自面对的城市景观要求和条件各不相同;另一方面,铁路客站地段的观者人群的需求与其他地段的人群需求不同,不同类型、不同气候的城市人群的景观要求也不尽相同。针对这些复杂性和差异性,多是从常规的城市景观、城市设计角度进行的设计研究,虽然一些成果可以应用到铁路客站的城市景观设计中,但是具有独创性和有效性的成果不多。

1)立足于城市视野的景观营造

从总体宏观的角度看,关注城市的差异性可以为客站景观设计选取更为独特的创作背景;从公共空间尺度的角度看,迥然不同的城市风格也会引发极大的景观心理差异。例如,城市规模和密度的不同对客站建筑空间形态要素的尺度要求必然不同;不同季节、不同时段的出行心理和行为,不同城市的文化特性,也都会产生不同的客站景观需求。

2)立足于铁路客站空间形态的景观营造

考虑铁路客站空间形态,要针对站前广场、站房、站场之间的关系进行整体性景观组织与营造。三者中的重点和难点在于处理站前广场与站房之间的关系。例如,铁路系统更关注站前广场对站房的功能性支撑,而地方政府则看重站前广场对城市特色的体现,要求在站前广场栽植较多树木,设置景观水池,或者大型特色雕塑等。这些在城市其他地段较为通用的景观手法,但在面临春运等季节性出行高峰客流时,将不可避免地陷入尴尬境地。因此,不能仅从各要素本身单一地考虑问题,需要统筹兼顾各要素间的关系,整体性寻找景观设计的创新点,例如,兼顾地方特色和站前广场预设功能的可变装置,设置与站房规模和谐统一的广场雕塑等,将其看成城市公共-交流性与铁路客站功能-系统性的融合器(图 2-25)。

图 2-25   上海南站

2.3.2   铁路客站的文化表现

我国铁路客站的文化表现,在经历几十年实践与探索后逐渐积累了丰富的创作经验。例如,从北京站、北京西站到北京南站,规划、设计、建造的时代不同,铁路客站文化性的表达形式也在不断深化。作为铁路客站设计典范的北京站,其审美的文化价值和精神价值已经超越了它的实用功能,可见文化性作为客站的重要性质之一具有十分重要的意义。北京南站既恰如其分地处理好与城市整体文化的关系以及与天坛周边小环境的关联,又不失大型交通枢纽的时代特征,大大提升了城市公共空间的品质。总而言之,建筑是一种文化的载体,对于作为城市"门户"和铁路"窗口"的铁路客站建筑,面对大体量、大空间、大屋顶、大高架、大玻璃幕墙等客站建筑形态的典型特点,如何表达好建筑的文化性非常重要。文化性是当代客站建筑设计中不可忽视的因素,文化表现是当代铁路客站建设的重要原则之一。

1. 铁路客站设计中的文化表现

任何建筑文化最终都要通过一定的形式表现出来,这种表现形式是特定文化内在精神"物化"的结果,主要表现为关于建筑的价值观念、审美观念、设计思想和方法以及由此导致的建筑形式和风格。

1) 整体性——与城市文脉的衔接与融合

铁路客站建筑对城市文脉的传承主要表现在以下几个方面:①客站建筑设计应植根于其所在城市固有的历史文化、地理环境等城市地域特征,从而成为城市文脉的基本构成;②客站建筑创作对城市文脉的传承应与时俱进;③在对待城市文脉的传承时,存在一个正确对待西方文化的问题,应中西结合、合理借鉴。

2) 时代性——体现文化的时代特征

一方面,铁路客站建筑要充分体现时代特征,即体现当代最先进的文化;另一方面，在铁路客站建设过程中，应综合考虑其他基本的专业因素，实现时代性与专业化的高度融合。

3) 地域性——注重地域文化特征

铁路客站受地域环境中自然、文化、技术三大因素的影响，因此在建筑中要体现出应有的地域特征。例如，兰州西站(图 2-26)，兰州属黄河流域上游，是唯一的黄河穿城而过的省会城市，依山傍水，山静水动，具有独特而美丽的城市景观。将建筑立面的中部塑造成仿佛被河水冲刷出来的山体形态，虚实对比强烈，随着黄河水的波动，巨大山体被河水雕琢出来的弧形空间优美、俊秀，充分传达出兰州城市山水交融的美丽意境，充分展现了兰州西站"黄河故水"的地域特征。

图 2-26　兰州西站

铁路客站要体现地域人文特色，首先应从人文环境的历史性、文化性、社会性三个属性入手，调研、搜集资料加以分析整理，归纳出若干特征，形成一个独特的总体立意，实现由形式到意境、由意境到文化意蕴的升华，并在设计中加以体现。尊重城市和地段已形成的整体布局与肌理，在站房体型、体量、空间布局、建筑形式乃至材料和色彩等方面进行针对性设计，使铁路客站的建筑形象与城市空间融为一体。

2. 铁路客站文化性表达的探索与实践

当前，我国铁路客站创作空前繁荣，文化性表达的方法很多、手法丰富，多途径地探索了我国铁路客站文化性表达的创作之路。一些客站由较单一功能转变为综合交通枢纽，与以往铁路客站相比，其内涵更为丰富，形态更加多样。近年来，一批新型铁路客站无论从方案构思，还是与城市关系的处理，以及整体造型、细部表达、材料与色彩等诸多方面，都很好地把握了当代铁路客站的性格特征及时代精神，同时结合国情反映了所在城市的地域文化特色。

1）与城市肌理有机协调

城市肌理是历史长期浸润和积淀形成的，与城市的产生和发展相依相存，休戚相关。例如，新苏州站（图2-27）方案的设计，它是在现有的基础上扩建的，空间有限，可以用"小"字形容。而这个"小"字也恰恰是苏州的特色。因此，该方案首先把"大"屋顶变"小"，将整体的大屋顶变成一片小屋顶的聚落，使之与苏州城市肌理巧妙契合。

图 2-27　新苏州站

2）注重建筑整体造型表达

现代铁路客站整体造型设计中的文化表达，一方面是"外部形象反映真实结构"的基本建筑理念在铁路客站造型上恰当而独特的表现，另一方面是对地域特征、人文特色、时代风貌等文化因素的综合体现。

近年来，涌现了拉萨站、北京南站、武汉站、西安北站等一批以整体造型恰当地反映所在地域文化的优秀案例。

（1）自古以来，西藏建筑长于利用地形地势，与大地景观融为一体。拉萨站（图2-28）的造型处理，正是借鉴了藏族建筑造型的处理手法，利用铁路站台的长度使建筑尽量地在水平面伸展，且利用竖条窗和墙板的组合，形成前后错动、高低起伏的阵列形状，使之如同从大地中涌动生长出来一般自然生动。

图 2-28　拉萨站主入口透视

　　(2) 北京南站(图 2-29)造型设计的整体构思起源于椭圆形态的保留和天坛概念的引申,天坛采用三重檐圆形平面的建筑形式,是古代建筑的最高型制。设计利用现代技术手段实现"天坛"的屋面形象,把圆形平面的三重檐运用到椭圆平面上,最高的屋檐变成弧形屋盖,与高架进站厅功能对应,车站两翼的雨棚恰好可以通过两重屋檐的变化形成。在这里"天坛"成为设计的隐喻载体,使北京南站成为极具文化性和时代感的地标性建筑。

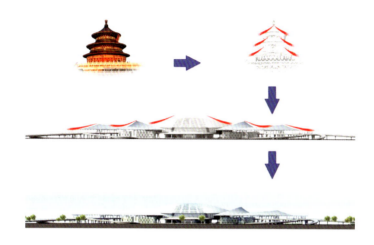

图 2-29　北京南站造型设计构思

　　(3) 武汉站(图 2-30)设计方案构思新颖,其造型结合武汉独具的特色,建筑外观富有多层寓意。其中立面水波状的屋顶寓意"千湖之省"的省会——江城武汉;建筑中部突出的大厅屋顶象征着地处华中的湖北武汉"中部崛起",反映出武汉蒸蒸日上的经济发展形势;周围环绕的屋檐,其造型取自中国传统建筑重檐意象,九片屋檐、同心排列,象征着武汉"九省通衢"的重要地理位置,同时突出了武汉作为我国铁路客站四大客运中心之一沟通全国、辐射周边的重要交通地位。

图 2-30　武汉站

　　(4) 西安北站(图 2-31)的造型方案设计构思独具匠心,设计以既要合理解决好交通建筑的大跨度通用性,又能体现出西安厚重的文化底蕴为出发点,立面以唐代大殿进行实体要素转换,车站屋顶、进站大厅、高架层分别源自唐代宫殿出檐深远的庑殿顶、结构外露的屋身、浑厚有力的台基。屋顶为大跨度轻钢折板网架结构,构成优美的唐代屋顶形式的曲线,巨大的出檐既表现了唐代建筑的恢弘气势,也有十分实用的防雨防晒功能,屋顶曲线还构成了梭形的采光通风带。总体来看,此方案做到了将外观美与建筑结构、使用功能合理地达成一致。

图 2-31　西安北站设计方案

3) 强调建筑细部元素的把握

一个好的建筑作品往往通过建筑细部来充实建筑形象,以不同地域文化理念精心设计的建筑,更能够自然而然地孕育出各地区独具特色的建筑文化。例如,在武昌站(图 2-32)造型细部设计中,通过对传统元素的萃取,外窗借用编钟的形式,与墙体一起,形成连续的韵律。入口雨棚吸收了汉代石阙理念,达到功能与形式的结合。

图 2-32　武昌站立面

延安站(图 2-33)的建筑形象注重概括提取窑洞这一典型元素,作为造型的基本主题,使人会联想到窑洞是革命先行者居住过的地方,象征着延安精神。另外,客站主入口以汉代石阙的造型为原型进行提炼,是因为陕西是秦汉文化兴起的地方,同时建筑通过材料、细部构造的设计,用现代手法体现出"秦砖汉瓦"的神韵。

图 2-33　延安站细部造型构思

　　地方建筑传统符号与客站建筑尺度的协调是当代客站设计中面临的一个普遍性的问题。在大型现代客站建筑设计中借鉴传统建筑符号,必然要求尺度的变化,设计应注重两者的尺度协调。

　　厦门西站(图 2-34)的设计充分汲取了闽南地区传统民居的特点,注重屋顶尺度与建筑整体相协调,运用现代索桁架结构体系,创造出舒展大气且反映闽南民居"燕尾脊"地域特色的建筑。

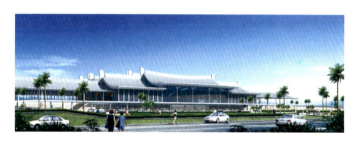

图 2-34　厦门西站设计方案

　4)重视建筑色彩与材料的运用

　　建筑色彩包括建筑材料固有的色彩和人工赋予建筑物的色彩。建筑除产生直接的美感外,还常常具有一定的象征意义。色彩的运用可以起到装饰建筑的作用,不同的地区可以通过不同的色彩特征对地域性建筑加以界定。因此,地域色彩的运用可以赋予建筑一定的内在气质,使建筑具有一定的标志性。

　　另外,材料的合理运用可以增强建筑立面的"可读性",同时会引起人们的视觉联想。为满足客站的功能需求和对地域环境的尊重,客站造型设计中对材质的选用,应充分吸取地方材料的精髓,并结合时代特征,从材料的角度探寻建筑造型的逻辑,以及通过材料的意志来实现建筑的思想,这样才能给建筑造型设计带来新的活力。

　　拉萨站(图2-35)的建筑色彩为白色与棕红色相间,客站为表现出藏族建筑特有的粗犷大气的肌理的视觉效果,综合考虑自然气候和施工条件,选择彩色预制混凝土墙板工艺,表面是竖向条纹人工打毛而成的肌理效果,白色条纹粗,红色条纹细,且色彩贯穿内外,使其具有较强的空间立体感。敦煌站为了体现敦煌及莫高窟"兴于汉魏,盛于隋唐"的历史及文化特征,建筑材料和色彩的选用以明快沉稳为原则,站房外墙以烧毛面石材和透明清玻为主,由于当地砂岩和沉积砾岩抗风化能力较弱,在外立面上仅适宜局部使用,主体石材选用锈石花岗岩。经过与琉璃瓦檐口的效果对比,屋面坡檐采用深青灰色无釉彩瓦,以营造质朴、明朗的材质效果并与总体造型特点相协调。站房室内装修以石材玻璃、亚光面浅色金属材料组合使用,形成纯净而含蓄的材质肌理,表现较强的时代感,反映站房空间的功能要求。

图 2-35　拉萨站色彩与材质

　　5) 追求与城市空间的融合与共享

　　建筑是城市的构成要素,建筑与城市空间的融合与共享是建筑文化特色的具体体现。把具有城市空间特点的文脉传承融入建筑不仅体现在造型和立面设计上,在空间塑造上的体现更为重要。

　　南京站(图2-36)的位置得天独厚,南临风光秀丽的玄武湖,因此站房南向设

图 2-36　坐落在玄武湖畔的南京站

置大面积通透的玻璃幕墙,建筑造型轻盈通透,使湖光山色成为站房内外的景致,站内空间与外部环境景观相互交融,并以"船"的喻义沟通与"湖"的内在联系,使建筑空间与城市空间融为一体。

21 世纪建筑文化共融共生,面对全球化、文化趋同的态势,在铁路客站设计中,既要注重对传统文化的借鉴,又要注重对多元文化的选用,创造具有新的审美价值和时代精神的铁路客站。

2.3.3　铁路客站的室内装修设计

铁路客站作为铁路网中的重要组成部分,是铁路和城市的结合点。铁路客站对于一个城市的特色意义不仅体现在它外在的体量关系上,还是旅客到达一个陌生城市接触到的"第一城市门户"、"第一城市名片"。因此,铁路客站的设计意义在满足客运的基本功能和旅客的方便快捷疏散上,还需站在城市的角度来定位,去呈现一个铁路客站所表达的城市特色和文化。如何在铁路客站室内装修设计中传承、发展和运用地域文化是需要深刻研究的问题。

1. 室内装修设计的地域性

铁路客站的室内设计可以通过地方建筑造型和地方特有的材料、地方气候、地方历史文化古迹等方面进行优势组合,表现出具有所在城市独特文化底蕴的空间。由于铁路客站多建在城市主城区与郊区之间的中间地带,离市区较近,交通便利,风景秀丽,可形成独特的城市门户形象。铁路客站应根据自身所处地域的资源环境基础,创造出自身的品牌价值,为城市凸显特色。

2. 室内装修的设计原则

铁路客站室内设计的原则要以人为核心。一个新设计方案的诞生,是由技术的先进性、经济的合理性、人们的认可性这三方面的主要因素构成的。

1) 以人为本的原则

客站室内空间的设计最终是为旅客的出行服务的,客站的物质属性决定了它在旅客活动系统中的地位。客站的存在不同于其他产品,客站往往具有长时段的特征,室内设计从属于客站,因此室内设计就更要注重为人而设计的观念。这种注重为人的使用需求而存在的观念,是对客站自身功能性的体现。功能性的设计要以旅客为主要核心。以人为本是铁路客站的根本宗旨,是铁路客站的出发点,也是立足点。

2) 审美性的原则

所有室内的环境营造目标,都以人们对于居住、工作、生产、学习、交往、消闲、娱乐等多种行为方式上的要求为导向,客站室内空间也是如此。对于客站室内空间设计的要求更具挑战性,在客站空间内要在物质性层面上满足旅客对于客站内各项功能使用及舒适程度要求,还要在空间的营造上最大限度地满足视觉感官审美方面的要求(图 2-37)。

图 2-37　兰州西客站候车大厅服务台

3)整合性的原则

将设计的整合作为室内装修设计的主要研究对象,要想完整全面地表达好客站地域性文化,就必须着眼于客站与地域性之间及客站与人的种种关系,需要突破线性思维的模式。该原则使客站室内空间、装饰装修、物理环境、陈设绿化最大限度地满足客站功能所需,并使其与功能相和谐、统一。

4)创新性的原则

在客站室内空间中地域性的设计是一种艺术的创造,客站空间的艺术环境营造最关键的是强调技术和艺术的创新。创新是设计活动的灵魂,对于客站空间的设计同样如此。这种创新不同于一般艺术的创新,它必须将路、地各方的意图有效融入设计过程,并结合技术创新将建筑空间的限制与室内空间创造的意图完美统一(图 2-38 和图 2-39)。

图 2-38　太原南站 X 形天窗

图 2-39　长沙南站采光天窗实景图

5) 经济性的原则

根据经济运作的规律,充分认识分析把握室内空间设计的要求,以此达到最为合理的设计成效与实际环境效果,使室内设计的经济性得以实现。

6) 文化性的原则

客站室内设计是为人的生活方式服务的,它能很清楚地体现人的基本态度与行为,因此在进行室内设计时,必须要考虑到客站中的文化创造,以及室内设计与文化之间的关系,这就是室内设计所要求的"文化观念"。

2.3.4　铁路客站的细部设计

一项优秀的建筑设计,不仅仅要着力于其功能安排、环境分析、结构选型、空间造型、立面设计等,还需要有精美细致的建筑细部。建筑细部是建筑整体中的局部,它对完善建筑功能、烘托建筑氛围、体现文化传统至关重要。

黑川纪章说:"建筑细部就是建筑的一个局部,从远处看、整体上看这个局部,它们并没有很强的个性,然而,当人们逐渐贴近它们、观察它们,就会发现一个全新的世界,这样的局部就是细部。"大量的建筑细部构成了一个完整的建筑物,对细部的精心设计是建筑物设计中要特殊考虑的一部分。

1. 细部设计的基本理念

1) 以人为本的理念

以人为本的铁路客站设计理念,要求充分注意旅客需求,使铁路客站在满足城市功能的同时,更加符合使用者的心理、生理及所在城市的潜在文化需求,在细部设计中同样体现得较为明显。人通过视觉、听觉、嗅觉、触觉等来感受环境,在考虑客站环境的细部设计时,必须考虑这些感觉对人的作用。一个优美的铁路客站环境,人们可以尽情观赏广场的风光。另外,人在铁路客站中的行为虽然有总的目标导向,但在活动内容、特点、方式、秩序上受多种因素的影响,呈现一种不确定性和随机性,其中既有一定的规律性,又有较大的偶发性。例如,候车厅是铁路客站空间的一个主要功能,需要满足人们的休息活动(图 2-40)。

图 2-40　北京南站无障碍电梯实景图

2）地域特色的理念

在铁路客站细部设计中,对地域特色的考虑主要包括两个方面:社会特色和自然特色。在社会特色方面,主要是人文特性和历史特性的因素,通过合理的细部设计,可以体现出不同地域的特性,如合理的符号性装饰(图 2-41)等。在自然特色方面,需将当地地形、地貌、气候等作为细部设计中重点考虑的因素。

图 2-41　建筑造型符号性装饰在敦煌站的体现

2. 结构构件的细部设计

结构构件的细部设计主要是指结构构件及其连接处的形式与结合关系。一个好的结构细部设计,不仅表现出对整体结构语言的技术呼应和逻辑关联,还会展示出自身特有的表现力。北京南站(图 2-42)和上海南站(图 2-43)是这方面的优秀案例,既有整体的结构韵律,又有细节的设计感,针对现代工艺精确、完美和流畅的美学追求做出了整体性的表达,反映出对于结构构件细部设计的高度重视,以及细部设计的科学性、美观性。

图 2-42　北京南站 A 形塔架柱脚

图 2-43　上海南站雨棚细部

3. 功能构件的细部设计

铁路客站的功能构件主要包括售票厅、无障碍设施、门窗、幕墙、公共卫生间、饮水间等,其细部设计对于铁路客站非常重要。目前,功能构件细部设计中的标准多采用《铁路旅客车站细部设计》,部分具体标准如下。

1) 售票厅细部设计

(1) 售票窗口。

售票窗墙体:普通窗台高度应按 1m 设计,残障人士窗口按 0.76m 设计。客票显示屏应设于售票窗口上方,通长设置;上部的显示屏宜嵌入装修面,外凸不大于 30mm。

售票窗台板:售票窗台板材料应与室内装饰协调。采用石材时,颜色宜采用浅色系石材。

售票窗玻璃:中型以上车站玻璃采用 6+0.76PVB+6 钢化夹层玻璃,玻璃分格应对应窗口数;小型车站选用 12mm 厚钢化玻璃,宜直接落于石材上,不采用嵌入石材的方式。当玻璃之间需要打胶时,胶应为中性胶。

售票槽:售票槽采用石材或亚光不锈钢材料制作,且不锈钢票槽边缘表面应与售票台表面相平,不锈钢材质应选用符合《不锈钢热轧钢板和钢带》(GB/T 4237—2007)的钢板。

(2) 玻璃隔断。

售票厅与候车厅、进站厅相邻时,宜采用玻璃隔断分隔,且立柱应按地面石材模数均匀布置,间距不小于 1800mm,高度 2200mm;当相邻空间之间的洞口高度小于 3600mm 时,可采用全封闭玻璃隔断。

隔断玻璃应采用钢化夹层、通透大白玻璃,不设扶手,但应有警示标志。玻璃隔断立柱应做至隔断顶部,且两块玻璃之间不得留有缝隙。

踢脚:玻璃隔断下部可采用离地高 100mm、ϕ50mm 亚光不锈钢管踢脚,也可采用高 150mm 亚光不锈钢板防撞踢脚。

(3) 照明。

售票厅内灯具不宜用吊灯或壁灯。照明方式、做法详见《铁路旅客车站照明设计细则》相关部分。

售票窗口前的保证照度应适当加强,售票工作台工作面应保证照度标准值达到 500lx。

图 2-44~图 2-51 为售票厅内细部设计实景照片。

图 2-44 售票厅空间效果

图 2-45　售票窗玻璃分隔

图 2-46　石材售票台

图 2-47　不锈钢售票台

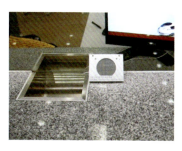

图 2-48　对讲机设置(布置一)

图 2-49　对讲机设置(布置二)

图 2-50　玻璃隔断不锈钢板踢脚

图 2-51　玻璃隔断不锈钢管踢脚

2）公共卫生间、饮水间细部设计

（1）门、墙地面。

卫生间不宜设门，布置时应注意私密性，避免室外的视线干扰和镜子反射造成的折射干扰。卫生间采用易清洁、耐腐蚀、防滑、防水性能好的材料装饰墙面、吊顶和地面，宜用浅色材料。地面与墙面铺贴应整体设计，铺贴拼缝应协调一致，相互对应，不应设置明显的横向线条。卫生间室内地面与相邻候车厅地面高差处不应出现错台，采用缓坡衔接，且过门石不得采用黑色石材。

（2）隔断。

普通候车室卫生间厕位隔断选用乳白色系成品高密度板，隔板基座下边框采用宽 100mm 的亚光不锈钢包边，应保证隔板平直稳定，连接完整牢固，外貌整齐美观。隔间门应采用内开门形式，无障碍厕位及过道宽松的厕位间可采用外开门形式。厕位间应设挂钩，卫生间门锁应具备显示使用状态的功能。

（3）小便斗。

特大型车站和客运专线车站普通候车室卫生间采用立地小便斗，其他车站可采用挂墙式横出水小便斗。小便斗之间不设隔板，间距为 750mm。小便斗款式应简洁大方，尺寸大小应方便使用，给排水管线应暗敷，采用感应冲水，且水流设计应适度。

（4）盥洗台。

盥洗台装饰面宜采用浅色材料，不得采用黑色材料。盥洗台应选用台下盆安装方式，尺寸大小深浅要适度，方便旅客使用。特大型、大型和重要车站应采用简洁的感应水龙头，流量要适度，不得溅水。盥洗台上部应设置镜子和能放小物件的通长搁置板。盥洗台下部给排水管道不宜外露，必要时可设置挡板。洗面盆排水管线明敷时反水弯和接头部位工艺应符合规范。洗脸盆的布置应均匀，布置间距宜为 750mm。残障人士使用的盥洗设施应设在无障碍卫生间内。

（5）饮水台。

饮水台下部给排水管道不宜外露，必要时可设置挡板。饮水器插座、进出水管宜设置在饮水器后面，管线应排布整齐。饮水台面采用易清洁材料，颜色不得采用黑色。

（6）无障碍公共卫生间。

无障碍公共卫生间数量根据候车区空间大小及候车人数而定，应分布均匀。候车区设单独无障碍公共卫生间，净面积不小于 2.0m×2.0m；应在距地面高 400～500mm 处设求助呼叫按钮；厕所门扇向外开启后，入口净宽不应小于 800mm，门扇内侧应设关门拉手，门扇应与卫生间墙面色调一致。距洗手盆两侧和前缘 50mm 处应设安全抓杆，洗手盆前还应有平面尺寸不小于 1.1m×0.8m 的空间。无障碍小便器两侧和上方，应设宽度 600～700mm、高 1.2m 的安全抓杆，小便器下口距地面不应大于 500mm。坐便器高 450mm、两侧应设高 700mm 水平抓杆，在墙面一侧应设高 1.4m 的垂直抓杆。安全抓杆材料为亚光不锈钢管或树脂，直径应为 30～40mm，内侧距墙面 40mm，抓杆应安装牢固。

　　图 2-52～图 2-57 为公共卫生间各方位的实景照片。

图 2-52　盥洗室台面实景（人造石）　　图 2-53　洗手盆和感应式水龙头

图 2-54　感应式后排水大便器　　图 2-55　脚踏式后排水大便器

图 2-56　卫生间落地式小便斗　　图 2-57　卫生间挂壁式小便斗

4. 装饰构件的细部设计

1）门、窗

进、出站口应有主次之分，主入口位置应明显。门应设置在同一柱网或开间内，中间不得出现结构柱或墙。主入口设计应与静态标志统筹考虑，门扇的开启高度不应小于 3.0m，每樘门的最小宽度不应小于 2.1m。

站房不应采用旋转门，特大型和重要车站主入口门应采用电动感应门和平开门组合，县级及以下车站主入口不宜采用电动门。进出站门主要通道应避免设置对旅客通行产生影响的门轴、立梃等障碍物。进出站大门的门扇分隔要均匀，不应留有较小的门扇，门把手一般宜采用圆形亚光不锈钢把手。

公共区域同一空间或墙面的门、窗顶部应平齐，门的颜色应一致，并与空间整体效果相协调。门、窗玻璃原则上统一采用白玻璃，且窗高度应与室内吊顶装修净高相吻合，玻璃顶部不宜高于吊顶顶部。门框采用不锈钢时，应为亚光不锈钢，材质为室内 SUS304，室外 SUS316。公共空间内的外窗不宜设防盗栏或防盗网。电动感应门的底部滑轨应保证平滑，且应与地面平齐。平开门门锁距地面距离应方便使用。窗棂不得影响视觉效果，且窗框应与门框及幕墙分格保持一致，不宜出现异型窗。

出站口处应设置门。

2）幕墙

幕墙的龙骨设计宜参与主体结构设计，立面设计应简洁明快，分块均匀。当幕墙与门形成一个整体时，两者应相互结合，进行整体设计，且分格均匀，分缝对齐，门的正中心上方不应出现幕墙立梃。

为了保证良好的视觉效果，幕墙玻璃分块应尽量大，玻璃幕墙从楼、地面向上的第一块玻璃的分隔高度不应小于 2.2m，颜色不宜过深（有特殊效果要求的除外），一般采用具有安全性能的白玻璃，且应满足节能要求。外玻璃幕墙处可视的室内各构筑物均应做装饰处理。玻璃幕墙第一块分隔范围内不得出现通风窗或窗棂。公共区外窗如设窗台墙，其高度不宜过高。石材幕墙分格尺寸大小适宜，同一区域石材的颜色要均匀一致，紧固件采用不锈钢材质。外墙干挂石材，石材的四边应进行打磨、倒角，干挂石材需要进行六面防护处理。室外石材幕墙结构连接方式的选用应考虑伸缩、沉降不匀等因素。室内石材幕墙采用密拼方式，不得采用离缝打胶方式。室内铝板幕墙 2m 以下应加衬板，确保平整、牢固。室外铝板幕墙优先采用不打胶的开放式；离缝处理时缝宽应与建筑风格相适宜，打胶颜色应与整体协调。当玻璃幕墙在楼面层设防撞设施时，宜采用 $\phi 63mm$ 的不锈钢扶手及 $\phi 50mm$ 的不锈钢踢脚栏杆，高度分别为 1100mm 和 100mm。

图 2-58～图 2-61 为一些实景照片。

图 2-58　北京北站电动感应门

图 2-59　北京北站进站台感应门

图 2-60　清远站石材幕墙与玻璃幕墙的结合处理

图 2-61　采光屋面两侧设置铝穿孔板

2.4　铁路客站的结构设计

铁路客站结构体系的选型和计算、设计,不仅关系到客站的安全性,而且关系到客站的经济性。在保证安全的前提下,应尽可能追求经济合理的结构体系。

铁路客站结构可以分为基础部分,主体结构部分和楼、屋盖结构部分。主体结构又分为站房的主体结构和雨棚的主体结构,屋盖结构也可以分为站房的屋盖结构和雨棚的屋盖结构。基础部分根据不同的地质条件,可以选择相应的基础形式和地基处理方法。由于铁路客站对大空间的需求,主体结构采用的结构体系主要有钢筋混凝土框架体系、钢框架体系和钢混组合框架体系等。屋盖结构采用的结构体系主要是大跨度空间结构。

2.4.1　大跨度空间结构的分类

近年来,我国空间结构蓬勃发展,建筑造型新颖、形式和种类繁多而独特,按传统的空间结构形式和分类方法,可将空间结构划分为薄壳结构、网架结构、网壳结构、悬索结构和膜结构共五类。

采用板壳单元、梁单元、杆单元、索单元和膜单元共五种单元组成来分类各种形式的空间结构,可避免传统分类方法的局限性,具有鲜明的开拓性,如表 2-2 所示。其中双层薄壳、多面体空间框架结构、索穹顶-网壳、张弦气肋梁和预应力装配弓式结构是近 5 年来首次提出的新形式。

表 2-2　空间结构按单元组成分类

单元名称	空间结构名称
板壳单元	薄壳结构、折板结构、波形拱壳结构、带肋薄壳、带肋折板、双层薄壳、悬挂薄壳
梁单元	单层网壳、空腹网架、空腹网壳、树状结构、多面体空间框架结构、空腹夹层板、组合网壳、张弦梁结构、弦支网壳、索穹顶-网壳、张弦气肋梁

续表

单元名称	空间结构名称
杆单元	网架结构、立体桁架、双层网壳、局部双层网壳、预应力网架(壳)斜拉网架(壳)、张弦立体桁架、预应力装配弓式结构、组合网架
索单元	悬索结构、索网结构、张拉整体结构、悬索-桁架结构、索桁结构、拉索网架、索穹顶结构
膜单元	气囊式膜结构、气承式膜结构、刚性支承膜结构、柔性支承膜结构

空间结构按单元组成分类具有如下特性:①由于板壳单元、梁单元和杆单元可认为是刚性单元,索单元和膜单元可认为是柔性单元,所以各种具体形式的空间结构又可归属为由刚性单元组成的刚性空间结构、由柔性单元组成的柔性空间结构和由刚、柔性单元杂交组合而成的刚柔性组合空间结构三大类。②空间结构按基本单元组成分类具有鲜明的直观性、实用性、包容性和开放性四大特点,它不仅可确知各种形式空间结构的组成,而且可初步确定利用哪些计算方法和程序进行结构分析;它不仅可包络当前所有各种形式的空间结构,而且可包容、囊括今后开发和创造的新型空间结构。

铁路的提速和高速铁路与城际铁路的快速发展,一大批大跨度、大柱网的大型铁路客站建筑在国内大量兴建。大型铁路客站是集铁路、城市轨道交通、公交、出租车、社会车等多种交通方式于一体的综合交通枢纽,地上建筑与地下建筑结合、房屋建筑与桥梁建筑合一,结构复杂且层数多,上部形态各异的大跨度空间结构与下部结构有机结合,协同工作,这也是大型客站建设设计与施工中应特别关注的科技问题。

近年来,我国已建成有代表性的铁路客站主站房屋盖结构工程如表 2-3 所示,其结构形式有梁系结构、立体桁架结构、拱结构、张弦梁(拱)结构、单层与多层网壳结构、张弦网壳结构、网架结构以及各种组合的空间结构,跨度大、结构形体新颖,为所在城市建设一地标式建筑。例如,2009 年年底建成通车的新武汉站主站房,平面尺寸为 188m×260m,采用拱与网壳组合的空间结构屋盖,结构主体由间距为 65m 的三跨(36m+116m+36m)大拱、拱上 V 形支撑、变厚度双层网壳组成(图 2-62)。又如,天津新西站主站房屋盖,平面尺寸 114m×400m,采用变高度变宽度矩形截面钢管两向斜交斜放单层柱面网壳结构,两端自由悬挑梁跨度为 16m。

表 2-3　具有代表性的铁路客站主站房屋盖结构工程

序号	工程名称	结构形式	平面形状及尺寸
1	上海南站	梁系结构	扁圆锥形直径 294m,内压环直径 26m,内柱(18 根)环直径 150m,外柱(36 根)环直径 226m
2	北京南站	梁与立体桁架结构	椭圆 190m×350m×2.0m(中跨),×3.0m(两侧),矢高 40m
3	新武汉站	拱与网壳结构	(36+116+36)m×(4×65)m,矢高 59m

续表

序号	工程名称	结构形式	平面形状及尺寸
4	广州新站	张弦梁(拱)与张弦网壳结构	222m×468m,内部柱网 32m×68m
5	天津新西站	单层网壳结构	114m×400m,矢高 37m
6	成都东站	平面与立体桁架结构	(27+150+27)m×380m×(4~6.5)m
7	西安北站	网架结构	150.5m×480m
8	杭州东站	立体桁架结构	285m×516m×(3.5~4.4)m

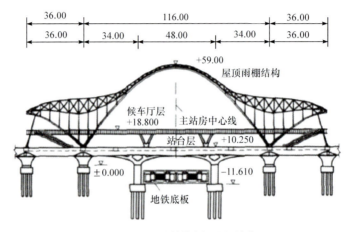

图 2-62　新武汉站结构剖面图(单位:m)

　　为方便旅客,体现以人为本的新理念,新建铁路客站站台大都采用无站台柱雨棚,雨棚横向跨度要求不小于 21.5m,支承柱可设在两股铁道中间。因此,形态各异的大、中、小跨度空间结构都可适用于站台雨棚屋盖结构。表 2-4 给出了具有代表性的铁路客站无站台柱雨棚结构工程。北京南站雨棚采用具有特色的悬垂工字梁结构,结构主体主要是最大跨度(顺轨向)达 66m 的悬垂工字梁系,为抵抗风吸力,设反向斜拉索,支承在间距(横轨向)41.2m 的 A 字形柱上(图 2-63)。深圳北站雨棚采用一种新型的弦支柱面网壳,这是一种单元尺寸为 14.0m×21.5m、多跨多波连续的单环弦支圆柱面单层网壳结构,支承在四角锥柱帽斜杆的上端,柱网尺寸为顺轨向 28m,横轨向 43m(图 2-64)。

表 2-4　具有代表性的铁路客站无站台柱雨棚结构工程

序号	工程名称	结构形式	平面形状及尺寸
1	北京北站雨棚	张弦立体桁架	118m×680m
2	北京南站雨棚	悬垂工字梁结构	两块月牙形平面 126.6m×322.6m
3	天津站雨棚	张弦梁(拱)结构	横轨向 48.5m+2×41m+42m+39.5m; 顺轨向柱距 18~24m,矢高 4.5m

续表

序号	工程名称	结构形式	平面形状及尺寸
4	武汉新站雨棚	双层网壳结构	两块曲边四边形平面 144m×358m
5	广州新站雨棚	张弦梁(拱)结构	顺轨向柱距 32m；横轨向柱距 50～58m；总覆盖面积 140000m²
6	深圳北站雨棚	弦支网壳结构	顺轨向柱距 28m；横轨向柱距 43m；总覆盖面积 68000m²
7	青岛站雨棚	单层网壳结构	(44+39×2)m×472m

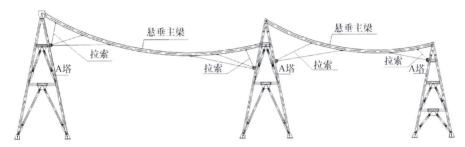

图 2-63　北京南站无站台柱雨棚结构

图 2-64　深圳北站无站台柱雨棚结构

2.4.2　铁路客站大跨度空间结构选型

　　铁路客站与体育馆、会展中心等公共建筑不同,其独特的结构形式(如大多数铁路客站采用"建桥合一"结构)、复杂的施工条件决定了大跨度空间结构应用于铁路建筑时,会受较多制约,站房和雨棚屋盖体系的选型就是典型代表。站房、雨棚的结构形式涵盖了管桁架、网架、网壳、索拱、张弦梁及其组合形成的结构形式等多种大跨度结构体系,结构选型在大跨度屋盖的设计中尤为重要。

　　大跨度结构的选型涉及建筑、结构、力学、美学、经济学、施工方法等多个方面,通常要考虑以下因素。

1) 结构的功能适应性

结构选型应首先考虑结构形式对建筑功能的适应性,选取不同的结构形式,建筑物所能取得的结构使用空间大小不同。候车室的主要功能是给旅客提供宽敞、舒适的候车空间,雨棚的主要功能是遮雨和形成通透、流畅的站台环境,结构选型首先应该保证这些使用功能的实现。目前铁路客站中普遍采用的大跨度屋盖、无站台柱雨棚设计就是对功能适用性的诠释。

2) 结构的受力合理性

结构的受力合理性是指结构体系传力明确、结构抗风抗震安全、应力分布合理、破坏机理合理等,用于大型铁路站房、雨棚结构设计时,还要注意结构超长带来的温度缝设置以及雨棚结构体系防连续倒塌等问题。

各种结构体系有各自的受力特征,网架结构整体刚度大,稳定性好,安全储备高;网壳结构杆件内力分布较均匀,可以充分发挥材料的强度,并具有丰富的建筑造型;管桁架具有截面各向等强度、承载力高、抗扭刚度大等特点。结构选型要综合比较各种结构体系的优劣,并综合考虑经济、美观、施工可行等因素,选择最合理的方案。

3) 结构的经济有效性

大跨度结构的经济指标是指结构的全寿命周期费用,不仅包括结构的建造成本,如用钢、结构安装等费用,还包括维护成本和改造成本。在有些客站中,结构的经济指标还包括预期灾害损失和加固费用。结构选型应该综合考虑这些经济指标,并选出最为经济有效的方案。

4) 结构的施工可行性

选择结构形式要结合结构施工工艺因素考虑工程的具体施工条件,不同的施工工艺材料消耗、劳动力、工期、造价等技术经济指标均不相同。同时,大型枢纽客站施工往往涉及下穿的地铁施工或既有运营铁路,钢结构施工吊装施工空间有限、材料运输受场地影响、工期紧张等因素都应该在结构选型时考虑。

5) 结构的美学效应

结构的美学效应是指建筑视觉美和结构技术美的和谐统一。近几年在铁路客站屋盖结构选型上,有许多用结构来体现建筑视觉美的案例,如武汉站站房采用拱支双向网壳体系,站房中部最大拱跨为 116m,矢高为 45m,外形似飞翔的黄鹤,切合了"千年鹤归"的寓意;西安北站站房屋盖由 11 个 4 坡的坡屋面单元体形成折板网格结构,体现了"唐风汉韵"的文化内涵等。

2.4.3 大跨度空间结构在铁路客站中的应用

1. 在兰州西站中的应用

站房主体结构由下到上为轨道层结构、高架层结构、高架夹层结构及屋面结构,共三层。铁路主站房东西两侧为站台雨棚,两侧站台雨棚关于中部站台对称布置。站房和雨棚的剖面示意图如图 2-65 和图 2-66 所示。

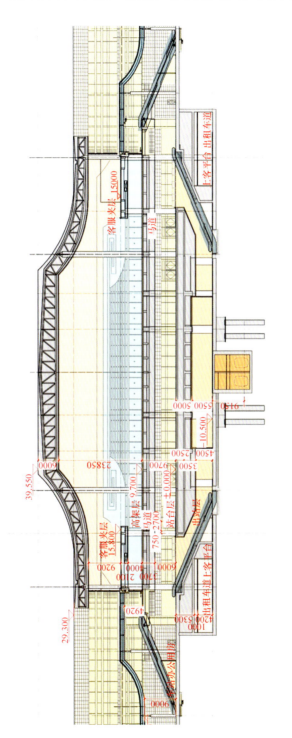

图 2-65　站房横剖面图（单位：mm）

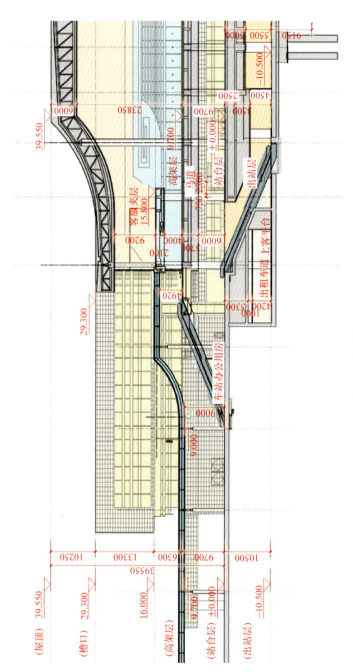

图 2-66 站房及雨棚剖面图（局部）（单位：mm）

站房屋盖结构横轨方向长 370m，顺轨方向宽 228m，屋盖呈几字形，矢高 10.8m，屋盖最高建筑标高 39.550m。站房屋盖主结构采用正交空间管桁架结构体系。

2. 在北京南站中的应用

北京南站站房汲取天坛的建筑元素，采用三重跌落式椭圆造型，建筑效果别具一格。

1) 桥建合一结构体系

桥建合一结构体系是指为了适应站台轨道层跨越地下地铁层，同时支承候车层及屋顶的功能需要，而将桥梁与房屋建筑结构组合一体的综合结构体系。这种结构形式既有效地利用了股道上下空间，又营造出宽敞的候车、换乘环境，是站房集成化布置的必然选择。

在北京南站的设计方案中，主要提出了两种桥建合一结构体系：一种是下部桥梁结构采用桥墩与箱梁结构体系，上部结构柱直接嵌固在桥墩顶且与铁路箱梁完全分开，其桥墩和箱梁的尺寸均较大；另一种是桥梁结构采用框架结构，上下部分结构形成整体框架结构体系。经方案比选论证，最终采用了整体框架结构体系。其站台轨道层既为铁路桥梁结构，又为房屋框架结构。为考虑各部分结构之间的相互影响，采用整体结构模型进行分析。站台轨道层结构按照相关铁路规范进行检算，并满足房屋建筑规范的要求(图 2-67)。

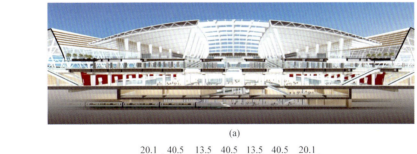

(a)

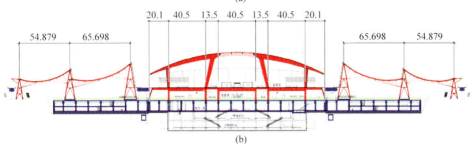

(b)

图 2-67　北京南站建筑剖面示意图(单位:m)

2）屋盖结构

大跨度空间结构的设计应首先根据建筑形体选取合理的结构方案，充分发挥空间结构的三维受力特性，在保证结构安全和满足建筑功能的前提下，力求结构设计的先进性和经济性。

主站房屋面平面呈椭圆形，椭圆长轴 350m、短轴 190m，屋面结构高度为 40m；基本柱网横向为三跨，跨度为 40.5m＋67.5m＋40.5m，两侧各悬挑 19m；纵向柱距为 20.6m，共 17 榀横向刚架。通过方案比较研究，屋盖采用实腹结构与空腹结构相结合的结构体系，即中间跨为实腹梁，两侧采用桁架结构。其中，实腹梁高 2m，桁架高 3m。

3）高架候车层结构

高架候车层结构位于站台层正上方，为实现无站台柱的效果，结构柱设置在列车轨道间。应根据建筑功能需要和柱距大小，并结合工程的具体情况，确定合理的楼盖结构形式，在满足结构安全的前提下，注意其经济性。

对高架候车层研究了多种结构形式：预应力混凝土框架结构形式、钢桁架梁与钢管混凝土柱组成的框架结构形式，以及实腹式钢梁与钢管混凝土柱组成的框架结构形式。结合工程实际情况，经方案研究比较，最终采用大跨度钢框架结构形式，结构布置如图 2-68 所示。结构层高 9.5m，结构平面呈椭圆形，最大柱网达 20.6m×40.5m。框架柱在满足线间距的前提下，采用矩形钢管混凝土柱，标准断面为箱形 1600mm×1200mm×60mm×60mm，柱内灌 C50 微膨胀混凝土。框架梁采用焊接 H 形钢梁，顺股道方向断面 H2900mm×1000mm×45mm×75mm，垂直股道断面 H1600mm×800mm×30mm×50mm。为减少结构温度作用，设计采用双支柱的形式，将高架层分为相互独立的三部分。

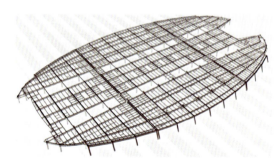

图 2-68　北京南站高架层钢框架模型示意图

4）站台轨道层结构

站台轨道层是实现铁路客站功能的关键部位，既承担车场轨道、站台、上部高架候车室荷载，又要满足地下出站厅及地铁等使用功能，在满足结构安全的前提下,应尽可能满足建筑使用功能的要求,采用合理的结构形式。

站台轨道层位于地面层,总长约 400m,总宽约 348m。通过设置变形缝,结构被分成 3 个区共 9 个结构单元,其中Ⅱ-2 区的桥建合一结构最为典型。作为上部结构的基础以及列车荷载的直接承受结构,轨道层的纵横向刚度直接影响整个站房结构的受力性能。为了增加站房结构整体性且满足列车通过要求,Ⅱ-2 区结构顺轨向采用 $2\times10.5m+11\times13.5m+2\times10.5m$ 连续刚架,垂直轨道方向采用 $6\times20.6m$ 连续刚架结构,形成纵向长 192m、横向长 125m 整体空间框架结构体系,结构模型如图 2-69 所示。

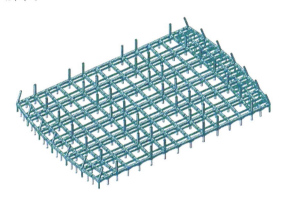

图 2-69　Ⅱ-2 区轨道层结构与上下结构柱结构模型

5) 对大跨度楼盖振动及舒适度的控制

大跨度楼盖结构在其自振频率与旅客步行频率接近时,人行激励振动的影响可能较大;同时,作为桥建合一结构,列车荷载引起的振动也不可忽视。两种振动不仅影响结构受力,而且影响大跨度楼盖竖向振动舒适度。由于高架候车层作为旅客的主要候车场所,应严格控制其舒适度问题。

在人行激振下,北京南站高架候车层 40.5m 跨主梁的最大竖向位移值为88.75mm,小于 101mm 的限值;最大应力值为 181.6MPa,小于 295MPa 的限值,满足要求;列车荷载引起的振动分析表明,其 40.5m 跨主梁的振幅很小,满足结构的振动安全性要求。

参照《城市人行天桥与人行地道技术规范》(CJJ 69—1995)中的规定,天桥上部结构竖向自振频率不应小于 3Hz,而北京南站 40.5m 跨楼盖第一模态竖向振动频率只有 2.3Hz,不满足要求。但是,楼盖振动对人的舒适度影响主要体现在其振动峰值加速度方面,参照国际相关标准,铁路客站的振动峰值加速度限值应小于0.015g。即使候车大厅内人数超过 100 人同时按 2.3Hz 同一激振频率激振,40.5m 主梁的跨中竖向加速度幅值接近或略超过 0.015g。考虑实际中所有人完全按同一频率行走的可能性太小,可认为满足舒适度要求。至于列车荷载,引起振动的加速度幅值远小于 0.015g 的限值,满足舒适性的要求。

6）站台雨棚结构

无站台柱雨棚将结构柱设置在线路中间,采用大跨度空间结构覆盖整个车场,能提供开敞的空间,给人以视觉享受。因此,站台雨棚的空间结构设计和主站房建筑外观同样重要。

结合雨棚的形状曲线,顺轨道方向布置向下悬垂的工字钢梁,悬垂曲线为圆弧形。工字钢间距约 6.8m,最大跨度约 66m,截面尺寸为 600mm×350mm×10mm×20mm。当雨棚受到向下荷载作用时,工字钢梁像悬索一样承担荷载。当雨棚受到向上荷载作用时,工字钢梁以拱的形态来承担荷载。为了使工字钢梁能最有效地发挥其拱形作用。在工字钢梁和 A 字形框架柱之间安装了斜拉索,将每根工字钢梁分成 12 段,以减小计算长度,确保其在拱平面内的稳定性。以如图 2-70 所示 D、E 悬垂梁为例,其特征屈曲分析结果表明,施加斜拉索后,悬垂梁有效长度系数减少至 0.165,构件稳定性满足要求。

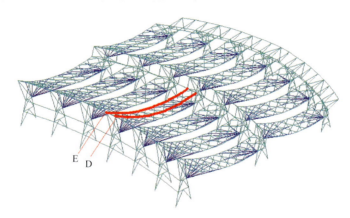

图 2-70　特征屈曲分析结果

3. 在武汉站中的应用

1）站房屋盖结构

根据"千年鹤归"的黄鹤文化寓意,武汉站屋面形状形似飞翔的黄鹤,屋盖结构采用拱支网壳结构体系(图 2-71)。站房屋盖结构为双向正交桁架组成的双层网壳,中央站房支承结构由五榀主拱、半拱形曲梁和斜立柱组成,网壳与拱之间用 V 形撑连接。五榀拱间距 64.5m,站房中心最大拱跨 116m,矢高 45m;前后端部拱跨 81.4m,矢高 44.2m。中央站房屋盖与支撑结构组成 W 形断面(图 2-72),壳状的几何外形保证了其刚度,以抵抗整体弯曲。屋面网壳与主拱、半拱形曲梁组成了

"拱-壳"组合体系。

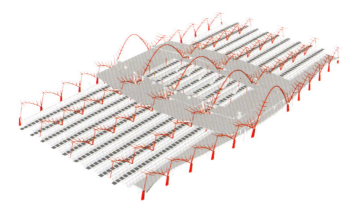

图 2-71　武汉站屋盖结构体系示意图

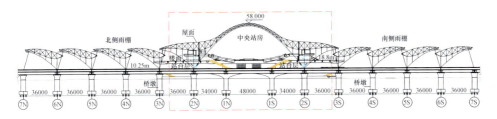

图 2-72　武汉站顺轨向剖面示意图(矩形虚线框表示中央站房范围)(单位:mm)

2) 站台轨道层结构

武汉站站台轨道层位于地面以上 10.250m 标高处,是一个高架的桥建合一结构。为了使通行列车对结构的振动影响降到最低,设计时尽量使站房、雨棚支座坐落在桥墩上,桥墩为直径 5.3~6.0m 的钢筋混凝土柱,桥墩刚度可以保证其对上部结构的嵌固。根据建筑造型,桥梁柱网轴线采用平行复制弧线而不是同心圆弧线的布置方式,以此简化结构类型,便于杆件的标准化生产。桥梁跨度顺轨向 $5 \times 36m+34m+48m+34m+5 \times 36m$,横轨向 21.5m。

3) 站台雨棚结构

武汉站雨棚结构为异型单元式树枝状支撑网壳结构体系(图 2-73),异型单元式树枝状结构单元由半拱曲形梁、斜立柱及 V 形撑组成。曲梁跨越跨度 36m,沿横轨向间距 64.5m。半拱形曲梁与相邻支撑单元的斜立柱共用一个桥墩。在斜立柱中上部位,斜立柱穿过雨棚屋面结构,沿轨道方向,每片雨棚及中央站房屋面之间不传递屋面温度应力,每片结构单元与相邻单元间自然构成结构伸缩缝。

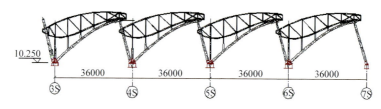

图 2-73　武汉站雨棚结构横轨剖面图（单位：mm）

4. 在广州南站中的应用

1）站房屋盖结构

广州南站主站房屋盖由于建筑造型复杂，柱网尺寸大，采用了索壳结构和索拱（张弦梁）结构组成的复杂空间结构体系，以结构美体现了轻盈简洁的"南国芭蕉"建筑形态。索壳结构和索拱结构均为自平衡结构体系，自重轻，能跨越较大跨度。站房中央采光带跨度为 34～60m，悬挑檐口跨度达 100m 左右，采用索壳结构体系，网格边长为 3～4m（图 2-74）。屋盖其余部分采用索拱（局部为张弦梁）结构，跨度为 68～100m。

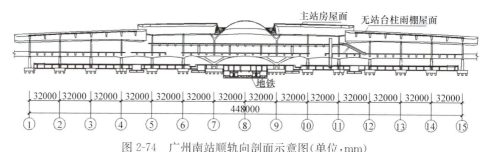

图 2-74　广州南站顺轨向剖面示意图（单位：mm）

2）站台雨棚结构

广州南站雨棚主要结构形式为索拱，单榀索拱跨度为 50～68m，支撑在站台的 Y 形柱上。Y 形柱沿纵向柱距为 32m，通过梯形桁架连接。拱间距为 16m，每个拱包括两根直径 650mm 的钢管，如图 2-75 所示。沿垂直轨道方向，拱的高跨比逐渐降低，结构形式也由索拱逐渐变化为张弦梁。

图 2-75　广州南站雨棚钢结构剖面图

5. 在上海虹桥站中的应用

为实现"平直方正厚重"的建筑形态（图 2-76），上海虹桥站站房屋盖结构采用大跨的三角形立体桁架与钢管混凝土柱刚性连接，同时有效地提高了上部结构的侧向刚度。屋面结构分上下两层，中间高，两侧低。中央屋面结构标高 40.0m，两侧屋面标高 30.0m。中央屋面层结构为 4.2m 高的空间三角桁架，横向跨度 72.0m。两侧屋面层结构采用 1.4m×1.4m 钢管混凝土柱与高度为 3.0m 的钢桁架组成的框架体系，框架横向跨度 45.0m，纵向跨度 43.0m+46.0m，局部 12.0m。屋盖高差部分做成巨型桁架，巨型桁架的上弦为三角形管桁架，管桁架支承中央屋面；下弦为单根钢管，钢管与对应位置的柱间桁架一起支承侧边屋面。

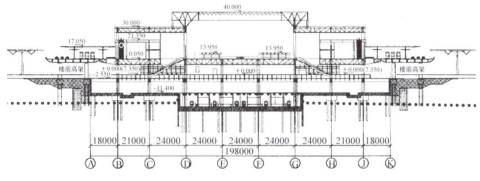

图 2-76　上海虹桥站顺轨向剖面示意图（单位：mm）

6. 在西安北站中的应用

西安北站"唐风汉韵"的建筑造型（图 2-77 和图 2-78）既具有浓郁的地域文化底蕴，又充分体现了时代精神。站房屋盖由 11 个单元体组成，每个单元的基本形态为 4 坡屋面。屋盖顺轨方向跨度为 42m+66.5m+42m，垂直轨道方向跨度为 43m，局部 47m；屋盖四周悬挑长度均为 21m。屋盖支撑柱顶采用倒四角锥的斜撑，有效地减小了屋盖网格结构的跨度。屋盖采用刚度较好且自重较轻的空间网格结构，不仅满足了建筑造型的需要，而且减轻了屋盖双向大跨度悬挑引起的水平和竖向地震作用对下部结构影响，取得了较好的经济效益。

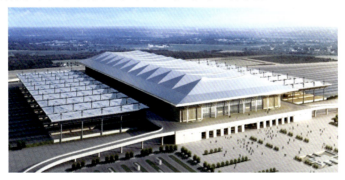

图 2-77　西安北站建筑鸟瞰效果图

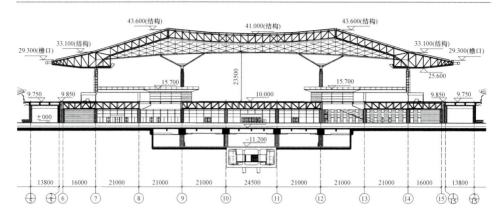

图 2-78　西安北站屋盖结构顺轨向剖面示意图(单位:mm)

7. 在杭州东站中的应用

屋盖采用双向正交管桁架组成的空间格构与格构柱的板柱结构体系拟合建筑外形,实现了建筑主体圆润流畅的"钱塘潮涌"建筑造型(图 2-79 和图 2-80)。屋盖平面尺寸顺轨向285m,垂直于轨道方向516m。在顺轨方向,屋盖结构正面最外侧部分最大跨度约118m,其余部分最大跨度约84m,钢管桁架的结构高度从跨中区域的3.5~4.4m逐渐变为两侧端部的7.2m左右。在垂直轨道方向,屋盖结构跨度为43~68m。

图 2-79　杭州东站建筑鸟瞰效果图

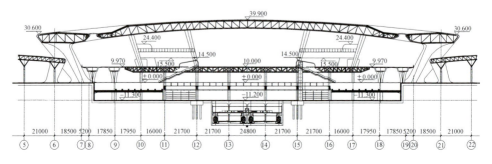

图 2-80　杭州东站结构顺轨向剖面示意图(单位:mm)

2.5　铁路客站的空调、通风、采暖设计

新型客站空间庞大、结构复杂，二十四小时运行，"假日经济"的发展更是让这些客站空调负荷与平时差异显著。另外，建筑能耗问题已成为人们关注的热点，这就使得客站空调、通风、采暖设计在满足健康、舒适基本要求的同时，还需要按照不同的运行模式把能耗降下来。因此，加强空调、通风、采暖设计就成为重中之重。

2.5.1　空调、通风、采暖设计的常见问题

随着铁路客站的不断涌现和快速发展，人民生活水平逐渐提升，人们对生活条件、舒适度具有更高要求。然而，现实生活中，铁路客站空调、通风、采暖设计通常存在诸多不足，严重影响了人们的生活、出行。

1. 设备定位与管线定位的问题

客站需布设较多管线。对于不同的系统，其设计图纸是独立的，在开展设计时必须结合自身特点、安装路线来系统考虑管线布设。整个空调系统主要包含较多管线、设备，如管线中就包含冷凝水与冷冻水管、排风管与送回风管。对于空调系统施工，往往是在其他系统管线排布之后才实施，在布设空调系统的管线时会造成平面、纵断面位置中的交叉，致使无法按原图布设，增加了后续施工难度，无法确保工程质量。因此，在管线设计中，设计单位各专业间要加强工作衔接，综合考虑各种碰撞问题，做出精确的计算和布设。

2. 设备噪声超标

采暖、空调设计最为关键的问题在于末端设备运转，国内大多数空调技术较为成熟，设备噪声指标与国家标准相符合，但对于大风量的空调机组，往往会出现噪声问题，其实际测量值通常比产品样本参数要高。空调产品发展方向是噪声控制，客站作为公共场合噪声分贝较高，严重影响了人们工作、生活，不利于建筑工程质量。所以，在设计中必须高度重视这个问题。

3. 空调水循环、水系统堵塞

空调水系统施工质量对采暖、通风系统的正常运作具有直接影响，最常见的是冷冻水管的堵塞，导致管路循环不畅。同时，因客站内部具有较多管道，存在管线交错问题，导致整个布局不合理，使空调管道不能达到标准高度，对管网循环造成影响。

2.5.2　空调、通风、采暖设计优化对策

1. 设计可靠性、可行性

客站设计可靠性包含设计经济性、运行安全性问题。设计可行性要求设计达到相关要求、规范，提供充分供水、暖通设备，以保证正常工作。设计过程中，需考虑供电、供水变化情况。设计中对于非标设备的选择需考虑一些新的参数，必须满足科学、合理的要求。

2. 设计的经济性

采暖、空调、通风设计方案受市场价格、设备档次与能源价格等因素影响较大，这些因素均属于经济对比指标。同时，要确保系统结构的科学性、合理性，暖通设计必须考虑设备运行的费用。所以，在设计时应将设备维修、使用寿命纳入经济对比范畴。

3. 设计可调节性、可操作性

客站采暖通风空调必须具备科学、合理的调节功能，具有 VAV、VRV 的空调系统，两种设计空调方案能耗小、一次性费用相对较高。因为空调系统逐渐提升自动化水平，所以需适度降低劳动数量、劳动强度，增加适当投资费用，加强技术经济性对比，不断提升管理人员素质。在季节转换时，阀门需设置为手动控制，调节控制、设备数量、规模较大的系统工程，需选择自动控制，为降低管理人员工作量，为确保系统稳定性、可靠性，尽可能简化自动控制系统。

2.5.3　空调、通风、采暖设计实例分析

福州客运南站作为火车南站的配套项目，是整个火车南站地区交通系统的一个重要组成部分，它和火车南站、公交车站及规划的轨道交通组成一个综合性大型交通枢纽，其年平均日旅客发送量 25000 人次，日旅客最高聚集人数 2000 人。

本工程分 A、B、C 三个区。A 区地上 3 层，B 区地上 4 层，C 区地上 7 层。东西向长 239m，南北向长 140m，地上总建筑面积为 36245m²；地下一层，地下室建筑面积 8463.7m²。地下一层为机动车停车库（局部为战时人防）及设备用房，地上部分楼层主要功能如下。

A 区：1 层为入口大厅、短途候车室、行包室、商店；2 层为快速车候车室、咖啡厅、茶室、驻站公司营业点；3 层为职工餐厅、职工健身房、多功能厅、贵宾候车室。地上建筑面积 21404.8m²。

B 区：1~4 层均为配套办公，地上建筑面积 6206.8m²。

C区：1～7层均为司乘宿舍，地上建筑面积8632.8m²。

大楼空调面积约为12830m²。

1. 空调系统设计参数

室内计算参数如表2-5所示。

表 2-5　室内计算参数

房间名称	夏季		新风量	A 等级噪声
	室温/℃	相对湿度/%	/(m³/(h·p))	/dBA
入口大厅、候车室、商店	25～27	≤65	20	50
咖啡厅、茶室	25～27	≤65	25	50
办公、多功能厅、健身房	25～27	≤65	30	40
餐厅	25～27	≤65	20	50

2. 空调系统设计

1）空调冷热源

本工程中央空调部分计算冷负荷3155kW，空调单位建筑面积冷负荷指标为147W/m²。

2）空调冷冻水系统

中央空调水系统采用一次泵系统，二管制闭式循环，水管水平同程竖向异程布置，下供下回，冷冻供水、回水温度为7℃/12℃。空调水系统分三个供回水环路，分别为一层为一个环路，二层驻站公司营业点与三层餐厅、多功能厅为一个环路，二层候车室与三层候车室为一个环路。各分支的回水干管上设平衡阀，用以调节各分支路的水力平衡，设高位膨胀水箱定压。

3）空调冷却水系统

空调冷却水系统采用两台直交流式方型冷却塔，冷却塔额定冷却水循环量均为375m³/h，冷却水供、回水温度为32℃/37℃。冷却塔、泵与冷水机组一一对应。冷却塔设在2层屋面。

3. 通风系统

1）地上部分

一层至三层候车室排风系统与消防排烟系统合用，风机设在屋面。非空调季节时开启风机排风，火灾时关闭排风支管电动防火阀，同时开启排烟口及排烟机进行排烟。二层驻站公司营业点，三层职工餐厅、多功能厅、贵宾候车室各设置水平机械排风系统，由外墙水平直接排出。排风量按空调系统新风量的80%计。公共卫生间排风量按换气次数≥12次/h计,各层设排风机经竖井排至屋面。

2) 地下室

地下室机动车库设机械排风兼排烟系统;水泵房、制冷机房、变配电房设置独立机械送、排风系统;发电机房仅考虑常规通风,本设计为其预留直通室外的进、排风竖井。地下车库及其他设备用房送、排风系统的风量按换气次数确定,详情如表2-6所示。

表2-6　换气次数确定

房间名称	换气次数/(次/h)	
	进风	排风
地下车库	3(部分车道自然进风)	6
水泵房	自然进风	6
变配电房	13	15
制冷机房	6	6
发电机房	竖井自然进风	8(不含工艺排风)

4. 自动控制

1) 风机盘管和空气处理机组的控制

空调区域温度控制均通过控制进入空调末端设备的冷水流量实现。在风机盘管和立柜式空调器回水管上设电动二通阀和恒温控制器,自动改变进入末端设备的冷水量,实现区域温度自动控制。新风空调箱设过滤器堵塞超压报警装置,其原理如图2-81和图2-82所示。

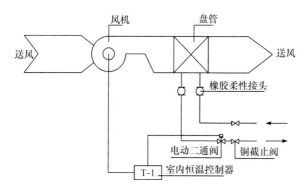

图2-81　风机盘管控制图

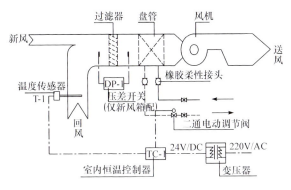

图 2-82　空调箱控制图

2）制冷主机及水泵的控制

制冷主机、水泵及冷却塔等均采用中央空调能源管理系统进行控制,同时控制系统提供基于能量平衡的动态水力调节功能控制冷水区域管路流量,以实现空调水系统的最大节能。

动态平衡阀的使用可有效解决因冷水回路过长可能引起的水力失调问题,中央空调能源管理系统的应用以及制冷主机及水泵采用变频控制方式的变流量空调水系统的设计可有效解决冷负荷变化大的问题,以降低空调系统的能耗,提高节能效果。

3）通风、防排烟系统控制

防排烟系统采用就地手动控制和消控中心遥控相结合的方式,排烟阀以及空调、通风系统总管上的防火阀均与系统风机连锁。通风系统风机开关均能就地控制,也可由消控中心遥控。

2.6　铁路客站的给排水设计

2.6.1　给排水设计思路和原则

给排水设计作为站房机电设计中不可缺少的一环,也由原来的以满足使用为要求逐步提高为以安全性、功能性、舒适性、集约性等多方面并重为要求。

给排水设计的另一重要方面是对消防设备的设计。铁路站房为人员密集型场所,且多为面积大、高度高的高大空间场所,且其内不仅有供站房使用的相关配套系统,还有与行车安全相关的通信、信号设备,用电设备众多且分散布置,配电系统复杂,防火要求高,其消防设计关系重大。

站房给排水设计应以站房的使用功能为中心,要有全局视野,不能局限在本专业内部。设计中不仅要满足本专业的系统要求,还应尽量减少对建筑的影响,如立管应布置在不影响美观的管井内、墙角边、柱边,消防水箱的设置不影响结构安全等。

2.6.2　给排水设计分类

铁路客站给排水系统包括给水系统、排水系统及中水系统。

1）给水系统

给水系统包括站房用水量、水源、系统设计、热水与饮水。

2）排水系统

排水系统包括污、废水系统和雨水系统。铁路站房屋面雨水排水系统常用的有两种：半有压屋面雨水系统（87型雨水斗）和压力流屋面雨水系统（虹吸）。

3）中水系统

《建筑中水设计规范》（GB 50336—2002）总则中明确指出，缺水城市和缺水地区适合建设中水设施的工程项目，应按照当地有关规定配套建设中水设施。

2.6.3　铁路客站的给排水设计实例

青州北站站房（以下简称站房）为胶济客运专线新建旅客站房，位于青州市高新技术开发区，候车室最高聚集人数为1200人，为中型旅客站房，线下型布置，建筑面积6566.69m²，建筑体积75649m³，站房主体最高点距地面22.7m。站房分两层，局部地下层由进出站集散厅、普通候车室、VIP候车室、商业服务区、贵宾室、售票厅、行包房及车站办公和设备用房组成。站房空间、体量较大，进出站流线简捷分明。

1. 给水系统

1）水量计算

站房用水量由站房旅客用水、工作人员办公用水、商业用水及未可预见用水等组成。站房用水按现行《建筑给水排水设计规范》（GB 50015—2003）、《铁路旅客客车车站建筑设计规范》（GB 50226—2007）及《铁路给水排水设计规范》（TB 10010—2008）中公共建筑生活用水定额确定。计算结果如表2-7所示。

表2-7　站房用水定额及用水量

用水对象	用水单位数/人	用水量标准	小时变化系数	用水时间/h	用水量	
					最大时/(m³/h)	最高日/(m³/d)
旅客（发送人数）	4300	4L/(人·d)	3.0	16	3.3	17.2
工作人员	50	50L/(人·d)	1.2	16	0.18	2.5
商业	120	8L/(人·m²)	1.2	16	0.08	1.0
未可预见水量	按1~3项之和的20%计				4.2	
合计					3.56	24.9

2）站房给水系统选择

首先应计算站房给水系统中最不利用水点管段设计秒流量，确定该管段管径在经济流速下总水头损失 $\sum h_y$，将该管段与距室外埋地给水干管几何高差 h_x 和最不利卫生器具工作水压 h_z 进行叠加，校核室外给水压力是否满足要求。根据站房旅客用水量特点，站房给水系统设计秒流量应按用水集中型公式计算，站房便器等卫生洁具均采用延时自闭冲洗阀，计算管段给水设计秒流量按下式计算：

$$Q_g = 0.2\alpha q_g + 1.1$$

式中，Q_g 为计算管道的设计秒流量，L/s；q_g 为计算管段的卫生洁具当量总数，大便器等洁具用自闭冲洗阀均以 0.5 计；α 为根据建筑物用途而定的系数，客站取 $\alpha=3$；1.1 为附加流量。

依上计算二层卫生间内最不利管段 DN 40mm 管径，经济流速 1.2m/s，总水头损失 $\sum h_y = 4.24$m，几何高差 $h_x = 12$m，最不利卫生器具工作水压 $h_z = 5$m，总计 21.24m，站区给水管网压力（0.24MPa）可满足最不利点用水压力的要求，本工程生活给水系统不分区，由站区给水管网直接供给。新建站房从站区既有 DN 100mm 供水管上接引。

3）站房饮用水及生活热水系统

饮水定额旅客按 0.2L/（人·次）计，工作人员按 2L/（人·班）计。小时变化系数取 1.0。站房饮水点较为分散，不采用集中式饮水供应方式，各候车大厅及职工办公饮水点采用全自动净化电热开水器分散制备饮用水。

2. 室内排水系统

1）生活污水系统

（1）生活污水系统计算。

生活排水系统排水定额是其相应的生活给水系统用水定额的 85%～95%，小时变化系数与其相应的生活给水系统小时变化系数相同。生活排水管道设计秒流量按下式计算：

$$q_F = 0.12\alpha N_p + q_{max}$$

式中，q_F 为计算管段排水设计秒流量，L/s；N_p 为计算管段的卫生器具排水当量总数；α 为根据建筑物用途而定的系数，客站取 $\alpha=2.5$；q_{max} 为计算管段上最大一个卫生器具的排水流量，L/s。

（2）生活污水系统排放方式。

站房室内废水、污水采用合流制排放。站房生活污废水系统分为重力流和压力流两种方式。地面以上部分污废水采用重力排水直接外排至室外化粪池，生活排水立管设伸顶通气管，对于连接 6 个及 6 个以上的大便器横支管设置了环形通气管,以提高排水能力。排出管管径均按比计算值放大一级设计。地面以下消防泵房内废水采用压力排水形式,设水位自动控制装置控制潜水泵启停。

　　2) 雨水排水系统

雨水排水系统采用重力流雨水系统,根据《建筑给水排水设计规范》(GB 50015—2003),站房按重要公共建筑类别考虑,屋面雨水排水工程与溢流设施的总排水能力按不小于 50 年重现期的雨水量、集流时间 5min 计算。屋面雨水管道的设计重现期为 10 年,为配合建筑专业使站房外立面美观及视觉效果较好,站房南侧部分雨水立管设置为雨水内排水系统,雨水立管在满足设计要求的前提下,尽量减少立管数量并控制管径,管材采用 UPVC。设计雨水流量应按下式计算:

$$q_y = 3600K_1F_wq_5$$

式中,q_y 为设计屋面雨水流量,L/s;q_5 为降雨历时 5min 的暴雨强度,取 443L/(s·hm²);K_1 为考虑重现期为 10 年和屋面蓄积能力的系数,坡屋面取 2.5;F_w 为屋面汇水面积,m²。

汇水面积按屋面实际面积的水平投影面积计算,将主站房高出两侧屋面的侧墙最大投影面积的 1/2 计入总的屋面汇水面积,取 5000m²。从屋顶平面图上的汇水情况看,可分成 22 个汇水面积汇水区,共布置 22 根 DN 100mm 雨水立管,每根立管采用连接 79 型 DN 100mm 的雨水斗 1 个,每个雨水斗实际汇水面积为 349m²,每根排水立管排水能力为 11.77L/s,最大允许汇水面积为 680m²,排水能力满足要求。

2.7　铁路客站的采光与照明设计

采光与照明是当代极具挑战性与诱惑性的建筑设计主题之一。随着生活条件的逐渐改善,人们对采光照明的质量与品位也提出了越来越高的要求。

2.7.1　采光与照明设计思路和原则

1. 采光与照明设计思路

客站设计应将自然采光和人工照明相结合,根据不同的功能区域、照明要求进行不同的设计,为不同区域的旅客与工作人员提供良好的视觉环境,满足人们对照明功能的需求。站房大空间照明设计除了要满足照明质量和视觉环境要求,还要与客站环境、室内设计完美地结合起来,充分有效地利用自然光,体现节能环保的绿色照明理念。

另外,现代客站大空间设置了较多的大屏幕光电显示系统。为此,要避免高度光束直接照射到其表面影响显示对比度,同时要避免具有较大发光面的灯具在其表面形成反射眩光。

2. 采光与照明设计原则

采光与照明设计应结合客站结构特点、室内装修方案,充分考虑运营单位的运营成本、节能等多方面的要求。除此以外,一般照明的照度均匀度不应低于 0.8,对于受客站结构限制无法均匀布置灯具或可布置的灯具数量受限制的空间,可放宽至 0.6。

2.7.2　采光与照明的方式及种类

站房照明方式分为一般照明、分区一般照明、局部照明和混合照明。站房应根据不同场所的需要考虑节能因素,灵活确定一般照明与局部照明的结合,大空间应设一般照明,其灯具的布置除了满足各项标准需要外,还应有利于分组控制。

站房照明种类分为正常照明、应急照明、值班照明、障碍照明,其中应急照明由疏散照明、备用照明、安全照明组成。大空间应设正常照明,应急照明作为正常照明的一部分使用,进行统筹布置和分组。大空间还应设置值班照明,利用应急照明的一部分兼作值班照明(图 2-83)。

图 2-83　大厅照明效果图

2.8　铁路客站的节能环保设计

当前铁路运输业快速发展,许多城市不但新建铁路客站,同时开展对原有火车站的改造工作。铁路客站全年运营,能耗巨大,其节能环保设计尤为重要。对于这一特殊的建筑类型,不同气候条件、社会历史文化背景、城市规划、道路、周边环境下的规划布局等必定有所差异;同时客站的建筑形式、功能又处于不断发展变化的时期,因此针对这一具体的公共建筑类型的节能环保设计是我国当前需要关注的焦点。我国建筑环保设计起步晚,缺乏良好的基础,在环保设计理念及方法上,都处于发展阶段,仍需要历经一段时间的成长。在节能理念下,建筑环保设计需要认真贯彻可持续发展及环境保护等原则,以其作为建筑环保设计的行为及思想的导向。

2.8.1　影响能耗的主要因素

影响能耗的主要因素包含如下方面。

1) 气候影响

因气候差异,不同地域的客站能耗差别很大。北方客站冬季采暖时间长,供暖能耗比重最大;南方客站制冷时间长,制冷能耗比重普遍较高。

2) 建筑类型、结构以及遮阳保温方式影响

新型客站大量采用售票、候车、乘车一体化设计的宽敞高大空间,宽阔的采光窗减少了照明能耗,但若遮阳保温处理不当,则会增加能耗。

3) 旅客流量及停留时间影响

随着旅客流量逐年上升,客站能耗、用水量相应增加。开通运营时间较长的客站,旅客流量大且相对饱和,人均能耗较低;部分新型客站受开通时间、市政交通及运输组织的影响,旅客流量较小,人均能耗较高。旅客停留时间对客站能耗有较大影响。

4) 能源品类及用途结构影响

不同时期、不同地域建设的客站因主要能耗品类及用途不同而存在很大差异。北方寒冷地区采用燃煤、外购热力供暖,成本较低;南方客站一般需要通过电力或天然气制冷供暖,成本较高。

5) 设备设施影响

随着铁路服务质量的不断提升,客站配备了大量的空调、旅客引导系统、监控设备、自动售票机、电梯等服务设施,在给旅客带来舒适便捷的同时直接增加了能源消耗量及运营成本。

6) 计量器具配备影响

能源消耗计量数据是客站进行节能管理的主要依据,水、电表等计量设施配备是否齐全、合理,直接影响客站节能管理的水平。

7) 节能新技术影响

广泛采用太阳能光伏集热集电、地源热泵空调系统、绿色照明、空调电梯变频等节能新技术,能有效降低客站能耗。

2.8.2　我国铁路客站在节能设计中存在的问题

我国在20世纪90年代就提出客站节能环保理念,但是到目前为止,这一理念

还不能被很好地实现,存在的主要问题如下:

(1)大多数火车站周边交通混杂,站前广场人口密集,用于疏散的硬质铺地面积很大,而绿化以及水体面积很小。如果室外环境过热,对建筑室内环境会产生很大的热扰动。由于我国传统火车站的人流疏散都是通过站前广场进行的,在春运等客流高峰期间站前广场可以作为大量人流的集散地,所以用于疏散人流的站前广场面积非常大。同时,公交车以及出租车和社会车辆需要占用一定的停车面积,也给站前广场的交通面积增加了一定的负荷,而用于景观的绿化、水体以及结合休憩而设置的绿化面积就相对大大减少。

(2)一些火车站周边建筑混乱,没有形成良好的自然通风与采光环境。火车站大多数坐北朝南,其周边建筑围绕站前广场布置。车站前有站前广场,后有轨道及站台,只有东西方向的建筑布局对站房具有一定的影响,特别是邻近站房山墙两侧的建筑影响最为直接。周边建筑对站房室内的热环境影响很大,良好的周边建筑布局有利于创造舒适的室内热环境。在用地紧张的条件下,有的车站为了满足建筑的防火间距要求,将两栋建筑牵强地连在一起合为一栋,对站房的采光通风造成不利影响。

(3)部分既有、老旧站房原设计中对遮阳设施考虑不足,夏季日光直射室内,增加空调负荷,不利于节能。据相关统计分析,室温降低1℃的能耗是提高1℃的4倍,夏季制冷能耗占据了站房总能耗中很大的比重。对站房建筑遮阳的设计非常重要。

(4)站房建筑外部窗墙比很大,不利于节能。

(5)火车站建筑往往层高、室内空间大、冷(热)负荷较大、能耗高,需要根据地区气候、风向、客站朝向结构等,综合确定最合理的送风方式。

2.8.3　铁路客站建筑节能措施

1. 被动节能措施在站房设计中的应用

1)总平面布局

从节能规划的角度出发,车站总平面布置应遵循以下基本原则:

(1)以站房为主体的建筑群布局,宜采用有利于建筑群体间夏季自然通风的布置形式。我国传统火车站站房建筑大多采用U形、一字形、L形三种布局方式。U形和L形布局中,候车楼与售票厅、行包房往往分成多栋建筑,所以必然有部分建筑(包括周边商业建筑)位于东西方向。部分建筑的前或后处于负压区,通风不好,U形最适合于寒冷地区的建筑群体布局。一字形平面布局主要立面采光、通风良好,不易受周边建筑的干扰,但在用地充足的条件下比较合理。

(2)站房建筑应采用本地区建筑最佳朝向或适宜的朝向,尽量避免东西向日晒。根据冬、夏季节太阳日运行规律,南向垂直表面在夏季太阳辐射时间较短,冬季太阳辐射时间最长,而东西方向垂直表面在夏季太阳辐射时间最长,因此利用这一规律,避免建筑主体朝向为东西向,将主要朝向定为南向等适宜朝向,可以充分利用太阳能、自然风等减轻建筑采暖空调的能耗。

(3) 应充分利用太阳能、风能、地热、水等自然能源,减少环境设计中的刚性地面,种植植被绿化。植被的草本和乔木结合布置为宜,但车站站前广场不宜种植高大乔木,主站房立面容易被遮挡,同时容易产生视线上的干扰。绿化面积适宜分布,尽量使每个地块都能享受到绿化生态效益。

2) 自然通风

铁路客站建筑常见的平面形式有圆形、矩形、T字形。气流涡旋区产生的位置取决于建筑物的外形和风向。涡旋区大、正压也大的部分,最有利于通风,圆形建筑的涡旋区最小,因此圆形建筑通风相对不利,但是这种建筑形式最有利于抗风压。建筑物高度越高、进深越小、面宽越大时,背面涡旋区就越大,对通风有利。矩形平面通风效果良好。车站建筑大多数属于多层建筑,高度在 24m 以下,因此要加强通风,关键在于确定好平面形式。T字形综合了开间大、进深小以及开间小、进深大两种矩形平面,气流涡旋区较大,通风效果较好。

3) 建筑日照

为了满足建筑夏季隔热与冬季保温的要求,应当争取主要房间在平面布局中的最佳朝向,为建筑冬季争取日照和夏季避免日晒提供有利条件。布置建筑房间时,应将候车室、售票厅与办公用房等主要用房合理布局。候车室是人口最集中的房间,宜布置在南向等适宜朝向。

目前大多数传统火车站中,普通候车厅进深与主站房进深等长,南、北向通透,形成一个大空间,可集中照明、送风与采暖。南向立面冬季可获得较多的日照,而夏季则南、北向日照很弱,减轻了设备的冷、热负荷。售票厅是流动人口最多的房间,绝大多数旅客都处于站立等候状态,大门基本处于开敞状态,在空调与采暖的季节依靠门口的隔离物防止冷、热气散逸。为了给售票厅创造稳定的热环境,在建筑设计上,应尽量将售票厅布置在有利的朝向,最大限度地弥补由于使用而造成的不足。办公用房则结合不同的功能分别设置在建筑各处。集中设置的办公用房也有许多使用单体空调,如果将用房放在适当的朝向,也可以节约能耗。

2. 主动节能措施在站房设计中的应用

1) 围护结构节能措施

相对于外墙内保温和夹芯保温,外墙外保温技术上解决了这两种保温形式带来的许多综合性质量问题,它具有热工效果好、保温性能强、综合投资低、可以延长建筑结构寿命等优点,因此这种墙体保温形式可以在夏热冬冷地区重点推广使用。

　　玻璃幕墙的保温性能与玻璃的种类以及玻璃幕墙的构造方式、窗墙比等因素密切相关,因此节能玻璃幕墙的设计应遵循如下原则:

　　(1)科学性。需综合、全面权衡各因素,充分考虑其功能、性能等诸多方面,合理选型(幕墙的形式和窗墙面积比)、选材和构造。幕墙的传热系数由建筑物的外形和所处地区的气候条件、型材的传热系数和玻璃的传热系数等综合确定。

　　(2)适用性。结合环境因素与项目的具体情况,参照标准规定与地方要求,认真落实国家有关节能政策,同时要处理好建筑低能耗与高舒适度的关系。

　　(3)经济性。建筑玻璃幕墙是建筑围护结构的一部分,只是建筑节能的一个方面,节能的考虑需全面,只有达到节能与经济的统一才能体现节能的作用与价值。

　　进行幕墙热工设计时,必须对其复杂的传热过程和传热方式进行分析和研究。幕墙的换热过程大致有:①幕墙外表面与周围空气和外界环境间的换热;②幕墙内表面与室内空气和室内环境间的换热。

　　2)其他节能措施

　　(1)节材与材料资源利用。

　　① 控制建筑造型要素中无功能作用的装饰构件的大量使用,节约资金。

　　② 实行土建与装修工程一体化设计施工,避免二次装修时对结构的破坏,节约材料,节省施工时间和能耗,减少建筑垃圾和噪声污染。

　　③ 建筑平面布置中,除特定功能空间外,候车厅与售票厅空间均采用大空间灵活隔断的方式,以节约由于使用变更带来的再次装修中的材料消耗。

　　④ 选用有害物质含量在标准允许范围内的装饰材料进行室内外装修,如以人造石材代替具有放射性的天然石材作为外立面材料。

　　(2)节水设计措施。

　　① 卫生洁具均采用节水型卫生洁具,节水器具使用率达到 100%。

　　② 给水管采用国家推荐的优质管材,采用合理的施工方案,避免管网渗漏损失。

　　③ 硬地坪材料选用透水性好的材料增加雨水就地回渗率,径流系数选用 0.30。

　　④ 采用中水回收利用系统。

　　(3)照明节能措施。

　　大型客站站房照明应采用智能控制,分片分区控制,考虑旅客流量、候车区域、客流高低峰区等因素,按时段不同设计灯具开启的数量和区域,同时对商业及广告、信息屏综合考虑照度,减少用电量。

2.8.4　铁路客站节能设计实例

铁路客站作为交通建筑,具有空间大、窗墙比高、人员流动量大、照明系统复杂、全天候运行等特点。而这些特点无疑都会在一定程度上增加空调系统能耗。如何在不同气候条件下以保证旅客舒适性为前提降低空调系统能耗,已成为我国当代建筑设计的热点问题。下面以铁路客站的夏季降温为研究背景,选择哈尔滨、拉萨、淮安、天津、成都、杭州、武汉等不同地区进行分析。

1. 哈尔滨自然通风模拟计算结果与分析

经过对哈尔滨几个大型、中型、小型铁路客站的自然通风研究,得出以下几点结论:

(1) 仅开门不开窗时,随着客站规模的增大,候车室高温时间逐渐增长。

(2) 门窗全开时,不同规模铁路客站的候车室高温时段基本相同,均为 6 月中旬~8 月中旬。

(3) 哈尔滨所在的 I 区夏季较为凉爽,室外通风计算温度较低,风速较大,具有较大的自然通风降温潜力。该区的铁路客站使用自然通风降温可以明显缩短高温时间。

根据哈尔滨各型铁路客站的两种自然通风工况模拟结果,可以得到如表 2-8 所示的夏季(6~8 月)自然通风的降温效果。

表 2-8　哈尔滨各型客站 6~8 月自然通风降温效果

客站	高温小时数				高温时间占总时间的百分比/%			
	工况 1		工况 2		工况 1		工况 2	
	一层	二层	一层	二层	一层	二层	一层	二层
小型站	1401		517		63.4		23.4	
中型站	2013	2183	646	695	91.2	98.9	29.3	31.5
大型站	501	2208	372	494	22.7	100	16.8	22.4

由高温时间占总时间的百分比变化情况可以看出,哈尔滨几个具有代表性客站夏季开启通风窗进行自然通风可以缩短 40%~77.6% 的高温时间;开启通风窗自然通风后仍有 22.4%~31.5% 的夏季时间即(494~695h)候车室内温度较高,需要进行降温处理。

2. 拉萨火车站采用太阳能集热板作为站房的主要采暖方式

采用太阳能集热水作为采暖的主要热源,设计日采暖总供热量要求为 14763kW · h/d,设置约 5000m² 的集热器,集热量达到 10203kW · h/d。设置

1200m³ 的蓄热水池转移白天的集热到夜间使用。设置备用供热源保证连续阴天情况下室温达到要求。室内地板辐射供暖系统(水温 41℃/36℃)使得太阳能热效率大幅提高。设置串联取热系统以及自控系统使太阳能得到最大限度的利用。夏季利用太阳能集热水加热自然通风竖井,提高自然通风能力。

冬季的运行测试结果表明:在晴天和薄云时,全部采用太阳能就可以使室温达到和超过设计值。全年可以节省 60%~70%的采暖能源(与全部采用人工能源相比),"节能减排"效益突出。

3. 淮安北站地源热泵技术

淮安北站在空调系统采用地源热泵,属于绿色环保节能型空调系统,能效比达到 5.0 以上。空调送风方式采用分层空调,降低空调区高度,运行更为节能。冬季供暖采用地板辐射供暖,在达到相同舒适度的情况下,可比热风供暖降低温度 2℃,运行费用大为降低。

4. 天津站空调新技术的应用

在国内大型公共建筑中,采用了温湿度独立控制的空调系统,并在项目建设的近两年内对国内其他公共建筑产生了示范效应。

(1)采用新型系统,打破传统空调系统设计理念,实现室内热负荷和湿负荷的独立控制,避免出现传统空调中的"过冷"或"过干"现象,节约能耗。

(2)将传统空调方式中的电制冷除湿方式,改为利用城市热电厂的"废热"进行除湿,达到废物再利用,从而节省高品位电能,有效削减夏季空调用电负荷,弥补城市电网供应不足。

(3)采用了干燥新风贴地面送风的地板供冷方式,有效解决地板供冷存在地面结露的风险,实现了地板供暖与供冷的结合,创造更为舒适的公共环境。

5. 成都东站自然采光模拟及大空间智能照明技术

成都东站在自然采光中通过模拟计算进行分析和方案比较,提高室内天然光利用水平,室内天然采光的可利用率达到了 95%以上。

智能照明控制系统根据站房的客流量和采光情况控制开灯数量。对灯具进行自动化管理,对各场所照明的照度进行合理的自动控制,减少照明电能消耗。

6. 杭州东站冰蓄冷技术

冰蓄冷空调系统是利用夜间的低谷电价制取冷量(能量)储存起来,在用电高峰时释放冷量供建筑物空调使用,其优越性从宏观上讲:①转移电力高峰用电量,平衡电网峰谷差;②减少新建电厂投资;③减少环境污染,有利于生态平衡;④充分利用有限的不可再生资源。从用户效益上讲：①减少主机装机容量，功率可达30%～50%；②相应减少冷却塔的装机容量和功率；③设备满负荷运行比例增大，可充分提高设备利用率；④减少一次电力投资费用，包括电贴费、变压器、配电柜等；⑤利用分时电价，可节省大量的运行费用。杭州市对冰蓄冷空调系统有较优惠的电价政策，根据浙江省物价局等联合下发的《关于推广使用蓄热型电锅炉和冰蓄冷空调有关优惠措施的通知》(浙价商[2001]294 号)，采用蓄冷空调系统，高可靠性电力贴费全免(采用双电路供电时，不安装储能空调需缴纳高可靠性供电贴费：220 元/(kV·A))，实行分时电价，并安装分时电表单独计量；车站执行非工业用电，高峰电 24 小时 0.854 元/(kW·h)，冰蓄冷空调用电分时电价政策为低谷电 22:00～次日 8:00、11:00～13:00，电价 0.388 元/(kW·h)，高峰 8:00～11:00、13:00～22:00，电价 0.854 元/(kW·h)。采用冰蓄冷空调系统年节省运行费用约 160 万元。

7. 武汉站太阳能发电技术

考虑到武汉站所处的地理位置阳光充足，适合采用太阳能发电。因此，武汉站采用了太阳能光伏发电系统，在中央站房屋面布设了 12584 多块太阳能板，每块板 1.65m×0.99m，铺设面积 1.65 万 m²，可以并网发电，年发电总量约 200 万 kW·h。

2.9　铁路客站的消防性能设计

随着我国铁路旅客运输业的迅速发展，许多新型铁路客站相继建成，新建的铁路客站与既有客站相比，在功能和结构上都发生了很大变化。新型铁路客站是集旅客中长途运输、城市轨道交通换乘、市郊铁路等功能于一体的综合性枢纽，是运输网的重要节点，带动了城市及周边区域的经济发展。然而，铁路客站在高度发展的同时也带来了一些安全隐患。例如，1999 年 11 月 12 日，我国南京铁路客站发生火灾，大火将硬席候车室(1841m²)屋顶烧毁坍塌，室内的候车椅、两台危险品检查仪及商户租用的柜台全部烧毁，直接经济损失 92 万元。

新型铁路客站外部造型美观，结构形式新颖、人员密集度高，在其高度发展的同时也对消防设施能力提出了更高要求。因此，了解铁路客站消防设施能力的总体水平，找出其消防设施设置的薄弱之处，及时采取相应措施提高其消防设施能力，对于巩固铁路客站的安全环境、保证其安全运营具有重要的意义。

2.9.1　铁路客站消防设施能力评估属性分析

现代铁路客站消防设施是一个复杂的大系统，对其综合能力进行评估是一项复杂的系统工程，需要考虑的因素众多，在指标的选取上，过多过少都容易失之偏颇，评估体系应能够全面反映其对消防设施能力的影响。因此，应将各影响因素分为不同的类别和层次，进行多级综合评估。

1. 一级因素分析

建筑消防设施是建筑火灾防范技术不可或缺的重要工具，是加强消防安全、贯彻"预防为主，防消结合"工作方针的重要体现，也是保障经济建设和城市发展的一项重要的、基础性的设施。建筑消防设施系统能力从人-机-环境-管理的系统分析思想入手，建立由建筑防火能力、建筑灭火能力、安全疏散系统、管理因素和人员因素五个子系统组成的评估体系。这五个子系统可作为客站消防设施综合能力评估的一级指标，如图 2-84 所示。

图 2-84　铁路客站消防设施能力评估体系结构图

2. 多级因素分析

1）建筑自身防火能力

建筑自身防火能力的高低会影响建筑的消防安全能力，其因素包括建筑的基本设计、建筑的耐火等级、电气防火方面、火灾荷载、建筑暖通设计及建筑防排烟系统等。

2）建筑灭火能力

建筑灭火能力包括建筑给排水系统、建筑自身灭火设施和当地灭火救援力量等方面。

3）安全疏散系统

建筑的安全疏散设施设置是疏散设计的重要内容，主要的安全疏散设施有安全出口、疏散楼梯、走道和门等；辅助的安全疏散设施有疏散阳台、救生袋等。

（1）安全出口。安全出口是指直通建筑物之外的门或楼层通向楼梯的门。一般民用建筑的安全出口应分散布置，安全出口的数量和宽度在设计时都很重要。安全出口宽度的确定受耐火等级、层数、允许疏散时间、人数等诸多因素的影响，一般以"百人宽度指标"作为计算方法来确定安全出口的宽度。

（2）疏散楼梯。垂直疏散设计即疏散楼梯，在设计时重点考虑的是疏散宽度，其次是表面防滑、坡度等。铁路旅客车站的疏散楼梯净宽度不得小于 1.6m。

4）管理因素

在人-机-环境-管理的系统分析思想中，管理因素同样具有重要作用。管理制度的建立与实施、管理人员的素质高低都会影响整个系统。

5）人员因素

安全工程学理论认为,人与机器的有机结合才能完成一项功能或任务,二者是不可分割的整体,机器是为人服务的,而机器又是由人操控的。因此,机器的运作实际是人的主观能动性的结果,在对客站消防设施能力进行评估时,需考虑人员因素对设备、设施的能动作用。

2.9.2 铁路客站消防设施能力提升对策

1. 能力缺陷诊断

通过各级评估结果分析,铁路客站消防设施系统中有待改善的地方主要表现在:

(1) 建筑防火能力中防火分区的划分、防排烟系统设计。

(2) 建筑灭火能力中火灾探测与灭火系统设置。

(3) 安全疏散能力中疏散通道、疏散设施的设置。

2. 能力提升对策

针对上述消防系统存在的薄弱环节,可以采取一些可行的措施及先进的技术手段以提高客站的消防设施能力。

1）防火分区划分

大空间建筑防火分区的划分是一大难题,增大防火分区面积会增大火灾大面积蔓延的可能性,同时由于疏散距离或人员数量的增加也可能会增加疏散的危险性。针对防火分区扩大的问题,需从保证人员安全疏散、有效控制火灾烟气蔓延、降低火灾燃烧蔓延等方面进行分析,采取必要的消防措施达到可接受的安全水平。

造成火灾燃烧蔓延的因素有很多,如热对流、热辐射等,对于一个扩大的防火分区,为了控制火灾在该防火分区内的蔓延,通常可以采取以下措施:控制可燃物之间的间距、将主要的火灾危险源进行隔离保护等。客站的可燃物的分布也呈现出不均匀的状态,可考虑将其中的行李房、店铺等可燃物较多或火灾危险性较大的区域作为防火单元来处理,采用环保无毒耐火材料对建筑物的结构开口、构件节点、构件缝隙等进行封闭,以防止这些区域发生火灾后影响其他区域;对于可燃物比较集中但难以进行分隔处理的区域则需要对可燃物之间的距离提出要求,也可通过加强自动灭火措施来控制火灾的规模,达到阻止火灾蔓延的目的。

2）防排烟系统设计

(1) 防烟分区的划分。在一定的排烟量下能够将火灾烟气控制在火源附近的防烟分区内,或将烟层控制在人员活动地面 2m 以上的位置,即防排烟系统的设计目的,为了实现该功能,需要排烟系统提供足够的排烟量及合理设计防烟分区。但是，由于客站这类大空间建筑物防烟分区划分比较困难，所以应采用计算机模拟对空间烟气蔓延情况进行分析，根据结果判断烟气对人员疏散的影响。

（2）排烟量的确定。对于采用机械排烟的建筑，排烟量由拟定的火灾规模和设计烟层高度来确定，因此不同的建筑排烟量是不同的。对于采用自然排烟的建筑，其排烟量确定方法与机械排烟系统相同，但应进一步确定排烟口与进风口的面积。排烟量应满足下列条件之一：排烟量大于火灾时产生的烟气量；排烟量等于火灾时产生的烟气量，且烟层的高度要大于一个临界高度，即保证人员安全疏散的高度；排烟量小于火灾时产生的烟气量，但烟层高度下降到临界高度时，人员已疏散完毕。这两方面的合理性都需通过计算机模拟来检验。

3）火灾探测与灭火系统设置

在整个消防系统中，火灾的探测报警、火灾信息处理以及疏散诱导、防排烟和自动灭火系统等的功能实现都与火灾自动报警系统有关，它是整个消防系统的重要组成部分。铁路客站是开放的大空间建筑，可以考虑采用具有高灵敏度的探测装置，如吸气式感烟探测装置、空气采样式的火灾探测装置等，这种设备在国外的一些重要设备机房中已广泛使用，其灵敏度比普通点型火灾探测器高出几百倍，具有灵敏度高、探测范围宽、维护方便、防电磁干扰、与传统报警设备兼容等优点，能为人员疏散争取宝贵时间。

在自动灭火系统方面，自动消防水炮、智能型主动喷水灭火系统都可用于大空间建筑，对于净空高度大于8m的建筑比较适用。智能型主动喷水灭火系统保护空间大、水量大、灭火速度快，具有自动报警系统和自动灭火系统的双重功能，提高了灭火准确率。

4）人员疏散系统设计

影响人员疏散的因素除了疏散系统本身如安全出口个数及位置、疏散通道宽度及距离等，还包括建筑物内的烟气温度、烟降速度、热辐射、毒性、人流组织等。对于如此复杂的因素影响，同样需要借助计算机模拟来考察其疏散设施设置的合理性，对各种可预见的场景进行分析，从而找到相应的安全问题并加以解决，以达到可接受的安全水平。

建筑中应急疏散指示一般多作为单体存在，且疏散指示方向固定，无法根据火场情况做出相应的变化，对于铁路客站这种体量较大、内部分隔较复杂的建筑，现场逃生存在困难，复杂建筑应逐步应用智能疏散诱导系统来引导人员逃生。诱导系统主要由主机、路由器、疏散指示标志灯等组成，与消防警报系统联动控制，可以借助感烟探测器探测到的火灾信息，及时发出指令，实施频闪、语音、光流闪动等动作，有效地引导人员避烟逃生，这是一种动态的引导人员疏散的技术设备。

以上是基于客站消防系统中的薄弱环节提出的一些能力提升对策和建议，在设计中应该严格按照国家消防安全规范要求进行设计，超出规范要求的应进行消防性能优化设计及评估。除此之外,对于电气火灾监控技术、钢结构的防火保护、建筑新材料的使用等方面也值得深入探讨。

2.10　铁路客站的管线综合设计

管线综合布置技术是建筑业十项新技术之一。合理布置各种系统的管线、设施,为客站站房的整体设计、施工、运营均会提供强有力的支持。通过 CAD 图纸的设计程序、BIM 技术检测,解决站房内管线碰撞、建筑效果差以及检修难度大等问题。

2.10.1　管线综合设计的组成

铁路客站站房各种新的设备、系统不断完善,管线综合设计涉及的内容和要求主要由以下专业组成。

1) 电力专业

电力专业主要进行电力电缆桥架和 FAS、BAS 电缆桥架、封闭式母线、金属线槽、金属导管等电力配电线路的走向布置。

2) 信息专业

线路传输信息分为光信号和电信号,光信号在光纤中传输,能很好地抵抗外界干扰;电信号在电缆中传输,易受外界干扰,在信息线缆敷设中应尽量避让强电、高温、高压管线。同时,光电缆敷设时,其弯曲半径不小于 15～20 倍管径,否则将影响线路传输质量,线缆敷设时应尽量减少直角转弯和与相关线槽的垂直交越。

3) 暖通专业

通风系统:通风系统管线及设备复杂繁多,是管线综合设计中最主要的一部分。主要包括送风管、排风管、回风管,以及空调室内机及风机盘管等。

热力系统:这类管道的特点主要是依靠压力输送,一般情况下主管道均需要保温,主要有:采暖系统供回水管道、生活热水供应系统管道、空调供回水系统管道、为热水供应和空调处理设备所需的蒸汽或热水管道等。

4) 给排水专业

给水系统:这类管线属压力流管道,主要有生活给水系统管道、消火栓系统管道、自动喷淋系统管道、消防水炮系统管道等。

排水系统:这类管道以重力流为主,主要有生活污水排水系统管道、空调冷凝水排水管道、雨水管道等。

2.10.2　管线综合设计的流程

1. 管线综合设计的前期工作

进行管线综合设计前,建筑专业需和其他专业互相配合,首先完成各专业的分项设计，然后收集各专业的管线资料，最后进入下道工序。只有完成好前期准备工作，才能为后续管线综合设计工作打好基础。

2. 管线综合设计的流程控制

完成了前期准备工作后，就正式进入了管线综合设计流程。下面以长春西站的设计作为实例，简述管线综合设计的流程控制。

1）电气综合

电气专业涉及的图纸包括强电配电平面图、弱电平面图、建筑自控平面图和火灾自动报警及联动控制平面图。为方便比对，将其余各平面中的桥架集中在强电或弱电平面图上，再和设备专业统一核对比较。

2）设备综合

在与电气专业大综合之前，设备专业首先自行核对比较，如果发现空间占位有相互冲突，则记录下来，待设备电气大综合时统一调整、统一安排。此期间最主要的工作就是排布占据较大空间的通风空调管道，待空调专业管道布置完成后，再将水、暖管线进行排布。

3）与建筑结构图纸核对比较

设备电气大综合前，首先将设备电气图纸和建筑结构图纸梁、板、柱尺寸核对比较，无论何种管线均不得与梁碰撞，如有这种情况，应立即调整管线标高，管线综合只在建筑结构允许的空间内进行。

4）设备电气大综合

当设备电气各专业标高均统一为空间占位，设备电气小综合也分别完成时，与建筑结构图纸核对，完成设备电气大综合。

3. 管线综合设计的调整完善

管线大综合是指各个专业的管线设计完成上述工作后，需要将它们布置在平剖面图中进行大综合，只有将其放置在一起，才能发现各专业管线间是否有冲突，再通过平剖面图叠加分析加以调整，形成最终准确、完整的管线综合图纸。

2.10.3　管线综合设计中存在的主要问题

在管线综合设计过程中，经常会遇到以下问题：

（1）现在的大型客站站房都包含高架候车厅和售票厅等若干个公共空间，为了保证这些大型公共空间整体通透、明亮的效果，为其服务的各种管线及部分设备均应考虑隐蔽布置，放置在其间设备夹层中，由于使用功能的要求，大量管线在此间汇集，既有各种通风、空调管线以及各种消防及喷淋管线，又有自动报警、红外监控、声光、广播等强弱电力线路，需要在设计时合理排布，满足空间效果的需要。

（2）在大型客站站房设计中，为了保证空间效果，大量的管线需要穿越结构构件，其预留洞口或套管的位置、大小需保证结构安全，因此在结构设计中应考虑管线穿梁、板的位置，做到准确、合理，不影响结构安全，不占或尽量少占空间与层高。

（3）在大型站房的办公部分，一般都包含数个夹层空间，此处层高往往不是很大，但是各种管线都要在其走道吊顶内通过布置，再分头到达各功能房间，由于空间的限制，大量的管线在此处汇集，所以这里的管线最拥挤，也最容易发生交叉，相互挤占有限空间，影响建筑空间的合理使用。

（4）在管线综合中需要考虑设备系统末端的合理设计，例如，高大空间采用球形或鼓形喷口，并应与周边装饰相呼应；地辐射采暖的集、分配器应结合建筑平面布局，尽量隐蔽在墙体内、结构柱处等建筑角落部位；公共区域墙壁不得安装照明开关，照明开关宜设置在相应的服务间等。

2.10.4　管线综合设计的实例分析

以武汉站为例，武汉站位于武汉市青山区杨春湖东侧容家下咀附近，建成后与武汉枢纽内既有的汉口站、武昌站共同承担枢纽的铁路旅客运输。车站建筑工程由客站站房（包括并入站房内的各类生产用房）、站台雨棚、南北站台端范围内的铁路车场高架桥及站台、室外高架人行平台、站前高架公路桥、地面架空层人行广场、停车场及铁路用地范围内的旅客广场组成。

铁路客站的场地管线综合设计一般包括将管线按专业分系统、将管线按特征分类、分析整理各种管线、进行管线定位等四个步骤。

1. 将管线按专业分系统

站房内各种管线的性质、用途、技术要求和管径大小各不相同，由各个专业分别设计，在平面上要做到间距合适，减少重叠和交叉。

在武汉站管线综合设计中，组织设计单位进行了详细调查，做到心中有数，坚持的原则是按专业分系统考虑。管线系统如图 2-85 所示。

2. 将管线按特征分类

在管线综合设计中，会遇到不同管线之间的相互干扰，需要对其中的某一种管线空间位置进行整体或局部调整，根据各种管线的用途、特征进行合理避让。

3. 分析整理各种管线

分析整理的关键是对所有管线标高进行分析。通过分析、整理，可以发现某一种或几种管线与其他管线的标高问题，应在竖向上过滤掉部分管线。

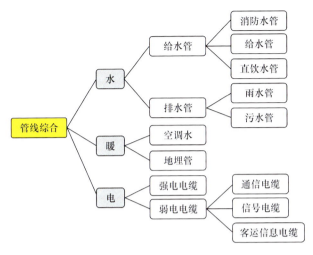

图 2-85　管线系统图

在管线敷设产生矛盾时,应按下列原则避让处理:可弯曲管线让难弯曲或不易弯曲管线;分支管线让主干管线;小管径管线让大管径管线;临时管线让永久性管线;施工工程量小的管线让施工工程量大的管线;新建管线让原有管线。

4.进行管线定位

管线定位包含平面的定位和竖向(标高)的定位。若管线过于集中,需改变管线的平面走向(线路)位置,或者调整管线的相对位置,将性质相近、相同的管线集中,甚至需要和其他专业共同协商,将有关专业的管线合并成综合管沟,以缩小管线敷设占用的宽度。

2.11　铁路客站的防灾设计

随着我国城市建设的快速发展,铁路客站的建设也不断增多。与此同时,城市面临的安全挑战也日益增多,各种传统灾害和新出现的许多"非传统灾害"对城市和客站的安全形成了重大挑战。如何保障城市的安全,建立完善的城市防灾体系、提升客站的防灾能力越来越具有重要的意义。客站的防灾处于城市防灾体系的大框架之下,同时其具备许多自身的特征与优势。

2.11.1　与铁路客站有关的自然灾害及其影响

客站可能遭受的灾害种类几乎囊括全部的城市灾害种类,既包括传统灾害(火灾、地震、强风、洪涝)的威胁,也包括恐怖袭击、爆炸、紧急疫情等。

　　最大限度地减少客站在灾害发生时造成的人员伤亡和财产损失是我们的目标,将客站系统纳入整个区域,整个城市的防灾减灾体系无疑是最佳的选择,一方面,可以更加系统全面地建立客站空间所需的防灾减灾安全体系,能够统筹思想,动用各方面的人力物力;另一方面,这对整个地区、整个城市的防灾体系的完整性、科学性、连贯性有着不可或缺的作用。

2.11.2　灾害分析评估体系与预警制度

　　对城市灾害的危害和风险进行评估计算是城市防灾体系建设的重要依据。我国多数城市缺乏科学完善的灾害风险评估体系。在许多城市的开发建设过程中,人们往往轻视灾害的威胁,或者强调单一灾害对多种灾害的综合风险估计不足,这些往往会导致防灾建设上的偏差。

　　城市灾害分析评估体系主要包括灾后实测评估、灾期跟踪和灾害风险评估。

　　(1) 灾后实测评估是对城市已发生灾害的分析,包括对城市曾经发生过的各类灾害,就其规模、频率、造成的直接和间接经济损失、人员伤亡情况科学核算并评定出相应的灾害等级。灾后实测评估是重要的资料收集手段,可以为风险评估和防灾减灾积累宝贵的原始数据和经验。

　　(2) 灾期跟踪又称监测性评估,是在灾害发生时同步进行的情报搜集和分析,对灾害的发展状况和造成的破坏进行即时的研究,对开展救灾活动、避免灾害进一步扩大、防治次生灾害有着重要的意义,同时也是对灾害风险评估极为重要的参照。

　　(3) 灾害风险评估是对城市未发生的、可能发生的各类潜在灾害威胁做出的预先估测,包括对城市各种灾害活动的危险程度、出现的可能性以及发生时的破坏程度等。它建立在科学的观测研究和理论研究基础之上,并以已有的灾后实测和灾期跟踪研究结果为支持。

　　每一个城市的灾害分析与评估体系都应建立在城市自身的基础之上。每一个城市都有自己的城市灾害风险,特定的地理环境包括水文特征、地质特征、自然气候条件等决定了城市的自然灾害风险。不同的城市结构、人口规模、社会经济环境等又与城市其他灾害有着密切联系。科学完善的灾害风险评估是正确地认识城市自身的影响因素、合理建设防灾体系的必要前提。

　　预警制度是提升城市防灾能力的重要一环,在灾害即将发生时提前通知民众、做好技术疏散和防护可以大大降低各类灾害对城市带来的破坏。我国现在应对各种自然灾害的预警能力、预警制度都亟待加强,如气象预警方面,针对局部地区、城市级别的突发性气象灾害存在预警能力较低、信息发布传递速度慢、预警覆盖范围区域不完全等缺陷。

2.11.3　铁路客站防灾空间系统

1. 客站防灾空间系统的组成

　　按照功能划分,客站内的防灾空间可分为五大类,即避难空间、临时救治空间、应急联络通信站、食物和淡水储藏空间、医疗设施储藏空间。其中,避难空间和临时救治空间是防灾空间的核心空间,其他空间则作为核心空间的辅助和支持空间存在。例如,在避难空间附近应配置相应的联络通信站以及相应的食物和淡水储藏空间;在临时救治空间附近应配备相应的医疗设施储藏空间、储存仓库等。防灾的核心空间应充分考虑其结构的防灾性能。防灾空间的结构是防灾空间防灾功效的重要保障,应具备高标准的抗震、耐火、防爆、抗地面爆炸冲击、防水防潮的性能,其结构应优于客站一般次要空间的结构、使用高强耐火耐腐蚀的钢筋混凝土及高性能的复合结构(图 2-86)。

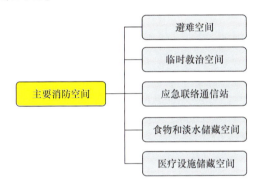

图 2-86　客站内的防灾空间

　　按照防灾空间的使用属性,防灾空间可分为防灾专用空间和平战两用防灾空间。防灾专用空间是指客站内专门用来作为防灾避难、医疗等用途的空间,使用属性专一,平时不对外开放,只有在灾害发生时才启用,如专用避难空间、临时救治空间、应急联络通信站、食物和淡水储藏空间、医疗设施储藏空间等。而客站的站台层、站厅层的部分区域在紧急状况下也能转化为临时的避难场所,临时安置需要庇护的人群,这些空间就属于平战两用防灾空间。防灾专用空间依据与主体或周围客站其他空间的关系可分为环绕式、独立式、贯穿式和散布式(图 2-87)。散布式一般可结合疏散楼梯等垂直交通单元布置,是十分有效安全的防灾避难空间。一旦发生灾情,来不及疏散的人员可以暂时进入散布式防灾空间临时安顿等待合适的疏散时机或接受救援。

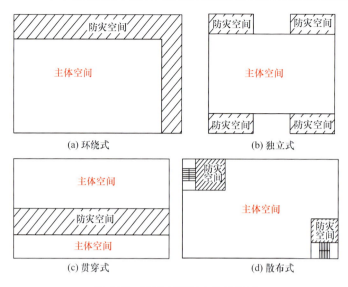

图 2-87　防灾空间与主体的关系

2. 客站防灾设备系统

客站的防灾设备包括防灾电子信息网络和防灾物理设备两大类。其中防灾电子信息网络在建设时应并入城市的防灾信息网络，拥有局部即时监测、预警以及向母系统传递、接收和反馈灾害信息的能力，应包括客站应对自身突发灾害的监测和预警设备体系及城市防灾网络下属的接收和反馈信息平台。其监控设备体系包括火灾监测和预警设施、可燃气体及有毒气体监测和预警设施、温度湿度电磁场监控和预警设施、地震监测设施。

当检测到有灾害即将发生或正在发生时，一方面客站自身进入紧急状态，另一方面通过与城市防灾网络向外发布灾害信息，调动城市防灾体系中其他部门，以及时获取外界的紧急支援。当非局限于客站范围内的灾害被城市防灾网络体系监测到时，客站同样能通过信息平台迅速做出应对措施，启动应急预案，如应对地震、恐怖袭击、暴雨等气象灾害等。防灾物理设备包括客站的通风防排烟设备、防火设备、防洪设备、防爆设备、能源供给设备等。防灾物理设备应按照灾时所需标准配备，并拥有备份系统。例如，防排烟通风系统除满足日常的通风排烟之外，应有足够的能力应对大型火灾的烟气，电力系统应有多条电力供应线路并有自己的发电设备，发电设备也应有备份以备不时之需。

2.11.4　铁路客站防灾设计的应对策略

1. 防震的客站结构

客站按照其位置分为高架站、地面站、地下站。绝大多数的客站为地面站，极少数的客站为高架站和地下站。高架站和地下站类似于城市轻轨车站,其结构和空间也与轻轨车站相似。

地震发生时,位于地下的客站空间受到土层的约束,只承担部分地震荷载即部分惯性力,而地面结构则要承担全部惯性力。从这个角度看,地下空间要相对安全。但是当大地震发生时,地下空间也将受到严峻的考验。客站的结构应对地震荷载采取以下多方面的措施。

1) 整体结构满足抗震设防的要求

因地制宜保证主结构的抗震性能及耐久性,采用明挖法构筑的客站多为箱形结构,而采用暗挖法构筑的客站常为拱形结构。无论哪种结构,其地下站的主体结构都应满足设计使用年限 100 年甚至 100 年以上的标准,所以应充分细致地研究当地的地质情况,按照当地的地震烈度进行抗震计算。

2) 增强柱的结构性能

改变现行一些客站的强梁弱柱结构,增强客站中柱的结构性能。明挖法构筑客站的梁、楼板、侧墙所组成的箱型结构有较好的延性,这一点对抗震是有利的,但由此产生的强梁弱柱在承受大的地震荷载时容易发生局部脆性破坏。

3) 增强垂直构件和水平构件之间的联系

提高构件抗剪能力,增强联系十分必要。相关力学研究结果表明,地震发生时,受水平力作用,客站中柱上下两端特别是下端承受较大剪力,楼板与垂直墙体连接部位承受较大的拉压荷载,应力集中明显。而垂直方向的地震荷载施加给中柱和侧墙内侧巨大的轴向压力,中柱上下两端同样承受较大剪力。因此,增强客站中柱的抗剪、抗压能力,加固各结构构件衔接处的强度对增强客站整体的抗震能力至关重要。

2. 耐火的客站结构

在结构防火方面,按现行的客站设计规范要求以及《人民防空工程设计防火规范》(GB 50098—2009),客站地下结构的耐火等级为一级。所有客站的主体结构都应达到相应的防火设计要求,以确保火灾发生时结构的稳定性和耐久性。

客站的结构材料应采用不燃材料,并做足防火防护处理,外结构的材料以及装修材料、空间内表面都应使用不燃、难燃材料,设备用房尽量不设吊顶层。这样可以将火灾危险大大降低。

3. 防爆抗冲击的客站结构

为应对现代化的地面战争威胁及一些特殊灾害的威胁,同时充分考虑应对客站恐怖袭击等可能带来爆炸冲击的灾害威胁,客站的主体结构特别是有避难功能的空间应确保良好的抗地面冲击、抗内部爆炸破坏的能力。我国早期修建的客站结构都充分考虑了传统战争的威胁,加上深厚的覆土层防护,有着地面建筑无法比拟的抵抗地表冲击波、辐射的优势。但随着战争科技的发展,武器的性能和威力不断增大,许多"钻地炸弹"能破坏许多早期修建的浅层地下空间的结构,这类钻地炸弹主要由侵彻战斗部和载体组成,有着破坏威力大、打击精度高、杀伤功能全面的特点,如"掩体粉碎机"钻地炸弹能穿透很厚的泥土或很厚的普通混凝土。因此,客站的主体结构必须拥有一定的应对现代化战争的防护能力,可采用的措施如下。

1) 采用高性能的材料

使用高强度混凝土、高强度高韧性钢材、石英粉等加强结构的抗摧毁能力,采用高新科技提升材料的性能。

2) 刚柔相济

在主体结构外围,靠近地表一侧铺设具备综合防护能力的多层复合结构,包括有抗贯穿力的合金结构层、有吸收波动能的吸波结构层以及由难燃软性材料构成的抗震层等。同样,客站结构的内部防爆性能也十分重要,当客站内爆炸发生时,冲击波以球面波的形式向四面传播,离爆炸点最近的结构受力最大,如中柱、侧壁、楼板等,结构迎波面受压应力,背波面受拉应力。爆炸如对主体结构造成严重破坏,后果将十分严重。其可采取的措施如下:

(1) 设置一定数量的泄爆通道来减少爆炸冲击波的破坏能力,如楼梯、通道以及专门的泄爆口。

(2) 设置结构柔性防护层,缓冲爆炸冲击波的能量,减少冲击波在地铁站封闭空间内反复反射的破坏。

(3) 增强主体结构构件的延性,如站厅和站台的中柱;防治脆性破坏的发生。

4. 建设高效的疏散与救援通道

(1) 高效的疏散空间。客站空间内站厅的疏散区、站台层以及疏散通道、客站出入口空间应当紧凑明确,任何商业设施或设备空间不得占用交通和疏散空间。客站内的报刊亭、饮食亭的设置应严格通过消防部门的审核。客站地下空间的平面应当简洁明了、整齐划一,尽量减少空间和通道的转折、弯曲、高低错落。

(2) 安全畅通的救援通道。一些客站可以平行于客站疏散路线隔离设立出客站空间的救援和联络通道,但容易造成救援人员进入客站地下空间后与等待疏散和救援的人员混杂、相互干扰的情况。

(3) 设置防灾物资储备空间。客站空间内应布置数量充足的各类防灾设施及物资,如消火栓、灭火器、防毒面具、防爆球等。

(4) 设置医疗救助空间及应急通信联络站。在大型客站厅层、站台层或专门的避难空间内应设置专门的医疗救助空间,有简单的医疗器械,操作空间配备专业的医务人员。

　　（5）合理规划客站出入口和疏散口的位置。一方面客站出入口应靠近城市繁华区域、高密度的重点区域，以满足提供便利交通服务的功能。另一方面客站出入口的选址设计应充分考虑防灾要求，趋利避害，远离灾害和危险源如加油站、煤气站等易燃易爆危险品储存场所，或采取与危险源隔离的措施。选择地质条件良好、地势较高的区域设置客站出入口，减少暴雨洪涝灾害的侵扰。同时需注重自身独立性，与人员密集场所保持一定的缓冲距离，减少灾害发生的聚集放大效应的可能性，客站的出入口应与大型人流集散场地保持足够的空间和距离，如大型体育馆、电影院、剧场、学校等。

　　良好的客站防灾系统需要从方方面面、各个层级体现防灾的意识，充分利用各种资源，抓住主要矛盾并利用自身优势，扬长避短。建立起集约化、有机综合、防灾能力强大、有益于城市防灾体系的客站防灾系统是最终目标。

2.12　铁路客站的专项设计

　　为了实现铁路客站建设的高标准和使站房设计得更加完善，在设计阶段增加多项专项审查和专题设计工作，拓展设计的深度和广度，为设计的优化与功能的完备奠定基础。

2.12.1　暖通设计技术

　　暖通专业在整个建筑行业中起着重要的作用，即可以为人们营造舒适、健康、宜人的工作和生活环境。

1. 设计内容及原则

　　新型铁路客站暖通设计包括：站房冷热源设计、空调末端设计、通风防排烟设计、环保节能及监控设计等，同时站房的设计应根据《铁路旅客车站暖通空调设计专项审查指导原则》进行。

　　（1）夏热冬冷地区及夏热冬暖地区的站房宜设置空气调节系统；其他地区客运专线站房最热月平均温度≥24℃时可设空调，≤24℃时贵宾室、售票室等办公及工艺用房可设置空调，省会城市及口岸站的枢纽车站可适当提高标准。

　　（2）冷热源应根据当地资源情况、用户对设备运行费用的承担能力、设备的稳定性等条件，合理、科学地确定空调方式及设备的选型，尤其要从可行、节能、节资的角度合理比选确定。

　　（3）当站房区域内有既有或规划城市、区域热源、电厂余热，同时满足站房工期需求时宜优先采用；具有充足的天然气供应的地区，且满足并网要求时可采用分布式热电冷联供系统；具有天然水资源或地热源可供利用时，可采用水（地）源热泵系统；当铁路系统内实施峰谷分时电价政策时，可采用冰(水)蓄冷系统；具有多种能源(热、电、燃气、污水等)的地区，宜采用复合式能源供冷、供热技术。夏热冬冷地区及夏热冬暖地区的中、小型站房可采用空气源热泵系统；在满足使用要求的前提下，对于夏季空气调节室外计算湿球温度较低、温度日差较大的地区，宜采用蒸发式空调。

（4）地源热泵系统应核实当地地质资料及室外用地的可行性并应进行全年冷热负荷平衡计算，做好辅助冷热源设计，以减少系统投资。

（5）合理处理站房内暖通、给排水、消防设备及其附件和管线所用空间及位置，即要保证系统正常运行和维护，节约设备及管线所占空间，又要不影响室内外空间的功能和环境美观。

（6）严寒、寒冷地区空调机房宜设于室内夹层处，夏热冬冷地区及夏热冬暖地区的中小型站房空调机房可设于室外，空调设备及系统应考虑设置保温、防腐、防雨、防风、排水、安全及检修维护等措施，装设检修马道时，马道的设置应方便设备及管线的检修作业。

（7）候车室、售票厅等高大空间集中空调系统宜采用组空＋低速风道的全空气系统，贵宾、工艺、办公房间宜采用多联机/风盘＋新风系统。空调系统的室外机应尽量设置在屋面上，并做好遮挡措施。

（8）工艺房间应按功能分区域设置空调设施，风口及设备选型和布局应注意结露、凝水、维护及运行时间等问题，通信、信号机械室及电源室，信息主机房及设备间设置机房专用空调。

（9）候车室、售票厅等高大空间宜优先采用喷口侧送风、集中回风的送回风方式，无条件时可采用顶送、集中回风的送回风方式，贵宾、工艺、办公房间采用顶送顶回方式。

（10）候车室、售票厅送回风口选型与布局应与室内装修及空间协调一致，应合理控制喷口尺寸与布局，尤其应注意回风口的设计。贵宾室风口应隐蔽处理。

（11）空调通风风管可采用复合风管，冷冻、冷却水管采用内外热浸镀锌钢管，凝水管采用 UPVC 管。百叶风口采用喷塑铝合金风口。保温采用橡塑材料。

2. 站房冷热源设计

站房冷热源应根据当地资源情况、用户对设备运行费用的承担能力、设备的稳定性等条件，合理、科学地确定空调方式及设备的选型，尤其要从可行、节能、节资的角度合理比选确定。

表 2-9 列出了 13 个新型客站的冷热源情况，下面将根据不同热工地区，对冷热源进行优化。

表 2-9　新型客站的冷热源情况

站名	建筑热工分区	站房建筑面积/m²	设计冷/热负荷/kW	冷源	热源
大连北站	寒冷	68965	9550/10325	离心水冷机组	市政热源
兰州西站	寒冷	105864	12700/15786	离心水冷机组	市政热源
北京南站	寒冷	约 220000	约 12500/约 12000	冷热电三联供＋污水源热泵	冷热电三联供＋污水源热泵
天津站	寒冷	87000	9087/8500	冷热电三联供	冷热电三联供
郑州东站	寒冷	144174	19880/13460	螺杆式污水源热泵机组	螺杆式污水源热泵机组
西安北站	寒冷	170991	18450/12160	大温差离心式冷水机组	城市热网
太原南站	寒冷	49280	10345/9142	地源热泵机组	城市热网
上海虹桥站	夏热冬冷	约 242000	20640/7300	离心式冷水机组＋地源热泵	地源热泵
杭州东站	夏热冬冷	102860	14050/7580	地源热泵机组＋冰蓄冷机组	地源热泵机组＋地埋管换热器
宁波站	夏热冬冷	62934	8943/6962	离心水冷机组	市政热源
新长沙站	夏热冬冷	45956	9225/3123	地源热泵机组＋水冷离心式冷水机	地源热泵机组＋地埋管换热器
厦门西站	夏热冬暖	113576	9137/261	水冷式冷水机组	—
福州南站	夏热冬暖	171649	8185	离心水冷机组	—

(1) 夏热冬暖地区,仅夏季供冷(福州南站、厦门西站)时,一般采用电力驱动的水冷冷水机组;若有可利用的余热、废热,且经济合理时,则采用溴化锂吸收式冷水机组;当有丰富的天然气且经济合理时,采用直燃型溴化锂吸收式冷水机组。

(2) 夏热冬冷地区,一般采用地埋管地源热泵机组与水冷冷水机组相结合的方式(上海虹桥站、杭州东站),按冬季热负荷选配地埋管地源热泵机组,水冷冷水机组根据夏季空调冷负荷及已配置的地埋管地源热泵机组来选配。

(3) 寒冷地区,一般采用地埋管地源热泵机组与城市热网相结合的方式(太原南站),按夏季冷负荷选配地埋管地源热泵机组,换热机组根据冬季空调热负荷及已配置的地埋管地源热泵机组来选配;也可选择水冷冷水机组与城市热网相结合的方式(兰州西站、大连北站)。

(4) 严寒地区,一般采用城市热网或设置区域锅炉房的供热方式;在太阳能资源丰富的地区,可采用太阳能供热和空调的方式;夏季有空调需求时,一般采用水冷冷水机组的方式。当有合适的污水源或地下水源且经济可靠时,优先采用污水源热泵或水源热泵的方式供冷、供热。当有合适的峰谷电价和低谷时间较长时,集中冷源宜采用蓄冷系统。

3. 空调末端系统选用

新型客站的空调系统根据不同房间功能设置。

1）高架层

大中型铁路客站站房高架层是旅客候车的主要场所,空调系统一般采用低速单风道全空气系统,经济合理时,一般设置排风热回收装置,空气处理机组与热回收装置分开设置,未设热回收的系统一般根据 CO_2 浓度控制新风量;除少量空调机房设置在高架层外,其他空调机房一般设置在高架层下方(站台上方)的设备夹层内;有上部夹层时一般采用旋流风口顶送风方式,其他一般采用喷口侧送风方式,喷口一般利用建筑小间布置,特殊情况与建筑配合设置隐蔽的送风柱,集中回风;采用 CFD 技术对整体空间的热环境进行模拟,验证空调送风方式的合理性并提出调整方案。严寒地区和部分寒冷地区冬季采用地板辐射供暖的空调方式,新风由带盘管的热回收装置或由空调系统提供。

2）办公室等房间空调

办公室等房间空调一般采用风机盘管加新风系统,新风由排风热回收系统提供;严寒地区和寒冷地区热回收装置加设热盘管。

3）贵宾候车室空调

贵宾候车室空调一般采用风冷变制冷剂流量多联分体式空气调节系统,气流组织为侧送上回,风口与建筑装饰配合隐蔽设置,新风由独立的新风机组提供;严寒地区和部分寒冷地区冬季采用地板辐射供暖的空调方式。

4）工艺设备用房空调

工艺设备用房空调一般采用风冷变制冷剂流量多联分体式空气调节系统,寒冷地区采用超低温型设备,严寒地区采用电加热;部分要求高的工艺设备用房采用独立的风冷恒温恒湿空调系统。

5）工程实例

天津站位于海河之滨,在保留原主站房建筑的基础上进行改扩建,总建筑面积 $87000m^2$,主要由高架候车大厅、地下出站大厅和铁路作业及办公房屋组成。

天津站近邻天津第一热电厂,夏季利用电厂废热进行除湿,空调方案最终确定为温湿度独立控制空调系统,原理如图 2-88 所示,办公区采用溶液除湿＋风机盘管系统,高架候车室采用溶液除湿＋组合空调＋地板辐射系统。

天津站冷水机组出水温度为 14℃,回水温度为 17.5℃。温湿度独立控制系统需要配置 2 套系统,由冷水消除室内显热负荷,由溶液系统消除室内潜热负荷,达到显热和潜热独立控制。根据各区空间条件和舒适性要求,分别设置热泵式溶液调湿新风机组。

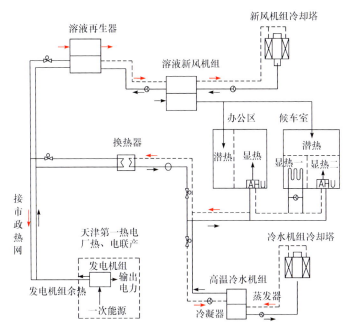

图 2-88　天津站空调系统原理图

2.12.2　给水排水设计

1. 铁路站房中的给排水设计

随着我国高速铁路客运建设的突飞猛进，一座座集铁路、地铁、城市道路交通换乘功能于一体的现代化大型高铁站房不断涌现。给水排水设计作为站房机电设计中不可缺少的一环，也随着各地区、各类型站房的设计不断累积经验，不断充实发展。

随着社会经济的发展，人们生活水平的提高，生活观念已发生了很大的变化。站房给排水系统设计也由原来的以满足使用为要求，逐步提高为以安全性、功能性、舒适性、集约性等多方面并重为要求：

（1）安全性就是要保证给水水质，并进行防水质污染的设计，管道布置要求确保不会因漏水等问题导致安全事故或其他严重后果。

（2）功能性即系统要满足使用要求，供水可靠，排水通畅。

（3）舒适性是要使旅客在给排水系统的使用中不会产生厌恶感，如卫生间内空气洁净无异味，卫生洁具使用方便，洗手盆出水有合适的水压与水温，管道排水减少噪声等。

（4）集约性是要做到节能、节水、节材，如加强中水和雨水的利用、使用节水型卫生器具、选用高效节能的水泵等,使站房设计满足低碳经济和绿色建筑的要求。

2. 给排水系统设计

铁路客站给排水系统包括给水系统、排水系统及中水系统。

1) 给水系统

(1) 站房用水量。站房用水量主要由站房旅客生活用水、工作人员办公用水、商业用水(含餐饮)、循环冷却系统补水、消防用水及未预见水量等组成。其中站房旅客生活用水按《铁路给水排水设计规范》(TB 10010—2016)中的方法计算。

(2) 水源。铁路站房水源应安全、经济、方便。随着我国社会经济的不断发展以及综合国力的持续加强,全国城镇自来水普及率不断提高,应优先采用城镇自来水为铁路客站供水。

如果车站设列车上水系统,则站房生产、生活用水系统可与列车上水系统合用,这样不但可以减少站房内生活水池及水泵的设置,并且可以减小市政引入管的长度,并降低系统的复杂性。

如果车站无列车上水系统,则车站生产、生活系统应充分利用市政管网压力直接供水,在市政压力不能供给的部位,可选用变频调速供水。有条件的地区,水泵尽量从市政管网直接抽水(叠压供水)。

(3) 系统设计。站房生产、生活给水系统应与水消防系统各自独立设置,管道布置应依次满足安全卫生、简单可靠、检修方便、整齐美观等要求。系统分区应合理,并适当设置支管减压阀,达到节能节水的目的。

(4) 热水与饮水。热水系统设计时考虑到旅客车站面积较大、热水用水点水量较小且分散,如采用集中热水供应系统,供回水管路会很长且经济上不合理。因此,通常在贵宾候车室、软席候车室、母婴候车室、老弱病残候车室等卫生间分散设置电热水器的方式供应热水。

基于与热水系统相同的原因,饮用水系统也宜采用分散设置的方式,在候车室各饮水间设置过滤加热一体式电加热直饮水设备供应热水。

2) 排水系统

(1) 污、废水系统。铁路站房污、废水系统的选择应根据排水性质、污染程度、排水位置等因素结合室外排水体质和有利于综合利用与处理要求确定。

站房室内污、废水系统通常采用合流制,但厨房餐饮油污水、水温超过 40℃ 的排水、用作中水原水的排水等需单独排出。站房内排水应尽可能采用重力排除,当无条件重力排水时,可采用压力排放。排水管道布置应距离短、转弯少、不穿越漏水会影响使用的场所上方。

排水系统设计的成败,很大程度上取决于通气系统的设置。由于铁路站房面积较大,部分位置的排水横管长度较长,如何设计好通气系统显得尤为重要。通气系统设计时应根据站房具体情况选用升顶通气、侧墙通气、环形通气等多种形式并相互结合。

需要注意的是,根据《铁路旅客车站建筑设计规范》(GB 50226—2007,2011 年版)第 8.1.4 条的规定:"站房内公共场所的生活污水排水管径应比计算管径加大一级。"

(2)雨水系统。铁路站房屋面雨水排水系统常用的有两种:半有压屋面雨水系统(87 型雨水斗)和压力流屋面雨水系统(虹吸)。面积较小的站房屋面宜采用 87 型雨水斗系统,而大型、特大型站房的屋面面积较大,且屋面下的候车厅雨水立管布置受限,因此宜采用虹吸雨水系统。

在溢流设施的设置上,87 型雨水斗系统宜设溢流口,其作用是预防雨水斗或管道堵塞时可紧急排水,非必要。而虹吸雨水系统应设置溢流设施,且应设置在溢流时雨水能通畅到达的场所。大型站房屋面一般采用金属屋面、水平金属长天沟且沟檐溢水会进入室内时,宜将溢流口设在天沟两端。如果屋面及天沟形式限制无法设置溢流口时,应采用溢流管道系统。

3) 中水系统

《建筑中水设计规范》(GB 50336—2002)总则中明确指出,缺水城市和缺水地区适合建设中水设施的工程项目,应按照当地有关规定配套建设中水设施。中水设施必须与主体工程同时设计、同时施工、同时使用。在铁路站房设计时,如站房位于缺水城市或地区,应按照当地要求设置中水回收利用系统。

铁路客站中水水源应按顺序推荐如下:卫生间洗脸盆、淋浴等的排水,空调循环冷却水排污水,空调系统冷凝水,厨房排水,冲厕排水。而中水的用途包括绿化用水、冲厕、道路清扫、车辆冲洗等。中水系统设计时应进行水量平衡计算。

某特大型车站站房内设置中水系统,中水水源取自站房室外西北侧化粪池出水,出水用于站房室外绿化浇洒、道路清洗。中水处理工艺流程如图 2-89 所示。

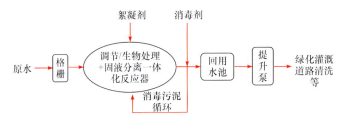

图 2-89　某特大型车站中水处理工艺流程

3. 消防系统设计

铁路客站消防系统包括室内消火栓系统、室外消火栓系统、自动喷水灭火系统、固定消防水炮灭火系统、气体灭火系统及灭火器配置。

1）室内消火栓系统

（1）系统设计。

铁路站房室内消火栓系统多采用临时高压制，由消防水池、消防水泵、高位消防水箱联合供水。

消火栓用水量根据《消防给水及消火栓系统技术规范》（GB 50974—2014）第3.5.2条的规定，根据站房体积确定。多层车站火灾延续时间为2h，如站房内含行包库房，则其火灾延续时间为3h。消防水枪充实水柱按13m计算。

站房内所有部位均应设置室内消火栓保护，除室内净高超过8m的高大净空部位的顶部，任一点有两股水枪的充实水柱同时到达。站房外应设置消防水泵接合器，并按室内消防流量确定其数量。

（2）设备。

消防水泵应选择电动机干式安装的水泵，流量扬程性能曲线应为无驼峰、无拐点的光滑曲线，并有一定的坡度，以实现压力和水力控制。消防水泵应具有定时自动巡检功能，并满足相关功能要求。

消火栓箱内置DN65消火栓（其中栓口压力超过0.5MPa时应采用减压稳压型消火栓或设置减压孔板）、25m长DN65衬胶麻质水带1条、ϕ19mm水枪1支、消防软管卷盘1套、消防报警按钮和指示灯各1只。

2）室外消火栓系统

铁路站房室外消火栓系统通常采用低压制给水系统，由市政管网或给水站直接供水。室外消火栓用水量根据《消防给水及消火栓系统技术规范》（GB 50974—2014）第3.3.2条的规定，根据站房体积确定。灭火持续时间一般为2h。

3）自动喷水灭火系统

（1）系统设计。

自动喷水灭火系统应根据环境温度、场所类型等分别采用湿式系统、干式系统、预作用系统和水喷雾系统。系统多采用临时高压制，由消防水池、消防水泵、高位消防水箱联合供水。

铁路站房内除行包库房按仓库危险级设计、8～12m区域按非仓库类高大净空场所设计外，其余部位按中危险I级设计。

站房外应设置喷淋水泵接合器，并按室内自动喷水灭火系统设计流量确定其数量。

（2）喷头布置。

铁路客站作为大型公共建筑，装修要求较高，喷头布置不可避免需要与各种吊顶形式适应，但自动喷水灭火系统能否正常运行，喷头布置的正确与否是其关键因素，不能片面追求美观而忽视其设置要求。下面是喷头布置的几个要点：

① 净空高度大于 800mm 的闷顶和技术夹层内有可燃物时需设置喷头。

② 自动扶梯底部需设置喷头。

③ 风管、桥架等障碍物宽度大于等于 1.2m 时，其下方增设喷头。

④ 装设网格、栅板类通透性吊顶的场所，当网格、栅板的投影面积小于地面面积的 15% 时，喷头安装在网格、栅板上，向上安装；当投影面积为 15%～70% 时，吊顶上下均设喷头；当投影面积大于 70% 时，喷头安装在网格、栅板下，向下安装。

⑤ 隐蔽装饰型喷头不宜置在商业等可燃物较多的场所。

⑥ 部分布置空间受限、集热效果不佳的喷头上方应按要求设置集热罩。

（3）设备。

喷淋泵设置要求同消火栓泵。报警阀组布置应依据明显而易于操作、便于检修、尽量靠近保护区域的原则。水力警铃布置位置应使其动作时能尽快被人听到。

每个报警阀组控制的最不利点喷头处应设末端试水装置，其他防火分区及楼层应设置试水阀。末端试水装置及试水阀应便于操作，且排水设施有足够的排水能力。

4）固定消防水炮灭火系统

（1）设置要求。

铁路站房的候车厅通常设置为高大空间，对于空间净空高度大于 12m 的场所，普通的自动喷水灭火系统已不能发挥作用，根据《建筑设计防火规范》（GB 50016—2014），站房候车厅为人员密集场所，且遮挡物较少，宜设置固定消防水炮灭火系统。

（2）系统设计。

消防水炮灭火系统由消防水炮、管路及支架、消防泵组、消防炮控制系统等组成。系统多采用稳高压制，由消防水池、消防炮主泵、消防炮稳压泵、消防炮稳压管联合供水。

选用的水炮需带雾化装置，单炮流量 20L/s，射程 50m，最不利点出口水压 0.80MPa，火灾持续时间不小于 1h，系统设计流量不小于 40L/s。

（3）消防炮布置。

消防水炮布置应使保护区任何部位两门消防水炮射流同时到达。为尽可能减少水炮射流被遮挡而导致灭火失败，水炮应尽量远离结构柱等障碍物布置。考虑到满足美观需要，所有同一区域水炮定位宜横竖对齐。消防炮实例如图 2-90 所示。

（4）系统控制。

固定消防水炮灭火系统控制方式主要有以下三种：自动控制、消防控制室手动控制、现场手动控制。

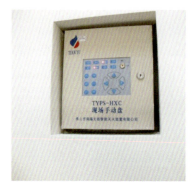

图 2-90　某车站消防水炮实例

5）气体灭火系统

（1）设置要求。

根据《铁路工程设计防火规范》（TB 10063—2016）第 7.3.3 条规定，设有电子设备的下列处所应设置气体灭火系统：铁路通信枢纽各通信机房；客货共线铁路区段站及以上车站、中型及以上旅客车站和高速铁路、城际铁路车站通信机房；客货共线铁路区段站及以上车站、中型及以上旅客车站和高速铁路、城际铁路车站信号机械室（含信号设备机房、继电器室和电源室、防雷分线室）及区间中继站；调度中心（所）设备机房；铁路各级运营管理部门的信息机房，客货共线铁路区段站及以上车站、中型及以上旅客车站和高速铁路、城际铁路车站信息机房；设计速度 200km/h 及以上铁路自然灾害与异物侵限监测控制中心级机房；牵引变电所主控制室，10～35kV 地区或中心变、配电所的控制室，66kV 及以上变、配电所的控制室。

（2）系统设计。

气体灭火系统使用的"洁净气体"可选择七氟丙烷（HFC-227ea）、三氟丙烷（HFC-23）、惰性气体（IG541）及 SDE 等。

气体灭火系统可分为预制式与管网式两种。如单个防护区面积较小，各个防护区布置较分散，宜选用预制式系统；反之则宜选用管网式（组合分配式）系统。

各防火区应在合适位置设置泄压阀，泄压口应位于防护区净高的 2/3 以上，防护区附近宜设置两套空气呼吸器。

（3）系统控制。

气体灭火系统具有自动控制、手动控制和机械应急操作三种启动方式。

6）灭火器配置

铁路站房内应按《建筑灭火器配置设计规范》（GB 50140—2005）相关要求根据不同场所的危险等级和火灾类型配置灭火器。信息配线及设备间宜设置超细干粉自动灭火装置。

2.12.3　电气设计

随着铁路建设的大发展,铁路站房的电气设计更加完善,形成了自己的一套设计体系。设备专业是整栋建筑的血肉,而电气专业就是大脑,是血液,它合理供给、监测、控制各类用电设备。良好的电气设计是为了给旅客提供一个明亮、舒适的候车停留空间,为工作人员提供一个简洁便于操作维护的系统,从而实现安全、稳定和持久的服务。

1. 负荷分级与容量

(1) 负荷分级应与建筑项目的功能性质、建设规模、设计定位、使用标准、防火分类、耐火等级等相适应。按现行相关设计规范标准,用电负荷应根据供电可靠性及中断供电所造成的损失或影响的程度,分为一级负荷、二级负荷及三级负荷。基于以上原则,按照铁路客站的建筑规模,对各种用电负荷进行分级。客站主要用电负荷分级如表 2-10 所示。

表 2-10　客站主要用电负荷分级

序号	电力负荷名称	负荷等级			
		特大型站	大型站	中型站	备注
1	售票系统设备、视频安防监控系统和安全检测设备	一级	一级	一级	特大型站宜为一级负荷中的特别重要负荷
2	站房消防设备、防灾报警设备、消防监控室照明、公共区照明	一级	二级	二级	特大型站宜为一级负荷中的特别重要负荷
3	广播设备、广播室照明	一级	二级	三级	
4	列车到发预告显示系统、旅客用电梯和自动扶梯、行包用电梯、皮带输送机、电子秤、给排水和污水处理设备、锅炉房设备、其他管理办公及设备用房照明	二级	二级	三级	
5	冷冻站设备	二级	三级	三级	

(2) 对负荷准确分级后,还需明确一、二、三级负荷的容量,这是供配电系统的重要指标,是进行负荷计算的前提。其中,大型、特大型铁路站房不仅与变压器的安装容量有关,而且一、二级负荷的容量与备用电源的供电容量有关,一级负荷中特别重要负荷的容量又与自备发电机组、集中应急照明电源(EPS)装置或不间断电源(UPS)装置的容量选择密切相关。此外,负荷容量的确定可作为基础数据,对铁路站房的电气节能效果进行横向和纵向评估。

方案及初步设计阶段可用负荷密度来估算负荷容量,在施工图设计阶段可用于校核负荷计算结果。铁路站房的负荷密度与其建筑规模类别、城市功能定位、未来发展需求等因素有关。例如,在已经完成的一些大型、特大型站房中,大连北站的负荷密度为 123.1V·A/m²、宁波站的负荷密度为 129.6V·A/m²、兰州西站的负荷密度为 121.0V·A/m²。表 2-11 列出了考虑设置中央空调的情况下各类铁路站房的负荷密度。

表 2-11　铁路站房的负荷密度(考虑设置中央空调)

序号	功能用房	负荷密度/(V·A/m²)			
		特大型站	大型站	中型站	备注
1	站房	120～140	120～140	120～140	空调负荷为 45～70
2	站台雨棚	10	9	8	
3	联系通道	10	9	8	
4	商业、商业夹层	200	180	180	
5	泛光照明、商业等预留	8	7	6	以总建筑面积为基数

注:其他功能用房的负荷密度可参照同类建筑。

2. 电源及变配电系统

1) 电源

供电电源应安全可靠、经济合理可行,需落实其来由、容量、回路数等外部条件。根据规范要求,供电电压等级合理选择,应根据用电容量、电源线路长度、当地公共电网现状及其发展规划等因素,经技术经济比较确定,应优先采用 10kV 电源。一般情况下,中型站及以上的站房应采用 10kV 电源供电。当特大型站房的用电负荷很大时,经技术经济比较,可采用 35kV 或 110kV 电压等级的电源供电。小型站供电电源可采用 380V。

根据负荷性质及容量要求,中型站及以上的铁路站房电源数量不应少于 2 路,如大连北站、兰州西站、宁波站均采用 4 路电源进线。小型铁路站房电源数量宜为 2 路。中型站及以上的站房,其 2 路电源应来自不同的城市变电站或铁路牵引变电所,要求互不影响,不致同时断电,并应采用专线供电。

对于特大型站及大型站,由于一级负荷中的特别重要负荷较多,根据负荷特点,应急供电电源通常采用柴油发电机组、EPS 与 UPS 相结合的应急供电方案。对于容量较大、相对集中的应急负荷,采用柴油发电机组供电;对于局部分散的小容量应急负荷,采用就近设应急电源装置 EPS 供电;对于计算机系统(如火灾自动报警系统、楼宇自控系统等智能化设备,以及铁路电力、通信、信号及信息等系统设备),要求不间断供电应急电源采用 UPS 供电。其中柴油发电机组可分区设置多台(大连北站、宁波站仅设置一台柴油发电机组,兰州西站设置两台柴油发电机组),总容量为变压器总容量的 10%～20%。中型站宜自备应急电源。

2）高压变配电系统

配电系统应安全可靠，特大型及大型站的高压配电系统应采用放射式供电，由上级变电站或牵引变电所专线引入。中型站宜采用放射式专线供电。

根据变配电所应深入或接近负荷中心、进出线及设备运输方便以及供电半径 $R \leqslant 250\text{m}$ 等要求，特大型站变电所数量不宜少于 3 个，大型站不宜少于 2 个、中型站宜为 1～2 个，小型站可只设低压配电室，采用 380V 低压专线供电。变配电所宜设在站房两侧用电负荷集中处，严禁设置于大量旅客能到达的场所，不应靠近贵宾室、旅客主要出入口，不应设置在伸缩缝处。柴油发电房应靠近一级负荷或变电所设置，以便于与变配电系统切换联络与管理。

当站房中存在冷水机组及其相关设备、管道电伴热、屋面电化雪及电热风幕机等大量季节性用电负荷时，宜设置独立的变压器向此类负荷供电，以提高变压器的负载率并可在空载季节退出运行，从而达到经济合理节能的作用。对于大型以上站房的大面积商业开发部分用电，需要单独计量计费，也应设置专用的商业变压器。

对于控制方式、操作电源及所用电源，特大型、大型站的高压配电系统宜采用集中控制方式，对变压器主断路器、分段断路器、主要馈出回路断路器采用集中监视方式；特大型、大型站的主变配电所采用直流操作电源，分配电所视具体情况采用直流操作电源或者交流操作电源；中型站宜采用直流操作电源，小型站可采用交流操作电源；所用电源宜引自相应的配电变压器。

3）低压配电系统

站房动力设备一般采用放射式及树干式相结合的配电方式。特别重要负荷采用放射式供电，并设置柴油发电机作为备用电源。其他设备按同区域的同类负荷共用树干式供电回路；零散负荷就近由附近性质相同或相近的回路供电；功率特别大的设备可由配电所直供电源，并在设备附近设置检修用操作控制箱。

各级低压配电系统保护开关动作应具有选择性。低压配电系统采用三级配电的方式，即总配电（变电所）、区域配电（配电间）和终端配电（现场、机房等）。三级配电系统相互之间保护开关动作具有选择性。区域级和终端配电系统一般采用塑壳断路器和微型断路器作为过载和短路保护装置。

3. 线缆选型及敷设要求

电力电缆的绝缘水平不应低于 0.6kV/1kV，电线不应低于 0.45kV/0.75kV。

对于特大型、大型站，一般低压干线应采用低烟无卤阻燃交联聚乙烯绝缘电力电缆、电线或无烟无卤电力电缆、电线；消防设备供电干线及分支干线宜采用矿物绝缘耐火电缆，当线路的敷设保护措施符合防火要求时，可采用有机绝缘耐火电缆。对于中、小型站，一般低压干线宜采用低烟无卤阻燃电力电缆、电线；消防干线应采用有机绝缘耐火电缆。各类站房的消防设备分支线路和控制线路可比消防供电干线或分支干线的耐火等级降一级。

对于低压出线电缆,在建筑物内电缆明敷在桥架上,同一径路向一级负荷供电的双路电源电缆不宜敷设在同一层桥架内,若敷设在同一层桥架内应用隔板隔开。不敷设在桥架上的线缆应穿热镀锌钢管敷设。采用电线的支线穿热镀锌钢管 SC 暗敷。在线槽内的导线应按回路绑扎成束。大容量设备采用密集型母线槽敷设,母线槽采用支架吊装。

4. 照明系统

大型铁路站房规模大,内部空间划分复杂,因此站房照明方式及控制方法也较丰富。其中照明设备按照其安装部位或者使用功能分为四种照明方式,分别为:一般照明、分区一般照明、局部照明、混合照明。当不适合装设局部照明或采用混合照明不合理时,宜采用一般照明;当某一工作区需要高于一般照明照度时,可采用分区一般照明;对于照度要求较高、工作位置密度不大且单独装设一般照明不合理的场所,宜采用混合照明。

照明控制系统分为手动控制和智能控制两种。手动控制系统由开关、调光器或两者共同实现。通常控制开关均放置在房间、通道的进出口旁以便操作;智能控制系统由时钟元件、光电传感器采集数据,通过区域控制面板或位于控制室的终端主机及软件对光源进行控制(图 2-91)。

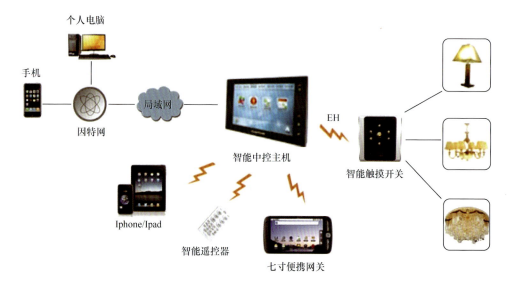

图 2-91　照明控制系统

（1）公共区照明、导向照明、广告照明等大空间照明多采用智能照明控制，照明灯具装置需在满足照明需求的同时，与站房内部装修、流线及外观造型很好地融合在一起。它多采用分区一般照明的照明方式（图 2-92）。

图 2-92　智能照明系统

（2）室外景观照明是建筑设计理念的烘托与升华，随着 LED 灯具应用愈加广泛，技术愈加成熟，在铁路站房的应用也逐渐增加。PWM 调光是 LED 灯具调光在实际使用中应用最为广泛的一种，它不仅保证了 LED 发出设计者所需要的颜色，还可以提高输出电流的精度，并且 PWM 调光的反应速度快，较为符合人们对站房室外景观灯具及控制的要求。利用 LED 灯智能调光系统灵活，可以在不同的节假日渲染出不同的场景，使整体建筑得以突出（图 2-93）。

图 2-93　LED 灯智能调光系统

（3）设备区照明多采用手动控制，以各规范、细则为依据进行照明设计，多采用一般照明、分区一般照明、混合照明相结合的照明方式。

（4）VIP贵宾区、放映厅照明采用智能照明控制，并依据不同的场合对灯具及控制方式进行相应的程序编辑，以此来满足会谈、讲演、放映、小型演出等功能，多采用分区一般照明与混合照明相结合的照明方式（图2-94）。

图 2-94　　VIP 贵宾区、放映厅照明系统

（5）铁路站房内部空间大，疏散出口多，一般采用智能疏散指示照明系统作为站房的疏散指示照明。在设备区按照疏散口进行疏散，而在公共区根据消防性能化的评估报告进行疏散，并在假设站房只有一处着火的前提下，智能疏散主机对每个已经被编辑的疏散指示灯发出指示的命令，从而达到就近疏散的目的。

（6）铁路站房采用灯具数量多，因此采用具有专业光学设计的灯具并且进行单灯补偿提高功率因数会很大程度地减少谐波对电网的污染以及提高灯具的效率，从而达到节能的目的；整个站房照明的用电量很大，在满足室外景观照明、室内照度要求和采光均匀度要求的前提下，合理的照明方式及控制方式不但有利于节约照明能耗，还能延长光源使用寿命。

总而言之，站房照明设计不仅要考虑安全性和实用性，还有照度要求、安装方式、维修方式起到烘托环境、气氛的作用，更需要具备很多导向性、安全性、功能性等，应以人为本，最后还需要结合当地的城市文化特色与建筑特点的创意，以此与站房的设计理念高度地和谐统一。

5. 火灾自动报警与消防联动控制系统（FAS系统）

消防控制室一般设置在地面层，作为火灾报警系统的控制中心。火灾报警系统主机位于消防控制室内。大型铁路站房内部结构布局复杂，应根据不同的空间和使用功能来选择不同的探测器。

（1）在办公房屋、公共区域设置感烟探测器或感温探测器；在通信信号机房、变电所、电力配电室等重要设备房间设置有气体灭火系统时，气体灭火房间内设置感烟探测器与感温探测器、控制盘等设备，气体灭火控制盘通过标准接口与区域报警控制器互联。在设有气体灭火系统的设备室外门边设置放气指示灯、紧急启停按钮及声光报警器等。在常开防火门、防火卷帘的两侧设置感烟探测器、感温探测器、声光报警器等。

（2）高大空间配合消防水炮的消防方案采用图像型火灾探测器实现定位探测及灭火。①消防水炮能够接收火灾自动报警系统的指令和图像型火灾探测器的报警和联动信号；②当确认火灾后，可自动和手动指令消防水炮搜索锁定着火点，开启电动阀和消防泵进行灭火；③应急情况下，可由消防人员在现场进行控制；④消防水炮还必须拥有自动通信、自动记录和图像监测等功能。图像型火灾探测器采集现场的视频图像，通过视频电缆传输到图像型火灾探测系统主机上，由主机上的管理软件对现场视频图像进行分析、识别，如果图像中某一区域的灰度变化、闪烁频率、颜色和运动模式等参数符合火焰或烟雾的特有特征，则管理软件做出火警判别，并发出火警报警信号。

（3）在各防火分区至少设置一个手动火灾报警按钮。从一个防火分区内的任何位置到最邻近的一个手动火灾报警按钮的距离不应大于 30m。在楼道等公共场所设防灾广播扬声器，当发生火灾时进行报警、通报火情及组织人员疏散。

消防控制系统的目的是将站房内一切与消防相关的设备整合完成监测、通信、控制以保证客站正常、安全地运营。假定站房只发生一处火灾，当探测器监测到火灾发生时，消控室内会显示火灾报警位置、供电电源情况。当确认发生火灾时：①非消防电源将被切除；②消防电源将被强启；③电梯将迫降于地面层并反馈信号至消控室主机内；④消防风机、水泵等消防设备将启动并将工作状态的信号反馈至消控室主机内；⑤防火门、防火卷帘、挡烟垂壁启动，其中位于疏散通道的防火卷帘在感烟探测器动作时卷帘下降至距地面 1.5m，当温感探测器动作时，卷帘下降到底。当气体灭火房间发生火灾时，在报警、喷射各阶段控制室有相应的声光报警信号，并能手动切除；在延时阶段，控制并显示自动关闭防火门、窗，停止通风空调系统，关闭对应部位的防火阀。

总而言之，FAS 系统是通过各种探测器和输入、输出模块来监控、检测和控制各类消防和非消防设备，以保证站房正常、安全地运营，保障人民生命财产安全。

6. 建筑设备监控系统（BAS 系统）

较大规模站房中机电设备很多，需采用建筑设备监控系统（BAS 系统）对设备进行监控管理。铁路站房 BAS 系统监控中心一般与消防控制室合用，对站房的机电设备进行监视和控制。它就好比是站房设备的大脑，对站房内的变电所系统、柴油发电机组用电系统、EPS 应急电源、空调系统、通风系统、给排水系统、电梯控制系统、智能照明系统等进行监视及节能控制。BAS 系统需具备设备的手动/自动状态监视，启停控制，运行状态显示，故障报警，温湿度监测、控制及实现相关的各种逻辑控制关系等功能。

大型、特大型站房规模大,设备系统复杂,BAS 系统需设置多种子系统来分别对它们进行监控:10kV 高压配电室,10kV/0.4kV 变电所的综合自动化系统为独立子系统,系统设置向上通信接口,作为 BAS 子系统纳入本系统内;冷冻站空调制冷系统为独立子系统,系统设置向上通信接口,作为 BAS 子系统纳入本系统控制,系统同时预留空调采暖系统监控实施条件;智能照明系统为独立子系统,系统设置向上通信接口,作为 BAS 子系统纳入本系统控制;在站房的站台、出站厅、城市出站通廊、大空间候车大厅、建筑景观照明等设置智能照明系统,系统具备分时段、分场景控制照明功能,系统主要由智能继电器、现场控制面板、主控制模块(触摸屏)等组成,系统采用总线结构。

2.13　铁路客站的仿真设计

2.13.1　数值仿真在站房方案优化中的应用

站房结构由于地下、地表空间建筑功能的需要,必须采用大空间桥建合建结构。对于这样一个规模大、投资高的工程项目,如何高标准完成项目建设,又要节省投资,结构方案的比较选择起着主要的作用。下面以广州南站为例,采用有限元仿真对屋面钢结构方案比选进行分析研究,具体介绍屋面钢结构比选方案和实施方案。

1. 屋顶钢结构方案一

方案一为比选方案,如图 2-95 所示。主楼屋面近似为矩形,采用网壳＋双向交叉拱衔架结构体系,屋面主体由六条顺短向的流线型筒壳并排布置构成,在中部有一顺长向的筒壳,形成了纵横向筒壳相交的形态。屋盖主体长向 421m,短向

图 2-95　广州南站屋面钢结构俯视图(方案一)

256m,还有多处大悬挑部位。基本柱网短向为三跨,柱距 64m,长向为六跨,柱距 64.5m。立柱向上分支,一方面可以减小支撑点间距,另一方面可以提高结构的整体抗侧刚度。在悬挑较大的前端设置支柱,提供竖向支撑点。屋盖钢结构透视图如图 2-96 所示,计算模型如图 2-97 所示。

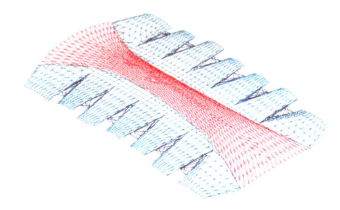

图 2-96　屋盖钢结构透视图

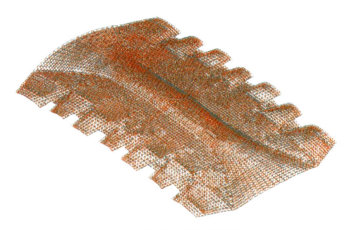

图 2-97　屋盖钢结构计算模型

屋面主体的筒壳采用部分抽空的正方四角锥网格结构,平面内刚度大;中央天窗拱起筒壳部分采用双向拱桁架结构,整体结构通透,视觉效果好。初步计算后确定网格厚度为 4m,并在支承点位置采取措施加强支座部位的刚度,如设三层变截面网架等。按此方案进行了初步计算,屋面网壳构件按照满应力设计,计算结果显示,应力比小于 0.9,竖向最大位移 $\Delta/l=1/402$,满足要求。但此方案不足之处在于:结构高度大,消耗掉了一些建筑空间,建筑空间不够透明,结构构件数量多,施工复杂,吊装需满布脚手架,周转材摊销费用高,施工周期长。

2. 屋顶钢结构方案二

方案二为实施方案,此方案屋面采用钢桁架支承的预应力大跨索拱和索壳两种钢结构体系的组合体,如图 2-98 和图 2-99 所示。

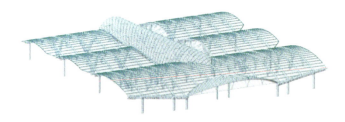

图 2-98　候车室顶部钢结构局部透视图

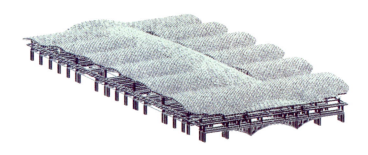

图 2-99　屋顶钢结构计算模型俯视图

对入口屋顶结构和采光带、主站房雨棚整体建模,进行了静载、活载和风载等荷载工况作用下的分析。拉索预应力取为 450MPa。

计算结果显示,应力比小于 0.9,竖向最大位移均小于 1/400,满足要求。采用此方案,结构构件数量稀少,建筑空间大,结构类型少,只有索拱结构和索壳结构,施工速度快,施工费用低。

采用预应力大跨空间索拱和索壳钢结构方案,结构构件数量稀少,使得大跨空间结构变得更加简洁、轻巧,使得建筑空间更宽大、宏伟,布置更灵巧,施工单位可以批量生产索拱结构和索壳结构,加工速度快,质量易于保证,钢结构安装可以采用大型机械吊装,施工速度快,施工费用低。可见,采用有限元技术仿真有助于工程师进行方案的比选,以选择最优的方案。

2.13.2　站房结构关键技术问题的数值仿真分析

站房结构计算主要采用 ANSYS、MIDAS 和 SAP2000 三种软件进行计算分析,结构分析模型采用三维整体模型,主要采用空间梁单元和空间杆单元模拟上部钢结构的大部分杆件（包括索拱结构的上弦杆和撑杆、索壳结构的单层网壳杆件、钢管柱、纵向联系桁架杆件等）和下部混凝土结构的梁、柱等构件，结构中的预应力拉索则采用仅受拉的杆单元来模拟。

1. 桥建合建体系的整体受力性能及相互影响

桥梁和上部结构受力时会协调变形，相互影响。在结构形成超静定体系后，桥梁后期承受的恒载及列车、人群活载所产生的位移必将使结构柱作用在桥梁上的力重新分布，上部结构本身内力也会产生较大的变化。若对单榀整体模型和桥建分开计算，则由于桥梁和上部结构相互作用、互相影响，桥建分开计算的结果不真实。因此，只有通过建立整体模型进行协同分析，才能更好地反映桥梁和上部结构的真实受力情况和变形状态。以新广州站为例，新广州站为上进下出的高架结构，对于桥梁，结构一般采用线状结构，采用静定结构体系来释放梁体的纵向变位，以减小因温度等对下部结构产生的荷载，因此顺桥向严格意义上是一个各部分可产生纵向变位的体系（除固定支座处外）；而对于房建结构，并不希望各部分有如此明显的变位，因此在设计中应综合考虑各方面因素，充分利用桥墩因竖向荷载需要较多桩的特点，自然形成较大的纵、横向水平抗推刚度，设计成具有足够抗推刚度的桥梁层，作为支撑整个站厅结构的强大基础，同时桥梁本身也能抵抗住相应的温度变位及水平荷载而不过多增加桩基工程量，使站厅和屋顶层随桥梁同步变位，而不产生附加温度荷载。横桥向将多条桥梁通过站台层的横梁及站厅层形成整体空间框架体系。

现采用 SAP2000 计算模型，选择 1/F 轴一榀桥梁及下部结构作为研究对象，计算模型如图 2-100 所示。

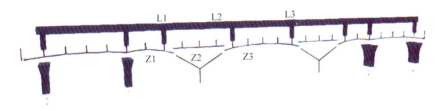

图 2-100　计算模型示意图

对于框架柱 Z1、Z2、Z3，考虑桥梁变形后，柱弯矩出现了较大变化，包括正负方向的变化。尤其是变形较大处的 Z3，其柱底弯矩不仅方向发生了变化，且绝对值约增大 15 倍。

2. 温度应力问题

对于大跨空间结构,特别是长度超过规范要求的空间结构,温度作用往往起控制作用。设计时需考虑由季节温差和日照温差对结构引起的温度作用,其中季节温差可按均匀温度场考虑,而日照温差温度场比较复杂,屋面保温措施会引起结构在迎光面与背光面有温差。设计时还需确定合适的合拢温度,以最大限度地减小温度对结构使用阶段的影响。设计中可采用有限元软件建立相应的计算模型,结合地区温度变化及站房内特点,按照整体升降温对温度力进行重点分析。结构设计时考虑温度作用对结构的影响,首先通过建筑节能与热环境的专题研究确定结构温差,然后采用大型有限元分析软件计算温度应力,再与其他荷载作用组合,通过多次分析、比较确定较优的结构方案,做到安全可靠、技术先进、经济合理、方便施工。在具体设计时,还应对支座的节点构造做进一步的研究,不断调整、优化支座形式,力求经济、合理。

温度作用是结构设计的控制因素之一,通常仅考虑结构整体均匀升温、降温的影响。但对于大跨钢结构屋盖,在日照作用下必然会呈现不均匀温度分布;而且研究表明,整体均匀升温的计算并不能控制不均匀升温计算。以新广州火车站为例,采用准入法为理论基础,运用英国 Square one 公司开发的生态建筑设计软件 Ecotect 求出新广州火车站主站房的不均匀温度分布(图 2-101),并用结构分析软件 MIDAS 计算不均匀升温对结构的影响,与整体均匀升温对结构的影响进行了比较,如图 2-102~图 2-105 所示。

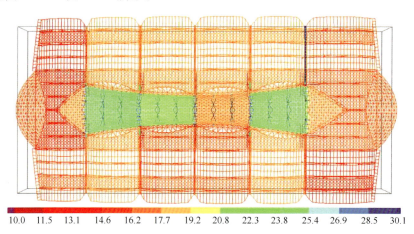

10.0　11.5　13.1　14.6　16.2　17.7　19.2　20.8　22.3　23.8　25.4　26.9　28.5　30.1

图 2-101　各区域升温示意图(单位:℃)

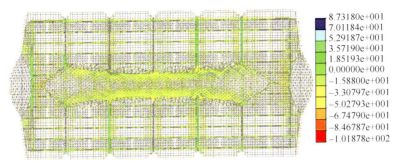

图 2-102　不均匀升温工况梁单元应力图（单位：MPa）

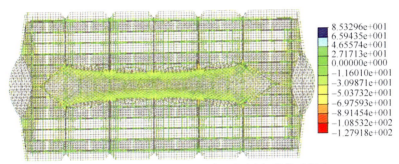

图 2-103　均匀升温工况梁单元应力图（单位：MPa）

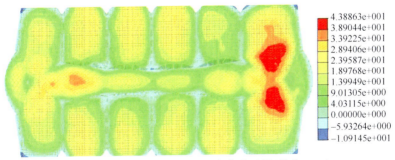

图 2-104　不均匀升温工况 Z 向位移云图（单位：mm）

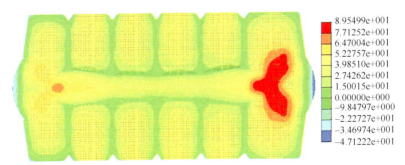

图 2-105　均匀升温工况 Z 向位移云图（单位：mm）

　　虽然整体均匀升温造成的结构整体位移较大,但对于构件强度,约36%的构件是由不均匀升温控制的。也就是说,仅按照整体升温计算温度的影响是不安全的,设计时需要考虑不均匀升温的影响。

3. 大跨度空间结构整体稳定性分析

　　对于新型客站采用的大跨度索拱结构及索拱、索壳组成的复杂空间结构在国内外应用较少,应对其整体稳定及局部稳定进行研究,从而确定局部稳定与整体稳定的关系、结构初始缺陷的影响等。施加预应力可以增加大跨度空间结构的刚度和稳定性,所以还应研究结构初始预应力的合理取值、施工中预应力建立及成型过程等相关问题。结构的整体稳定分析,应首先确定结构整体最不利缺陷模态的方法,并考虑初应力的影响,在此基础上对结构特别是采光带部分进行二阶弹塑性有限元分析,通过塑性铰的出铰顺序直观显示结构整体受力全过程,为设计和施工提供参考依据。

4. 结构抗震设计

　　新型客站大多属于超长型结构。由于地面各点到震源距离不同,各点间的震动产生了时间滞后(相位差),即行波效应。这种行波效应可能会引起大跨度空间结构的动力及扭矩反应增大,因此有必要进行多点输入下结构地震反应的分析,从而更加合理地预估地震的相应程度,为结构的抗震设计提供科学的依据。同时为确保结构的安全,需全面研究新型客站整体和局部空间动力计算模型和结构地震反应特性,主要内容如下:

　　(1) 研究讨论新客站空间立体结构(桥、站台、候车大厅)的合理空间动力计算模式,分析、比较结构动力特性;采用反应谱法和线性时程法进行多遇地震下结构地震反应分析,分析比较线性时程法和反应谱法计算结果;全面研究结构在多遇地震输入下的线性地震反应。

　　(2) 研究新客站空间立体结构(桥、站台、候车大厅)的合理空间非线性动力计算模式,采用空间非线性地震时程分析方法,全面研究结构在罕遇地震输入下的地震反应,在研究空间非线性地震时程反应分析时主要考虑:结构的几何非线性影响($P\text{-}\Delta$效应);墩、柱、桥梁支座、挡块等边界单元的材料非线性影响;结构-基础-土共同作用。

　　(3) 研究新客站空间立体结构典型的破坏模式、抗震薄弱部位和地震易损部位,主要是应用非线性动力时程分析方法结合静力推倒分析(push-over),考虑桥梁基础(土和桩的非线性)、墩、柱、桥梁支座、挡块等边界单元的材料非线性对于桥梁地震反应特性和规律的影响,在此基础上通过大量的参数分析,最终提出相应的抗震设计对策和抗震概念设计方法。

5. 结构振动及舒适度问题

由于新客站将列车高架桥与车站主体结构连为一个有机整体,而且有多线列车以高速从站房通过,高速列车与结构之间以及结构各部分之间的振动相互耦合,列车通过高架桥时所引起的振动有可能导致整个建筑结构物无法正常使用或引起使用者(如车站人员)的不安甚至恐慌,所以有必要对站房结构的安全性和耐久性给出定性或定量的分析结论,对整个系统的动力特性、列车走行安全性、车内乘客乘坐舒适度、车站人员舒适度进行评价,主要内容如下:

(1)建立精度较高的线路-桥梁-车站空间结构整体动力学有限元计算模型,并对其进行自振特性计算与分析,同时通过对其自振特性合理性的分析来检查和改善结构刚度分布的平顺性,或者判断结构建模中可能存在的问题。

(2)在目前国内缺乏完善的评价系统和评价标准的情况下,通过考察调研,结合国内外舒适性评判指标,建立火车站人员舒适性的评价体系;根据新广州站设计情况预测新广州站人员舒适性的主观感觉。

(3)利用结构动力学计算和分析的成果,进行结构振动响应敏感性分析,改变结构的局部构造、杆件截面尺寸、支座布置方式、线路弹性和阻尼特性等参数,研究降低结构振动响应的结构形式以及各指标对车站结构振动响应的参数敏感性,提出为降低振动可能的优化组合。对各种隔振和减振措施,在此工程中应用的必要性、可能性及其相应的隔振性能进行研究,提出适合新客站的隔振和减振措施。

6. 主要节点研究

新客站采用空间立体结构,节点数量、类型多,构造复杂,主要节点有柱刚接节点(柱顶与纵向联系桁架的刚接节点、Y形分叉节点、上部钢管柱与下部钢骨混凝土梁柱连接的十字形节点)、索拱结构中预应力钢索的锚固节点和限位节点、单层网壳连接节点、各类支座节点等。现行的国内外结构设计规范尚未给出可直接应用的节点设计方法,需对其进行理论与试验研究,以保证节点受力性能和整个结构安全。结构中的节点一直是地震易损部位,故还需对地震作用下关键节点受力、传力、破坏机理进行研究,采用合理的抗震构造措施。

随着国内铁路的快速发展,大跨钢桁架结构被广泛应用于各大铁路客站建筑,具有跨度大、荷载大、节点力学性能复杂等特点。针对钢结构节点的力学性能,国内外学者开展了广泛的研究,对于常见的 X 形、K 形、T 形节点,给出了半经验半理论的计算式。但是,由于相关标准涵盖范围的局限性以及实际工程的复杂性,对于特定工程往往需要对其关键节点进行试验或仿真分析,以确保其安全性。

结合大庆西客站高铁客站站房钢结构工程,针对其重载跨层桁架中的典型米字形节点,采用通用有限元计算软件 ADINA 进行计算,单元为 MIT9 壳单元,选取考虑包辛格效应及拉伸失效的多线性随动强化本构模型(图 2-106),能有效模拟计算单元在往复荷载作用下的承载力变化及断裂破坏,分析节点力学行为特征并提出相应的补强措施。

图 2-106　米字形节点有限元模型

2.13.3　站房施工关键过程力学分析

1. 深基坑与支护结构相互作用的力学分析

排桩支护区域采用杆系有限元法进行分析,沿基坑纵向取单位长度采用杆系有限元法计算。排桩划分为梁单元,支撑为仅承受轴力的杆单元,考虑各施工阶段施工参数变化、围护结构位移的影响,满足强度及变形控制的安全稳定性要求。地层的被动抗力采用弹性链杆代替。围护结构模拟基坑开挖过程及回筑过程,开挖阶段计算时计入结构的先期位移值以及支撑的变形,按"先变形、后支撑"的原则进行结构分析,并计算内部结构回筑阶段各工况的内力组合,最终的位移及内力值是各阶段的包络值。

以兰州西站为例,按照上述方法进行验算,验算结果如图 2-107 所示,基坑支护设计满足安全稳定的要求,支护结构的最大水平位移满足规范的要求。

2. 钢结构吊装的施工仿真分析

铁路站房结构中站台层以上的钢结构,包括高架层大跨度钢框架结构和屋盖钢结构,是站房结构设计和施工难点,其施工工序复杂,把握其施工阶段的受力成为一个重要的课题,应对其施工阶段的受力进行跟踪监测,研究其受力特性。对于铁路站房高架层结构,一般采用钢框架结构体系的原因主要是轨道层有列车行驶,要求视觉通透性较好,横轨和纵轨方向均不能设置剪力墙或支承,框剪、框架-支承结构均不适合,框架结构体系成为铁路站房高架层最适宜的结构形式。

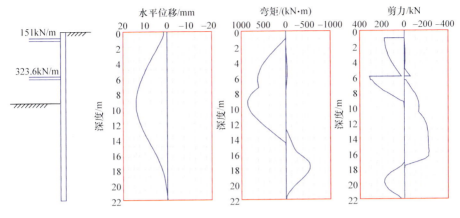

图 2-107　基坑围护结构内力包络图

铁路站房结构屋盖层的建筑和结构形式多种多样，是建筑和结构设计的重点。与高架层一样，屋盖支承构件布置受铁路路线的限制，同时，为了使高架层（候车层）获得较大空间和视觉通透性，要求屋盖支承竖向构件尽可能少，这就要求屋盖结构采用更大跨度。目前国内大型铁路站房的屋盖结构以桁架、网架和网壳为主，其主要原因有：①这些结构形式杆件分布规律，构件受力以轴力为主，材料利用率较高；②构件可以工厂加工及现场组装拼接，施工速度快；③边缘构件与周边支撑结构的适应性较强。

铁路站房结构屋盖层整体提升施工是一个多阶段的动态过程，随着施工过程的进行，结构体系在不断地变化，主要表现为结构约束条件在转换、构件连接边界在变化、提升施工和临时支架卸载引起荷载突然改变等。前一个施工阶段的受力状态对后一阶段施工的结构受力性能乃至最终结构的工作状态都有密切的联系，结构提升施工过程中的受力与设计时存在很大的差异，这使得跟踪结构施工过程的受力变得十分重要。

目前应用在钢结构施工分析中的实用方法主要有两种：生死单元法和施工多阶段分析法。其中生死单元法发展较为成熟，在一些通用有限元分析软件中已有成熟的分析模块，但这些软件未对该部分的理论基础、算法原理和流程作明确说明，导致工程实践中存在一些误区；施工多阶段分析法目前还不够成熟，尚未有基于此类分析方法的通用分析模块，在实际中存在一些问题，也有待进一步研究。

生死单元法和施工多阶段分析法为目前应用较多的两种施工力学实用分析方法，都是基于有限单元法发展起来的。生死单元法是通过单元的"杀死"和"激活"两个过程来模拟施工过程中结构的安装状态。该方法基于设计状态一次性建立结构的有限元模型，"杀死"和"激活"通过修改总刚度矩阵及等效力向量中的相关单元的刚度系数来实现。施工多阶段分析法是按照施工方案依次建立计算模型和旋加相应的荷载,总体刚度矩阵中只考虑已安装部分的单元刚度矩阵,实现边建模边求解。这种方法可以精确控制施工过程中构件的安装位形,未安装部分的刚度在总体刚度矩阵中不出现,完全消除未安装结构与已安装结构的相互影响。

两种方法的不同点在于对未安装构件的处理上,生死单元法采用一次性建模,通过"激活"和"杀死"来模拟不同的施工状态,而施工多阶段分析法是通过分阶段建模来实现分析模型的时变,分析时只考虑已安装结构的单元刚度矩阵。对于整体提升施工方法,被提升单元均在临时支撑结构上拼装就位,安装位形可以根据临时支撑结构的位置确定。该施工过程中的几何非线性效应并不显著,但状态非线性效应不可忽略。对此,施工多阶段分析法可以较好地模拟该施工过程,对于控制单元的初始安装位形较为方便;而生死单元法采用一次性建模,在处理结构的安装位形时较为困难。

工程中可采用有限元分析软件 MIDAS/Gen 进行分析,根据实际提升过程中结构的真实受力状态建立有限元计算模型,屋盖桁架采用梁单元建模,主桁架的节点采用刚接,腹杆及横向连接杆件采用铰接,提升过程考虑结构的自重及已安装檩条自重。为了模拟提升状态的边界条件,在提升吊点处设置一个竖向约束,用支座反力来模拟提升吊点产生的提升力。

2.13.4　桥建合一大型站房结构力学效应仿真分析

在新站房的设计上,多采用桥建合一结构。桥建合一是指车站上部站房建筑结构直接支撑于下部高速铁路梁的桥墩之上。在使用中,高速列车运行时引起的振动荷载会通过高速铁路梁的桥墩传递给上部站房结构,引起上部站房的振动,会影响上部站房结构的振动舒适度,并可能会引起上部大跨钢结构中焊接部位的疲劳问题。疲劳损伤有可能直接影响站房结构的安全使用。而楼板的振动舒适度问题虽然不足以危及上部结构的安全,但如果振动过大,也将给乘客及车站工作人员的正常候车和工作带来影响,这是桥建合一新型结构形式正常使用中可能面临的两类问题。随着我国高速铁路的快速发展,桥建合一的特殊结构形式以其整体刚度好、质量轻、柔性大、阻尼小等特点得到了广泛的采用,如武汉站、南昌站、郑州站等均采用了桥建合一结构形式。结合这一现状,对桥建合一新型结构形式所面临的问题可采用有限元技术进行仿真分析。

1. 桥建合一玻璃幕墙结构动力特性仿真分析

高速铁路客站房的大型幕墙是一种桥建合一的结构体系,由于玻璃幕墙体系与列车轨道梁紧密相连,高速列车通过时可能引起玻璃幕墙共振的问题。因此,在设计幕墙结构体系时,行车振动对玻璃幕墙结构体系的影响必须予以考虑。下面运用有限元法对高速铁路站房玻璃幕墙结构进行数值动力仿真分析。

随着我国高速铁路建设的发展,一批建筑形式新颖、结构体系巧妙的铁路客站陆续投入使用或进入建设期。这些铁路客站的结构形式既需要满足高速列车行驶及荷载要求,又要满足站房的功能需要,是典型的将桥梁结构与房屋建筑结构组合成一体的综合结构体系。

玻璃幕墙是建筑的外围护结构或装饰体系,不承担主体结构所作用的荷载,但在结构自重、风荷载、地震荷载以及温度荷载的作用下,需进行承载能力极限状态及正常使用极限状态的验算。桥建合一结构的幕墙,还需考虑列车通过时导致的主体结构振动,在结构振动时,也必须保证幕墙结构正常使用。随着玻璃幕墙在大型桥建合一铁路站房工程中逐步使用,幕墙结构体系的动力特性分析成为设计时需要解决的重要问题。

有限元分析可利用数学近似的方法对真实物理系统(几何和荷载工况)进行模拟,是一种可对建筑结构进行动力特性模拟分析的有效的数值分析方法。数值模拟方法在某种意义上比理论与模型试验对问题的认识更为深刻、更为细致,不仅可以了解问题的结果,而且可随时连续动态地、重复地显示事物的发展,了解其整体与局部的细致过程,可以显示模型试验都无法看到的发生在结构内部的一些物理现象。该玻璃幕墙体系主要由竖向支撑方管柱、顶横梁、底方通、横向连梁、吊杆以及玻璃面板等组成。采用线单元模型模拟各结构杆件,即用 ANSYS 中的BEAM188 单元进行模拟,截面形状及尺寸取为实际设计值;玻璃面板采用SHELL63 单元进行模拟。

计算荷载主要考虑幕墙钢结构承受的重力荷载、风荷载、地震作用以及作用在幕墙方管柱顶端的行车振动荷载。

2. 桥建合一列车振动的影响分析

对于高速列车、城际列车以及货物列车均直接运行于站房主体结构(桥梁结构)之上的结构,列车运行和制动引起的振动问题值得关注。尤其是在一定条件下,如果列车激振频率与结构自振频率接近或一致(简称合拍),可引起结构发生较为显著的共振响应。站房结构振动响应过大,将影响候车旅客的舒适性、站房附属结构以及相关仪器设备的正常使用性能、结构疲劳强度甚至强度。因此,有必要对列车运行引起站房结构的振动响应进行计算分析评估,在设计阶段避免由于结构设计不合理产生不良的振动问题。兰州西站在设计阶段对轨道层正线处高架桥结构进行了车致振动耦合数值计算分析。

1) 计算工况

考虑动力计算与实际情况的偏差并考虑安全系数,最高检算速度对准高速列车为 160km/h,对高速列车为 300km/h。各类列车通过站房及进站制动的计算工况如表 2-12 所示。

表 2-12 耦合振动分析工况汇总

工况号	工况描述	计算车速/(km/h)
工况 1	1 线 CRH3 高速列车匀速通过	180,210,240,270,300
工况 2	1 线准高速列车匀速通过	80,100,120,140,160
工况 3	2 线 CRH3 高速客车反向匀速通过	180,210,240,270,300
工况 4	2 线准高速客车反向匀速通过	80,100,120,140,160

2) 计算模型

计算模型如图 2-108～图 2-110 所示。

图 2-108 计算模型

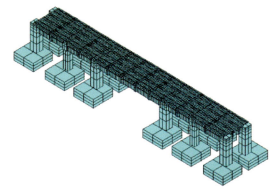

$$-0.854e-04 \quad 0.217e-03 \quad 0.520e-03 \quad 0.823e-03 \quad 0.001125$$
$$0.660e-04 \quad 0.369e-03 \quad 0.671e-03 \quad 0.971e-03 \quad 0.001277$$

(a)ANSYS计算结果

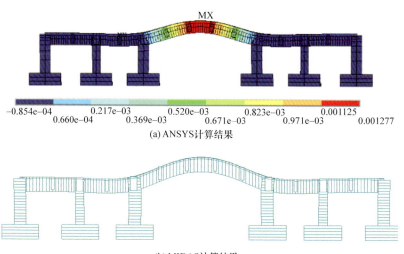

(b)MIDAS计算结果

图 2-109 一阶竖向模态

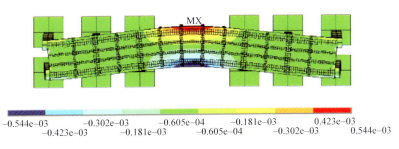

(a) AMSYS计算结果

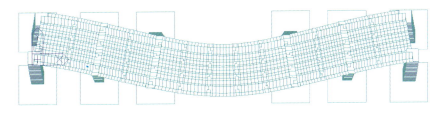

(b) MIDAS计算结果

图 2-110　一阶横向模态

3）车致振动响应计算结果与评估

（1）结构自振频率评定结果见表 2-13。

表 2-13　结构自振频率评定结果　　　　　　　　　（单位：Hz）

频率	计算值		高速铁路设计规范	铁路桥涵设计基本规范	铁路桥涵检定规范
	ANSYS	MIDAS			
竖向	7.88	7.89	3.634	—	—
横向	8.02	8.22	—	3.75	4.327

（2）结构横向振幅评定结果见表 2-14。

表 2-14　结构横向振幅评定结果　　　　　　　　　（单位：mm）

桥梁位置	车辆工况	计算值	铁路桥涵检定规范通常	铁路桥涵检定规范安全限值
跨中	CRH3 单线	0.06	2.17	2.67
	CRH3 双线	0.09		
	准高速单线	0.05		
	准高速双线	0.05		

续表

桥梁位置	车辆工况	计算值	铁路桥涵检定规范通常	铁路桥涵检定规范安全限值
墩顶	CRH3 单线	0.09	0.55	—
	CRH3 双线	0.11		
	准高速单线	0.09		
	准高速双线	0.11		

（3）结构振动加速度评定结果见表 2-15。

表 2-15　结构振动加速度评定结果　　　　（单位:m/s²）

加速度方向	车辆工况	计算值	铁路桥涵检定规范	高速铁路设计规范
竖向	CRH3 单线	0.64	—	3.5
	CRH3 双线	1.69		
	准高速单线	0.08		
	准高速双线	0.51		
横向	CRH3 单线	0.21	1.4	—
	CRH3 双线	0.63		
	准高速单线	0.11		
	准高速双线	0.29		

（4）车辆动力性能评定结果如下。

车速 300km/h 以内的单线运营 CRH3 列车的最大脱轨系数为 0.38,最大横向力为 34.23kN,最大轮重减载率为 0.56,均满足规范行车安全性要求;其最大竖向和横向车体加速度分别为 0.99m/s² 和 0.65m/s²,小于规范规定限值,最大车体竖向、横向 Spering 指标分别为 2.59 和 2.69,达到我国《铁道机车动力学性能试验鉴定方法及评定标准》(TB/T 2360—1993)和《铁道车辆动力学性能评定和试验鉴定规范》(GB 5599—1985)规定的客车平稳性良好水平。

车速 300km/h 以内的双线运营 CRH3 列车的最大脱轨系数为 0.37,最大横向力为 34.40kN,最大轮重减载率为 0.53,均满足规范行车安全性要求;其最大竖向和横向车体加速度分别为 0.99m/s² 和 0.65m/s²,小于规范规定限值,最大车体竖向、横向 Spering 指标分别为 2.59 和 2.70,达到客车平稳性良好水平。

速度 160km/h 以内单线运营准高速客车的最大脱轨系数为 0.28,最大横向力为 52.58kN,最大轮重减载率为 0.30,均满足规范要求;车体竖向及横向最大加速度分别为 0.58m/s² 和 0.58m/s²，满足规范要求，机车竖向及横向 Spering 指标分别为 2.12 和 2.16，达到优良水平，客车竖向及横向 Spering 指标分别为 2.33 和 2.37，达到优良水平。

速度 160km/h 以内双线运营准高速客车的最大脱轨系数为 0.29，最大横向力为 52.03kN，最大轮重减载率为 0.29，均满足规范要求；车体竖向及横向最大加速度分别为 0.57m/s² 和 0.59m/s²，满足规范要求，机车竖向及横向 Spering 指标分别为 2.12 和 2.16，达到优良水平，客车竖向及横向 Spering 指标分别为 2.33 和 2.37，达到优良水平。

通过对站房结构进行车致振动影响计算分析，表明设计所确定的结构方案各构件截面尺寸均能满足设计及现行建筑及桥梁相关设计规范要求，自振频率、横向振幅、脱轨系数、轮重减载率、车体竖向及横向加速度等指标计算结果也均能满足《铁路桥梁检定规范》和《铁道车辆动力学性能评定和试验鉴定规范》相关要求。

3. 列车振动荷载及人群荷载引起的桥建合一结构的振动舒适度研究

列车运动对建筑物振动的影响是一个复杂的问题，运动中的列车将自身的振动能量通过轨枕轨道传给桥梁，再传给桥墩、桩基，最后通过地基土壤传给周围的建筑物，显然这种振动传递是一个非常复杂的过程，其过程中的任何一个环节都会对振动的传递产生影响，因此了解振动传递的过程，就可以找到减小振动的方法和途径。为了降低高速列车对候车室振动的影响，在正线和到发线间设置结构缝，可有效地减小高速列车对建筑物振动的直接影响，即减小对候车室振动的影响。

对于楼层的振动，当人们在楼板上有节奏运动，其步频接近楼盖的竖向自振频率时，会引起楼盖的共振，影响人们的舒适度，易使人们产生烦躁不安、不安全的感觉，共振响应大还会影响结构的安全及使用寿命。研究振动对人们工作生活舒适度的影响国内刚刚起步，研究结果较少，国外已对此进行过一些研究并发布过一些标准。楼盖振动限制取决于人对振动的感觉。人对楼盖振动的感觉取决于楼盖振动的大小和持续时间，以及人所处的环境和人所从事的活动，不仅与人的生理反应有关，还与人体所处的姿势有关，例如，站立的人对频率为 4～8Hz 的振动最敏感，躺卧的人则对频率为 1～2Hz 的振动最敏感。一般民用建筑设计常用的楼盖结构自振频率为 4～8Hz。参照美国应用技术委员会（Applied Technology Council，ATC）发布的《减小楼板振动设计指南》中有关楼板振动对人们生活工作舒适度影响的规定可知，不同环境下人们可接受的振动峰值加速度如图 2-111 所示。

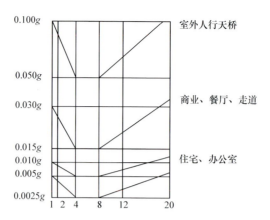

图 2-111　不同环境下人们可接受的振动峰值加速度

　　民用建筑楼盖结构的自振频率为 4～8Hz。从图 2-111 可以看出，人们在住宅、办公可接受的峰值加速度为 0.005g，在商业、餐厅、走道可接受的峰值加速度为 0.015g，在室外人行天桥可接受的峰值加速度为 0.050g。因此可以认为，只要候车室楼盖的峰值加速度控制在 0.015g 以下就可以满足旅客对舒适度的要求。

　　近年来的研究实践表明控制人员活动引起的楼盖振动，可以简化为三种模型用于指导实际工程设计。

　　1）共振模型

　　人们有节奏的步行活动产生的重复的分布于楼盖的作用步频通常为 3Hz，人们齐步行进的步频约为 2Hz。当楼盖竖向自振频率接近作用频率时将发生共振，其幅值大小取决于楼盖体系的阻尼比。楼盖振动主要由第一振型低频控制。

　　2）变形模型

　　由于楼盖质量轻，竖向自振频率通常大于 10Hz。人们行走或物体堆放引起楼盖变形过大时，同样会引起不舒适的感觉。控制这类楼盖振动的另一重要指标是控制楼盖在活荷载下的刚度变形。

　　3）脉冲振动模型

　　楼盖自振频率为 8～15Hz 时，行走脉冲将引起不可接受的楼盖振动。脉冲振动模型采用牛顿定律计算脉冲引起的楼盖振动速度。

　　常用的是共振模型和变形模型。

2.13.5　列车动载效应及仿真分析

1. 列车风对站房的影响分析

　　大跨空间结构具有质量较轻、阻尼较小等特点，其风致动力响应较为明显。兰州西客站建筑体量巨大,兼具形体复杂、大空间等特性,同时高速列车通过建筑内时产生的活塞风效应使得站房建筑内、外部风场环境更为复杂。结构设计时需要明确风荷载的分布形状、大小,以及风场的环境特性,需要对风荷载下的建筑结构的振动机理、振动效应进行深入研究。风工程专题研究主要内容如下:

(1)通过综合运用刚性缩尺模型风洞试验与数值模拟仿真两种手段,以风洞试验方法为主,研究屋盖结构的平均和脉动风荷载,提出本工程抗风设计的静力风荷载建议值。

(2)采用基于刚性模型风洞试验的动力分析,利用刚性模型风洞试验得到的结构不同空间位置的脉动压力数据和空间相关性信息作为动力风荷载的输入,通过结构动力分析求得荷载输入点的动力位移响应以及对应某些较大位移响应的阵风荷载因子。

(3)通过数值模拟,给出高速列车通过时站台区域风速的空间分布范围,结合评定人员活动的风环境舒适性评估标准(其中包含危险性风速范围),划定站台区域人员活动安全和危险范围;对高速列车通过车站过程中,由于压力波的传递对屋盖结构压力分布的影响进行定量评估。

2. 站房隔振减振措施的力学分析

为了研究高速铁路运行时高架桥与车站主体的耦合振动,评价正常使用的舒适性、结构安全性和耐久性,还需进行站房隔振减振分析,分析内容与 2.13.2 节中结构振动及舒适度问题相同。

2.13.6　节能方案的仿真与优化

1. 计算流体力学模拟

新型火车站的许多公共区域都是高大空间,高大空间一般指 10m 以上的建筑,如新大连站,其候车大厅最高处高度可达 24m。对于这类高大空间的暖通设计,传统概念上的整个区域均匀混合气流组织已经不适用。目前我国新型客站对于大空间,一般采用分层空调系统、送风单元柱、地板采暖等技术措施。

在分层空调的设计中,气流组织与空调的实际使用效果休戚相关。工作区的温度分布均匀、是否能得到理想分层空调的效果和节能的目的,很大程度上取决于气流组织是否合理。只要空调区的气流组织设计合理,使送入室内的空气充分发挥作用,就能在满足工作区空调要求的前提下最大限度地降低分层高度,减小空调负荷和空调设备容量并节省设备运转费用。通常,气流组织分析就要运用 CFD 模拟软件进行计算分析。

CFD 模拟,即计算流体力学模拟,通过数值方法,求解描述计算区域的方程组,得到整个计算区域完整的温度场、速度场。CFD 模拟对于高大空间气流组织具有一定的工程指导意义。目前较为流行的 CFD 模拟软件有 Fluent、PHOE-NICS、CFX、STAR-CD 等,这些软件计算引擎界面不够友好,目前市场上也出现了许多在计算核心基础上开发出的建筑专用模拟软件,如 Airpak、FLOVENT 等。Airpak 以 Fluent 为计算核心,预设了许多对象,如人体、块、风扇、风口等。在该软件中,网格划分容易自动实现,可以手动调整。许多新兴客站的候车大厅气流组织的分析,都运用了 Airpak 进行分析。例如,郭旭辉利用 Airpak 对新广州站进行气流组织模拟,通过比较三种不同的送风单元柱送风工况,得出大送风单元采用米字形送风比采用十字形送风时温度场更加均匀等结论(表 2-16 和图 2-112)。

表 2-16　三种工况介绍表

工况	侧送喷口风速/(m/s)	大送风单元		
		上排风速度/(m/s)	下排风速度/(m/s)	水平面风口布置(俯视图)
1	5.32	9.31	3.1	十字形布置
2	5.32	9.31	3.1	米字形布置满负荷
3	2.66	4.66	1.55	米字形布置50%负荷

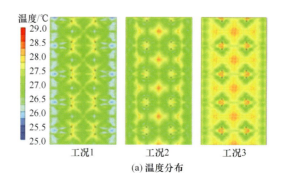

(a)温度分布

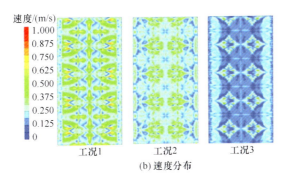

(b) 速度分布

图 2-112　不同工况速度场云图

2. 建筑能耗模拟

建筑能耗通常是指民用建筑的运行能耗,即在住宅、办公建筑、商场、宾馆、交通枢纽等非工业建筑内,为居住者或使用者提供采暖、通风、空调、照明、炊事、生活热水以及其他为了实现建筑的各项服务功能所消耗的能源。建筑能耗模拟发展由来已久,从 20 世纪 60 年代中期开始,已有学者用动态模拟方法分析建筑围护结构的传热特性并计算动态负荷。随着全球气候变暖以及臭氧层孔洞带来的生态环境危机,各个国家和研究部门逐渐重视对绿色建筑的研究,许多建筑能耗模拟软件也相应诞生。目前较为流行的模拟软件有 EnergyPlus、ESP-r、eQuest、TRNSYS 等。经过多年发展,建筑模拟已经在建筑环境和能源领域得到广泛应用,贯穿于建筑的整个寿命周期,包括建筑的设计、建造、运行、维护和管理,具体的应用如下:

(1) 建筑冷热负荷的计算,用于空调设备的选型。

(2) 在设计新建筑或者改造建筑时,对建筑进行能耗分析,以优化设计或节能改造方案。

(3) 建筑能耗管理和控制模式的设计与制定,保证室内环境的舒适度,并挖掘节能潜力。

(4) 与各种标准规范相结合,帮助设计人员设计出符合国家或当地标准的建筑。

(5) 对建筑进行经济行分析,使设计人员对各种设计方案从能耗与费用两方面进行比较。

建筑能耗不仅取决于维护结构、照明系统和空调系统各自的性能,还取决于其整体的性能。因此,要准确的建筑能耗模拟数据,就要对整个建筑模拟中的各个参数进行准确描述,建立准确的建筑模型,进行能耗模拟分析。以 EnergyPlus 为例,整个建筑模拟过程包括三部分,即建筑建模、模拟软件运算、数据后处理,如图 2-113 所示。

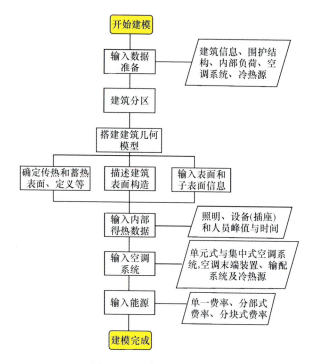

图 2-113　建模步骤示意图

通常一个大型新型客站的建筑面积通常超过 $100000m^2$，建筑节能潜力非常大。已有学者尝试结合 CFD 模拟大空间温度分层数据结果，导入 EnergyPlus 中进行模拟计算，对大空间场所的能耗模拟的工作逐渐开展起来。必须认识到的一点是，大开间、大空间模拟的验证及相关数据较为缺乏，对新型客站进行准确的能耗模拟分析准确性有待考究。目前，火车站、航站楼类建筑能耗相关的标准规范尚未出台，对新型客站以及既有客站进行能耗模拟的工作缺少一定的约束及动能，仍未大面积开展。随着节能减排的不断深化、绿色建筑的不断推行，新型客站的模拟工作即将迎来广阔前景。

参 考 文 献

韩志伟. 2007. 新型铁路客站设计建设的实践与探索[J]. 铁道经济研究,(6):23-30.

胡小勇. 2013. 不同激励下玻璃幕墙体系耦合振动研究[J]. 低温建筑技术,35(11):41-44.

胡小勇,张光辉,谢伟平. 2010. 高速列车作用下简支梁的动力响应分析[J]. 武汉理工大学学报,(7):125-128.

雷持平. 2012. 新时期铁路客站的地域性创作[J]. 浙江建筑,29(8):5-7,18.

李传成. 2004. 交通枢纽与城市一体化趋势——特大型铁路旅客站设计分析[J]. 华中建筑,22(1):32-41.

廖美.2011.高速铁路大型客站照明系统的节能研究[D].武汉:华中科技大学.

刘畅.2012.基于视觉的大型铁路客站文化性评价因子研究[D].成都:西南交通大学.

刘振娟,党立.2013.基于地域文化的铁路客站建筑设计与思考[J].铁道经济研究,(1):16-19.

罗飞.2010.高速铁路综合交通枢纽地区城市空间形态设计研究[D].天津:天津大学.

石磊.2010.大型铁路客站商业空间设计初探[J].铁道科学与工程学报,7(5):97-102.

宋歌,刘燕,朱丹丹,等.2013.铁路客站用能现状及其影响因素分析[J].暖通空调,43(4):85-90.

铁道部工程设计鉴定中心,中铁第四勘察设计院集团有限公司.2008.2007 中国铁路客站技术
　　国际交流会论文集.北京:中国铁道出版社.

铁道部工程设计鉴定中心,中铁二院工程集团有限责任公司.2012.2011 中国铁路客站技术交
　　流会论文集.北京:中国铁道出版社.

铁路客站建设总指挥部.2011.2010 铁路客站建设管理研讨会论文集.北京:人民交通出版社.

王凯夫.2013.中国铁路客站商业开发的模式探讨[J].铁道经济研究,(6):36-42,56.

王麟书.2005.关于我国铁路客站站房建设的思考[J].中国铁路,(11):5,27-29.

尉斐.2011.城市公共交通枢纽站前广场空间形态设计研究[D].北京:北京交通大学.

伍东.2014.铁路客站规划设计理念及总体布局研究[J].铁道勘察,(1):52-55,59.

张莉.2011.铁路客运枢纽站前广场发展趋势[J].山西建筑,37(16):28-29.

郑东炜.2015.铁路客站照明设计研究[J].电气应用,(2):40-43.

郑健.2010.中国铁路发展规划与建设实践[J].城市交通,8(1):14-19.

郑健,沈中伟,蔡申夫.2009.中国当代铁路客站设计理论探索.北京:人民交通出版社.

钟承霞.2001.论城市铁路客站的一体化设计理念[J].浙江建筑,(6):5-7.

第3章 铁路客站施工技术

3.1 铁路客站施工组织

3.1.1 施工部署

1. 施工顺序及区段划分

1) 确定影响施工顺序及区段划分的主要因素

(1) 既有建筑拆迁。铁路客站工程占地面积大,施工中经常会遇到规划场区内的既有建筑物拆迁问题。一旦出现"拆不动"或"钉子户"情况,客站建设便会受到极大影响。如果遇到以上情况,解决方案主要有以下两种:第一种是参建各方做好拆迁工作,尽早完成拆迁及场地平整;第二种是调整施工顺序,合理划分施工区段,将受拆迁影响区域暂缓施工,待拆迁问题解决后再行施工。

(2) 既有线影响。既有线对铁路客站建设影响很大,站房工程与既有线有两种相对位置关系:第一种是既有线位于站房之外,即既有线对站房施工影响较小;第二种是既有线穿越站房,即既有线对站房影响较大,在这种情况下,通常做好既有线防护,建设临时便桥过渡既有线,以利于施工。

(3) 地铁交叉施工。铁路客站作为交通枢纽,汇集了铁路、地铁、市政交通等多种交通方式。一站式换乘时,地铁位于铁路站房下方,那么在施工组织时应结合地铁与站房结构形式、总工期等,并且要考虑两者施工顺序。同时,由于铁路客站一般由铁路总公司投资、地铁由地方政府投资,两者属不同出资方,会涉及资金是否到位、是否由同一施工单位施工、是否由铁路总公司统一管理等诸多问题,这就增加了施工组织的复杂性。

2) 合理划分施工区段

铁路客站建设一般需划区施工,以形成平行流水作业格局,加快建设进度。常见的情况如下:

(1) 大型客站工程多由联合体中标,需将工程划分为不同区段。

(2) 施工阶段需将工程划分为若干施工区域,组织多个作业队伍同时施工。

(3) 既有线影响,需分区施工,通过转线完成整体工程建设。

2. 施工进度计划

工期是施工组织的核心要素,施工组织中的资源配置、施工方案选择、现场平面布置等都紧紧围绕施工进度安排。合理的工期对施工组织、造价控制、质量管理、安全管理等都大有裨益。在铁路客站施工组织中,要充分考虑切实的保证措施,常见的措施如下:

(1) 尽早深化设计方案。

(2) 划分为若干个施工区,各个施工区同时组织施工。

(3) 增加劳动力、施工物资、机械设备等资源配置量。

(4) 调整施工方案以满足工期要求。

3. 施工机械配置

施工机械配置对施工工艺、施工方法、工程进度有直接影响,合理的施工机械配置对加快建设速度、提高工程质量、保证安全施工、节约工程成本起着至关重要的作用。

4. 施工现场总平面布置

铁路客站场区前期往往受征地拆迁、地下管线改移、既有线过渡等影响,其建设的前期"三通一平"工作主要由站前单位实施,总平面布置时应结合站前总体区域划分,合理布置客站施工的总平面。在客站建设中,现场平面布置一般根据地下结构施工、地上主体结构施工、既有线过渡、装饰装修等不同阶段,据实合理布置。在布置中需考虑在城市区域施工时交通疏解策略的综合需求,施工临时道路与施工便道的结合,场区内与其他单位的使用界面,物料周转加工区、人员生活区与城市周边关系,给排水及电力布置,以及当地气候等,临近营业线时还应考虑雨季排水坡向等。

5. 重难点施工方案策划

铁路客站建设中的边坡支护与土方开挖、桩基与地基处理、承轨层复杂混凝土结构、大跨度钢结构吊装、复杂劲性节点、高大空间吊顶、公共区域装饰装修、异型曲面结构、既有线等工程,施工难度大,质量标准高,应提前进行策划。

3.1.2　施工组织案例

1. 兰州西站施工组织设计

兰州西站总建筑面积 26 万 m^2,其中站房面积约 12 万 m^2,建筑总高度

39.35m。站房平面呈工字形布置，分为南站房、北站房及高架站房，地下一层，地上两层。地下一层为南北城市通廊及出站厅，兰州市轨道交通 2 号线位于地下一层正下方，沿站房中线南北向贯穿，地上一层为进站大厅，地上二层为高架候车层。站场按一站两场布置，内设 13 台 26 线，北区普速场为改建陇海线和兰新线，南区高速场为宝兰客专和兰新客专。

兰州西站于 2013 年 2 月 28 日开工建设，经过 22 个月的施工，于 2014 年 12 月 26 日正式开通运营。

1）施工部署

站房主体结构为钢筋混凝土楼板加预应力混凝土梁，竖向结构为钢骨混凝土柱和钢结构柱。在混凝土结构施工期间，合理安排钢柱吊装路线，利用 150t 大型履带吊在站房结构外侧吊装钢结构柱，使混凝土结构施工与钢结构吊装工作同时开展，互不影响，以节约施工工期。

站房屋盖和雨棚均为钢结构，合理划分施工区段，使站房屋盖钢结构由站房中部变形缝向南北两侧施工，使东西雨棚钢结构由东西两侧向中间推进，以保证工序有效流水，互不干扰。

2）节点工期安排

兰州西站原定开工时间为 2013 年 2 月 28 日，计划竣工日期为 2016 年 2 月 27 日，总工期 36 个月。为满足兰新客专 2014 年底开通需要，经过方案优化，将工期调整为 24 个月。后经过艰苦奋战，实际用 20 个月完成。

兰州西站质量标准高、工期紧、任务重，为保证兰州西站顺利开通，需优化站场方案和调整施工组织，进一步完善施工过渡和防护措施，实行南北站房同步施工，并制定里程碑式的节点工期目标。兰州西站工程重要节点工期如表 3-1 所示。

表 3-1　兰州西站工程重要节点工期表

序号	分部分项工程	完成时间
1	桩基工程	2013 年 5 月 20 日
2	地铁结构工程	2013 年 8 月 8 日
3	混凝土结构工程	2013 年 10 月 20 日
4	钢结构工程	2013 年 12 月 31 日
5	屋面工程	2014 年 4 月 20 日
6	外装幕墙工程	2014 年 10 月 15 日
7	装饰装修工程	2014 年 10 月 31 日
8	系统调试完成	2014 年 12 月 26 日

3）方案策划

兰州西站作为西北地区大型铁路客运综合交通枢纽，大量应用国内外先进施工技术和工艺,始终把技术创新作为解决施工难题和提升工程质量的重要手段,通过技术革新、工序优化,明显提高了现场施工进度和工程质量。工程施工中共应用了建筑业十项新技术中的10大项34个子项,在管理中实现了超越引领技术53项。其中大跨度几字形屋面钢桁架散拼高空安装施工技术、双曲面仿石铝板施工技术、BIM的建筑设计施工一体化技术得到国内外有关专家的高度赞誉。

施工过程中,对施工技术难度大、工艺复杂的分部分项工程,包括地铁深基坑支护专项安全施工方案、钢结构吊装方案、高支模方案、既有线施工等,严格执行中华人民共和国住房和城乡建设部发布的《危险性较大的分部分项工程安全管理办法》(建质[2009]87号)规定,从施工组织、机械配备、方案选择等方面做出详细部署;在组织专家论证的同时,履行逐级审批手续,确保专项施工方案安全、可行、优化。

4)平面布置

兰州西站位于兰州市核心地带,道路狭窄拥堵。原施工现场的交通条件为北侧的东西出口,不能满足分区施工的交通疏解要求。为此,通过优化,另在南侧东、西各增加了一处跨兰新铁路的施工便桥,形成4个方向的运输通道,与场内环形道路相连,满足了各种条件下的运输需求。兰州西站施工总平面布置图见图3-1。

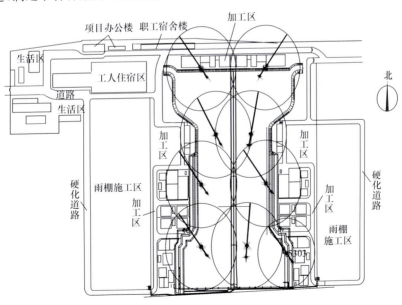

图3-1　兰州西站施工总平面布置图

工程南北区同时施工,为便于施工过程管理,在南区和北区分别建立现场办公区及工人生活区,同时根据各个施工阶段分别对施工现场进行平面布置。在基础阶段,在基坑四周布置了一道6m宽的环形道路,在站房东西两侧各建4个钢筋笼加工厂来满足基础施工需求。在结构施工阶段,在满足现场环路畅通的情况下,在站房东西两侧各布置 4 个钢筋加工厂和 4 个木工加工厂来加工钢筋和模板,同时在靠近站房部位东西两侧各布置 2 个钢结构预拼场地,以便进行钢结构预拼装工作。在装修施工阶段,为满足装饰装修阶段原材料堆放要求,在南北站房东西两侧设置 2 个铝板堆放场、2 个石材堆放场和 2 个钢材堆放场。

2. 天津南站施工组织设计

1) 工程概况

天津南站位于天津市西青区张家窝镇,为京沪高铁出京第二站,如图 3-2 所示。天津南站站房采用"线下桥式"站型设计,旅客流线模式为下进下出。站房建筑面积 8669m²,主体部分为混凝土框架结构,站房结构高度为 29.75m,雨棚顶板覆盖投影面积为 23384m²,覆板长度为 437.08m,雨棚顶板为钢桁架结构。站场设计为 2 台 6 线,正线 2 条,到发线 4 条,站台长 450m、宽 12m、高 1.25m。天津南站横剖面图如图 3-3 所示。

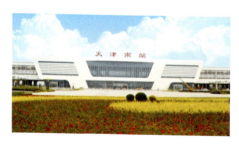

图 3-2　天津南站正立面

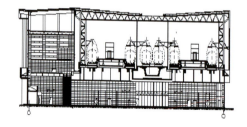

图 3-3　天津南站横剖面图

2) 施工顺序

天津南站原设计站房为京沪高铁全线唯一采用站桥合一设计方案的线下中间站房,中部 2 条正线架桥通过,两侧 4 条到发线落于站房顶板上。施工时,站房专业需与桥梁、路基、轨道等专业密切配合。

由于站房主体结构涉及承轨层,所以需优先安排施工。两侧结构作为两个施工区,同时组织施工。

雨棚钢结构的格构柱、摇摆柱均生根在线下单位的桥墩上,当桥墩、架梁完成后即可进行雨棚格构柱、摇摆柱施工。在桁架拼接、吊装时与线下单位交叉较多,双方需协商好施工顺序,在不影响线下单位运轨车辆通过的前提下,完成桁架的拼装、吊装及验收,同时做好桥面的成品保护工作。

3) 重点方案策划

(1) 钢结构安装。天津南站钢结构工程包括箱型柱、梁主体和屋面系统,结构高 29.2m、长 143.76m、宽 18m，两侧悬挑各 13.3m，总用钢量约 2500t。站房钢柱、梁及屋面檩条单构件重量较小，采用汽车吊吊装就位；雨棚桁架跨度为 58m，采用双机抬吊就位。雨棚钢桁架双机抬吊示意图如图 3-4 所示。

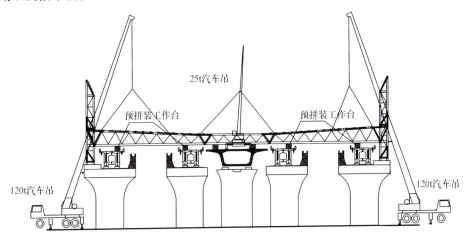

图 3-4　雨棚钢桁架双机抬吊示意图

（2）承轨层结构施工。天津南站采用站桥合一设计方案，4 条到发线落在站房顶板上，楼板厚 500mm，中间大跨度预应力梁截面为 800mm×2400mm，层高达 12m。由于混凝土构件截面大，模板支撑系统非常关键。依据规范要求并结合铁路施工经验，采用碗扣式满堂脚手架支撑体系。支撑架搭好后进行预压试验，变形满足要求后进行后续作业。

（3）雨棚幕墙外脚手架搭设。该工程为线下站，雨棚位于站房上方，东西两侧幕墙装修面在 16m 标高以上，最大高度 26m，总长度 660m。由于东西立面被线路分隔，幕墙施工脚手架为开敞式架体，且站房区域以外部分站台以下除桥墩外无任何可拉结结构。经过方案对比，选用双排架加辅助架形式的盘扣式脚手架，局部设加强措施。

4）吊装机械配置

天津南站主体结构施工期间布置 1 台 70m 臂长塔式起重机，负责站房工程结构施工期间钢筋、模板等材料的垂直运输。

雨棚钢立柱组对焊完成后高度有 29m 和 18m 两种，重量分别为 20t 和 13t，根据吊重及现场场地情况，应选取 120t 汽车吊吊装。

雨棚钢桁架跨度 58m，采用 2 台 120t 汽车吊双机抬吊至格构柱顶，同时站台上设 1 台 25t 吊车辅助作业。

5）施工平面布置

根据本工程结构类型、场地条件及周边环境等特点进行现场平面布置，平面布局遵循如下原则：

（1）分阶段布置原则。本工程分基础结构施工阶段、主体结构施工阶段、装饰装修阶段进行布局。

（2）分区域布置原则。在天津南站的东侧设计用地范围内，布置按办公区、生活区、生产加工区划分。

（3）减少场内搬运原则。成品半成品堆放区、周转料堆放区及其他施工材料堆放设在塔吊大臂旋转覆盖范围内，以减少现场的二次搬运。

（4）满足安全环保管理原则。中小型机械的布置尽量避开高空物体打击范围，钢筋加工厂区设防砸棚，噪声大的机械设备（如混凝土地泵、木工加工机械等）设隔声棚，施工出入口内侧设车辆出场清洗处，保证车辆干干净净出场。

（5）封闭管理原则。现场周边设置围挡将施工区域与周边环境隔离，出入口处设警卫室并配备保安人员。

3. 沈阳站施工组织设计

1）工程概况

沈阳站为哈大客运专线重要配套交通枢纽站，于 2010 年启动改扩建，包括西侧新建站房和东侧既有站房改造两部分，其站房鸟瞰效果图如图 3-5 所示。沈阳站新建站房面积为 4.87 万 m^2，改造面积为 1.43 万 m^2，无柱雨棚面积为 8.43 万 m^2。新建站房竖向分出站层、站台层、高架层三个层面，主站房平面投影为 T 字形，翼缘长 175m，腹部宽 103m，腹部长 220m。站房主体最高点距地面 48m。高架候车室屋盖结构形式为大跨度拱形钢管拱桁架结构，拱桁架跨度为 67m，拱高 22.8m。站场规模为 10 台 19 线。沈阳站改扩建开工日期为 2010 年 4 月 15 日，竣工日期为 2013 年 7 月 30 日，共计 39.5 个月。

图 3-5　沈阳站站房鸟瞰效果图

2）施工顺序及区段划分

（1）施工区段划分。

为确保既有沈阳站运营能力不受影响，沈阳站改造工程采用本站过渡方式，施工任务分两阶段组织,即 E 轴以西第一阶段施工完成具备过渡使用条件时,既有运营线路转入新建普速场区域,并过渡开通,同步开始 E 轴以东第二阶段施工任务。

(2) 施工顺序。

第一阶段:对沈阳站既有 3 站台中间进行南北封挡,封锁拆除既有 1、3、5、7 道,拆除既有 4 站台、第三高架候车室、雨棚和接触网。施工沈阳站新建 5～10 站台地下通道、高架候车室、无柱雨棚、站台、行包地道,新建西站房,完成后过渡开通新普速场 6～10 站台和 11～19 道线路。

第二阶段:对新建 5 站台东边线进行南北封挡,封锁既有 2、4、6、8、10、12 道,拆除既有 1～3 站台、第一和第二高架候车室、雨棚、接触网。施工沈阳站高速场 1～4 站台及既有东站房改造工程,最终实现新建高速场及东站房的全面开通使用。

3) 施工进度计划

(1) 进度安排和线路整体计划协调一致。

沈阳站作为哈大线的一部分,施工过程中交叉作业多,路基、铺轨、四电、客服及地方市政工程(地铁、广场)都是由不同的施工单位来进行的,作业面交织在一起。站房的工期节点受到线路工期节点的限制,必须满足铺轨、转线、联调联试和通车的总体安排。

(2) 进度动态管理。

站房工期经常受到整条线路因素的影响,施工现场不确定因素多。铁路客站施工和站前单位、市政单位的进度安排密切相关。不同单位的施工计划调整时,其他施工方也要及时调整施工计划,并对方案、顺序、施工资源等配套优化。

4) 重点方案策划

(1) 穿越既有站房暗挖通道施工。

沈阳站既有东站房为省级文物,国家文物局不同意拆除新建。为实现市政通道顺接地铁 1 号线地下二层进站厅的建筑功能要求,并确保通道主体结构施工不对既有东站房文物保护性质造成影响,施工中采取被动桩基托换及盖挖法相结合的施工方案进行处理。

依靠托换结构自身的截面刚度,在托换结构完成后将需托换的原结构桩基础切除,直接将上部荷载通过托换梁、板传递到新桩。托换体系施工完毕,达到设计要求后,具备桩基托换工序施工,随土方开挖施工的进行,组织进行托换板下部的既有站房柱下单桩的破除工作,实现既有站房上部荷载的转换,为盖挖法施工托换板下部的通道主体结构提供条件。

(2) 既有线环境下大跨度钢桁架结构施工。

沈阳站改造工程屋盖大跨度拱桁架安装,需在高架层楼面上布置 2 台 M440

行走式塔吊及西站房西侧站台层设置 1 台 400t 履带吊作为主要的起重吊装设备，考虑到高架层下部区域站台层地下通道均已过渡开通运营，吊装工作需均在高架层楼板结构以上空间内完成。

（3）超高共享大空间吊顶单元式安装施工。

沈阳站高架候车大厅铝合金条板及局部铝单板吊顶垂直投影面积达 16650m² ，地面距吊顶饰面标高 15.7～35.3m，整个吊顶呈弧面形状，且弧度较大（拱脚弧度近 70°），吊顶面板采用铝合金条板，单块尺寸为 180mm×8500mm，板条间距 120mm。垂直板条方向间隔设置 300mm 宽铝单板收边。通过研究，采用单元式安装施工的方案。

5）塔吊配置

第一施工段：在混凝土主体结构施工阶段，现场配置 7 台固定式塔吊（4 台 ZSC60120 塔吊，3 台 TC6013 塔吊），进行钢筋、混凝土、模板等材料垂直运输工作，主体结构施工完毕后全部拆除；西站房夹层及屋盖钢结构吊装施工中，布置 2 台 M440 移动式塔吊和 1 台 400t 大型履带吊进行钢构件的起重吊装。

第二施工段：混凝土主体结构施工中共布置 2 台固定式塔吊（TC6013），分别布置在东侧中央站房南北两侧（位于轨道层），主要负责东站房结构施工期间钢筋、模板等材料的垂直运输，结构施工完毕后拆除；站房屋面钢结构安装前，布置 2 台大型履带吊，分别为 650t 和 400t。

6）施工平面布置

平面布置根据施工区段的不同，分转线前第一施工段布置和转线后第二施工段布置。转线前，在新建西站房的西南侧设项目办公区，在新建西站房西侧设站房钢结构拼装场地，加工区和工人生活区均在场外租赁。转线后，在新建东站房的东南侧设项目办公区，在新建雨棚北侧设站房钢结构拼装场地。

3.2　深大基坑施工技术

3.2.1　湿陷性黄土地区干成孔灌注桩施工技术

1. 技术背景

兰州西站工程位于兰州市七里河区内。该地区地貌单元属黄河南岸Ⅱ级阶地，属于湿陷性黄土，地形较平坦，地层以第四系堆积物为主，上部为填土层及粉土层，其下为大厚度卵石层；地质条件和整体稳定性较好。该施工区 20m 以下粉土呈饱和状态，地下水较深。站房及雨棚桩基均采用钻孔灌注桩，桩径为 $\phi700\sim\phi1500$mm，桩长均为 14.5～17m。

2. 方案确定

湿陷性黄土主要分布在我国的东北、西北、华中和华东部分地区,具有土质均匀、结构疏松、孔隙率大等特点。在天然状态下,湿陷性黄土垂直节理发育,竖起方向承压能力较强,具有直立性,压缩性小;当在一定压力下受水侵蚀时,土体结构会迅速破坏,产生较大附加下沉,强度迅速降低。

工程场地内黄土状粉土层、填土层具有湿陷性,粉质黏土层不具有湿陷性,大部分区域湿陷性等级为Ⅱ级自重湿陷性,部分孔位为Ⅰ级非自重-Ⅲ级自重湿陷。其详细技术指标如表 3-2 所示。

表 3-2　场地土特性

序号	土层名称	固结快剪		极限侧阻力	厚度
		黏聚力/kPa	内摩擦角/(°)		
1	填土	8.0	20	—	厚度为 0.3~0.6m
2	黄土状粉土	17.4	23.9	—15	埋深 0.6~3.6m, 厚度为 9.1~13.9m
3	粉质黏土	19	20.0	30	埋深 11.5~14.8m, 厚度为 0.8~4.5m
4	卵石层	0	20.5	150	埋深 15.1~18m,勘察 厚度 9.8~33.5m

根据工程所在地水文地质特点所知,其地下水位低,在夏季施工期间,地下水位低于桩基底标高。因此,在桩基钻孔过程中,钻孔孔壁径向主要承受主动土压力和圆拱支撑力,正是由于黄土的直立性和圆拱支撑力的共同作用,平衡了主动土压力,钻进过程和成孔后孔壁不变形、不坍塌,为干孔作业创造了条件。因此,该工程采用干成孔灌注桩施工技术。

3. 方案实施

1）钻机钻头定位测量

钻机钻头定位采用中心十字定位法,即沿桩中心呈十字形引出四个桩位点来控制桩位,钻孔及桩孔中心检测通过四个控制桩位点引十字交叉线,交叉点即桩中心点。控制点采用木桩(3cm×3cm),桩顶钉钉,高度 80cm,埋入地下 45cm,并用砂浆或素混凝土保护。图 3-6 为桩孔放样详图。图 3-7 为测放出桩点位图。

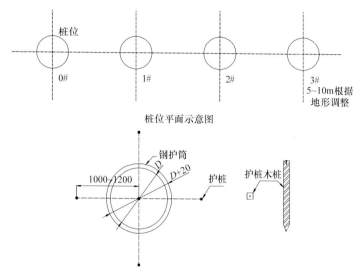

图3-6　桩孔放样详图（单位:mm,D 为桩基直径）

图3-7　测放出桩点位图

2）钻机对中定位

成孔履带式旋挖钻必须带有自动行走系统,可行走就位对中,在桩孔处就位后设置,并锁定桩基中心相对坐标,设定桩基中心护筒顶面坐标为(0,0,0),并输入旋挖计算机系统,完成钻杆定位。在钻机钻孔过程中,每钻进 4～5m 使用全站仪复核钻杆垂直度一次。

3）护筒埋设(图3-8)

为保证钻头顺利成孔及防止钻进前期土体塌陷,首先埋设护筒。护筒一般用 10～12mm 的钢板制作而成,其内径大于桩径的 200～400mm,护筒高 2～2.5m,在钻头上安装扩孔器对桩位进行预开挖后,把护筒压入土里,使护筒中心与桩设计中心一致,偏差≤5cm,倾斜偏差≤1%,护筒顶面高程应高出地面0.3m。

4) 钻孔钻进控制措施

先复核钻杆的垂直度是否满足要求(图3-9),刚开始旋挖钻进时,在护筒刃脚处低挡慢速钻进,使刃脚处有牢固的护壁。当钻到刃脚下1m后,可按土质情况以正常速度钻进。遇到异常地质情况时,放慢钻进速度以加强护壁效果,挖出的弃渣清理到指定位置。若筒式钻头与桩内壁过于紧密,在提升过程中,下部易产生较大的负压力作用,导致"吸钻"现象发生。改进方法是,在筒臂加焊两块双曲面钢板或在筒顶增设导流孔,对称布置,这样就不宜发生缩颈现象。

图3-8　埋设护筒图　　　　　　　　图3-9　复核桩基位置

5) 首批混凝土灌注措施

安设导管,用25t吊车将导管(直径不小于250mm)吊入孔内,位置应保持居中,导管下口与孔底保留30~50cm。灌注首批混凝土之前在漏斗中放入隔板,然后放入首批混凝土,在确认储存量备足后(首批混凝土1.5m³),即可剪断铁丝。灌注首批混凝土量应使导管埋入混凝土中深度不小于1.0m。图3-10为旋挖钻干成孔。

6) 预防钢筋笼上浮措施

(1) 当灌注的混凝土接触钢筋时,要灌注混凝土的速度适当放缓,待浇筑的混凝土高度高出钢筋笼子底面2m左右时,再加快混凝土的浇筑速度,这时桩中的混凝土已经将钢筋笼子裹住,钢筋笼子不会再上浮。另外,下导管时,应计算准其底口的位置,使导管口不要处在与钢筋笼子底面相近的地方,避免从导管下来的混凝土正好冲击钢筋笼子的底面,造成钢筋笼子上浮。图3-11为下放钢筋笼。

图3-10　旋挖钻干成孔　　　　　　　图3-11　下放钢筋笼

（2）浇筑混凝土时,注意观察悬吊钢筋笼子的吊筋变化情况,如果吊筋有向上"撺"的趋势时,要立即采取措施,放慢混凝土的浇筑速度,同时吊车反复"慢提快落"导管,慢慢将浮出的钢筋笼子带回浇筑的混凝土中。

4. 实施效果

湿陷性黄土地区干成孔灌注桩施工技术适用于当地地质条件,干成孔作业取代了泥浆护壁的工序,明显减少了泥浆的需求和排放,取土随出随运,节省场地,方便其他作业施工,同时节约了运输费、水费、电费、混凝土费用。该工艺噪声小、振动小,现场整洁,减少了环境污染,成孔质量优良。

3.2.2　岩石夹砂地区基坑爆破开挖技术

1. 技术背景

南昌西站位于南昌市主城区西南部。车站建筑总面积259015.1m²,站房最大平面尺寸168m×385m。南昌西站国铁与市政配套工程同步施工,基坑开挖面积约8万m²,深度约12m,土方开挖量约120m³。根据场地岩土工程勘察报告,基坑侧下部土体为中风化岩层,弱透水性,适合爆破开挖施工。

2. 方案确定

岩层爆破采用爆破破碎与挖掘机开挖相结合的开挖方式。采用中深孔毫秒延时逐孔爆破和浅孔排炮爆破;边坡采用密布孔弱爆破,离桩头1.0m以上采用中深孔毫秒延时逐孔爆破,下面2m采用浅孔排炮爆破,桩基周边密打孔不装药;网路全部采用非电起爆网路,距离办公房和临时住房100m范围内实施爆破时采用覆盖防护措施,而距离100～150m时采用孔口加压沙袋措施进行爆破施工。

深大承台钻爆采用先隔离后爆破的方式。通过隔离孔将待爆破土体与周边土体隔离,防止爆破振动波影响周边土体的整体性和稳定性,避免周边土体因爆破振动破坏而要进行土体置换、土体加固等。

3. 方案实施

1）岩层爆破方法及参数

爆破器材选择2号岩石乳化炸药、非电毫秒延期雷管、电雷管起爆导爆管。

（1）倾斜浅孔爆破台阶要素图如图3-12所示,图中H为台阶高度;w_1为前排钻孔的底板抵抗线;h为超钻深度;L为钻孔深度;L_1为装药长度;L_2为堵塞长度;α为台阶坡面角;b'为台阶上缘至前排孔距离;b为排距;a为炮孔间距;w为最小抵抗线;α_1为钻孔倾斜角度。

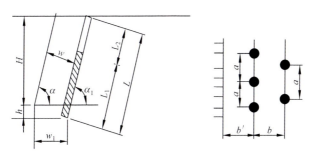

图 3-12　倾斜浅孔爆破台阶要素图

（2）根据凿眼作业条件及凿眼设备状况、凿岩机类型、钻孔形式等条件，确定台阶高度 H、钻孔直径 D、钻孔倾斜角度 α_1、超钻深度 h、钻孔深度 L、前排钻孔的底板抵抗线 w_1、炮孔间距 a、排距 b 等参数。

（3）采用倾斜浅眼台阶爆破，根据规范计算不同台阶单孔装药量（图 3-13 和图 3-14）。

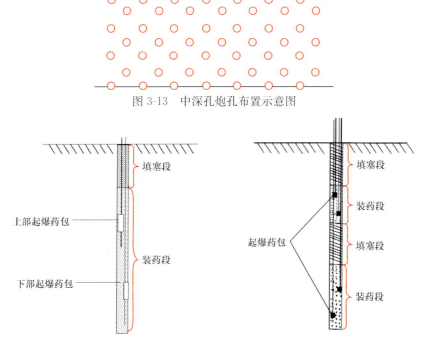

图 3-13　中深孔炮孔布置示意图

图 3-14　装药结构图

2）深孔台阶爆破

爆破方式为松动爆破，布孔方式采用梅花形布孔，装药结构采用线形连续装药结构，如图 3-15 和图 3-16 所示。采用非电导爆管起爆网路（图 3-15），导爆管引出爆区用电雷管起爆。对于微差起爆技术，微差时间间隔为 $50\sim110\mathrm{ms}$。

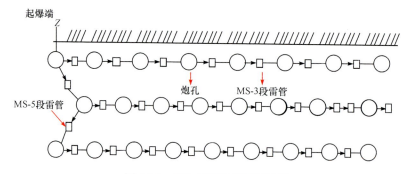

图 3-15　非电导爆管起爆网路图

采用孔外微差起爆,孔内采用 10 段以上非电雷管;孔与孔之间采用 3 段连接;排与排之间采用 5 段连接

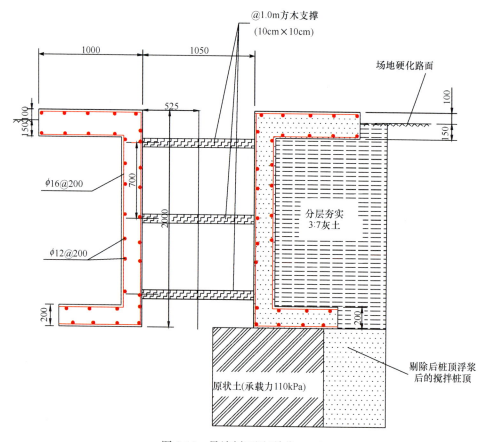

图 3-16　导墙剖面图(单位:mm)

　　根据《爆破安全规程》(GB 6722—2014),对爆破振动安全距离、个别飞石安全距离、爆破空气冲击波进行验算。

3）深大承台钻爆结合

沿深大承台周边采用旋挖钻机形成一圈隔离孔，然后用爆破技术对中间区域岩层进行爆破破碎，最后使用镐头机对四周基坑壁进行修整，形成光滑平整面直接作为承台混凝土的胎膜。

4. 实施效果

采用爆破技术，加快基坑施工进度，减少机械设备的使用量。采用钻爆结合技术，有效控制基坑开挖尺寸，减少二次处理费用；直接利用土体作为胎膜，取消砖胎膜，不仅加快了施工进度，而且减少了成本。

3.2.3　复杂地质超深地连墙施工技术

1. 技术背景

于家堡站地处天津市滨海新区，站房建筑面积 87943m²，地下三层，地上一层。其主要功能建筑位于地下，其中地铁车站位于地下三层，城际车站位于地下二层，候车大厅位于地下一层，只有贝壳形穹顶位于地上。基坑开挖深度为 21m，地铁车站基坑深度为 29.5m。在北方沿海地区，土层中淤泥层普遍存在，砂层超厚，地下潜水和承压水非常丰富，同时于家堡站处于城市闹市区，周围建筑物密集，对基坑安全等级要求很高。综合多方面因素，基坑围护结构采用 T 形地连墙，深度超过60m，在 17m 淤泥层、40m 厚砂层复杂地质中施工。

2. 方案确定

（1）该工程地面以下 17m 范围内为黄土质土，在地连墙成槽过程中很容易引起塌方。施工前，先用水泥土搅拌桩对淤泥质土进行加固处理。施工过程中在成槽机下铺设钢板或路基箱，减小土体内的应力，保证土体稳定。

（2）T 形幅地下连续墙成槽时，当形成 T 形突出段时，成槽机需要变换方向，对地下连续墙导墙的要求较高。导墙断面采用]「形现浇钢筋混凝土，导墙的净距为 60mm。

（3）在施工过程中合理地配置泥浆、控制成槽进度，防止围护结构塌孔。采用优良的膨润土、纯碱、高纯度的 CMC、重晶石和自来水作为原料制备泥浆。地连墙成槽施工时，保持成槽机抓斗两侧受力均衡，首开幅地连墙采用四抓成槽（图 3-17）；在首开幅地连墙混凝土浇筑完毕后，拔出接头箱，成槽机在相邻槽段的远端开始施工，分三抓完成相邻段成槽（图 3-18）。

（4）地连墙钢筋笼端部工字钢两侧设防绕流装置，对钢筋笼进行加固并合理设置吊点位置，避免钢筋笼产生纵向弯曲变形。

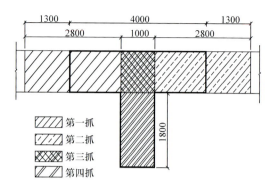

图 3-17　首开幅地连墙施工顺序(单位:mm)

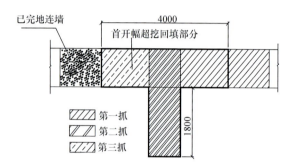

图 3-18　非开幅地连墙施工顺序(单位:mm)

3. 方案实施

1) 地表土加固

采用直径 600mm、间距 400mm 的双轴水泥搅拌桩对导墙下方淤泥层进行双侧单排桩加固,深度为穿过淤泥层以下 0.5m。

2) 地连墙导墙施工

导墙断面采用"]["形混凝土结构,分三步施工。首先是底板,底板施工完毕后,进行导墙墙体的施工,墙体强度达到 70% 后,进行导墙侧的土方回填,最后进行导墙顶板的施工。

3) 首开幅成槽

T 形地下连续墙幅宽 4m,成槽机一抓宽度 2.8m,为保证成槽机的抓斗两侧的受力均衡,首开幅地连墙采用四抓成槽,开挖宽度 6600mm,每侧超挖约 1300mm。

4) 相邻幅成槽

首开幅地连墙混凝土浇筑完毕拔出接头箱后,成槽机第一抓成槽首先在相邻槽段的远端,第一抓完成后再进行 T 形突出段第二抓的施工,最后抓除靠近首开幅一侧的土方,这样的成槽顺序能够保证抓斗在成槽过程中不出现偏移的情况,可以保证成槽垂直度。

5）成槽后刷壁

在进行成槽时,现场配置可和成槽机抓斗连接的专用铲刀对槽段端部工字钢板侧壁上的泥皮、土渣、绕流物等进行铲除。在清除绕流及附着物后再采用刷壁器进行刷壁,以去掉接头钢板上的泥皮。刷壁器采用偏心吊刷(图 3-19),以保证钢刷面与接头面紧密接触,从而达到清刷效果。后续槽段挖至设计标高后,用偏心吊刷清刷先行幅接头面上的沉碴或泥皮,上下刷壁的次数应不少于 10 次,直到刷壁器的毛刷面上无泥,确保接头工字钢和混凝土接合紧密,防止地下连续墙接头处渗漏水的发生。

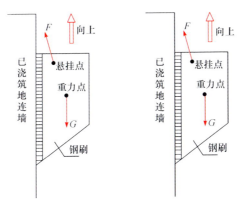

图 3-19　接头偏心吊刷示意图

6）钢筋笼吊装

为防止钢筋笼在吊装过程中变形,要对钢筋笼进行加固。地连墙标准配筋段钢筋笼吊点布置如图 3-20 所示。

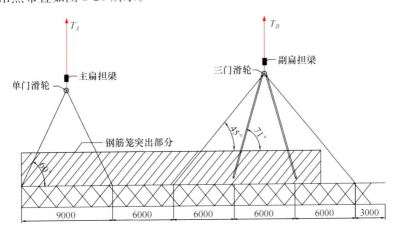

图 3-20　标准配筋段钢筋笼吊点布置示意图(单位:mm)

7) 混凝土浇筑

按设计要求安放好工字钢板两侧 $\phi30mm$ 的钢筋或钢管,防止混凝土从接头工字钢板两侧绕流;在加工钢筋笼时,在工字钢板两侧,沿笼体通长设置薄铁皮,浇筑混凝土时,利用混凝土的流动性,使铁皮受挤压后紧贴槽壁,封堵接头钢板与槽壁间空隙,使混凝土不能从两侧绕流。

4. 实施效果

于家堡站工程规模宏大,基坑超大超深,承压水非常大,水量丰富,地质条件复杂。60m 深地连墙施工技术解决了地连墙在淤泥、砂层较厚的复杂地质条件下成槽的施工难题、成槽过程中偏移和垂直度的施工难题、地连墙施工过程中由于上幅地连墙绕流引起的成槽困难的施工难题、不同刚度钢筋笼制作和吊装的难题。

3.2.4　HPE 液压插入钢管桩施工技术

1. 技术背景

于家堡站基坑开挖采用钢管桩围护结构。柱下桩为 AM 扩孔桩,分为桩径 2.2m 扩 3.2m 及桩径 2.4m 扩 3.4m 两个规格。永久性钢管混凝土柱为 $\phi1400mm$。永久性钢管混凝土柱锚入灌注桩混凝土有效长度为 4m,采用 HPE 垂直插入钢管桩施工技术,其优点是无须人工下孔作业,在很大程度上降低了安全风险,提高了施工效率,缩短了施工工期,节约了能源。

2. 方案确定

1) AM 全液压可视可控扩孔灌注桩

采用进口 AM 旋挖钻机进行桩基施工,先用钻机将直径桩(成孔)钻到设计深度后,再更换扩底魔力铲斗,由魔力铲斗打开扩大翼进行切削挖掘作业,使桩底端水平扩大。操作人员只需要预先输入扩底数据,桩底端的深度及扩底部位的形状、尺寸等数据和图像即显示在操作室内的监控器上,对施工全过程进行监控。

2) HPE 液压垂直插入钢管柱

施工中,通过 HPE 液压垂直插入机机身上的两个液压定位装置及垂直插入装置,在支承桩(AM 扩底灌注桩)浇筑至基坑底标高、混凝土初凝前,将底端封闭的永久性钢管柱垂直插入支承桩混凝土中,直到插入至设计标高。

3. 方案实施

1) AM 全液压可视可控扩孔灌注桩施工要点

(1) 钻机等径成孔。护筒埋设完毕后,钻机进行原始土挖掘,钻斗内装满土后,将钻斗提升卸土,然后下降钻头继续,反复循环钻至设计深度,边钻进边加注稳定液。合理调整钻进速度,最快不超过 10m/h,松散地层控制在 3m/h。

（2）扩底成孔。等直径成孔达到设计标高后,钻机更换 AM 工法魔力铲斗进行扩底成孔。

（3）一次清孔。清孔时魔力铲斗(或捞渣筒,带挡板)放至孔底,通过铲斗旋转钻进渣土达到清孔目的。

（4）安装导管、二次清孔。采用 $\phi 300mm$ 导管,导管接头用螺纹连接方式并加 O 形密封圈。导管底距孔底 300～500mm。主要设备机具包括空气压缩机、出水管、送气管、混合喷射器等。

（5）混凝土的灌注。钢管柱需插入桩身混凝土达 4.8m。清孔结束后 30min 内灌注混凝土,单桩浇筑时间控制在 4h 内。混凝土初凝时间 36h、16h 后二次搅拌坍落度不小于 10cm,确保混凝土在钢管柱下插至设计标高前不初凝,为钢管柱下插施工提供了充分的时间。

2）HPE 液压垂直插入钢管柱技术要点

（1）液压插入钢管柱(图 3-21)。永久性钢管柱吊放至 HPE 垂直插入机内,下入孔内至第二道法兰后,由 HPE 垂直插入机抱紧,并复测钢管柱垂直度,满足要求后插入孔内,用液压插入装置将钢管柱下压。地面以下时,在钢管柱顶部连接一根工具柱,用工具柱将钢管柱插入至设计标高。当永久性钢管柱插至混凝土顶面后,复测永久性钢管柱的垂直度,满足垂直度要求后继续下压插入混凝土中;如不满足要求,则可调整 HPE 垂直插入机的水平度,直至永久性钢管柱垂直度满足要求。

（2）钢管柱四周回填碎石(图 3-22)。插入永久性钢管柱后,可对钢管柱四周进行砂或碎石回填,回填高度为钢管顶标高以下 500mm,上部等工具柱拆除后回填。

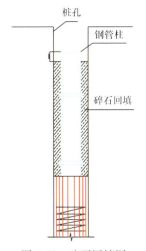

图 3-21　垂直插入永久性钢管柱　　　　图 3-22　碎石回填图

（3）灌注钢管柱内混凝土。HPE 插入机抱紧永久性钢管柱,控制好柱顶标高,先放柱内钢筋笼,再放导管;钢管柱内混凝土为干作业灌注,当灌注到法兰部位时,上下抽动导管使混凝土充分填筑,灌注到距永久性钢管柱顶标高 350～500mm 后停止灌注。

（4）HPE 垂直插入机移位。浇筑柱内混凝土后,即可拆除上部送柱装置,将 HPE 垂直插入机移位。

4. 实施效果

（1）AM 全液扩孔技术将桩基地下扩底部分变为可视可控,保证了后期钢管柱插入的质量,适合于各种复杂地质条件,具有速度快、质量高、成本低、无噪声、无振动、不出泥浆、原始土外运、减少环境污染等优点。

（2）HPE 液压垂直插入钢管柱技术无须人工下孔作业,保证了施工作业人员的安全;施工过程中完全机械化作业,钢管柱正式下插前在端部安装传感器,检测钢管柱的垂直度,保证了施工质量;施工流程简单,施工速度快,平均完成单根钢管柱安装时间 10～20h,单根钢管柱安装的施工工期缩短了 70% 以上;减少了施工材料和人工的投入。

3.2.5　深大基坑降水施工

1. 技术背景

珠海站为广珠城际快速轨道交通工程的终点站,站房地上建筑面积为 19488.32m², 地下建筑面积为 70612.80m²。车站为高架站,车站下设二层地下室,地下室基坑总面积约为 38000m²,基坑底面标高为 -11.2m,局部承台深度为 14.20m。基坑外管线分布较多,围护体系为地下连续墙,深度达 26～30m。在深基坑施工过程中,降水施工的难点是避免深基坑降水施工过程对周边建筑物的破坏。

2. 方案确定

1）基坑支护

基坑周边围护体为地下连续墙,北侧地下墙为 26m,南侧及两侧地下连续墙深度为 30m,两道钢筋混凝土内支撑(图 3-23)。

2）基坑降水

承压含水层最浅埋深为 15.0m 左右,开挖面已接近承压含水层,承压水的突涌风险非常大。通过比选研究,对于坑内浅层潜水,采用深井疏干降水措施;对于坑内承压水,采用坑内降水,降水井深不超过地下连续墙。

图 3-23　钢筋混凝土内支撑布置图

3）观测井布置

在基坑内布置 13 口观测井,坑外布置 10 口水位观测井。

4）回灌井布置

对坑内承压水"按需减压"降水,在基坑北侧外按 30m 间距布置 14 口回灌井,井深 22m。当坑外承压水位变化幅度超过 2m 时,回灌井宜启用,并合理控制承压水水位,将减压降水对环境的影响控制到最低程度。

3. 方案实施

（1）成井材料的要求如表 3-3 所示。

表 3-3　成井材料的要求

序号	材料名称	应用部位		
		减压井、观测井	疏干井	回灌井
1	井管	ϕ273mm 钢管,壁厚≥4mm	ϕ273mm 钢管,壁厚≥3mm	ϕ273mm 钢管,壁厚≥4mm
2	滤管	桥式过滤器,壁厚≥4mm,管径 273mm,孔隙率≥15%	缠丝过滤器,壁厚≥3mm,管径 273mm,缠丝间距 1.5～2.0mm	双层缠丝过滤器,壁厚≥4mm,管径 273～350mm,缠丝间距 1.5～2.0mm
3	沉淀管	ϕ273mm 钢管,壁厚≥4mm,高度 1m,底口用等壁厚钢板焊接	ϕ273mm 钢管,壁厚≥3mm,高度 1m,底口用等壁厚钢板焊接	ϕ273mm 钢管,壁厚≥4mm,高度 1m,底口用 4mm 厚钢板焊接
4	包网	40 目单层尼龙网	40 目单层尼龙网	
5	填砾	标准级配砾料砂	建筑粗砂	标准级配石英砂
6	止水	填砾上方 5.00m 内采用优质 ϕ50mm 黏土球封堵	—	填砾上方 10.00m 内采用优质 ϕ50mm 黏土球封堵;黏土球上方 7.00m 内浇筑混凝土 C30

（2）成井工艺流程为：准备工作→钻机进场→定位安装→开孔→下护口管→钻进→终孔后冲孔换浆→下井管→稀释泥浆→填砂→止水封孔→洗井→下泵试抽。

（3）回灌工艺，指在回灌过程中要通过大水泵或者加压水泵增加回灌压力，如图 3-24 所示。

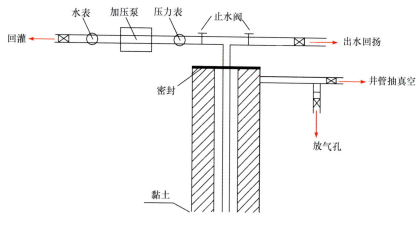

图 3-24　回灌加压示意图

（4）在降水井正式运行前先试运行，其间要测定静止水位，验证降水效果，同时验证电路系统是否正常，确保降水持续进行。

（5）降水运行期间，同时进行基坑内外水位的人工监测和自动监测；采用水位探头和 MT515 数据采集仪全自动采集数据，实时监控地下水水位系统。

（6）基坑回灌措施有：地下连续墙无法隔断承压含水层，为了减缓因基坑内承压降水对坑外的影响，在基坑外布置回灌井，适当抬高基坑外水位，减少土体的固结沉降。

4. 实施效果

施工中，针对特殊含水层，采用缠丝过滤器对坑内含水量很高的淤泥土进行有效的疏干，保证基坑开挖安全；在基坑开挖期间实施自动远程监控系统，实时观测、全自动采集数据；采用人工回灌技术，减少基坑开挖过程中对周围环境的影响，减小地面沉降量，使基坑周围地面沉降得到有效控制。

3.2.6　地下层与地铁交叉部分半逆作施工技术

1. 技术背景

兰州地铁 2 号线位于兰州西站出站层城市通廊的地下，呈南北走向，区间段总长 421m，区间标准段宽度为 11.4～13.6m，基坑周长约为 785m，面积约为

$5517.7m^2$。基坑支护采用钻孔灌注桩加两道支撑。主体结构为框架,框架柱沿南北向设置,围护墙体厚度为 0.7m,墙体中部设置中梁、中板,结构顶板设置南北向框架梁,地铁顶板同时是站房底板。

2. 方案确定

地铁 2 号线预留工程基坑支护形式较为复杂,施工工序多,因受到结构自身特点、施工空间和施工工期的限制,无法全面与站房结构同时施工。故采取前期工程桩及第一道支撑与站房基础底板同时施工,后期在站房结构完成后进行第二道支撑及地铁主体结构施工的半逆作施工,分四个阶段实施。

3. 方案实施

1) 第 1 阶段

地铁围护桩位于地铁结构墙体两侧,分布于站房 8 和 9 轴之间,围护桩施工同站房工程桩施工同步开展,施工时先进行站房 8 轴和 9 轴工程桩的施工,待工程桩施工完成后进行地铁围护桩的施工。

2) 第 2 阶段

地铁围护桩施工完成后进行冠梁及第一道混凝土支撑的施工,冠梁及支撑施工由北向南进行,与站房基础底板结构施工同步进行。

3) 第 3 阶段

地铁围护桩冠梁及第一道混凝土支撑的施工完成后,停止地铁的施工,待站房混凝土结构全部施工完成后开始地铁的施工,站房地下一层模板支撑拆除完成后即可开始施工。

4) 第 4 阶段

站房内地铁施工完成后,进行站房北侧地铁的施工,此部分地铁的施工同北侧广场地下层施工同步进行,施工时采用大开挖放台放坡开挖的方式(图 3-25)。

图 3-25　开挖施工

4. 实施效果

地铁半逆作施工技术在兰州西站及地铁工程中得到了全面推广应用,合理的施工组织安排解决了站房结构工程与地铁结构工程、地铁结构工程与站房装修工程之间的矛盾和冲突,优化了劳动力资源和施工机械资源的配置及使用,确保了站房与地铁的整体节点目标的实现。

3.3　特殊混凝土施工技术

3.3.1　自密实混凝土施工技术

1. 技术背景

太原南站站房工程采用钢骨混凝土结构,钢柱结构形式复杂多样,包括异型钢管柱、方钢管柱,单节钢柱最大高度13.1m,且钢柱内部与钢桁架或钢梁相连处有较多的横隔板,隔板上最小的混凝土浇筑孔只有150mm,钢管柱混凝土采用自密实混凝土,设计强度等级为C50。

高性能自密实混凝土是在自密实混凝土的基础上发展的一种新型混凝土,它是以水泥为基料,以高强度材料为粗、细骨料,辅以高流态、微膨胀、抗离析等掺和料配制而成的一种具有较好抗裂性能的新型复合材料。

2. 方案确定

太原南站钢柱结构形式复杂多样,单节钢柱高,且钢柱内部与钢桁架或钢梁相连处有较多的横隔板。采用普通混凝土,流动性较差,且需要进行振捣,无法满足该工程钢柱特点的要求。若采用传统浇筑方法,则混凝土容易出现离析和泌水问题,在隔板处容易出现孔洞,混凝土不密实。因此,综合考虑各方面的因素,利用自密实混凝土良好的流动性、间隙通过性、抗离析性、均匀性、稳定性和自填充性,采用自密实混凝土施工技术,通过混凝土自重,不需人工振捣就达到混凝土密实。

3. 方案实施

1)自密实混凝土配合比设计

现场对混凝土性能进行试验,选用不同的搅拌站进行自密实混凝土配合比的配置工作,每个搅拌站进行两组试验,一组检验自密实混凝土的抗离析性、微膨胀性,另一组检测混凝土的施工工艺。通过试验检测,选取配置的自密实混凝土在高抛过程中未发生离析,打开钢板模具后与混凝土间未出现缝隙,并且具有足够的流动性,满足导管浇筑要求的自密实混凝土配置试验如图 3-26 所示。

图 3-26　导管模具浇筑试验

2）自密实混凝土浇筑施工技术

针对钢柱内多隔板的特点,自密实混凝土采用导管自溢法进行浇筑,自下而上进行,导管在向上提升的过程中,管口始终埋在已经浇筑的自密实混凝土内部;为避免内隔板下的混凝土产生气泡,保证混凝土浇筑的密实性,每节钢柱混凝土浇筑至内隔板下 200mm 处,混凝土保持慢速连续自由下落浇筑,等混凝土溢出隔板上不低于 150mm 时,提升导管至该隔板上继续浇筑(图 3-27 和图 3-28)。

图 3-27　导管实体浇筑

3）混凝土检测

对每节钢管柱混凝土留置试块,检测混凝土强度是否达到设计要求。合理布设检测点,采用超声波检测对钢管混凝土的密实程度和均匀性进行全面检测。

4. 实施效果

多隔板小孔钢管柱自密实混凝土施工技术工艺先进、技术合理,有效地解决了自密实混凝土配合比设计、浇筑难度大、施工质量难以控制的难题,对同类结构的设计及施工有很好的借鉴作用,具有很高的推广价值。

图 3-28　导管实体浇筑

3.3.2　清水混凝土拱壳施工技术

1. 技术背景

清水商品混凝土是名副其实的绿色商品混凝土。银川站改造工程站房为混凝土框架加剪力墙结构,局部为大跨度钢结构,站房屋面部分采用大跨度预应力现浇清水混凝土拱壳结构,主要由 3 对连续单曲面薄壳板(图 3-29)和 6 根双曲面梁组成。钢筋混凝土拱壳横(东西向)长 63m,三连跨 24m+27m+24m,屋顶标高分别为 32m、38m、32m,薄壳板厚度为 450mm。

清水混凝土显示的是一种最本质的美感,体现的是"素面朝天"的品位,具有朴实无华、自然沉稳的外观韵味,与生俱来的厚重与清雅是一些建筑材料无法效仿和媲美的。

2. 方案确定

在总结现场加工制作、浇筑拱壳模型经验的基础上,分析整个拱壳结构的施工特点,采取整体搭设拱壳模板方式。拱壳模板承重架最大搭设高度为 37m,内模一次安装到位,分段安装外模,选用 2440mm×1220mm×18mm 九合板清水模板、50mm×80mm 方木、ϕ48.3mm×3.6mm 钢管、ϕ20mm 对拉螺栓共同组成拱壳的基本支模体系。混凝土采取每间隔 4.88m 浇筑一次的跳仓施工工艺。

图 3-29　银川火车站拱壳三维结构

3. 方案实施

1）测量放线

拱壳曲线的测设定位采用三维施工测量技术,即先在地面上测设出拱壳的水平投影定位线,再通过空间高程定位。拱壳弧形的水平投影按间距 500mm 均匀测设在地面上,采用激光铅垂仪测设出拱壳内模的定位钢管位置,在定位钢管上搭设内模的支撑受力钢管,安装拱壳的内模,内模铺设后进行校核,外模安装完成后进行二次校核,通过一次定位、二次校核的施工测设方案来控制拱壳的施工尺寸。

2）支模承重架搭设

拱壳模板承重架最大搭设高度为 37m,采用 ϕ48.3mm×3.6mm 钢管扣件,立杆纵距为 0.50m,立杆横距为 0.75m,立杆步距为 1.50m,经计算整个支模架满足施工要求。支模架的立杆根据拱壳水平投影测设定位点搭设,并根据规范要求设置纵横向拉杆、剪刀撑。

3）模板施工

由九合板面板、方木、钢管、对拉螺栓共同组成拱壳模板体系。先绘制出内、外模的加工图纸,并进行相应编号,再在模板上加工出相应的对拉螺栓孔位置,中拱横向均匀设置 24 道(每边 12 道),小拱横向均匀设置 18 道(每边 9 道),纵向间距 1750mm,最后分段分块进行组装。

4）钢筋制作安装

由于拱壳结构的双曲面梁结构复杂,结构配筋量大且梁与拱壳板曲面空间交叉,施工时严格控制钢筋的下料尺寸,确保钢筋位置准确,绑扎钢筋的扎丝头弯向内侧,曲面梁 ϕ32mm 钢筋采用直螺纹套筒连接。依照钢筋翻样图纸下料,主筋分段绑扎,钢筋绑扎成型后,采用强度高、颜色与清水混凝土颜色接近的塑料垫块,并在钢筋密集处增加垫块数量。

5）混凝土配制和浇筑

施工采用 C40 商品混凝土，原材料分别选用 P·O42.5 水泥，中砂，5～26.5mm 碎石，WRX-1 泵送剂和 I 级粉煤灰，确保清水混凝土原材料质量。经现场试验并优化的商品混凝土配合比为（kg/m³）：P·O42.5 水泥：粉煤灰：外加剂（泵送剂）：自来水：河砂：碎石＝410：93：12.6：175：637：1099。

6）拱脚预应力张拉

拱脚预应力筋锚固在基础承台上，预埋 ϕ219mm×6mm 钢管作为预应力通道，钢管表面做防腐处理，钢管下面的回填土分层夯实。拱壳混凝土浇筑完，强度达到后开始进行第 1 次张拉，张拉力为 100kN，采用分级对称张拉，张拉时模板和脚手架不拆除。由于两次张拉间隔时间较长，预应力筋的端头制作一个保护罩，内用塑料薄膜包裹，防止雨水、尘土、混凝土浆水锈蚀锚具。第 2 次张拉在装修完成后，张拉力为 125kN，超张拉 3%，预应力筋采用张拉力和伸长量双控，并以张拉力控制为主，以伸长值校核，实际张拉伸长量与理论伸长量之差控制在 6%内。

7）支模架拆除

拱脚预应力筋第 1 次张拉完成，混凝土达到一定强度后开始拆除支模架。为使拱壳荷载平衡转移，变形协调一致，分区拆除支模架，从拱顶最高位置向两边对称拆除受力支撑杆的顶撑，然后从上到下依次拆除模板支撑杆件。

4. 实施效果

银川站站房大跨度预应力清水混凝土拱壳造型新颖，结构形式复杂，采用该项技术进行施工，大跨度预应力拱壳模板拆除后，混凝土现浇结构表面平整，线条顺直，尺寸准确，色泽鲜明一致，达到了清水混凝土的效果。

3.4　大跨度和大空间钢结构施工技术

3.4.1　大跨度几字形屋面钢桁架散拼高空安装施工技术

1. 技术背景

兰州西站建筑总高度 39.35m，外立面屋盖采用正交空间管桁架钢结构，顺轨方向的主要跨距为 27m、66m、27m，垂直轨道方向的跨距以 20～32m 为主。主结构结合建筑表皮沿几字形布置主桁架，几字中间部分凸起近 10m，凸起部分跨度最大为 66m，桁架与钢管柱连接采用跨度 2m、高度 3m 的倒置三角管桁架。施工难点是结构规模大，造型复杂，本身就给工程的施工带来了很多不确定因素。

2. 方案确定

利用 BIM 技术建立空间模型，模拟空间连接形式，进行精确定位；使用 MI-DAS 有限元软件等计算仿真软件进行计算分析放样。现场施工将大跨度的钢桁架从平面分割成若干条状或块状单元，分别用起重机械吊装至高空设计位置进行拼装，连接成整体后，进行卸载。

3. 方案实施

1) 钢结构全过程计算机信息化施工技术

屋盖钢桁架顺轨方向跨度达到 120m，桁架体系由上万个杆件构成，因此对杆件加工精度要求高，高空各组件拼装精确定位要求高。在钢桁架加工生产前，采用 MIDAS 有限元软件计算分析，对分块吊装单元吊装变形、支撑形变、安装形变和卸载进行了仿真。利用 Xsteel 软件对构件加工、分块吊装、整体卸荷等施工全过程进行三维模拟，实现了建设项目设计和施工过程模拟与分析的数字化。施工中利用 BIM 技术，首先建立站房钢桁架三维空间模型(图 3-30)，模拟钢桁架空间体系排布，从而确定每根杆件空间定位、加工尺寸及各杆件连接处切口形式。依据三维模型中杆件数据进行加工、分段拼装，保证钢桁架体系高空精确对接。

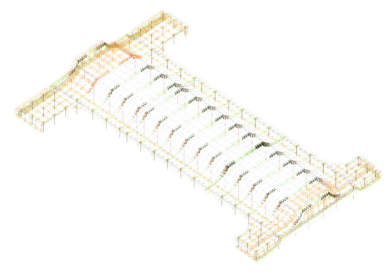

图 3-30　钢桁架空间模拟图

2) 定位安装临时支撑技术

为保证结构分段就位，需设置临时支撑架，如图 3-31 所示。按分段的重量进行计算，以此确定本工程的临时支架采用格构柱体系。同时根据吊装时支架受力的不同，进行每支临时支架的合理设计，并对钢结构吊装工况进行验算。利用计算机模拟技术,对施工过程中的分块吊装单元吊装变形、支撑变形、安装变形和卸载进行仿真模拟,确保安装位置及精度准确。

图 3-31　临时支撑桁架示意图

3) 钢结构分段吊装施工技术

站房主桁架采用 400t 履带吊分别立于站房东西两侧同时进行大跨度钢桁架吊装,依据 400t 履带吊工况图,同时考虑吊装设备、行走路线等多方面的要求,合理利用大型履带吊的吊装性能,在起重能力、回转半径等因素允许的条件下,节点和构件吊装尽量采用较大的单元形式进行,减少吊装定位次数,保证吊装质量和吊装进度,减少各段之间高空连接点(图 3-32)。

图 3-32　钢桁架单元体分段吊装

4) 钢结构安装后的卸荷技术

采用整体分级卸载方案,遵循卸载过程中结构构件的受力与变形协调、均衡、变化过程缓和、结构多次循环微量下降并便于现场施工操作来实现。主要采取对支撑顶部的胎架模板割除的办法进行,根据支撑位置的卸载位移量控制每次割除的高度 ΔH(每次割除量控制在 5~10mm),直至完成某一步的割除后结构不再产生向下的位移后拆除支撑,同时在支撑卸载过程中注意监测变形控制点的位移量(图 3-33)。

图 3-33　钢桁架卸荷后完成照片

5）低温钢结构焊接施工技术

钢桁架钢材主要为 Q345C、Q345GJC，钢板、节点强度要求高，且钢结构焊接施工时正值兰州严寒季节，因此对钢结构高海拔低温焊接施工提出了更高的要求与标准。在低温条件下，焊缝金属因热量流失快，在冷却时收缩，使焊接区钢材产生应力不均，导致构件变形，所以焊接选用低温抗裂性强的全位置焊条，如低氢型焊条、高韧性焊条或氧化铁型焊条等；焊接时采用电加热、火焰加热器等方法进行构件预热，焊接完成采用后热消氢处理，保证焊接区温度平稳冷却，减少不均匀应力的产生。

4. 实施效果

兰州西站应用的大跨度几字形屋面钢桁架散拼高空安装施工技术，解决了大跨度钢桁架高空拼装作业的问题，确保屋面钢桁架一次拼装成型，减少了高空钢结构焊接量，取得了较好的社会经济效益。

3.4.2　大跨度焊接球网架分区整体提升安装技术

1. 技术背景

滨海站屋盖为大跨焊接球网架屋盖，平面呈工字形，建筑外形为小矢高壳体，候车层屋盖沿横轨向设有条形采光天窗，采光窗采用的是箱梁与网架连接的结构形式。屋盖网架节点采用焊接球节点和相贯焊节点结合的形式，整个屋盖体系为两向正交正放网架和桁架混合结构体系。屋盖钢结构面积达 53450m²，网架自身截面高度为 3.3m 左右。构件种类、数量繁多，其中杆件数量约为 48000 根，杆件最大为 $\phi600mm×36mm$。焊接球数量约为 12000 个，最大焊接球为 WSR10050。网架重量约为 5000t，网架顶距高架层楼板面相对高度为 25m。如果采用传统的散装法安装、高空拼装，焊接及油漆施工量大，安全风险增加，且土建移交场地的时间无法满足高空散拼的作业时间。因此,综合考虑各方面的因素,为提前介入钢结构网架的施工,将站房屋盖钢结构分为 4 个区段,选用"分区施工、楼面整体拼装、分区分块整体液压同步整体提升安装"施工技术。

2. 方案实施

1) 球形节点支座加工技术

滨海站站房天窗主梁由 15 榀箱梁及支座节点构成,天窗箱梁采用 1500mm×500mm×20mm×30mm 截面,跨度达 63m,与外部网架结构的上下弦焊接球相连,焊接球直径为 φ800mm×40mm(图 3-34)。采用工厂化加工复杂节点,现场拼接球形节点与箱梁焊接,减少了现场焊接工作量,提高了加工速度,确保了工程质量。

图 3-34　箱梁与球形网架连接

2) 焊接球网架(最大跨 63m)液压同步整体提升技术

滨海站网架分段、分区主要分析了结构自身的特点,考虑了施工总体方案,土建施工与钢结构的施工存在大量的交叉施工作业。钢结构的施工作业面受土建施工作业面的提交影响较大。根据工程土建结构的分布情况,以候车层结构层为主将土建结构划分为南北两个施工分区。结合网架结构某些区域的剖视图形状一样(即球的中心点在同一标高),土建结构提供作业面时间的先后顺序,将整个网架结构在土建结构两个分区的情况下细化,共分为 A、B、C、D 四个区域。提升前先在柱顶设置专用提升架,安装液压提升器并在钢网架上设置下锚点,经过计算利用原结构柱作为提升吊点,提升器对称布置,整体提升高度约 20m,现场提升速度 4～6m/h。分段施工、分片提升施工提高了效率,保证了工程质量,确保了安全(图 3-35～图 3-37)。

3) 大跨度(最大跨 63m)焊接球网架整体提升变形控制技术

利用 SAP2000 软件模拟提升时整个网架的变形情况,提前做好预控并制定相应措施,对 4 个提升区域施工过程中的分块吊装单元吊装变形、支撑变形、安装变

形等进行了仿真，施工中对网架中间、四周悬挑及高空对接位置起拱；对外侧钢柱
处通过外加配重和倒链张拉的方法调整到设计标高，柱子周围同步嵌补
(图 3-38)，保证了安装精度和质量。

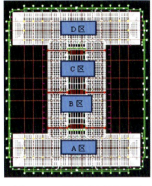

图 3-35　提升分区示意图

图 3-36　提升架分布

图 3-37　区网架提升

图 3-38　嵌补区域

4）大面积焊接球网架楼面整体拼装胎架布置

利用原混凝土楼面承载网架自重，在混凝土内预埋钢板，焊接方管立柱作为胎架，以球节点控制定位，每个球节点下设置胎架，由内往外扩散组装，组装完成后，再进行外围悬挑网架与楼面网架的对接（图 3-39）。

图 3-39　楼面胎架拼装

3. 实施效果

大跨度焊接球网架分区整体提升安装技术具有很高的实用性，在保证工期和安全的前提下使钢结构大量工作在地面进行，施工质量得到了很好的保障。

3.4.3　高低跨钢桁架累积滑移施工技术

1. 技术背景

高空滑移法作为大跨度空间钢结构常用的施工技术具有施工作业面小、吊装就位准确性高、结构成型质量高等综合技术优势。福州南站站房采用钢骨混凝土柱和混凝土梁形成框架结构（图 3-40）。屋盖采用钢结构屋盖，支撑于钢骨混凝土

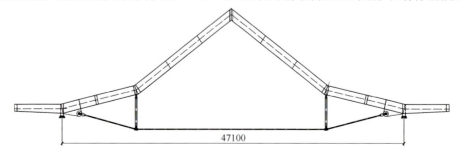

47100

图 3-40　站房钢屋架立面图（单位：mm）

柱柱顶滑动支座或埋件上,其两侧为平屋面,屋面标高为 29.5m,中间部分为坡屋面,屋脊标高为 51.5m,檐口标高为 39.5m。

2. 方案确定

由于现场的场地条件有限,屋面钢结构平面为矩形,纵向较长,各工种交叉施工的影响较多,大型履带吊不能就近直接吊装,所以采用累积和整体液压滑移安装方案。

3. 方案实施

1) 滑移轨道铺设要求

滑移轨道在整个水平滑移中起承重导向和径向限制桁架水平位移的作用。要求轨道中心线与桁架支座中心线重合,以减少滑移单元自重对滑移轨道(梁)的偏心弯矩。

2) 滑移轨道支撑加固措施

滑移轨道采用 43kg/m 的标准钢轨道,轨道梁采用 HW600mm×300mm×12mm×20mm 的型钢梁,轨道中心线与轨道梁中心线重合布置,轨道与轨道梁之间用 20mm 厚的压板焊接固定。为增强滑移轨道侧向稳定性,单根轨道设置两根轨道梁,滑移轨道梁底部用 φ630mm 钢管柱支撑,柱间设置 φ203mm 钢管的斜撑;为增强整个滑移结构在滑移过程中的侧向稳定,防止结构在滑移过程中侧向倾斜,在滑移轨道梁两侧设置钢支撑,支撑用 φ203mm 钢管(图 3-41)。

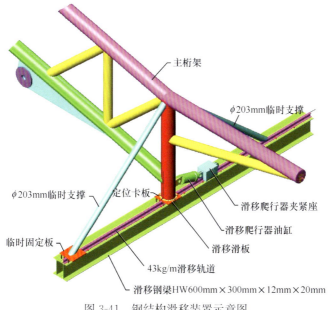

图 3-41　钢结构滑移装置示意图

3）滑移耳板安装

根据桁架支座形式及受力特点，可直接将滑移顶推点设置在桁架支座上，爬行器与支座连接示意图如图 3-42 所示，要求构件支座前端与轨道上表面接触处需设置一定坡度，并打磨光滑，防止因轨道接口不平出现卡轨等现象。

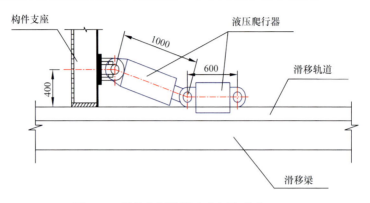

图 3-42　滑移爬行器设置示意图（单位：mm）

4）滑移同步控制

每条滑移轨道上各设置 1 台液压爬行器，每台爬行器各由 1 台主泵控制。通过统一指令，爬行器以相等的速度升缸顶推桁架结构，实现两滑道的同步滑移。

5）滑移施工

首先进行滑移系统调试，待系统检测无误后开始正式滑移。开始滑移时，液压爬行器伸缸压力逐渐上调，依次为所需压力的 20％、40％，在一切都正常的情况下，可继续加载到 60％、80％、90％、100％。钢屋盖即将移动时暂停滑移推进，保持推进系统压力。对液压爬行器及设备系统、结构系统进行全面检查，在确认整体结构的稳定性及安全性绝无问题的情况下，才能继续滑移。

6）滑移到位卸载施工

站房桁架滑移到位后，采用 6 只 50 吨级的千斤顶进行卸载。

4. 实施效果

累积加整体液压滑移安装技术具有工艺设备体积小、自重轻、承载能力大、自动化程度高、操作方便灵活、安全可靠性好的优势。福州南站站房屋盖采用该项施工技术，实现了在狭小空间或起重设备难以进入的施工场地进行大体量构件的累积滑移安装（图 3-43）。

图 3-43 实施效果图

3.4.4 高架层吊车走行平台与屋盖钢结构吊装施工技术

1. 技术背景

沈阳站为哈大客运专线重要配套交通枢纽站,于 2010 年启动改扩建,包括西侧新建站房和东侧既有站房改造两部分。新建站房高架层屋盖为大跨度拱形管桁架结构,屋盖总长度 255.4m,跨度 67m,拱脚弧度近 70°(图 3-44)。

图 3-44 沈阳大跨度拱形屋盖现场图片

2. 方案确定

沈阳站地处繁华闹市,不具备站外过渡条件,采取站内分阶段、分区域的过渡方式协调施工与运营关系。屋盖钢结构吊装前,该区域对应的新建普速场 6~10 站台已开通运营。

1) 高架层重型吊车走行平台及钢支撑方案

通过对在高架站房两侧设置大型履带吊吊装、累积滑移吊装、在楼面上安装行走塔吊吊装三种方案的多轮比选、论证,综合考虑线路运营影响,最终确定"在高架层楼板上安装行走式塔吊吊装"作为本工程屋盖钢结构吊装方案。通过高架层上设置走行平台并在结构下部设钢支撑,实现塔吊在高架层行走及作业荷载的竖向传递。

2)屋盖大跨度拱桁架吊装方案

屋盖大跨度钢管拱桁架分三段吊装,中间段空中合拢。每榀桁架分段处设置临时支撑架。施工过程中,每四榀主桁架及桁架间次结构安装完毕后,支撑架卸载拆除,轮换至下一区段使用。

3. 方案实施

1)高架层重型吊车走行平台及钢支撑

(1)选用动臂式塔吊 M440 行走于高架层楼面上进行屋盖拱桁架吊装。塔吊走行平台由混凝土柱顶的路基箱、轨道钢梁、钢梁间抗侧翻联系杆、塔吊行走轨道组成,高架层及轨道层梁下钢支撑为 $\phi500$mm$\times$16mm 无缝钢管。高架层走行平台范围与塔吊行走区域一致(图 3-45)。

(2)模拟计算:对塔吊走行平台建模进行受力分析,塔吊下部轨道钢梁挠曲变形最大值满足塔吊平稳行走及吊装安全性要求。现场采用全站仪对轨道梁变形全程监测,实际变形值均未超过模拟计算值。通过对钢支撑立柱力学分析,高架层框架梁仅为传递荷载的介体,所采用的大直径钢管支撑立柱满足规范要求的结构强度、刚度和稳定性(图 3-46)。

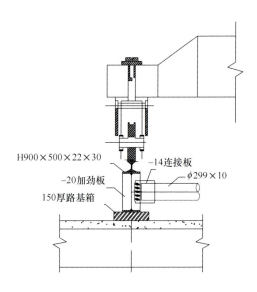

H900×500×22×30
−20加劲板
150厚路基箱
−14连接板
ϕ299×10

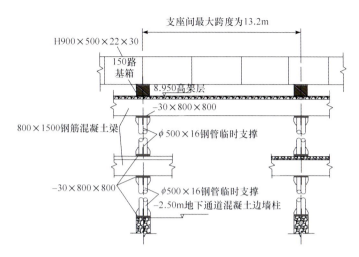

图 3-45　钢梁及下部支撑钢柱设置剖面图(单位:mm)

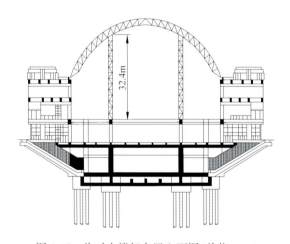

图 3-46　临时支撑架布置立面图(单位:mm)

(3)现场安装:高架层及轨道层下部钢支撑与梁底部模板施工同步进行,施工到此位置时将梁底模板断开,直接与加固结构靠紧连接,确保加固结构与顶部有效结合。

2)大跨度拱形钢桁架吊装

(1)钢结构格构柱临时支撑架。支撑胎架工厂制作成标准节,根部与梁、板结构上的预埋铁件焊接,用揽风绳调整架体的垂直度。临时支撑架落位的混凝土梁部位,采用钢管柱对支撑架进行点对点加固,并传递至出站层。钢管柱设置如图 3-47 所示。

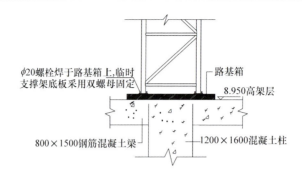

图 3-47　临时支撑架落位的混凝土梁下部加固示意图（单位：mm）

（2）钢拱桁架吊装仿真模拟分析。建立钢结构施工阶段模拟分析工况，施加1.2倍（考虑安全系数）自重荷载建立计算模型，进行拱桁架吊装过程变形分析、拱桁架吊装过程应力比分析。

（3）卸载及变形监测。安装四榀主桁架及桁架间次结构完毕时，前三榀主桁架下部的临时支撑架卸载拆除，实现屋盖钢结构从安装状态向设计受力状态的平稳过渡。卸载前对拱桁架吊装单元进行定位、设置观测点。卸载完成后，对观测点进行二次定位，测量观测点处的下挠变形，保证满足设计要求。

4. 实施效果

行走式塔吊自重及上部起重吊装的荷载，通过塔吊走行平台体系转换为竖向点荷载，传递至混凝土柱、梁结构上，在梁底部设置大截面的钢管支撑柱，实现了上部荷载有效传递至基础底板，避免了高架层梁、板混凝土结构产生弯曲、剪切变形，保证了高架层上部行走式塔吊正常作业及屋盖大跨度钢结构吊装任务完成。

3.4.5　大跨度钢桁架负载切割、滑移、接长施工技术

1. 技术背景

北戴河站改造工程包括新建站房及既有雨棚改造两部分。其中，既有雨棚改造面积为43450m²。雨棚结构形式为三角形的三肢格构式桁架，桁架柱边长约2.5m，三角形桁架高4.5m，最大管径550mm。雨棚由26榀主桁架和110榀连接桁架组成，桁架跨度68.6m，拱顶高度19.5m，雨棚全长545m。为满足客流增长的要求，将基本站台净宽由10.5m扩大到17.2m，使钢桁架跨度由68.6m扩展为75.3m，扩展6.7m。

2. 方案确定

达到既有雨棚改造目的主要有拆除重建和滑移扩建两种方案。既有雨棚改造

要保证京哈正线的正常运行,对运营线安全防护要求高;施工改造期限为 2010 年 10 月～2011 年 5 月,跨越寒冷冬季,工期极为紧张;既有雨棚结构用钢量达 5260t,体量较大。综合考虑施工安全、工期、质量及节能利旧等因素影响,最终采用滑移扩建施工方案(图 3-48)。

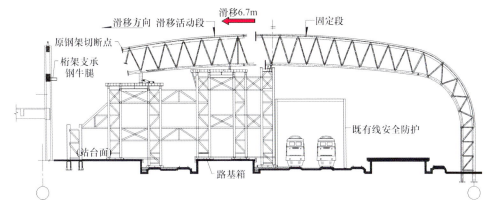

图 3-48　非站房段滑移示意图

3. 方案实施

1) 施工准备

(1) 路基箱设置。作为滑移支架的基础,路基箱应具有足够的刚度及强度。

(2) 滑移支架搭设。桁架被切断后,一段为固定段,另一段为滑移活动段。对固定段在切断一端下部设支撑架,滑移活动段在切断一端下部沿桁架方向并列设置支撑架,并通过水平撑杆和斜撑连成整体。滑移支架在保证足够支承刚度的同时应保证滑移过程中自身的稳定性(图 3-49 和图 3-50)。

图 3-49　支撑桁架图

图 3-50　滑移完成后图

（3）滑移轨道设置。轨道在整个水平滑移中起承重导向和径向限制构件水平位移的作用。滑移距离较长时轨道需分段现场拼接。

（4）滑移顶推点设计。顶推点的设计需考虑滑移轨道的形式和钢结构柱脚的结构形式，使其有效传递垂直反力和水平摩擦力。

（5）支架顶部滑移跟随点设置。钢架断开后，在重心端（近柱脚处）设置顶推点，在另一端设置跟随点，以保证滑移过程中桁架不变形和保证桁架稳定性。

2）桁架负载切割

经对原结构分析与计算，切割上弦杆时需将原主桁架中部顶起 26mm 时，桁架的上弦杆拉应力为 0.6t，上弦压应力达到切割要求。桁架切割顺序是柱脚上弦杆—中部上弦杆—中部下弦杆—柱脚下弦杆。切割过程中，为防止桁架杆件应力突然释放造成意外，桁架主弦杆切割前在两侧加设限位板进行限位固定，腹杆采用手拉葫芦绑扎固定。

3）滑移

滑移分试滑和正式滑移两个阶段：

（1）分级加载。待系统检测无误后开始试滑。开始滑移时，液压爬行器伸缸压力逐渐上调，依次为所需压力的 20％、40％。在一切都正常的情况下，可继续加载到 60％、80％、90％、100％。

（2）试滑。钢结构即将移动时暂停滑移推进，保持推进系统压力。对液压爬行器及设备系统、结构系统进行全面检查，在确认整体结构的稳定性及安全性绝无问题的情况下试滑 1m，无任何异常现象才能继续滑移。

（3）正式滑移。在液压滑移过程中，观测设备系统的压力、荷载变化情况等。同时在滑移轨道上每隔 10mm 画一尺寸刻度线，作为滑移距离监控依据。根据设计滑移荷载预先设定好泵源压力值，控制爬行器最大输出推力。

（4）过程监测。液压同步滑移施工技术采用计算机控制，通过数据反馈和控制指令传递，可实现同步动作、负载均衡、姿态矫正、应力控制、操作闭锁、过程显示和故障报警等多种功能。初始滑移时以 5cm 作为最小滑移单位，在轨道上做出标记并编号。滑移过程中随时观测各监测点相对轨道上标尺偏差情况。发现偏差较大时立即调整，若初始滑移状态良好，滑移轨道标尺单位可适当加大。

4）桁架杆件接长

桁架滑移到位后(图 3-51)，进行桁架的补杆安装。桁架中间段按先弦杆后腹杆的顺序进行。由于钢屋架滑移后跨度增加，部分腹杆不能满足受力要求，需根据设计要求对其进行加固。

图 3-51　完成 6.7m 滑移

5）卸载

通过切除桁架下的支撑架，使支撑架与桁架脱空来达到卸载的目的。卸载分成 4 个区域进行，每个区域按 10%、30%、60%分级卸载。

4. 实施效果

"负载切割"技术在确保结构安全的前提下，实现了钢结构力系的逆向转换；弹性范围内不等标高多轨道同步滑移技术，保证了滑移的精准度。北戴河站采用滑移扩建方案，用时 4 个月，安全、高效、优质地完成了雨棚改造任务。

3.5　转换层复杂结构施工技术

3.5.1　动荷载下钢筋直螺纹连接技术

1. 技术背景

北京南站轨道层板为地下室顶板，此层板上部为列车行走轨道，该层梁板钢筋主要规格为直径 20～32mm，钢筋用量约为 4.5 万 t，钢筋接头总量约为 50 万个。轨道层直接承受动荷载，按照桥梁规范设计，设计要求采用闪光对焊接头，如此大量的接头按照设计要求，难以保证工期、质量，况且也不具备作业环境，为此，考虑用直螺纹连接代替闪光对焊连接，优点是此项施工技术在房建施工领域已经较为成熟，且有很多成功案例。

2. 技术要求

根据《钢筋机械连接技术规程》的要求，对直接承受动力荷载的结构构件，接头应满足设计要求的抗疲劳性能。当无专门要求时，对连接 HRB335 级钢筋的接头，其疲劳性能应能经受应力幅为 $100N/mm^2$、最大应力为 $180N/mm^2$、最小应力为 $80N/mm^2$ 的 200 万次循环加载。

3. 方案实施

1）钢筋接头连接方式比较

先和设计人员及专家进行动荷载下钢筋直螺纹连接的可行性研究，研究内容包括深化设计直螺纹连接接头和连接套筒、动荷载下直螺纹连接抗疲劳试验等。确定方案后专家再次进行论证，编制企业标准并在建设主管部门进行备案，最后应用在工程中。

2）采取技术措施

（1）直螺纹连接套筒的设计。根据工程实际要求选用不同厂家进行套筒设计，并提供了套筒和丝头具体设计参数。

（2）进行直螺纹连接套筒及接头的型式检验和抗疲劳性能检验。①套筒设计完成后要先进行接头的型式检验，确定钢筋连接接头的性能等级。轨道层接头等级选用Ⅰ级，Ⅰ级接头的性能要求是接头抗拉强度不小于被连接钢筋实际抗拉强度或 1.1 倍钢筋抗拉强度标准值，并具有高延性、反复拉压性能及抗疲劳性能。针对不同厂家提供的各种型号套筒，各做一组型式检验，确保厂家提供的接头符合Ⅰ级接头的要求。②进行接头的疲劳性能检验。根据设计要求，接头的疲劳性能应满足的要求是能经受应力幅为 $100N/mm^2$、最大应力为 $180N/mm^2$、最小应力为 $80N/mm^2$ 的 200 万次循环加载。

检验时两个厂家各种规格的接头分别取一组做抗疲劳试验，共计 10 组，分别送到不同检测中心进行检验。试验结果表明全部符合要求。

在试验检验合格的基础上，组织有关专家进行论证。专家组根据《钢筋机械连接技术规程》的要求，结合各组钢筋接头疲劳试验数据分析，一致认为钢筋的直螺纹连接是目前成熟的钢筋连接方式。根据设计单位提出的接头疲劳试验应力和应力幅的要求，对 10 组直径 20～32mm 的接头进行了疲劳验证性试验，其结果完全符合设计及《钢筋机械连接技术规程》的要求,因此该接头形式可在轨道层结构钢筋的连接中采用。

3）现场施工及质量控制

套筒进场时严格按技术标准中的内容进行检查验收,不符合要求的套筒不能使用。严格控制丝头加工质量和钢筋接头的连接质量。施工前对作业人员进行培训考核,成绩合格者持证上岗。从钢筋下料、套丝到接头连接,严格按技术标准执行。严格控制接头的位置,接头应设置在结构构件受拉钢筋应力较小部位。

4. 实施效果

动荷载下轨道层钢筋接头采用直螺纹连接施工技术,保证了施工质量,提高工作效率,满足设计及规范要求。实施中专门编制了针对轨道层直螺纹连接的技术标准,这为"桥建合一"的复杂结构提供了施工典型案例,为其他类似工程提供了借鉴。

3.5.2　混凝土梁柱节点钢牛腿施工技术

1. 技术背景

北京南站Ⅱ区轨道层梁柱节点由异型钢牛腿、钢筋与混凝土组成,钢牛腿上翼缘板厚 50mm,下翼缘板及两道腹板厚均为 40mm,托座翼缘板和腹板双面均设置 $\phi20mm\times150mm$、长 120mm 的栓钉,以保证与混凝土的有效连接。上下翼缘板开有宽 150mm、水平投影长 750mm 的长圆孔,钢牛腿整体呈倒梯形。

为了使得结构能够承受列车行驶时产生的动荷载,轨道层框架梁柱节点设计采用钢筋与钢牛腿的锚固结合方式,钢筋不穿钢管柱,而是与钢管柱上的钢牛腿焊接在一起。该节点设计模式在当时国内大型工程中的应用尚属首创。

2. 方案确定

工程施工中从钢筋焊接工艺入手,对钢牛腿节点的钢筋焊接工艺、节点混凝土浇筑工艺进行逐一探研,通过不断的方案优化和持续改进,并结合北京南站的实际情况,最终确定了最佳施工方案。

3. 方案实施

1）钢牛腿施工

（1）钢牛腿的加工。钢牛腿全部在工厂加工,以保证钢牛腿的加工质量。钢牛腿按进场顺序进行加工,经出厂检验合格后方能运到工地。钢牛腿进场后及时进行构件的验收检查,按货运单检查到场钢牛腿的编号、数量是否相符,按照图纸和规范要求检查构件的加工质量与外形尺寸,并做好记录,填报材料进场报验单。

(2)钢牛腿的安装。钢牛腿进场后直接卸在安装区域,避免构件的二次倒运。托座拼装时使用 55t 履带吊机对称进行安装。拼装前在与钢柱托座定位的上翼缘下表面相平齐的位置焊接两个定位卡码,托座由吊机吊起后将其一端支撑于卡码上进行托座标高的微调;托座上下翼缘面上与设计轴线的吻合、上下翼缘面的水平度等指标均符合要求后,进行定位焊接。焊缝等级要求为全熔透一级焊缝,焊接时对称焊接,用 CO_2 气体保护。焊接完毕 24h 后,进行超声波探伤检验。

2)钢牛腿框架梁加腋节点钢筋

框架梁加腋钢筋与钢牛腿相互工作传递力的机理按照搭接锚固的原则考虑,但框架梁钢筋在节点处凡能直通者必须直通(图 3-52 和图 3-53)。

图 3-52　框架梁加腋钢筋安装　　　　图 3-53　钢牛腿与梁加腋钢筋构造图

根据节点结构设计情况,将加腋处梁混凝土的浇筑分为三部分考虑,即托座下翼缘板以下梁混凝土、托座两侧梁混凝土和托座核心区梁混凝土。托座下翼缘板以下的梁混凝土浇筑难度最大,由于托座上下翼缘板仅有距加腋根部 1.2～1.5m 的一个长圆孔可插振捣棒至梁底,以及托座两侧可插振捣棒;加腋根部梁高为 2.7～3m,且该部位钢筋较密,振捣棒的插入点选择受到极大的限制。综合考虑以上因素,施工时从混凝土性能和施工工艺两方面入手保证节点混凝土施工质量。

(1)混凝土性能控制。

要求搅拌站将粗骨料(碎石)的粒径由常规的 5～25mm 调整为 5～16mm,保证级配良好;托座节点处混凝土的坍落度要求控制在(200±20)mm,保证良好的和易性。

(2)混凝土施工控制。

由于托座处的截面高达 3～3.7m,且钢筋较密,在浇筑混凝土之前浇筑同配比无石混凝土。

混凝土布料时对同一柱头的四个托座对称浇筑。每个托座浇筑时先从托座的两侧下料,待托座下翼缘板底部混凝土浇筑完毕后从托座端头和两侧同时下料,浇筑托座核心区和两侧的混凝土。

钢牛腿下翼缘板底部混凝土浇筑时,严格控制托座两侧混凝土下料速度,控制两侧混凝土不至于大量先进入托座核心区,而是尽可能流入钢牛腿下翼缘板底部。钢牛腿下翼缘板底部混凝土浇筑完毕后,分层浇筑托座两侧及核心区混凝土。

钢牛腿下翼缘板底部混凝土浇筑时,从托座两侧及上下翼缘板开孔处插入振捣棒,保证混凝土能够从托座两侧借助振捣流入托座下翼缘板底部并密实。混凝土浇筑完毕后,利用托座两侧插入的振捣棒及上翼缘板孔插入的振捣棒振捣托座两侧及核心区的混凝土,托座核心区混凝土的密实饱满程度以上翼缘板排气孔冒浆为准。

托座处混凝土浇筑至托座上表面(即板底)后,停止该部位混凝土浇筑,转而浇筑其他部位混凝土,该部位混凝土自然沉降 30～45min 后进行二次振捣并浇筑剩余混凝土。

4. 实施效果

钢牛腿节点施工历时 4 个多月。通过充分准备、施工严格控制,最终顺利完成了施工。经过对梁柱节点钢牛腿进行检测,混凝土密实,混凝土强度满足设计要求。

3.5.3　钢管混凝土柱与双向预应力框架梁、钢桁架组合施工技术

1. 技术背景

南昌西站采用高架车站及"桥建合一"的结构形式,站房建筑面积 $114347m^2$,地下 1 层、地上 2 层(局部 3 层),最大平面尺寸为 385.5m×169m,为大跨度、大平面框架结构。高架候车层采用钢管混凝土柱加双向预应力钢筋混凝土框架结构＋钢桁架屋盖,高架候车层钢管混凝土柱与钢桁架屋盖部分采用树状钢管柱连接方式。

2. 方案确定

高架候车层钢管混凝土柱与双向预应力钢筋混凝土框架结构采用环梁连接为整体。该种节点现场焊接少,无穿心构件,环梁钢筋可在料场绑扎好后吊装套在钢管上。工程环梁宽为 1200mm,高度为 1800～2750mm。

3.方案实施

1)钢管混凝土柱与双向预应力钢筋混凝土框架结构采用环梁连接

（1）钢筋放样。根据结构图纸中环梁截面尺寸,结合预应力及钢结构深化设计图,钢筋放样需综合考虑上排钢筋纵横向相互交叉等因素（图 3-54 和图 3-55）。

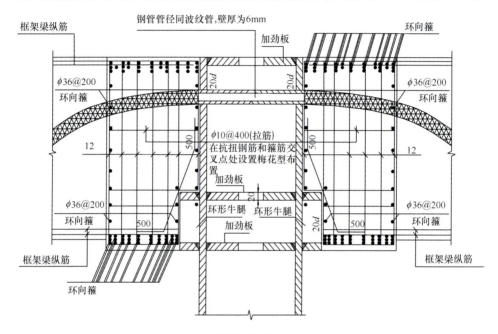

图 3-54　钢筋放样图（单位:mm）

图 3-55　预应力穿钢管及环梁

（2）环梁钢筋下料。严格按照料表中环梁钢筋的面筋、底筋、抗扭钢筋进行编号,并提前制作好模具（根据环梁的截面尺寸）,将加工好的环梁钢筋放在环梁模具上,整体吊运至现场。

（3）环梁钢筋绑扎。环梁的箍筋在施工现场制作，半成品检查合格后，将编号完整并在模具上的环梁底筋面筋及腰筋固定在模具上后，安装箍筋，箍筋的角度为6°。

（4）环梁吊装。钢筋验收合格后，利用250t履带吊对环梁进行吊装。吊装时注意环梁主筋帮条焊接头位置错开预应力波纹管的孔道位置。

（5）框架梁与环梁节点处理。框架梁底筋锚入环梁时，在框架梁底筋末端两侧焊接短钢筋，增加钢筋与混凝土的握裹力。

2）高架候车层钢管混凝土柱与钢桁架屋盖部分采用树状钢管柱连接

（1）树状柱吊装。树干、树枝、铸钢节点属叠加式安装，树干钢柱顶部的铸钢节点同时与4根树枝斜杆连接，斜杆另外一端与屋面桁架铸钢节点连接（图3-56）。铸钢节点空间定位精度要求高，采用全站仪随时监控，防止发生空间变形，确保安装精度。

图3-56　树状钢柱安装完成

（2）焊接工艺。树状柱树干、树枝、屋面桁架杆件间均通过铸钢节点连接，树状柱的焊接重点是建筑钢结构与铸钢件的现场异种钢材接头焊接。树干与一级铸钢节点下口、树枝单管与一级铸钢节点均为单口对接，按照顺时针方向对称施焊。铸钢件与钢管均为厚壁，焊接时应分层间断焊接，每次焊接高度不超过20mm。

（3）卸载监测。结构卸载是树状柱结构从支撑受力状态转换到自由受力状态的过程。树状柱焊接完毕后，拆除屋盖桁架结构的临时支撑，屋盖荷载通过树状斜管传至柱顶铸钢节点，此时钢管柱处于自由受力状态。支撑应对角拆除，保证卸载时的受力均衡。树状柱卸载时应对结构变形进行监测，监测内容包括铸钢节点的空间偏移、树枝杆件和树干及屋面桁架杆件之间的相对位移。

4. 实施效果

钢管混凝土柱与双向预应力框架梁、钢桁架组合施工技术，焊接工作量小，节省钢材，为后续施工争取了时间。

3.5.4 轨道层桥建合一结构施工技术

1. 技术背景

成都东站轨道层设计采用桥建合一的结构形式（图 3-57），即下部建筑框架结构与上部桥梁结构结合构成承轨结构和站台面结构（图 3-61）。成都东站主站房承轨结构中上部桥梁为 13 联双线连续承轨梁，跨度组合分别为 21m＋24m＋21m 三孔连续梁（8 联）和 2m×21m＋24m＋2m×21m 五孔连续梁（共 5 联）；下部建筑为钢筋混凝土梁和钢管混凝土柱。

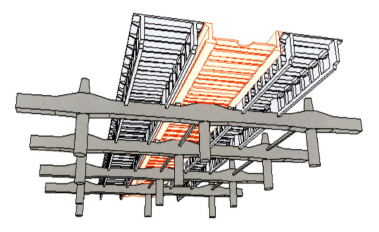

图 3-57　站台层桥建合一结构形式

2. 方案确定

轨道层桥建合一结构梁体面板以下采用满堂支架施工。两榀边梁之间以及承轨层桥面板以下区域，采用一次投入模板支架体系。边梁和中梁采用后张法施加预应力。承轨体系钢筋采取滚轧直螺纹套筒机械连接的方式。下部钢管柱吊装完成后浇筑自密实混凝土，大梁为大体积混凝土，施工中采用分层浇筑叠合法施工。

3. 方案实施

1）搭设承轨层满堂支架、支设底模板

由于承轨层边梁截面、体量较大，在施工承轨层时，先完成地下一层－3.6m 结构板以下支架加固体系。梁体采用满堂支架法施工。为提高效率，底模板、侧模板定尺加工后，用塔吊或汽车转运到场地，现场拼装（图 3-58）。在搭设支架铺设底模板时考虑起拱，起拱高度为跨度的 1/500。

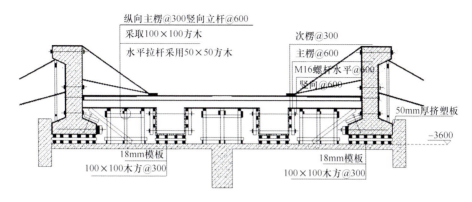

图 3-58　支架图（单位：mm）

2）钢筋连接

根据设计要求，承轨层体系钢筋接头采用焊接。钢筋直径大于 $\phi22$mm 时采取滚轧直螺纹套筒机械连接的方式。考虑到承轨体系要经常承受动荷载，根据《钢筋机械连接技术规程》（JGJ 107—2016）的规定，对承轨体系中采用的机械连接接头进行 200 万次抗疲劳试验和型式检验。

3）波纹管埋设

梁体纵向顶板金属波纹管内径为 90mm、外径为 97mm，梁体纵向腹板金属波纹管内径为 80mm、外径为 87mm。波纹管在梁底模及一侧侧模安装完毕、梁主筋及箍筋绑扎完毕后进行预埋，预埋完毕后绑扎梁拉钩及腰筋。

4）侧模和端模安装

边梁在面板之上采用钢模板，挡梁与边梁之间采用 50mm 厚苯板。穿对拉螺杆前，在梁侧模上画出螺杆位置，避开波纹管，以免钻头打穿波纹管。根据端部管道现场确定端模孔眼并放线开孔，将波纹管逐根插入端模各自的孔内后，进行端模安装就位，并按要求连接固定模板体系。合模后，端模管道孔眼应清除干净。

5）钢绞线下料和穿索

梁体纵向顶板束采用 12ϕ15.2mm 高强度低松弛钢绞线，梁体纵向腹板束采用 9ϕ15.2mm 高强度低松弛钢绞线，采用相应的 OVM15 群锚锚固。

预应力筋的下料长度考虑设计曲线长度、张拉端外伸预留长度、弹性回缩值、张拉设备、钢材品种和施工方法等因素。钢绞线穿索采用人工穿束的方式。钢绞线穿束时应编束号，并在钢绞线上标明。

6）大体积混凝土施工

（1）混凝土浇筑。边梁截面尺寸较大，需按照大体积混凝土工艺施工。实施中必须组织好混凝土的浇筑顺序、上下层接茬控制时间，卡控混凝土的入模温度，加强施工中的振捣，做到"快插慢拔"、均匀布置振捣点，振点间距控制在 300～

400mm，每个振点的深度插到下一层尚未初凝混凝土中约50mm，振捣混凝土要做避免漏振和过振，做到混凝土表面水分不显著下沉、不出现气泡、表面泛出灰浆即可。

（2）泌水处理。由于大体积混凝土施工中容易出现泌水现象，在浇筑完成后应及时将泌水排除，同时在混凝土浇筑后4～8h内将浮浆清掉。

（3）养护和测温。大体积混凝土施工后应加强养护和测温工作，检测其表面温度和内部温度以及大气温度，根据不同的温差及时采取相应的防护保温措施，避免因表面过热或失水太快而出现干缩裂缝，影响混凝土的质量。

4. 实施效果

成都东站桥建合一结构承轨层施工中，采用高大模板支架、大直径钢筋连接、大体积混凝土浇筑等工艺及相应的控制措施，保证了承轨层的施工质量。

3.6　高大模架工程施工技术

3.6.1　盘扣式脚手架支撑体系

1. 技术背景

大连北站混凝土结构大跨度、大截面混凝土构件较多，其中地下一层出站通廊框架梁最大截面尺寸为3.7m×3.0m，结构最大跨距为28.5m×24m；轨道层楼板厚度为0.5m，结构层高为8.65m。

2. 方案确定

顶板模板支撑体系可选用碗扣式脚手架和盘扣式脚手架（图3-59）两种方案。在采用建模处理、理论计算和对施工现场各种不利条件分析的情况下，选用承载能力较好、具有自锁功能、组拼形式灵活、杆件通用性强的的盘扣式脚手架支撑体系。

3. 方案实施

1）新型脚手架的预压试验
架体搭设使用前，选择具有代表性、完整跨梁体下脚手架进行承重堆载试验，检验架体的安全稳定性能。
2）预压验算
支架在预压施工过程中容易发生失稳事故，因此预压前需对支架的承载力、刚度和稳定性进行验算。

图 3-59　支架节点图

3）预压检测

加载前，选择有代表性支撑架立柱，在其顶端和底部设置观测点，用于检测立柱在加载后的变形。加载分 3 级实施，依次为单元预压荷载值的 60％、80％、100％。

4）现场架体配置

针对结构构件截面尺寸及施工荷载情况，在保证架体承载力和施工安全的前提下，对地下通廊、轨道层顶板分别设计架体形式（图 3-60 和图 3-61）。

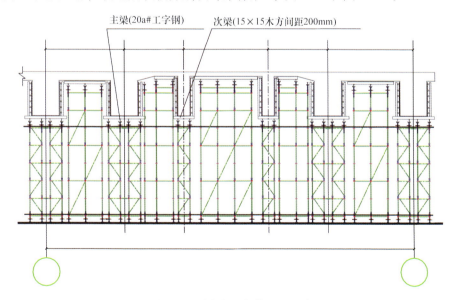

图 3-60　纵向板下架体立面节点

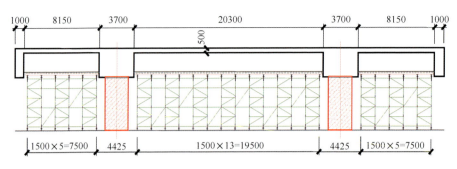

图 3-61　横向架体立面布置图(单位:mm)

4. 实施效果

盘扣式脚手架支撑体系可以加大立杆间距,节约材料、减少现场搭设工程量、加快搭设速度,社会经济效益显著。

3.6.2　轨道层厚大梁板高支模体系施工技术

1. 技术背景

北京南站地下室为钢筋混凝土结构,结构顶板为轨道层,承受火车动荷载作用,结构按照桥梁板设计。主梁截面尺寸为 1.8m×2.0m,主梁两端设有夹腋高3m,最大柱网尺寸 20.6m×10.3mm,板厚 0.5m。次梁截面尺寸为 1.8m×1.7m、0.8m×1.6m、1.2m×1.6m 等。

2. 方案确定

针对北京南站结构特点,对工程概况、施工方法、理论验算、市场材料考察等方面进行综合分析、方案比较,经过精心设计、结构计算,采用碗扣架高支模支撑体系。

3. 方案实施

1) 模板体系

高支模板系统对支撑体系要求较高,根据工程特点选择稳定性、强度都较好的碗扣式脚手架进行搭设。考虑到所需物资巨大,周转料费用较高,经过严格的理论计算,最终选择了强度和刚度比常规木方高出一百多倍的新型材料——S150 型铝合金工字梁作为龙骨,增大了立杆间距,减少了周转料投入。

2) 夹腋梁节点控制

夹腋梁中有直径为 1800mm 的圆柱。夹腋梁混凝土自重较大,支设不牢,容易跑模漏浆,模板节点控制为难点。经过尺寸计算,在夹腋处特制了夹腋柱箍,既保证夹腋角度也解决了跑模漏浆问题。

3)整体稳定性控制

为确保支撑体系的稳定,模板支撑与柱之间设置两道柱箍连接杆。每根柱设置两道 $\phi48mm$ 钢管柱箍,间距 3m,最下一道柱箍距底板高度不小于 3m,与支撑立杆用扣件连接牢固。

为保证支撑体系整体结构不变形,在施工流水段外侧设置连续纵向剪刀撑,每 4 根立杆布置一道,且在外侧立面整个长度和高度上连续设置,斜杆与水平面夹角为 45°~60°。每个区格内的模板支架设置两道水平剪刀撑,其两端与中间每隔 4 根立杆,从顶层开始向下每隔 2 步设置一道水平剪刀撑,水平剪刀撑与水平杆夹角为 45°~60°。

由于碗扣架立杆必须保证 300mm 为模数支设,但每个流水段之间、梁与板立杆之间的间距不够模数,采用 $\phi48mm$ 钢管进行水平连接,使整个施工区域形成整体性连接,保证了碗扣架整体稳定性。

4)荷载试验及材料检验

为保证此方案顺利实施,在施工前进行堆载试验。选出 9m×9m 区域,计算出荷载后,按方案要求进行模板的支设,支设后加 1.2 倍计算荷载进行试验。试验中,对支撑系统进行沉降观测及侧向稳定观察,实测最大沉降为 19mm,平均沉降为 12mm,沉降量在计算允许范围内。

4. 实施效果

通过材料考察、方案论证和优化、工程试验及实施,保证了施工质量,达到了预期的效果。

3.7 屋面工程施工技术

3.7.1 直立锁边铝镁锰屋面施工技术

1. 技术背景

直立锁边铝镁锰金属屋面因满足复杂多样的建筑造型,在我国建筑中已得到广泛应用,特别是在重点特大型项目中。其构造系统由结构支撑体系和维护体系组成,结构支撑体系由钢支座、檩条系统、铝合金支座组成,维护体系由铝合金面板、防水层、保温层、吸声层、金属底板等组成。

2. 方案确定

兰州西站采用的是 65/400 型直立锁边铝镁锰金属屋面系统,其工艺原理是通过转接件将屋面系统安装在钢结构桁架之上,通过各层次材料组合,实现建筑功能要求;通过铺设隔水透气层和二次防水层,保证屋面系统内保温、吸声隔声材料的干燥以满足其正常使用功能;通过金属屋面板与铝支架扣接固定,消除了面板螺栓固定和耗工穿孔,实现了长度方向的任意变形;通过屋面底板上和屋面板下的低容重玻璃棉,可实现室内吸声和屋外降噪的功能;通过设置屋面天沟收集屋面雨水,天沟内安装虹吸排水口将雨水收集到雨水池,供环境清洁和消防用水(图 3-62~图 3-64)。

图 3-62　站房金属屋面

图 3-63　站房屋面檐口

3. 方案实施

1)屋面系统构造防水、节能、耐久施工技术
本工程在天沟与屋面交接处、屋脊与采光天窗交接处巧妙地应用了构造防水

图 3-64　雨棚屋面

措施。在天沟与屋面交接处采用专用密封条及披水板、L30 滴水线,使水垂直滴入水槽中,不会形成倒流现象,密封条还起到防风作用。滴水线采用材质同屋面板的 0.9mm 厚铝镁锰合金材料(A3004)。保温体系采用 100mm 厚 24kg/m³ 容重保温棉和设置通风塔及冷桥处理工艺,在钢丝网铺设完毕后,采用铝合金固定座,下带防冷桥隔热垫。

2)铝镁锰板连接构造防水技术

施工中待保温棉、隔气膜、防水膜施工完成后,进行屋面板铺设。屋面板铺设从一端向另一端进行,在铺设的过程注意单块板的运输方法。待铺设完成后,进行对板咬合,咬合时应控制好咬合机的速度。

3)天沟与屋面板交接处构造防水技术

排水系统采用 2.0mm 厚 SS304 不锈钢板,冷弯成型为 600mm、700mm、800mm 宽和 300mm 高的天沟,规格为长度 3m。不锈钢板与板之间采用焊接处理,焊接完成后清理干净,然后进行钝化。屋面板深入天沟内侧 150mm,天沟与屋面板交接处设置披水及滴水片。

4)屋面板与采光天窗交接处构造防水技术

屋面板与采光天窗之间高差为 250mm,此高度采用 Z 字形披水板,披水板材料同屋面板,固定方式采用铆钉连接。其中屋面板伸入披水板 250mm,伸入屋面板端头上弯 50mm,并且设置挡水片,以保证水不会倒流。

屋面板安装完毕后,进行堵头安装,堵头采用铆钉固定于屋面板板肋上。披水板采用同屋面板材质的 Z 字形,将 Z 字形披水板一端固定于采光天窗龙骨上,另一端固定于堵头板上。

4. 实施效果

金属铝镁锰金属屋面属于低碳、环保材料,具有质量轻、防水性能好、安装方便、施工质量容易控制、能适应各种复杂多变的屋面造型、外观漂亮耐久等特点,非常适合大型钢结构的建筑,与钢结构建筑完美的结合必定会有更广阔的市场。

3.7.2　菱形球体铝板屋面

1. 技术背景

我国北方蒙古族、回族等少数民族地区的建筑结合民族文化,其标志性建筑多采用球形屋面造型。海拉尔站球形屋面采用铝镁锰合金菱形金属球形屋面,该屋面系统荷载较小、造型美观,是现代建筑技术与古典民族艺术相结合的佳作(图3-65)。屋面设计主要从屋面构造、材料性能、防水、防风、抗变形、保温、隔声等方面进行优化设计,以保证其技术要求和使用功能,并在构造层充分考虑了吸收屋面的温度变形以及防止出现冷凝结露等问题,在材料选用上满足美观要求。该类型金属屋面板的安装顺序为先由屋面自下向上、中间向两侧安装,最后安装檐口边缘板块。所有异形调节板应在最后确定尺寸后加工安装。

图 3-65　海拉尔站实景图

2. 方案实施

1) 屋面连接板、檩条安装

连接板按放线要求固定在预埋件上并焊接,檩条焊接在连接板上;屋面檩条焊接在连接板上,确保檩条安装后顶面弧度与屋面设计弧度一致。金属屋面檩条精确拉弯,具体拉弯的尺寸由球体的设计半径和每根龙骨的尺寸两个因素决定。

为了实现菱形球体铝镁锰金属屋面球体弧度与设计弧度相同,在现场进行了模拟试验,即在球体屋面做了一个檩条样板,采用了CAD制图验算及现场安装对比的方法。

2) 保温棉铺贴

海拉尔站属中温带亚干旱大陆性季风气候区。冬季严寒干燥,夏季多雨凉爽,春秋季干旱多风。按对铁路工程影响的气候分区，属严寒地区。在这种严寒气候条件下，网架上采用了 V125 夹心压型板，作为球形屋面的外保温。

3）支撑层压型钢板安装

球形屋面支撑层压型钢板需进行滚弯加工，滚弯半径需按照球体屋面半径设计。海拉尔站大球半径为 16m，屋面支撑层压型板长度为 3m，大球周长为 100531mm。弧长为 3000mm 的压型钢板滚弯高度经过计算为 70mm，控制方法同屋面檩条拉弯精度控制。压型钢板的安装步骤如下。

（1）沿檩条垂直方向由下往上安装压型钢板，压型钢板与钢架檩条采用燕尾螺丝连接，压型钢板沿纵向安装，板块纵向搭接为 50mm，横向搭接为 75mm。

（2）压型钢板安装前需按图放线下料、滚弯，并标记板块区域位置。

4）找平钢板安装

镀锌找平板的安装与压型钢板相同，由下往上安装找平钢板，镀锌找平板用铆钉固定在压型钢板之上，镀锌找平板之间搭接 30~50mm；镀锌找平板安装之前需按图放线加工，并标记板块区域位置。

5）不锈钢扣件的安装

（1）放线。用经纬仪将轴线引测到降噪丝网上，作为不锈钢扣件安装的纵向控制线。

（2）固定扣与滑动扣相结合。根据建筑物的高度、屋面坡度、不同位置和迎风方向、最不利荷载（屋顶转角和边缘区域）等因素首先确定固定扣件，再沿板长方向布置滑动扣件。

（3）安装不锈钢扣件。定好位后，用燕尾螺丝将扣件固定于基层找平钢板之上，固定扣打两个钉，滑动扣打三个燕尾螺丝，注意滑动扣件的滑动扣应处于扣座的可移动空间的中间部位，以利于板块热胀冷缩时沿纵向可自己移动。

6）金属屋面板的安装

菱形平锁扣板块的内折下边勾住下部固定的板块的前向折边，上部折边则通过不锈钢扣件固定在檩条或满铺的基层面上。

安装时，先由屋面自下向上、中间向两侧安装，最后安装檐口边缘板块。所有异形调节板应最后确定尺寸后加工安装。面板通过不锈钢扣件固定，扣件用燕尾螺丝固定在屋面找平层上。

7）檐口附件及连接板

檐口附件材料为与屋面板同材质的板材，连接板材料为镀锌钢板；其加工尺寸需根据现场测量标准尺寸而定。安装顺序依次为连接板、附件、面板。连接板之间需有搭接，且搭接缝需与附件接缝错开。连接板通过燕尾螺丝固定在基层上，附件与连接板为扣接固定。安装附件必须保证附件之间搭口平整，下沿直线度及整体的观感要协调。檐口板要保证构造合理、排水顺畅。

3. 实施效果

海拉尔站工程采用铝镁锰合金板屋面,达到了造型独特、自重轻、流水顺畅、防排水、防火、保温、隔声、采光、通风排气等效果。

3.8　装饰装修施工技术

3.8.1　背栓式干挂石材幕墙施工技术

1. 技术背景

石材幕墙在国内部分大型站房得到了普遍应用,而背栓式石材幕墙作为新型幕墙在兰州西站得到了完美的展现。兰州西站外装饰石材幕墙采用 30mm 厚虾红水洗面石材作为装饰面,背栓式石材幕墙通过背部膨胀螺栓与受力体系相连,不仅提高了连接强度、板块抗变位能力,也实现了石材板块的三维调节,从而保证了幕墙的安装精度和使用寿命,满足了抗震性能要求。

2. 方案确定

背栓式石材幕墙的立柱和主体结构通过预埋件与螺栓相连接,然后将横龙骨焊接于主龙骨上;石材和横龙骨通过背栓与连接件连接在一起,主龙骨不直接受力,而是通过横龙骨将石材自重与外界荷载传递到主龙骨上,从而传递于主体结构上。

3. 方案实施

1) 测量放线

施工前,仔细核对施工图纸,依据主体结构基准轴和幕墙的基准轴线定位出幕墙立面外缘控制线、立柱的位置线。根据分格依次确定立柱及其锚固点的位置,再根据基准线、等高线和设计分格确定横梁位置线。

2) 后置埋件安装

首先对混凝土梁进行测量,按放线位置在混凝土梁上打深度为 115mm 左右的孔,打孔前用钢筋探测仪测试钢筋位置,若遇到钢筋则左右调整埋件位置再打孔。在埋板安装前,清理埋板位置基层,若基层不平,需用 1∶2 水泥砂浆找平层,安装时配方垫片,高强螺栓将埋板紧固,使埋板与墙面接触紧密。

3) 连接件安装

主体结构经测量复核无误后,根据控制线确定骨架位置,再将连接件焊接在金属埋件上。

4）主龙骨安装

主龙骨安装前，需进行校直。预埋板位置验收合格后，按埋板放线位置将龙骨就位，安装过程中需注意调整主龙骨的垂直度。主龙骨由下而上，先安装同立面两端的竖料，然后拉通线按顺序安装中间竖料（图 3-66）。

图 3-66　主次龙骨概况

5）保温岩棉铺装

保温岩棉从下到上层层铺装，安装时应错缝安装，岩棉钉间距控制在 300mm×300mm，防止自重下坠并保证不少于 5 个/m²。保温岩面外侧用镀锌铁皮作为防水层，1.4mm 厚镀锌铁皮自下向上进行安装，上层铁皮搭接在下层铁皮之上。防水铁皮搭接宽度不小于 20mm，安装完成后在接缝处涂刷专用幕墙防水材料，涂刷宽度为 40mm，以接缝为中线进行涂刷（图 3-67）。

图 3-67　保温岩棉

6）次龙骨安装

按分格尺寸在主龙骨上定位次龙骨的分格线，将次龙骨一端点焊接在主龙骨预定位置上,另一端采用角码,用 M8×90mm 对穿螺栓安装在次龙骨上,角码一端焊接在主龙骨预定位置上,对穿螺栓应固定牢固并添加平垫弹簧垫。一个单元安装完成后,再进行大面积满焊接,满焊接时应错开、隔开焊接,防止龙骨热变形。

7)石材板块安装

石材加工前,需绘制石材排版图,对不同尺寸的石材进行编号。石材进场后,检查石材加工质量,查看其平面尺寸、对角线、花色及背栓孔是否符合要求。石材验收合格后,在石材堆放区分类堆放。挂件安装时,将石材反扣放置在地面上,将1mm 软胶皮垫置于背栓孔上,再将铝挂件穿入背栓孔,经靠尺将挂件调至水平位置后,紧固背栓。石材应由下向上逐层安装。根据幕墙基准线将石材固定到龙骨上,通过挂件上的调节螺丝调节石材的缝宽及高低差,待石材的垂直、水平位置校验合格后,进行下一块石材的安装(图 3-68 和图 3-69)。

图 3-68　石材安装一

图 3-69　石材安装二

8）清洗、保护

石材面板安装完毕后，用清水对石材表面进行清洗，严禁使用任何化学溶剂。待石材清洗完毕并干燥后，用喷雾器将石材养护剂均匀地涂刷在石材表面。

4. 实施效果

背栓式石材幕墙因其结构形式及连接件隐藏于石材的背面，正面不可见，板块间的缝隙不打密封胶填充，在立面上形成深的阴影线条，富于立体感。这种安装形式强化了兰州西站的外立面效果。

3.8.2　高大空间反吊顶施工技术

1. 技术背景

随着建筑材料、建筑结构形式的不断发展，高大空间吊顶结构在铁路站房中应用越来越广泛，一般铁路站房的出站层、进站大厅及高架候车厅高度均在 7m 及以上，且室内装饰吊顶采用弧形、异形、多曲面等也越来越多，这些都给施工增加了很大难度。长沙南站进站厅及高架层候车厅铝板吊顶面积达 $43000m^2$，地面距吊顶饰面标高为 $14.5\sim24.5m$，整个吊顶呈弧面形状，吊顶面板采用冲孔铝板，单块尺寸为 $500mm\times3800mm$，板条间距 $200mm$。垂直板条方向间隔设置 $700mm$ 宽 U 形铝单板灯槽。

2. 方案确定

按照常规做法采用满堂脚手架或移动平台方案均不合适。若采用满堂脚手架方案便于吊顶的安装，缺点是搭设满堂脚手架所用材料量大，材料倒运搭设拆除费工费时，成本很高而且影响吊顶下方楼面工程的进展。若采用移动平台方案材料用量不大也便于安装，缺点是本工程吊顶为曲面形式，移动平台需要多次拆改。经反复研讨，最终确定单元式安装方案，在楼面制作龙骨单元，通过定滑轮提升就位安装，面板逐条提升就位安装。

3. 方案实施

1）高空作业操作平台搭设

操作平台位于屋面网架部位，主要是安装铝板吊顶基层钢架时使用。根据铝板吊顶施工方案，以原屋顶结构 $4000mm\times4000mm$ 的网架单元作为一个基本单元，先在网架下弦处铺设脚手板形成操作平台。铺设木脚手板时，从既有设备检修马道部位开始，要设置安全绳确保作业安全。在地面将木脚手板用绳子绑牢后利用滑轮提升至屋顶钢架下方，安装人员将木脚手板逐块按铺设方案铺设在原结构下弦杆上,并用专用卡箍件固定。

2)测量

按照设计吊顶造型和单元划分,确定吊顶基层钢架尺寸及固定天花钢架的节点位置,同时根据屋面结构的实际状态确定吊顶龙骨单元的具体尺寸,为曲面吊顶的整体畅顺创造条件。

3)单元基层钢架的制作

制作吊顶基层钢架前,按现场每个单元钢结构的实际尺寸准确定位主龙骨的制作间距,确保主龙骨的安装位置必须隐藏在面板背后。将主龙骨与次龙骨按设计要求用对穿螺栓组装成单元钢架半成品。其组装图如图3-70所示。

图 3-70　单元龙骨示意图

4)吊装单元基层钢架

单元半成品钢架做好后,将钢架用绳子连接三个点(呈三角形)固定在卷扬机的钢丝绳上,然后在网架(桁架)下弦杆节点处固定滑轮组合,用卷扬机将单元钢架吊装到网架(桁架)下,根据预先放线将单元钢架半成品先搁置在原有的型钢上,根据面层的位置(主龙骨遮挡于面板条背后,以免从地面看到主龙骨,影响观感效果)将其准确定位并确保天花的方正后,用 U 形钢箍件进行固定。图 3-71 为单元龙骨吊运示意图。

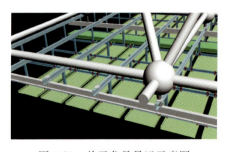

图 3-71　单元龙骨吊运示意图

5)安装面板

单元钢架结构安装好后,将轻钢龙骨挂件临时固定在龙骨上(横向可移动),用卷扬机将面板吊装到钢架下方,操作人员在操作平台用卡扣将面板固定在基层钢网架上,并用螺丝卡紧面板。

安装面板前对整体吊顶的排版进行控制,竖向在安装第一排时进行准确定位,安装完第一排后进行复尺,确保完全准确后,以第一排为标准进行逐块安装,且边安装边复尺,每安装一个单元及时用经纬仪复核,发现不齐的及时调整。为保证面板在横向必须顺直,尤其在采光顶两侧的面板,采光顶两侧用红外线在基层钢架做好分格标记,并在安装时在吊顶的任意一侧架好红外线定位仪及时复核安装位置,确保通缝顺畅。

6）调整

大面积面板安装完毕后,重量的变化将会使网架及刚架产生挠度变化,造成吊顶板局部弧度出现误差。等变形稳定后,到面板上部对面板进行调整工作,消除网架及刚架变形对面板弧度的影响。

4. 实施效果

高大空间吊顶单元式安装技术由于单元体的划分,整个吊顶工程划分为若干单元,每个单元可单独作业,机动灵活,受作业环境条件影响小。利用屋面结构作业,最大限度地减少了对其他项目的影响。该吊顶大量的制作工作是在楼地面完成的,地面作业便捷,效率高,具有工期优势。运用简易设备从楼地面起吊构件至作业点,没有采用满堂脚手架、作业平台,经济效益显著(图 3-72)。

图 3-72　长沙南站吊顶实景图

3.8.3　双曲面异形石材拼装技术

1. 技术背景

传统伊斯兰建筑常用的"拱"的形式有弧形拱、半圆拱、三心拱、S 形尖拱、等边尖拱、马蹄拱、复叶形拱等，现代回族建筑"拱"的形式相对来说更加简洁，银川站站房通过双曲面异形石材拼装技术将三连跨主体"拱结构"与"中国结"外立面融合，展现出回族建筑的现代气息。

2. 方案实施

1）图纸深化

对异形曲面幕墙通过 CAD 三维建模，勾画出实物的空间三维尺寸外形。通过设计 CAD 尺寸和三维建模，按照 14 个弧线圆心，逐一定位出 6678 块曲面异形石材的尺寸。

2）材料准备

工程施工中采购的石材，采用 30～65mm 厚樱花红火烧水洗面石材，石材的弯曲强度≥8MPa。

3）石材加工

异形曲面石材加工时，借助 CAD 三维建模，定位出异形曲面石材幕墙的三维几何尺寸，将 CAD 三维建模数据导入 CAM 机械加工制作数控软件，最后将数据导入 CNC 数控机床，由数控机床完成曲面异形石材的切割下料，直至成型的单块石材成品单元。

4）预埋件制作安装

预埋件是幕墙的主体结构受力件，预埋件的制作安装是幕墙施工的第一步，直接关系后续施工的质量。通过深化图纸设计验收，确定预埋件的规格、型号、数量和位置，然后与主体结构施工的图纸核对，遇到无法预埋的位置及时采用加大、移位、预留锚筋等处理措施进行调整，施工中严把预埋件原材料质量关，按照设计图纸要求进行切割下料。对锚筋的长度、焊缝质量认真检查，并有代表性地进行拉伸试验。预埋时，采用螺栓固定于模板的侧面，中心线误差≤5mm，水平标高 10mm，混凝土浇筑前需要对照图纸认真核查，弹出预埋件中心线位置，标注出预埋件的规格、型号。

5）多曲面异形屋檐测量放线

站房外立面从底部开始向外倾斜，通过弧形向上形成外凸屋檐，从外部看去，站房两端如舒展腾飞的造型，突显回族"拱建筑"的现代气息。多曲面异形结构采用三维施工测量技术，即利用测量仪器准备观测定位信息，通过计算获得待定点的空间三维坐标。现场施工前，通过全站仪对龙骨、各型号石材的位置进行定点预测，将测设的空间三维坐标 (x, y, z) 分解为两个平面坐标 (x, y) 和 (y, z)，先在站房的室内测设出平面坐标 (x, y)，然后在脚手架下方借助激光垂直仪测设出坐标 (y, z)。测设时根据幕墙的平面分割，以设计轴线为基准，将弧形曲面上的坐标按间距 750mm 等分，控制弧形曲面施工的测设精度。

6）龙骨安装

石材幕墙的弧形龙骨按照深化设计的图纸在专业加工厂进行弧形分段,每段长度控制在 1m 左右,并依据现场弧度进行适当调节。龙骨依照现场的定位控制线,依次从下而上进行现场拼装,先将竖向主龙骨通过连接件与主体预埋件相连,之后进行垂直度、间距检查,并做相应调整和固定,检查合格后安装横向水平次龙骨。次龙骨安装时按饰板规格和设计进行布置,同一层的横梁安装由下而上进行。安装后应及时进行检查、调整、固定,使其符合质量要求。

7）石材安装

曲面异形石材幕墙安装前按要求嵌入防火保温材料,然后按自上而下顺序进行安装。开孔机具孔位调试完成后将石材置于开孔机上开孔,先开石材两端的开槽孔,槽孔中心距板端 100mm,槽孔深 20mm,宽 20mm,然后在曲面石材面相应位置钻 ϕ10mm 孔,孔深 20mm,钻孔清干净后注入嵌固胶,将不锈钢膨胀螺栓一端插入孔中固定好,另一端挂好锚固件。嵌固胶达到强度后开始安装,安装时将石材孔槽和锚固件固定销对位,利用锚固件上的螺栓孔,调节曲面异形石材平整、垂直度及缝隙,调整对位后将石材固定牢固,然后将石材两端的不锈钢挂件两端固定,并且用嵌固胶将锚固件填堵,确保嵌固胶饱满。

石材幕墙挂贴施工完成后进行表面清洁,先清除缝隙中的灰尘,然后用密封胶填缝。填缝前先用 ϕ(10～15)mm 的泡沫塑料条填实板内侧,留 10～15mm 深缝,在缝两侧的石材面板上顺缝粘贴 10mm 宽塑料胶带,防止打胶嵌缝时污染板面,然后用打胶枪从上到下依次填满符合要求的耐候密封胶。

3. 实施效果

双曲面异形石材拼装将为这类建筑提供可靠的施工经验和参考依据,其安装施工技术工艺先进、合理,有效地解决了现场施工的诸多技术难点,产生了良好的社会及经济效益。

3.9　机电安装工程技术

3.9.1　地源热泵施工技术

1. 技术背景

随着铁路建设水平的提高,越来越多的大型旅客站房采用大跨度网架屋面及玻璃幕墙结构,这种结构散热面大,对空调系统要求高,采用传统分体式空调及集中中央空调系统虽然初期投资少,但运营成本高,而土壤源热泵空调系统具有更大的优势。新建太原南站应用土壤源热泵系统建筑面积为 183952m²，为铁路站房应用面积较大的工程。研究表明，地下土壤导热系数 10% 的偏差会造成地下埋管换热器的长度（或钻孔深度）4.5%～5.8% 的偏差，而钻孔深度直接影响地埋管换热器的换热效果及系统的运行费用与初期投资。因此，如何准确获取地下土壤热物性参数、完善地埋管换热井施工技术和换热井回灌技术是地源热泵技术中的关键问题。

2. 方案确定

太原南站中央空调冷热源采用城市热网与土壤源热泵相结合的方式，设备分别设置在出站层东、西两个空调机房（冷热源机房）内。土壤源热泵机组冬季提供负荷 3000kW，夏季提供负荷 5580kW。西站房夏季选用四台电力驱动的螺杆式土壤源热泵机组，东站房运行两台螺杆式土壤源热泵机组。冬季根据土壤换热器换热能力确定热泵机组制热量，不足部分由城市热网提供，选用两台水-水板式换热机组与五台热泵机组同时供热。

3. 方案实施

1）土壤热物性测试

为解决地埋管换热井与换热机组匹配困难的问题，保证土壤源系统的稳定性，通过合理选取具有代表本区域的测试点，进行土壤源热泵换热器埋设，然后利用土壤源热泵 CFP-DI-330 测试实验台，对各测试点的地源热泵换热器采集温度等信息，对获得的信息进行分析研究，获得该区域的土壤热物性测试结果，为土壤源热泵系统设计及施工提供技术参考数据（图 3-73）。

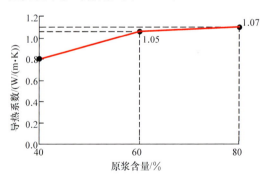

图 3-73　导热系数随原浆含量变化曲线

2）双 U 形地埋管换热井施工技术

通过地质数据采集确定合理的换热井数量、埋深、间距，选择换热井施工钻机、管材材质。根据地埋管换热量及太原地区地质条件，确定钻孔直径为 130mm，有效埋管深度为66m,即可满足地源热泵机组冬季提供负荷3000kW、夏季提供负荷5580kW的空调系统设计,不存在对铁路路基及建筑的沉降影响问题。选用XY-150型钻机即可满足换热井孔径及埋深要求。钻孔过程中同时配制好泥浆,泥浆掺加钠基膨润土,改善护壁泥浆质量,可以有效防止塌孔。钻杆每下进10m后需进行钻机本体水平度复核,当误差大于5%时,必须进行调整。换热井垂直度及深度是整个换热井施工的关键,在钻机本体纵横两个方向上选择两个固定平面,用水平尺和塞尺调整钻机水平,保证钻头垂直地面,钻机水平误差不大于5%(图3-74)。

图3-74　多台钻机同时钻井

3)双U形地埋管换热井回灌技术

换热井回灌是地埋管施工的重要环节,回灌质量直接影响换热井的换热效果。根据试验采用体积比为12.5%的水泥混合20%细沙、67.5%原浆进行配比。回灌采用灌浆管自孔底自下而上加压灌注,并多次补灌,确保钻孔灌浆密实,无空腔。回灌时依据灌浆池面积计算出回灌时灌浆池内回灌浆下降深度来确定是否达到回灌量。高换热性能回灌材料使双U形地埋管质量更容易控制。

4. 实施效果

土壤源热泵地埋管系统安装技术将试验研究分析与现场实践相结合,在试验的基础上选择高效材料,制定合理的施工方法,有效减少了换热孔数量与埋深,解决了换热器与换热机组匹配难、换热井施工造价高、工程量大的问题,这种试验与施工技术结合的安装方法将得到普遍应用,具有较好的发展前景。

3.9.2　热电冷三联供施工技术

1. 技术背景

铁路特大型站房冷热电负荷都很大,是耗能大户,探索适宜的暖通空调节能系统意义很大。采暖空调系统的节能可以从很多方面着手,其主机能耗所占比例很大,一般要占到50%以上,是挖掘节能潜力的主要环节。

近些年来国内外不断出现季节性高峰电荒的现象,除了用电量绝对值的不断攀升,电网的峰谷影响也日益严重,要让大电网完全满足峰值用电要求是不可能也是不合理的,也就是说不改变现有的供电模式,季节性高峰电荒的现象还会出现,一旦这种情况在铁路站房中出现,势必会对铁路运输造成很大的影响,因此铁路站房空调系统所用能源结构的可靠性是应该给予考虑的。

2. 方案确定

1) 系统概述

天然气冷热电三联供系统的模式有许多种,系统方案可选择范围很大,这主要取决于能源需求结构。该系统将发电和空调系统合为一个系统,集成和优化了多种设备,解决了建筑物电、冷、热等全部或部分需要,系统可实现能源的梯级利用和高效转换,克服了大型电厂余热无法远距离输送的弊病,也避免了远距离输电和分配损失,使得能源利用总效率提高,大幅度降低建筑能耗。

2) 系统原理

北京南站是特大型站房,具有面积大、空间高、对外开口多、客流相对稳定、峰谷差小等特点。经夏季和冬季各月典型日负荷变化曲线分析可知,最大冷热负荷分别为 12.5MW 和 12MW。

三联供系统通过燃气发电技术,一方面发电,另一方面回收余热,经过烟气冷吸收式冷温水机提供冷(热),实现了能源的梯级利用,明显提高了整个系统的一次能源利用率。三联供系统原理如图 3-75 所示。

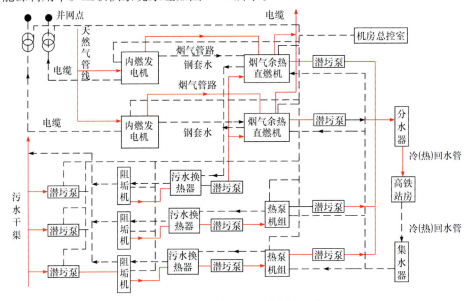

图 3-75　冷热电三联供+污水系统

3. 方案实施

1) 发电部分

用于北京南站三联供系统的发电机采用内燃机形式。内燃机的主要优点是发电效率高，对节能和经济运行十分有利；主要缺点是 NO_x 排放高。经综合比较并广泛征求各方专家意见，最终确定采用内燃机。

2) 余热利用部分

内燃机的余热主要有两部分：烟气余热和缸套水余热。烟气余热有两种利用方式。

发电机的高温排气进入余热锅炉（可带补燃），产生蒸汽，通过蒸汽吸收式制冷机，产生的冷热水可供空调或采暖使用。这种系统是典型系统，特别适用于有蒸汽需求的情况。

发电机的高温排气直接进入烟气型（可带补燃）溴化锂吸收式冷热水机组，产生的冷热水可供空调或采暖使用。这种系统是新型系统，中间省去了余热锅炉，使系统更加紧凑、简单，目前国内外有若干应用实例。

经综合比较，北京南站推荐采用直联烟气型溴化锂吸收式机组余热利用方式（图 3-76）。

图 3-76　溴化锂热泵机组

缸套水余热优先用于溶液除湿系统，剩余部分直接进入烟气热水型溴化锂吸收式冷温水机组，产生的冷热水可供空调或采暖使用。冬季将溴冷机利用后的尾气再利用，提取其中的潜热，进一步提高能源利用率。

3) 电力利用部分

一般电力的通用技术要求主要有容量限制、电压等级、电压范围、频率范围、谐波要求、功率因数、闪变、最大输出功率和直流电流输出、保护装置等，燃气轮机或内燃机所发电质量要完全满足上述要求，并与电网供电质量完全相同，可以供建筑内各种用电。目前国内一般采用孤岛或并网的运行方式，"并网不上网"是各地发展和改革委员会普遍支持的一种方式，也得到了电力部门的基本认可。北京南站工程采用的是并网形式,最优化地利用本系统。

4. 实施效果

热电冷三联供系统将发电和空调系统合为一个系统,集成和优化了多种设备,解决了建筑物电、冷、热等需要,系统可实现能源的梯级利用和高效转换,克服了大型电厂余热无法远距离输送的弊病,也避免了远距离输电和分配损失,使得能源利用总效率由发电 30%～40% 提高到 80% 以上,大幅度降低建筑能耗。

3.9.3　污水源热泵施工技术

1. 技术背景

污水源热泵是水源热泵的一种,利用城市原生污水冬季水温高于大气温度、夏季水温低于大气温度的特点,冬季从污水取热供暖,夏季排热制冷。污水源热泵系统与地下水源热泵相比,其优势是不需要打井,节省占地,不存在对地下水污染及回灌困难的问题,也不存在对铁路路基及建筑的沉降影响问题。北京南站是国内首座采用污水源热泵的铁路客站。

2. 方案确定

污水源热泵系统原理如图 3-77 所示,阻垢机工作原理如图 3-78 所示。

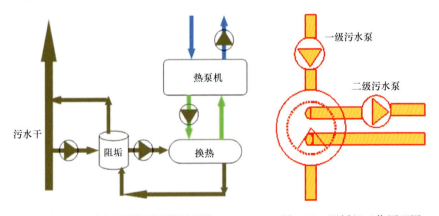

图 3-77　污水源热泵系统原理图　　　　图 3-78　阻垢机工作原理图

1) 污水处理部分

污水水质对污水源热泵装置的影响是一个特殊问题,解决好污水热泵中换热器表面污垢、阻塞、腐蚀等问题是污水源热泵供暖系统成功的关键。

2) 污水换热部分

污水换热器是污水源热泵系统的关键部位。充分利用污水中的热(冷)量是按照设计条件实现供冷供热的关键。一般情况下污水换热器内水质较差及换热温差较小,因此换热器体积较大,占地面积较多。污水换热器一般情况下因换热器壁面存在软垢,会影响换热效果,设计中应充分考虑换热效率。

3) 热泵机组部分

热泵机组与常规热泵机组相比基本相同,仅是污水热泵系统的蒸发及冷凝温度不同,热泵机组选型时应充分考虑污水源的实际换热工况,以满足热泵机组最大的制热性能系数(COP)值。另外,对于大型热泵机组,也可以考虑采用离心式热泵机组。工程采用 3500kW 离心热泵机组两台、890kW 螺杆热泵机组两台,如图 3-79 所示。

图 3-79　热泵机组

3. 方案实施

1) 污水用 PE 管道及管道附件的安装

因污水具有腐蚀性,设计的污水管道采用 PE 管,热熔连接。DN800mm 的总退水距地有 4m 多高,而热熔设备重量将近 1t,将管道就位后再在高空熔接安装非常困难,采用先将 DN800mm 的 PE 管在地面熔接完成后再整体提升安装的方案。

另外,由于 PE 污水管路上有许多压力表、温度计、传感器等附件,现场在 PE 管上直接开孔无法保证安装的质量。本工程采用了在安装管路附件的部位,使用耐腐蚀的不锈钢管代替 PE 管的方案,不锈钢管与 PE 管法兰对接,管路附件支座与不锈钢管采用焊接工艺。

2) 污水源参数的复核

污水水源温度对系统的换热效率影响很大,因此在施工之前要对设计文件中的污水参数进行复核,尤其是污水的流量和温度。应详细观测并记录污水的流量和温度,保证污水的流量与系统配套,避免出现污水断流而停机的现象。污水的温度若与设计温度不符,则应及时反馈给设计院,并修正相应设备容量及参数。

3) 设备调试

系统调试时应重点关注设备的运转调试情况,本系统工程中的设备主要有防阻机、污水换热器、热泵机组。防阻机应先进行 1～2h 单机试运转,其混水率应控制在 5％以内(图 3-80)。污水换热器管道连接完毕后先进行试压,无渗漏情况再连入整个系统。运行时污水走管程,清水走壳程,采用管内加隔板的措施将清水分为两回程,设备制造过程中应加强设备监制,以保证隔板的密封性,换热衰减系数应符合设计要求。热泵机组在启动之前先做点动测试,在电力、水流都正常后启动机组。

图 3-80　防阻机机组

4. 实施效果

北京南站污水源热泵系统经过调试,运行状况良好,各种工况均符合设计要求,达到节能节水、节约一次能源的目的,为污水源热泵的推广与应用起到了示范作用。

3.9.4　管线综合排布技术

1. 技术背景

兰州西站作为铁路特大型站房,对站房本身的功能要求非常高。其安装工程设计复杂,专业众多,水、暖、电等各专业管线密集,且管线截面较大。在设计阶段,设计师很难周密细致地将管道位置、标高等反映到图纸上,因此设计图纸不能够直接用于施工。为了充分合理地利用建筑空间,处理好各种管线之间的位置,满足施工规范规定、建筑装修需求以及铁路站房功能和运维要求，施工单位需重新进行综合管线布置。

2. 方案确定

在安装工程开始之前，利用 BIM 技术，在三维模型上对给排水、消防、暖通空调、强弱电等管线进行综合排布，绘制深化图如图 3-81 和图 3-82 所示，在保证控制标高的前提下，尽量抬高设备管线，将机电管线之间的碰撞减少到 0，同时将 BIM 模型进行二维平面、剖面图出图，将管线的标高、大小、坡度以及距离轴线的距离详细地表达在图纸上，各专业对比图纸进行实地现场勘察，经复核无误后，在满足美观性的前提下，将支吊架整齐划一，保证间距相同。

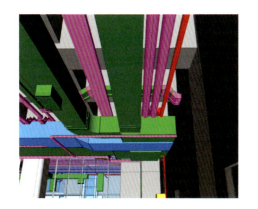 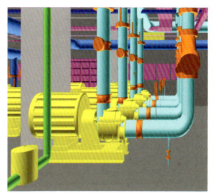

图 3-81　BIM 模型中管线综合排布　　　　图 3-82　BIM 模型中机房设备布置

3. 方案实施

1）建立各专业管线叠加图纸

将管线综合涉及各专业图纸进行 BIM 建模，将各专业图纸进行立体叠加，在同一空间进行各专业叠加后，找出管线碰撞点。

2）优化排布应遵循的原则

（1）优先选择一些管线作为 VIP 线路，以 VIP 线路为主导进行管线综合排布。选择时可将重量大、安装难度高、每米造价高的母线作为 VIP；在母线排布路径中，其他管线尽可能避让，保证母线的标高和平面位置不发生变化；母线敷设时尽量做到通直段，既降低了母线的安装难度，又加快了安装进度。

（2）设备管路平行分层布置时，电气桥架、封闭母线应位于易燃易爆气体管道和热力管道下方，其他管道上方；桥架和水管多层水平布置时，桥架应位于易燃易爆气体管道和热力管道的下方、水管上方。

（3）温度高的管线在上，无腐蚀介质管线在上，输气在上，输液在下，高中压在上，低压在下，经常检修在下。

（4）管线接头应避开大梁位置，同时考虑贴近吊顶，保证检修空间；管线交叉部位尽量调整标高平直通过，减少翻越。

（5）自动喷淋管道布设时，应保证自喷头与梁、风管等的有效间距，避免影响自喷头喷洒面积。

（6）施工难度小的避让施工难度大的，桥架布设应便于后期电缆敷设。

（7）综合排布时，应保证管线间或管线与结构间的距离要求、阀门在保温时对管道间距的要求。

3）支架制作、安装

根据管道的重量、管径、走向、空间布局选用合适的支架形式。管道下料采用切割机，用台钻钻螺栓孔，孔径为螺栓直径 2mm 支架；型钢切割面应打磨光滑，端部倒圆弧角，倒角半径为型钢端面边长的 1/3～1/2，支架拐角处应采用 45°拼接，拼接缝采用焊接，焊缝应饱满、打磨平滑。支架应先刷防锈漆两道，再刷灰色面漆两道，埋地支架埋入部分及地面以上 50mm（±1mm）内刷防锈漆两道后，再刷沥青防腐面漆两道。

支架宜优先采用预埋钢板焊接安装固定，预埋件与墙面交接处应处理干净；支架固定采用后置钢板膨胀螺栓时，螺栓距钢板边沿尺寸应为 25～30mm，螺栓根部应加垫片，外露支架的螺栓宜采用圆头螺帽收头。成排支架标高、形式、朝向应一致，支撑面应为平面。

4）形成优化管线综合布置图

在叠加图纸上同一区域将管线上下或左右平行移位，紧凑并拢后确定综合支架位置和形式，绘制综合支架详图。支吊架在符合间距要求的前提下，调整为横纵成线，小管径的中间加设支吊架。形成综合管线布置图及支架详图，进行设计单位确认。

5）按照综合管线布置图指导施工

依据综合管线布置图由施工单位统一管理，依据深化后图纸进行有序施工。

4. 实施效果

兰州西站采用 BIM 技术进行管线综合优化排布，有效消除管线碰撞，有效合理利用有限空间，使管线排布整齐，间距合理，层次清晰，支架形式符合要求，设置合理。支架安装牢固、平整，焊缝应饱满、平滑，油漆均匀、光亮，既提升整体视觉感官，又提高管线安装质量。

3.10　其 他 技 术

3.10.1　临近既有线安全防护技术

1. 平面防护

北戴河站改造工程包含新建站房、既有雨棚改扩建和新建高速车场雨棚三部分,既有京哈正线穿行既有雨棚,在既有雨棚改扩建施工期间,为保证北戴河站列车运行及施工人员的安全,在站内搭设 572m 正线刚性防护棚架,隔离施工区与列车运行区域,如图 3-83 所示。

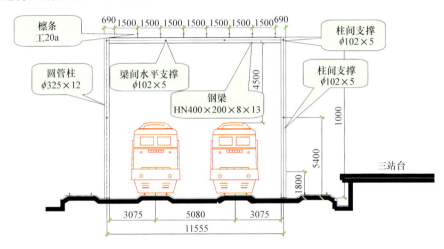

图 3-83　防护棚立面示意图(单位:mm)

2. 立面防护

1) 施工步骤

兰州西站工程跨既有兰新、陇海线,为确保站房施工不影响陇海、兰新线正常运营,在施工前,建设单位多次组织相关单位现场调查,采用拨接过渡方案,将既有线向南拨移,在轨道层顶板完成后,将既有线拨回设计位置。主要分为三步进行(图 3-84 和图 3-85)。

(1) 拆除既有编组场、出发场及场间联络线,将既有陇海、兰新线分步拨移至站房南侧,为南北站房同步施工提供条件。

(2) 在 K3+800~K5+300 段设置上下行过渡便线,东端在 K3+800 处与既有线相接,西端在 K5+300 处与改建兰新线正式线位相接,主要解决兰州西站西端进站前兰新第二双线、改建兰新线、动车走行线与既有线相互交叉干扰问题,为兰州西站开通创造条件。

图 3-84　施工过程图　　　　　　　图 3-85　施工过程图

(3) 在改建兰新线开通时在 K0＋850～K1＋470 段设置上下行过渡便线,便线东端在 K0＋850 处接入既有兰州西站客场东咽喉,西端在 K1＋470 处与改建兰新线正式线位相接,主要解决改建兰新线与既有线相接时的高差问题(新旧线在 K1＋200 处相接,高差达 5m)。本次过渡便线计划与兰州西站普速场同步开通投入使用,然后关闭既有兰州西站客场、开通普速场及改建兰新线。

2) 超高单面防护

兰州西站站房工程,南立面檐高 26.1m,长度 233.3m,结构外边缘距离兰新正线 5m。施工期间,需对运营线做好安全防护。考虑盘扣式脚手架具有承载能力较好、组拼形式灵活、杆件通用性强、搭设中无须扣件倒运等特征,采用盘扣式脚手架作为防护架。架体搭设高度为 28m,根据结构施工进度采取分段分区搭设。搭设前,将防护架地基夯实,并浇筑 100mm 厚混凝土。防护架与结构做可靠拉结,架体外侧满挂硬质防护网,防止杂物飞出影响运营线安全(图 3-86)。

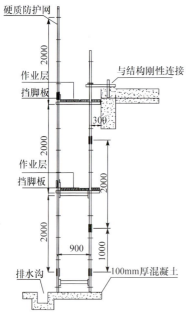

图 3-86　兰州西站运营线
防护示意图(单位:mm)

3.10.2　站台墙施工技术

1. 技术背景

随着中国高速铁路的发展,传统的片石砌体站台墙被钢筋混凝土站台墙所代替,全国各个大型车站为了适应客运专线的不断发展和新型客车的应用,推动列车服务人性化发展,1.25m 高站台墙成为站场建设的新标准。但在客站站台墙设计,对站台墙存在"非建物"的错误认知,易造成设计的缺陷;施工中由于施工精度控制不当,易造成站台墙侵限;运营后因线路拨道等也易造成侵限。兰州西站处于湿陷性黄土地基地区,更容易因地基遇水沉降引起站台墙的侵限。

2. 方案确定

对已经施工完成的站台墙,如果出现如沉降或侵限的主要工作是进行地基加固,现有经验表明采用高压旋喷桩处理,效果较好;对于新建站台墙,施工之前加强站台墙范围内的地基处理,如对过渡段采用级配碎石回填,提高承载力,可避免后期因不均匀下沉造成的侵限。兰州西站针对施工后的站台沉降问题,采用了高压旋喷桩处理方案。

3. 方案实施

1) 施工参数确定

高压旋喷桩地基处理的主要施工参数如表 3-4 所示。

表 3-4　施工参数

钻杆提升速度/(cm/min)	15～30	水泥用量/(kg/m)	≥210
钻杆旋转速度/(r/min)	20～22	喷嘴孔径/mm	2.5
喷浆流量/(L/min)	80～90	旋喷压力/MPa	20～30
施工配合比	水、水泥、速凝剂、膨胀剂掺入比例为 1：1：0.1：0.01		

2) 施工工艺

施工工序主要包括钻孔就位、钻孔、插管、旋喷作业、冲洗、移动机具、站台墙沉降处理等。

由于该工程站台墙结构和站台填土已经施工完成,靠轨道侧的墙趾增设 D1000mm 的高压水泥旋喷桩,纵向间距 1800mm,保证桩断面侧向进入站台墙底 450mm。考虑到线间路基土没有加固,在以后的使用过程中可能浸水沉降,从而影响站台墙下桩体也产生沉降,高压旋喷桩的桩端应进入卵石层 0.3m。旋喷桩采用 1：1 的水泥浆,注浆压力控制在 30MPa 以上,施工前先进行现场试验,满足设

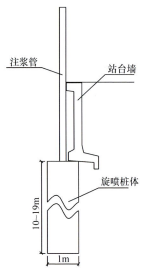

注浆管　　　　　站台墙

旋喷桩体

10~19m

1m

图 3-87　站台墙旋喷桩
加固剖面示意图

计要求后再施工(图 3-87)。

4. 实施效果

兰州西站站台墙在沉降后,结合现场实际采用高压旋喷桩地基处理加固方案,实施结果表明加固效果良好,站台墙加固后半年内未发现沉降问题。

3. 10. 3　站台面铺装技术

1. 技术背景

站台面铺装是整个站场装饰的重要组成部分,其质量会对整体装饰造成极大的影响,乃至影响整个客站的效果。对于站台面铺装过程中存在的一些问题,如站台曲线、楼扶梯附近的铺装以及站台井室石材的做法等,兰州西站站台面铺装结合工程建设要求,主要进行了细部节点控制性施工技术。

2. 方案确定

兰州西站站场两端位于曲线段,站台面铺装主要工作是站台曲线铺装细部控制。此外,楼扶梯存在坡面和平面交接区,需要进行铺装细部控制;站台面大量的井盖需要考虑行车的轮胎碾压和建筑效果,站台井盖石材的施工技术也尤为重要。因此,兰州西站将站台曲线铺装细部控制、楼扶梯处铺装细部控制和站台井盖石材施工技术作为站台面铺装的主要控制内容。

3. 方案实施

1) 站台曲线铺装细部控制

进行方案比选。

方案一:所有石材拼缝与站房轴线垂直,如图 3-88 所示。

该方案的特点是:较为美观、整齐,接缝与其他站台均能对齐;需要加工大量的异形石材,且石材之间尺寸均不相同,加工质量很难把控,加工好运至现场,需逐块编号,以避免施工时乱摆乱放,造成拼排错误,施工难度极大;由于曲率较大,天山红帽石、盲道等需逐块进行切割,但是切割后导致安全距离及盲道宽度不够,不能满足设计及规范要求,且盲道上盲道点凌乱,拼接不整齐。

方案二:中间花岗岩石材与站房轴线垂直,帽石盲道安全线与线路方向垂直,如图 3-89 所示。

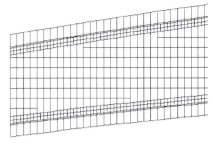

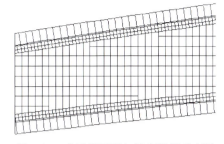

图 3-88　石材拼缝与站房轴线垂直图　　　　图 3-89　花岗岩石材与站房轴线垂直图

该步骤的特点是:由于拼缝的折线,在线型美观上不如方案一;天山红帽石及盲道砖不需要进行切割,这样不仅施工方便,而且满足设计及规范要求;只需加工855mm×598mm 标准石材及 1200mm×598mm 加长石材,施工时只需在已铺好的标准石材上弹好墨线,进行切除即可,施工方便,争取了工期时间。某站房采用方案二的实施效果如图 3-90 所示。

图 3-90　曲线段站台石材铺装

经过综合比选,兰州西站选择方案一为最终实施方案。

2)楼扶梯处铺装细部控制

除基本站台外,每个站台有出站楼扶梯、高架下站楼扶梯及垂直电梯,需要对该部位石材铺贴进行细部处理。其重难点在于手扶电梯及垂直电梯处,石材标高需控制为正负零,而原设计图纸为站台中间至两边为 1‰人字坡,形成扭面,影响美观效果。主要施工内容如下:

(1)通过拉长距离对站台坡度进行调整,减小视觉感官差异。从距楼扶梯(手扶梯踏板)18m 处开始,将 1‰坡度渐变为正负零,做好标高控制灰饼,灰饼间距为3m,用线绳将铺装面标高拉好,严格按照线绳标高进行铺装。

(2)由于楼扶梯所占位置,应对部分石材进行切割。对于大于 1/2 标准石材的,直接进行切割;对于小于 1/2 标准石材的,应进行特殊加工,加工尺寸为该石材与相邻标准石材合并后大小。

楼扶梯处铺装细部施工效果如图 3-91 和图 3-92 所示。

图 3-91　出站口楼扶梯　　　　　　　　图 3-92　高架下站楼扶梯

3) 站台井盖石材施工技术

新建兰州西站站台内设置大量雨水、污水和消防井等,进行地面铺装时,需加工和安装大量井盖石材。

(1) 关键问题。由于站台井室数量过多,且多为三联井、双联井,基本连成片,若采用传统方法(角铁边框＋石材),则整体凌乱、视觉感官差。基本站台长期行车,石材容易发生松动及损坏,井盖石材平整度难以控制,井口位置不规则,造成井盖石材繁多。

(2) 井口处理。由于井口位置不规则,为保证视觉效果美观及密贴牢固,需对其进行调整至两块标准石材范围内,采用 10mm 厚钢板进行井口平移及加固,如图 3-93 和图 3-94 所示。

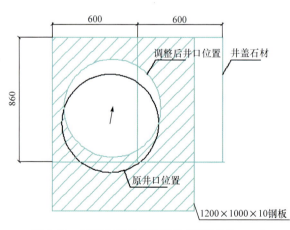

图 3-93　标准井室井口平移示意图(单位:mm)

(3) 井盖施工。采用 C20 细石混凝土作为找平层,混凝土找平层顶面标高距石材顶面为 6cm(基本站台 8cm),找平层在浇筑之前,应先将混凝土面打扫干净,在混凝土基础上刷水泥浆掺建筑胶一道,配合比为水泥：107 胶：水＝8：1：4(图 3-95)。

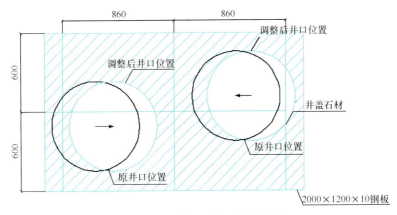

图 3-94　异型井室井口平移示意图（单位：mm）

图 3-95　细石混凝土找平示意图

经计算，井盖石材尺寸为 845mm×588mm×30mm（基本站台为 844mm× 588mm×50mm），材质采用复合材料，为标准石材与 5mm 厚镀锌钢板结合成的整体，镀锌钢板与石材采用金属胶进行粘贴牢固。

每块指定位置处，开 45mm×14mm 长孔，以便开启井盖方便。每块石材应刻相应井室名称，如消防井应刻"消防"，污水井应刻"污水"，字体采用黑体，刻字深度为 5mm，宽度为 8mm，大小为 200 号，除"消防"涂成红色起警示作用以外，其他均涂黑漆。采用叉车并满载石材在井盖石材上来回行走，所有石材破损率为零，此方案满足荷载要求，如图 3-96 所示。

图 3-96　隐框形式井盖石材

4. 实施效果

　　兰州西站站台铺装工程通过曲线铺装、楼扶梯处铺装和站台井盖石材施工等细部控制技术的实施,有效解决了曲线段站台、楼扶梯存在坡面、平面交接区和站台井盖施工中容易出现的质量与美观问题,实施效果良好。

参 考 文 献

蔡金墀,邹启泰.1995.北京西客站工程实施施工监理的做法和经验[J].建筑技术,11:698-699,705.

崔志杰,周国云,何丰宇.1995.北京西客站地铁车站的设计与施工[J].建筑技术,12:737-741,722.

郭振伟,郭丹丹.2013.铁路客站绿色施工评价体系构建方法研究[J].城市发展研究,5:5-8,16.

韩志伟.2005.新型铁路客站的设计与建设[J].铁道经济研究,6:20-22,25.

经来旺,雷成祥,郝朋伟,等.2014.超深矿井岩石巷道及井筒快速施工综合技术研究[M].武汉:武汉理工大学出版社.

梁敦维.2009.屋面工程施工技术[M].山西:山西科学技术出版社.

吕铭.2011.成都东客站西站房钢结构逆作换撑施工技术[J].施工技术,20:24-27.

缪长江.2014.机电安装工程[M].北京:中国建筑工业出版社.

宋继文.1996.北京西客站北站房主体结构工程施工组织总设计[J].施工技术,3:1-3.

孙钧.1999.市区基坑开挖施工的环境土工问题[J].地下空间,4:257-266,338.

孙凯,许振刚,刘庭金,等.2004.深基坑的施工监测及其数值模拟分析.岩石力学与工程学报,23(2):293-298.

唐兴荣.2012.高层建筑转换层结构设计与施工[M].北京:中国建筑工业出版社.

王宏.2015.大跨度钢结构施工技术[M].北京:中国建筑工业出版社.

王巍伟,唐小凡.2013.既有线施工安全防护措施分析[J].施工技术,42(s1):353-356.

吴永红.2012.哈尔滨西客站混凝土结构冬期施工技术[J].施工技术,10:14-17.

徐福江,盛平,柯长华.2009.逆作法施工对广州新客站主站房结构设计的影响[J].建筑结构,12:52-54.

张广平.2010.动荷载下钢筋接头直螺纹连接研究[J].铁道建筑技术,4:81-83.

张建华,邹琼.2013.铁路线路施工技术[M].北京:人民交通出版社.

张开臣,徐刚,钱英欣,等.2012.广州新客站主站房逆作法施工及预应力混凝土张拉全过程模拟分析[J].工业建筑,8:93-96.

周国云,何丰宇.1995.北京西客站预埋地铁车站综合施工技术[J].施工技术,4:33-36.

周诗伟.2001.深圳铁路新客站钢骨混凝土柱施工[J].铁道标准设计,9:43-44.

周顺华.2011.城市轨道交通结构设计与施工[M].北京:人民交通出版社.

竺维彬,鞠世健,史海欧.2007.广州地铁三号线盾地隧道工程施工技术研究[M].广州:暨南大学出版社.

第4章　铁路客站建设管理理论与实践

4.1　铁路客站建设管理中面临的主要困难和挑战

4.1.1　工期有限

制约铁路客站建设、影响工期的因素包括如下方面：

（1）地方政府需求。铁路客站是地标性建筑物，对一个地区国民经济和社会发展具有重要作用。铁路是国民经济大动脉、国家重要基础设施、大众化交通工具和民生工程，一个地区的铁路客站是最能显示这种特质的。出于这种特点，地方政府对铁路客站早日投用的期望很大。

（2）铁路新线引入。根据路网规划，区域性枢纽客站在承旧启新、盘活枢纽通道中的作用无法替代，这种作用、功能、地位的"唯一性"要求客站至少要与接入枢纽的新建铁路线路同步建设，以同时开通客站和枢纽线路。尤其是在长大隧道少、跨大江大河少的枢纽地区，客站结构物的形成时间有时甚至晚于新线建设，"线在前、站在后"的特质对客站建设工期也提出要求。

（3）在既有线位置新建客站。有的铁路客站在原位改、扩建，并实施配套线路工程改造。在这种情况下，对原本紧张的枢纽运输提出更紧的工期要求。客站活则枢纽活，枢纽活则全局（地区）活，客站工期是建设单位、铁路局关注的焦点，有时会影响一个区域的运输效能。

（4）批复滞后。从建设程序来看，在依法合规的建设理念下，有的客站因车场规模、方案调整未定，或因与地方政府对接的事项未能确定，导致批复滞后，而新线接入枢纽的时间已经确定，使客站建设时间显得更加紧张。

（5）其他原因。例如，客站规模和投资分摊的原则不能及时确定；客站方案和地方规划的衔接不够顺畅；征地拆迁不能按期完成；局部勘探遗漏及既有建筑物档案的缺失；地下构筑物和地质变化；市区限行影响弃渣、混凝土供应、原材料保供等因素。

4.1.2　交叉管理多

铁路客站建设涉及30多个专业。多个专业之间的交叉贯穿于建设过程中，建设单位协调解决交叉问题会耗费一定精力；每个专业内部还有工序衔接等交叉的事项。虽然同是一个专业、一家施工单位,但由于管理不善造成衔接不畅时,不仅影响本专业的推进,而且制约其他专业施工。最常见的交叉问题主要包括以下方面:

(1)施工参与方之间的交叉。除地方政府负责的广场外,铁路方负责的站房、车场、站台有多种施工单位的组合方式。不同的施工单位间,围绕实施性施工组织设计,或是面对工序影响、等待对方完成施工的时间,或是在同一空间内、在与对方单位工序交叉的状态下组织施工,或是对一些你中有我、我中有你的问题厘不清责任,都是管理的难点。一些施工单位内部,管理不善造成其分包方之间的责任交叉,也会影响施工组织。

(2)市政与客站的交叉。市政配套工程有时晚于铁路客站建设,在客站建设过程中按照同步建设、同步开通的总体目标,协调推进市政配套建设,或按市政配套工程的建设时序做好过渡和预留措施。由地方政府出资的出租车通道、城市通廊等市政设施多由铁路方代建,需要协调好代建方式、资金到位等事宜。

(3)施工工序之间的交叉。从站房基础到主体、装修、机电安装、客服设施,一条关键路线上前后工序之间的交叉、交接工作经常存在。对于不同的关键路线、不同的施工区域,在平行作业时,也存在分部、分项工程之间的交叉。

4.1.3 细节要求高

细节要求高体现在如下方面:

(1)深化设计中的细节。客站中常见的深化设计有:施工单位将施工图纸转化为可加工的详图和安装图,施工单位为了施工的可实施性而对原图纸进行的解释、分解,设计单位提供的图纸达不到直接施工的深度或节点选用不符合施工工艺而进行的二次设计。深化设计涉及的细节工作非常多,包括钢结构、幕墙、屋面、装饰装修、设备管道安装等。这些细节工作,不仅需要施工单位或具有资质的单位深化,而且需要原设计单位进行审查、签认、盖章,如果涉及变更,还要履行变更程序。对这些细节的管理,如得不到重视,容易产生质量隐患。

(2)协调工作的细节。铁路客站建设中的协调有其自身特点,从建设单位的定位和牵头做起,就要细之再细,如果对一些问题考虑不到、不全,会造成现场因责任不明确而扯皮、耽误工期。从进场后的大临场地、施工便道、安全通道,到施工过程中的界面划分、装饰装修、交付运营,全过程都处于协调状态。加上一些单位熟悉客站、车场的管理人员偏少,有限的协调力量不利于问题的及时解决。此外,各站情况不同,协调工作没有统一的标准,需要建设单位、项目管理机构因事而定,合理决策。建设过程中,与设备单位、行车单位、地方政府、厂矿企业之间要进行多方位对接。对客站参建单位内部与设计单位、施工单位、监理之间的协调,同样有大量的细节工作。

（3）专业技术的细节。相比铁路系统其他专业的施工,客站最明显的技术特点就是"细"。细部技术的处理和技术处理的细节,是建筑美学、结构物观感和实体质量、安全保障的前提,如土建部分的地基处理技术、过渡段处理技术、建桥合一结构的钢筋技术、站台墙施工技术、装修中各种幕墙连接细部的技术、客服中的动静态标志处理技术、安装中的 FAS 技术等。

（4）运营调试和验收的细节。中国铁路总公司 2013 年、2014 年的新要求明确了设备管理单位在新线建设房屋建设中的介入时间节点,以此为标志,设备单位提出大量的细部缺陷和问题,对这些问题的处理是确保客站建设质量的重要来源。在客站验收和消防等专项验收工作中,客运、公安、安监、环保等部门关注的细节,同样要花费一定精力处理。对这些问题最佳的处理方式是在施工过程中规范施作、一次成优。

（5）高新技术的细节。后期建设的铁路客站采用的一些新技术,是在前期成功经验的基础上,从设计阶段就确定方向后有针对性地专门研究,突破了以前的技术。这些突破性技术实施的前提、关键都是大量的工艺细节、技术细节的成功处理。

4.1.4　综合性的制约因素

制约因素包括如下方面:

（1）专业人员数量的制约。铁路客站专业化程度比较高,而现状是国内专业技术管理力量不足,专业技术人才缺乏。在铁路建设协调小组第四十七次会议上,中国铁路总公司原副总经理卢春房提出"各建设单位要加强站房建设的管理力量,通过引进专业管理人才或成立专业化项目管理机构,提高站房建设管理水平"。但无论是专门的站房管理机构还是区域性指挥部,站房专业的管理人员数量都还不够。施工单位方面,在之前大规模客站建设中,同样显示出专业技术人才缺乏的问题。从设备管理单位角度来看,站房维护单位的人员对大型现代化新型客站特点掌握得还不够全面,介入管理、运营维护的经验都还需要提高。

（2）自然条件的制约。国内各区域的不同地质、气候条件对客站建设质量、安全、工期均有影响。例如,各地区的降水影响,南方多雨季节、降雨天气下对施工配合比的精确控制是挑战,北方干旱少雨季节对大体积混凝土保湿工作提出了严格要求;低温、高温、多风区域,对钢结构、混凝土施工的影响同样明显,不仅仅是质量,也包括进度目标和施工单位的成本控制。

（3）征地拆迁的制约。铁路客站,尤其是枢纽地区大型客站往往位于市郊或市区中心,征拆、迁改制约工程建设。随着"客站位置进一步向市中心靠近"等新理念、新趋势,征拆、迁改的制约将更加明显。

（4）新技术的制约。运用 BIM 技术指导完善规划设计、建设管理、运维管理,是铁路客站发展的趋势。但在运用过程中,深度不够、建模滞后、熟练使用的人员少都制约着 BIM 技术功效在各阶段的充分发挥。在"四新"技术方面,也存在类似问题。

(5)过程调整的制约。建设过程中会出现一些新的优化方案和调整,对原工期目标、空间布局、装饰装修等带来影响,如商业开发工作。

4.1.5　市政配套工程开通不同步

"铁路在前、市政在后",是铁路客站与地方配套工程投入使用时间的常态现象,鲜有地方配套工程先于铁路客站投用。原因有两点:一是从客观上看,地方配套工程的规划、设计一般在铁路客站之后,前期工作时间有限,在严格的建设程序要求下,后期工作必须一步一步地推进,造成配套工程的进展与铁路方负责的进度不一致;二是由于资金等影响,要求必须采取过渡工程,搭设以通道、临时落客平台为主要标志的空间,配套工程晚于客站投入使用。

4.1.6　新难技术、设备、材料对施工的考验

近年来成功运用于铁路客站建设中的新技术有地基基础和地下空间技术、钢筋与预应力技术、钢结构技术、绿色施工技术、信息化应用技术等,且使用的新设备、新材料也逐步增多。每一项新技术对于建设各方都是一次挑战,需要得力的组织机构和专业技术攻关小组研究制订专项方案,紧密结合现场情况优化细部方案,据实做好施工准备,并以模拟施工等形式开展首件认可,做好工艺、材料、人员准备。确保新技术成功使用,确保新材料、新设备良好安装使用,需要参照同类先例,精细准确计算,设计应急预案。在这一过程中,对于参建各方的专业技术水平、组织管理水平、风险控制水平都带来考验。

4.1.7　铁路行业因素的影响

铁路行业因素的影响包含以下几方面:

(1)既有铁路的影响。新建铁路客站与既有铁路的交集有三种:原来的运营铁路切割客站主体,即在运营铁路位置新建铁路客站;紧临运营铁路新建客站;对原来的铁路客站进行改、扩建,有的还要将其与民用住宅合建成高层建筑物。在这些情况下,需要对运营铁路采取过渡措施,设置刚性安全防护、封闭措施。

(2)铁路线路拨接归位的影响。运营中的铁路线路与客站站房、站台施工的关系紧密,围绕运营线一次顺接至设计的永久位置,站房主体、车场、站台施工需要全面结合,从平面位置和纵断面都要有序衔接,并设置足够的安全措施,确保一次顺接到位。

(3)铁路各专业的特点。铁路客站与轨道、路基、通信、车场、信号、客服、机

电、给排水等专业全部有交集，在客站建设后期体现得极为明显，相互之间的配合尤其关键。加上一些专业的规范、标准更新较快，在客站建设后期、开通前的对接工作多，需要逐个研解，明确解决的办法。

（4）专用线的因素。新建枢纽地区的客站位置有的涉及大量厂矿企业的专用线。根据客站施组安排，在分区域、分时间停用这些岔线的过程中，建设方与产权单位的沟通协调工作量大。

4.1.8　高标准的要求

（1）超越的形势。借鉴既往铁路客站建设的成功经验，在后期新开工建设客站的标准、精细化管理中突破以往、建成精品，是客站建设的趋势。在质量、技术、理念超越的过程中，对建设各方的要求较高。

（2）试点的要求。新客站建设中，总公司、建设单位有时会对某一方面进行试点。对试点单元的管理，关系着试验目标的实现，加大了管理的难度，如兰州西站是全路 BIM 技术在客站建设领域的试点。

4.2　铁路客站建设管理体系、制度体系和运行管理模式

4.2.1　建设管理体系

1. 管理体系的发展阶段

新时期铁路客站项目建设管理体系经历了三个阶段：

第一阶段为规划和突破阶段（2003～2008 年）。以北京南站（集铁路、地铁、公交等多种交通方式于一体的大型综合交通枢纽）为载体，突破铁路客站项目建设管理瓶颈，明确了铁路客站项目建设的发展使命、目标、理念和原则，探索构架了适宜的铁路客站项目建设管理机构，研究制定了铁路客站项目建设管理的核心方法，积累了铁路客站项目建设管理经验，为铁路客站项目建设管理体系的建立奠定了基础。

第二阶段为总结和完善阶段（2009～2010 年）。从 2009 年开始，原铁道部开始对铁路客站项目建设管理经验全面总结，加强了铁路客站项目建设管理经验的提炼和理论研究工作，形成了铁路客站项目建设战略管理、项目集成管理、项目单元管理的理论知识模型，提升了铁路客站项目建设专有理论对实践的指导，建立了铁路客站项目三级组织管理模式，制定并逐步完善了相关制度，构建并完善了管理平台，大力推进了铁路客站项目标准化管理工作，使铁路客站项目建设管理体系日渐完善，为大规模建设奠定了坚实的管理基础。

第三阶段为深化和推进阶段（从 2011 年开始）。2011～2012 年，是中国铁路客站项目建设最为集中的时期。在这一阶段，铁路客站项目建设管理体系在各层面推广，同时在管理的信息化、工具化方面进一步细化，在管理的范围和程度方面进一步深化，更好地支撑着铁路客站项目的建设与发展。自 2013 年起，以兰州西站等为代表，在建设过程中处于借鉴和提升状态，即既可以借鉴前两个阶段中大量的设计、施工、维护经验，也需要在一些单项工作中提升效果，以更好地推进客站建设，完善建设管理体系。

2. 构建管理体系应坚持的原则

构建铁路客站项目建设管理体系必须坚持一些基本的原则，主要如下：

（1）价值性原则。管理体系的构建以提升铁路客站项目价值为出发点和落脚点，加强铁路客站项目全寿命周期的价值管理，这种价值充分体现在铁路客站项目决策阶段、实施阶段和运营维护各阶段，在实施阶段体现得尤其明显。例如，对兰州西站工期进行调整后，经过参建方努力得以实现，收到良好的社会效应，如表 4-1 所示。

表 4-1　兰州西站工期对比简表

项目	原设计情况	调整后情况	备注
工期时间	定额工期36个月，2013～2016年	调整后工期24个月	实际20个月完成，2014年年底交付使用
背景	方案阶段，南北站房分期依次建设	宝兰客专项目需与兰新客专配套开通	宝兰客专项目需与兰新客专配套开通
工程措施	先施工北站房，后施工南站房	兰新铁路外移过渡，南北站房同步建设	并行施工，间歇时间趋于零
社会价值	甘肃第一个高铁客站	确保与兰新高速铁路同步开通，提升兰州市城市品质	确保与兰新高速铁路同步开通，提升兰州市城市品质

（2）系统性原则。管理体系构建追求铁路客站的整体利益最优，既要统筹未来发展变化与要求，又要考虑现实条件和基础；既要顾及地方政府的要求，又要兼顾路局、项目管理机构以及各参建单位的组织特征；既要加强思想层面的引导和知识层面的指导，又要考虑操作层面的实施。例如，地下轨道交通工程的实施，要系统考虑站房本身的施工安排和地铁结构的施工计划，从结构、时间、管理、安全质量等方面综合分析，采取对应措施。

（3）层次性原则。管理体系是对铁路客站建设管理的整体描述，涵盖了铁路客站建设的各种规模和级别、各个阶段和领域、众多组织和层面，既要在内容构成上划分层次性，又要在形式表现上体现层次性。建设过程中的管理体系，要从建设单位、施工单位项目部、架子队、工班等层面,分别建立激励约束机制,每一层的管理导向、管理措施、管理绩效、管理方式,都要符合对应的施工组织要求和结构物各单元的质量、安全要求。通过层层分配管理责任,构建起对"六位一体"整体的有效管控体系。例如,对于技术交底一项,设计单位、建设单位、施工单位、监理单位分别有不同的要求,既要按照传统的规范要求去落实,又需要采取图像交底、签字交底、现场跟班交底等新的方式。

（4）独特性原则。铁路客站是一个涉及 30 多个专业的复杂系统,同时涉及城市规划、综合交通体系、市政工程、城市轨道交通等多个领域,其建设管理无论是在内容上、还是在边界条件上,都有别于铁路线路本线建设和传统的铁路客站建设,在管理体系的规划、实施、完善和推进等方面都表现出自身的独特属性。例如,武汉站的难点是大跨钢结构,兰州西站的难点是既有线干扰和工期紧张,虹桥站的难点是多种交通方式无缝衔接的要求高等。除了对客站通用的各种管理技术借鉴,针对每一个站的不同特点,需要建立风格不同、措施不同的管理体系,才能激励参建各方围绕目标共同发力,推进建设。

（5）持续改进原则。管理体系的构建与发展,不仅在时间上有循序渐进性,而且在内容与范围上也存在循序渐进性,遵循戴明环（PDCA）动态循环的持续改进。例如,兰州西站的钢材用量较大,在涉及钢结构施工的 4 个月中,在施工工艺从粗到精的过程中,及时发现问题并持续改进。

3. 管理体系构建的基础

铁路客站项目建设管理体系的构建,既需要结合实际,也要从一些管理理论的深度有针对性地建立好。以往的铁路客站建设,基本都纳入铁路干线统一管理,并没有作为一项独立工程来管理,由于专业化的特质体现不明显,客站建设管理经验的积累和总结不足,管理能力基础比较薄弱。现有的各种先进管理理论知识通用性较强,缺乏对铁路客站这一特定对象的适用性研究。铁路客站建设管理体系是在借鉴铁路干线建设管理经验和通用管理理论知识的基础上,由 2003 年以来建设实践、有针对性的总结研究和各种先进技术等综合组成。

建设过程中管理体系构建的基础主要包括 5 个方面:①基本的管理理论,如预测、计划、调整、控制等管理要素在铁路客站中的意义研究;②铁路客站作为特定公共建筑物,以此作为研究管理体系确定的参照;③高新技术的难度,如大跨钢结构、大体积混凝土、深大基坑等,以此作为确定管理体系中对关键技术控制的重点研究对象;④现实安全的需要,对建设过程中的人、机、料和环境影响进行不同方式的模拟,并纳入数值仿真等技术,以此为依据,确定管理体系中的先进技术采用的原则;⑤基于时间因素的考虑,对铁路客站工期紧张的特性进行综合分析,研究对"工期有限"问题的破解策略,进而形成常用的管理办法。

4. 铁路客站建设管理体系的常态表现形式

通过对铁路客站建设过程中的管理工作系统分析、总结，逐步构建并完善了建设管理体系。无论客站的区位环境、制约因素、时间因素等如何，基本可以将管理体系概括为"一个体系、三个子系统、九大模块"，如图 4-1 所示。

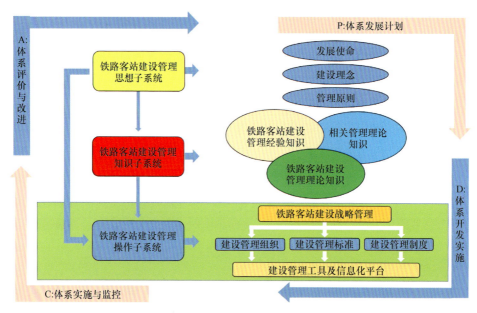

图 4-1　铁路客站项目建设管理体系框架模型

一个体系，即将铁路客站站房、车场、站台与地方配套工程作为一个整体来规划和考虑，形成一体化管理的思路，形成实施一体化管理的顶层设计，并形成体系。

铁路客站建设管理体系由相互关联、相互支持的三个子系统构成，三个子系统即思想子系统、知识子系统和操作子系统。其中，思想子系统的特点是，要在客站"从图到用"的过程中将先进的管理思想演化为实用的管理理念，如兰州西站建设过程中的网格化管理；知识子系统，即要根据各个客站所采用的高新技术，对应地做好超前研究分析、针对性的实例研讨等工作，把先进的科学技术知识理论运用于客站建设中；操作子系统，即采用的一切管理方法和手段都要本着实用、见效的特点来思考、建立，确保在客站建设管理中既能简而易用又能科学指导，如虹桥站、兰州西站建设中采用的"网格化"管理手段。

九大模块是指铁路客站建设过程中管理体系的 9 个功能模块，即管理思想模块、管理经验模块、管理理论知识模块、专有管理理论模块、战略管理模块、组织管理模块、管理标准模块、管理制度模块和管理工具模块。这 9 个方面的内容能否有效融入管理体系，是决定客站建设管理目标能否实现的重要因素。

4.2.2　制度体系

在铁路客站建设步伐逐渐加快的形势下,已经建成的客站反映出管理水平参差不齐,如有的客站较好地实现了"六位一体"目标,维护工作也较好组织;有的则为盲目追赶进度,导致成本控制效果不佳等。因此,相关部门在铁路客站项目管理领域推行"管理制度规范化、工地建设规范化、实体工程规范化"的规范化管理理念与方法,其首要任务是建立一套目标明确、结构合理、运行有效的规范化管理制度体系。

1. 规范化管理制度体系的构建

规范化管理制度体系是通过对现有的管理制度进行内容重组和流程再造,保障组织管理制度化、现场管理规范化、目标管理集成化、文档管理格式化及过程管理信息化,使得具体、明确的量化标准渗透到客站建设管理的各个阶段、各个环节,提升管理专业化水平,降低项目管理成本,提升管理绩效。以某大型站房的规范化管理制度体系为例,其包括业主管理制度、协同管理制度、奖励管理制度和目标管理制度等一系列规章制度和办法,如表 4-2 所示。

表 4-2　某大型站房的规范化管理制度体系

制度分类	管理办法分类
业主管理制度	项目公司管理职责
	监、管、控实施办法
	建设监理管理办法
	建设设计代表管理办法
协同管理制度	投资方合作管理沟通制度
	建设工作联系单管理办法
	建设会议制度
奖励管理制度	优质优价、优监优酬管理办法
	建设风险管理办法
	建设廉政管理办法
目标管理制度	建设工程质量管理办法
	建设工程投资管理办法
	建设安全管理办法
	建设工程物资管理办法
	建设环境保护管理办法
	建设合同管理办法
	建设风险管理办法
	建设廉政管理办法

2. 规范化管理制度体系的运行机制

当前的大型客站项目不乏各类相关管理制度,构建规范化管理制度体系是提升建设管理效率的首要前提,但要解决制度体系运行及协调不畅的问题,要在制度体系基础上建立起驱动其运行的长效、良性机制。

(1) 协同机制。协同机制是要协同、调整建设管理系统与外部环境之间、系统内部纵横向之间的各种关系,使之分工合作、权责清晰、相互配合,有效地实现建设目标。例如,客站广场与站房主体之间的结合工作,需协调客站施工、设计单位与地方对接。

(2) 合作机制。合作机制是建设参与方在充分考虑各自权利、利益的基础上,履行各自职责,从而实现大型客站项目共同目标的一种组织模式。主要是业主与各参与方在相互信任、资源共享的基础上达成一种短期或长期的约定,并搭建组织平台,及时沟通信息,妥善处理争议,共同解决建设项目实施过程中出现的问题,共同分担项目风险和有关费用,保证各参与方目标和利益的实现。例如,在客站常见Ⅱ类变更设计的处理中,按照合同,有一部分费用由建设单位负责。

(3) 激励机制。激励机制是要在制度标准制定和设计的基础上引导各参建单位达到自身目标的同时,为实现客站项目的整体目标而积极协同工作,实现个体利益与整体利益的一致取向。激励机制运行模式主要包括两个层面:第一个层面是对业主单位内部管理人员的激励,业主单位(激励制度的制定者)在预测内部成员需求层次的基础上进行第一次激励,形成首次动力,促进成员之间的合作行为;第二个层面是业主单位对各参建单位的激励,业主应根据不同参建单位的特点,对比完成的工作绩效来调整激励策略。激励机制运行模式主要存在需求层次了解和工作绩效考核两个核心环节。兰州西站在建设攻坚阶段,参建单位开展了多种劳动竞赛活动。

(4) 约束机制。约束的实质可以理解为反向激励,防范大型客站建设过程中的消极怠工和机会主义,运用法律、制度、道德等行为准则抑制各参建单位对子目标的过度追求。规范化管理制度体系的约束机制包括外部约束机制和内部约束机制;外部约束机制以控制和监督为主,包括建设行业法律、法规的约束,相关部门的监督约束;内部约束机制是各参建单位签订的合同、规章制度的约束。

4.2.3　运行管理模式

在铁路客站建设管理体系、制度体系分别建立的同时,支撑体系运转的管理架构模式也成为客站"六位一体"目标实现的关键。国内不同客站建设过程中的成功案例证明,管理架构的组建方式、管理特点对客站"从图到用"过程中的作用巨大,尤其是在客站建设质量、过程安全控制、进度目标控制、综合目标保证等方面,甚至是其决定性因素。

1. 建设单位

(1)第一种管理模式,是将铁路局作为建设单位。这种模式的优点是储备了一批铁路客站建设管理人才,对各专业间的协调工作较为有利,对于在既有线原位改扩建客站施工时,统一协调的效果更好。

(2)第二种管理模式,是将铁路总公司管铁路公司作为建设单位。这种模式的优点是对总公司管新线接入与客站建设时序能总体把握;缺点是大量的专业协调难题多,协调中的工作量大。

2. 项目管理机构

(1)第一种管理模式,是设置专门的客站管理机构组织建设。这种模式的优点是专业化特点明显,由于负责施组、质量、安全控制等核心岗位的人员多从事过房屋管理或建设,铁路客站建设管理的经验较为充足,对一些质量、安全、工期中的疑难问题能集中精力在短时间内解决,对质量安全惯性问题的防范较为到位。同时,这种模式还可以从专业化的角度为建设单位、铁路客站建设培养和储备建设管理人才。这种模式的缺点是,与客站以外专业、客站以外区域的协调工作量大,在枢纽地区体现得尤其明显。

这种模式对人员的配备一般以精为主。从项目管理机构的组成来看,对副职可以按站房专业、对外协调来考虑;对各个部门,除施工组织推进、质量管理控制、安全管理控制等三类全部由房建专业人员组成外,对财务、综合、物资、计量、统计等工作岗位,均可考虑综合性的搭配组成。

(2)第二种管理模式,是由综合性指挥部组织客站建设,即将客站建设交由综合性指挥部组织实施,这种指挥部除管理客站外,兼管其他新线建设等工程项目。这种模式的优点是将客站作为一个单位工程,即管理体系中的一个子项来考虑,对于客站建设过程中对外协调、大量的专业交叉等难题,可以由指挥部统一考虑解决,为客站快速组织推进创造良好的条件。这种模式的缺点是专业化程度不够。例如,项目管理机构的部门人员组成中,中层干部中有客站工作经历的人员较少,多为部门其他人员专管客站建设或以客站建设为主,通信、信号、客服等专业的人员则更为紧张,不利于一些问题的快速解决。

(3)第三种管理模式,是由区域性指挥部组织客站建设。根据铁路总公司专业化管理的趋势,将在一些大地区成立区域性指挥部,将客站建设交由区域性的管理机构统一组织。这种模式的优、缺点同第二种管理模式。

3. 施工单位

（1）平行承包模式，即站房、车场、站台由不同的施工单位施工。这种模式的优点是赋予施工单位组织施工、提高效率的极大空间，施工单位可将一些较小的协调工作在内部消化解决，易于对关键路线控制，如对不同关键路线间发生碰撞，可通过管理措施解决。这种模式的缺点是项目部、工区人员配备不精、不强，由于专业过多导致管而不精。

（2）施工总承包模式，即由一家施工单位施工，多在中小型客站中体现。

4. 监理单位

独立监理模式是指由一个监理单位负责客站工程监理工作。

现场情况反映出客站建设中的监理工作体现出了四个方面的共性问题：①人员不够，即从事过客站建设的监理人员、具备专业监理资质的监理工程师数量较少；②流动性大，不利于监理工作的前后衔接和对突出问题的有效盯控解决；③站后专业人员紧张，涉及客服、四电等专业的监理人员数量少；④主动提示防范方面的作用发挥不好，主要由总监理工程师的管理理念、见识水平和责任意识不高导致。

5. 设计单位

目前有两种设计单位的架构模式。

（1）车场、站房、地方市政配套工程分别由一家单位设计，即至少三个设计单位，多为专业化设计单位。这种模式多体现在枢纽地区大型客站中。其缺点是，对交集部分的设计工作考虑不全面，而目前业界尚未有明确的责任划分，多为建设单位、项目管理机构在实施中进行动态协调。例如，雨棚基础部分的过渡段处理工艺，纵断面上的界面划分不明确，处理方式不明确，往往易造成雨季的下沉。在这种模式下，各个设计单位的总体负责人作用发挥非常关键，但有的负责人受制于工作经历和专业，对结合部的处理不够及时。

（2）在一些中小型客站中，站房、车场、站台等均由一家单位负责设计，多为综合性设计单位。这种模式的优点是设计能够统筹考虑，从源头上减少责任的交集，利于客站质量控制。

从长远来看，第二种模式即由一家单位负责设计工作，应是发展的趋势，应着力培养这种有一定设计广度、见识水平、专业深度、设计经验的专业化设计机构。

4.3　铁路客站建设过程中的管理理论和方法运用

　　一座好的铁路客站,既是规划设计出来的,更是管理出来的。围绕"六位一体"目标和铁路客站的行业特质、建筑属性,建设过程中管理的重点工作是对进度、质量、安全和参建单位的管理,并系统考虑"一体化管理"。而对每一个方面都有大量可以利用的管理理论指导实践,并融入管理创新过程中,这点在虹桥站、兰州西站等建设过程中体现较多。

4.3.1　进度控制

1. 影响进度的主要因素

　　影响进度的主要因素有人为因素、技术因素、材料和设备因素、机具因素、地基因素、资金因素、气候因素、环境因素、外部条件因素等 9 种。分析客站建设成功案例和典型问题,人为因素是其中最主要的干扰因素。

　　无论是对其他影响因素的成功破解,还是人员自身潜能的挖掘,主要是对人为因素做了大量文章。在铁路客站建设中,人为因素的主要不足表现如下:对客站的特点与实现的条件认识不清,如过低地估计了客站施工中的技术困难,没有考虑设计与施工中遇到的问题;低估了多个单位参加客站建设中的协调难度;对建设条件事先未搞清楚,对客站供水、供电问题不清楚;对于施工物资的供应安排不清楚;客站建设各方的工作失误,设计单位工作拖拉,业主不能及时、合理地决策,施工单位对分包单位的选择把关不严等。

2. 进度控制的方法

　　进度是指工程项目实施结果的进展情况,以项目任务的完成来表达。施工进度控制是指对工程项目进展过程中的工作内容、工作程序、持续时间和衔接关系计划编制,并通过采取组织措施、技术措施、合同措施、经济措施和信息措施等来落实具体进度计划,对出现的偏差采取补救措施或调整、修改原计划,直至工程竣工、交付使用。进度控制的最终目的是确定项目进展的目标实现。有专家认为可以从四个方面考虑进度控制情况。

　　(1) 德尔菲(Delphi)专家评议法,即请有实践经验的工程专家对持续时间进行估计,根据正常施工速度来确定正常工期,作为施工进度控制的总目标。在铁路客站中,德尔菲法是一种常态使用的办法,如在建设兰州西站过程中,从前至后,每个月都聘请有经验的专家进行工期风险评估。

　　(2) 以正常工期为基准,通过工期成本优化来确定最优工期作为进度控制的总目标。

（3）采用蒙特卡罗模拟法，即采用仿真技术对工期状况进行模拟。在铁路客站建设中，通过数值仿真技术、BIM 技术的运用，对分部、分项工程的进度进行有效的预判和分析。

（4）采用三种时间估计的办法，即对一种活动的持续时间进行分析，得出最乐观的（一切顺利的）值 od、最悲观的（一切不利因素都有可能发生）的值 pd 以及最大可能的值 hd。在这种分析状态下，持续时间 md＝（od＋pd＋4hd）/6。在铁路客站建设中，重点是通过对既有铁路、征拆、结合部等问题的分析，将 pd 值科学判定，在此基础上通过优化施工方案、加强平行流水作业格局的管理，进而控制总工期。

基于这四种控制方法，我国铁路客站进度控制的良好效果在多个项目中得到体现，运用的较好典型是在这四种方法基础上对客站进度计划的科学编制、动态管理。

进度控制的重点工作，除了过程中对动态控制原理、方法优化原理、组织调控原理的运用，还必须要制订一个科学合理的施工进度计划。编制工程进度计划是客站进度控制的重要阶段，它在整个客站建设中起到承上启下的作用，对于成本控制、进度分析等都具有重要的作用，必须依据客站总计划、总目标制订详细的计划。客站总工期由各分部工程、分项工程的进度目标组合而成，尤其是对关键路线上的关键环节控制，对总工期的影响非常大，各个分部、分项工程之间具有强烈的关联性（除平行作业），因此，在客站总工期制定时，要根据既有线、征拆、配套工程情况、交叉部分的处理措施等情况定出多种方案，而后进行分析，确定最终的工期方案。在实际建设过程中，客站的建设受多种因素干扰，原定的工期方案不可能一成不变，因此，要随着环境和条件的变化而不断修改与调整，使建筑工程进度控制中常用的目的性原则、系统性原则、经济性原则、动态性原则、相关性原则和职能性原则都得到体现。例如，在兰州西站建设过程中，每个月都对工期进行综合性分析，先后针对南北两站房的进展情况，兰新铁路影响程度，原机务、车辆段搬迁情况，地下管线迁移进展情况，以及兰州地铁施工方案优化情况等进行综合分析，适时调整了总工期。

在编制客站施工进度计划时，重点在于对计划进度形式的选择。常用的客站进度计划有横道计划和网络计划两种。这两种形式对客站建设都具有很好的作用。网络计划的主要特点是各子项目之间的逻辑关系清楚。横道计划的优点是分部工程、分项工程的占用时间很清晰。根据客站建设经验，大多选用网络计划，主要原因是这种计划形式可以很好地反映出关键路线，根据它们的相互关系来机动地调整非关键路线上的时差，建立信息模型，利于现场组织实施。

在施工进度计划的编制中，需要做足准备工作，确定网络计划目标，开展调查研究，设计、策划好施工方案；在绘制网络图阶段，需要对客站进行分解，分析分部工程、分项工程之间的逻辑关系,绘制网络图;在时间参数分析、确定关键路线方面,要采用对比方法,对最不利情况下的持续工作时间和其他时间深度分析后,确定最终的关键路线。常见的客站关键路线主要是基础—主体—装修,而对每一个分部工程背后的干扰因素,要做最全面细致的考虑;在编制可行网络计划方面,要做好检查与调整工作,并进行阶段性优化调整;在客站建设结束后,还要对施工进度计划进行系统的总结分析,作为工程总结的重要内容。

3. 客站进度控制的措施

基于前述进度控制的理论,铁路客站工期目标实现的关键在于要以人员主观能动性的发挥作为主线,综合运用德尔菲法等方法编制出科学合理的工期进度计划,将 9 种影响因素的干扰降到最低。进度控制可采取的措施包括以下几种。

1) 对施工组织设计的系统管理

(1) 合理确定时间。客站工期来源于批复,批复来源于大量现场调研后的研究比选。建设单位在这一过程中,可根据当地综合情况,据实向批复单位提出建议。在批复后,编排指导性施工组织设计时,为确定合理的站房工期,应综合运营方、施工方、监理方、设计方和专家组意见,对气候条件、既有铁路、市政管线、特殊结构、关键工艺指标时间等系统分析,以前紧后松、适度超前的原则确定最终的站房工期,系统考虑配套的机械、人力资源支持。例如,兰州西站工期由 36 个月调整为 24 个月的过程中,就进行了综合性的深入分析,将 24 个月内的分部工程、分项工程所需时间逐项测算。

(2) 合理优化时间。第一,基于客站总工期的动态分析。结合年度施组编排工作,对总工期合理测算,排定新的关键路线和工期时间节点。以此为基础,对各分部、分项工程工期合理排定,这是进度管理的"纲"。第二,基于责任交集的动态调整。设计、施工单位之间的责任界面划分不清造成工期滞后,项目管理机构组织厘清责任后,需要对工期重新调整优化,对于损失部分制定赶工措施。例如,客站建设期间的雨污排水影响车场后,需要从细分析、据实制定措施。第三,基于重要单元和设备的动态调整。深大基坑开挖、地下连续墙、特殊结构屋面、钢结构安装等单元,耗费时间长、影响因素多,直接决定客站总工期。对这些重要单元和一些重要设备,不定期测算目标兑现情况,制定应对措施。第四,基于外部条件的动态分析。施工便道、立交通道、城郊弃渣距离、环保要求、岔线停用时间等,直接影响施工组织效率,需要在深入分析的基础上制定应对措施。第五,基于现场推进情况的分析。现场进度有时受突发情况影响,造成原定工期滞后,需要采取有针对性的措施。

(3) 维持总体时间。维持原定时间长度、通过微调实现工期目标是客站工期管理的理想状态,即关键路线的总长度不延长,对关键路线上的各段落、各专业的时间通过微小调整实现目标。这一过程中，各专业、各段落的目标措施发挥着重要作用。例如，因地质变化造成桩基础个别段落滞后的，装饰装修时因工序、设备安装等造成个别段落滞后的，均是后期补欠赶工的重点。

2）对关键路线的分析、控制

（1）选定关键路线。不同于铁路线路本线建设点多线长的特点，铁路客站在有限的空间内组织施工，且专业性极强，加上近年来大型客站建设管理中的成熟经验支持，对关键路线极易选定。通过对桩基础、承台、框架柱、梁板、钢结构加工吊装、装饰装修和设备安装、客服系统等分部、分项工程中不可压缩的技术时间分析，并排定征地拆迁、管线迁移、机械材料支持、既有铁路转线、城市轨道交通工程等管理工作的预计时间，在协调、管理工作的同等条件下，从结构物工序所需时间方面排定最长的时间段是"基础—主体—装修"。物资设备材料等资源的选定和施工方法的确定也需要严格服务这个时间段。

（2）关键路线的变化调整。由于枢纽地区特大型铁路客站的位置特殊，潜在的影响因素多，加上城市轨道交通工程施工方法、各方对接工作进展不一，往往会造成原关键路线的变化。项目管理机构需专门研究分析，即除工序、工艺、安装的技术时间控制，应根据管理情况不同，对关键路线至少一个月分析一次，以确定梳理新的关键路线，并采取应对措施。常见的影响因素有既有铁路转线、拨移的时间，城市轨道交通工程施工、建设对接协调进展，疑难征拆迁移，新出现的地下管网设备处理等。

（3）控制关键路线。分析国内典型铁路客站建设管理过程，对关键路线的管理是建设各方开展工作的主要突破点，采取的基本方法是管理工作"预测、计划、执行、调整、考核、评价"的闭环过程。例如，在兰州西站建设过程中，采用了网格化管理、激励机制、精益建造等理念和方法。

3）创造有效的施工时间和空间

（1）要为工序施工创造有利条件。从建、构筑物的组成分析，检验批是最小组成单元。铁路客站进度管理的最终工作是对所有检验批时间的控制，包括准备工作时间、不受干扰的施作空间、报检整改过程的效率等。例如，最常见的、耗费一定时间的检验批，模板支立、钢筋绑扎、一定范围内的装修等，经常受到其他因素干扰。在这一过程中，施工单位内部控制了大部分施工过程，但在一些交叉部位，为检验批创造时间、空间，是项目管理机构控制的重点。

（2）发挥段落指挥部的协调优势。在综合性指挥部或区域化指挥部，一般在客站工地设立段落指挥部，除征拆、迁移工作外，重点是要处理现场的结合部问题，施工需要的时间、空间就是协调的重点。例如，在兰州西站建设中，对于南站房基坑开挖与临近的兰新铁路上行线关系的确定，经过项目管理机构 6 次调查、确定后，才将开挖工作控制在既定目标内，为桩基础施工创造了条件。

（3）设定分部、分项工程的时间。为检验批创造工作条件后，促进结构物中最小组成单元的按时完成，使分项、分部工程的施工组织水平成为进度管理的重点。

4）问题导向制订解决方案

（1）科学梳理问题。问题暴露得早、解决得早，更易于进度控制。项目管理机构应鼓励现场暴露问题，预测可能发生的冷门问题，及早有针对性地研究分析。例如，兰州西站建设中，每周都召开专门的现场协调会，组织参建各方分析存在的问题，预测可能发生的问题，制定具体的对应策略。对于主动防范问题的单位，还以"大拇指"等方式进行奖励。梳理国内大型铁路客站建设过程中影响工程进展的问题，主要有 5 类：外部因素制约，如征地拆迁、管线迁移、轨道交通有关事项；施工组织水平，如机械、人力安排不合理；工序衔接，如站房施工单位给装饰装修提供工作面的时间问题、场地交接不及时等；设计工作深度，如雨棚过渡区路基回填的单位、处理方式，多家设计单位均未明确；物资设备供应。

（2）分析问题链和责任链。对每一个问题，都要查明问题的源头、有可能造成的其他问题，形成一个完整的问题链，并明确责任，形成责任链，逐一督促解决。例如，施工组织水平方面，问题原因往往包含项目经理的重视程度、项目总工组织排定计划的合理性、架子队管理水平、机械到位情况、特殊季节对应措施等方面。对此，兰州西站明确了"5—7—10"责任盯控法，即针对分析清的问题链，凡分部工程滞后 5 天的，项目管理机构专业工程师驻现场盯控协调；凡滞后一周的，工程部长或副部长驻现场协调；凡滞后 10 天及以上的，主管客站的副职驻现场盯控协调。

5）以服务理念做好全过程管理

（1）前期工作中的服务，即建设单位在可研、初设批复前后，对工期、费用、结构等客站建设和管理的重点单元应主动开展踏勘、研究等工作，尤其是对赶工措施、特殊气候等的影响综合分析，积极、及时提出建议。这是超前、深度的服务。

（2）对外协调工作中的服务，主要体现为征地拆迁、管线迁移、城市轨道交通等市政配套项目影响等。在兰州西站建设中，项目管理机构在对外协调中实施"一把手"工程，即指挥长亲自过问协调，帮助解决难题，并成立了专门的征拆部门。在兰州铁路局的支持下，经与地方政府对接沟通，将原兰西编组站周边铁路用地的征拆由地方政府委托铁路方实施，在反委托的模式下，铁路局组织力量集中突破，在 1 个月内完成了所有征拆，这种服务的力度、效果极佳。

（3）行业内的服务，以涉及既有铁路运营方面的服务最为典型，如临近营业线施工计划、方案、设备监管单位协调、安全协议和天窗点内的施工盯控，以及之前的方案、协议、计划、大机管控等。尤其是对既有线施工经验、经历缺乏的单位，项目管理机构应结合就近铁路局的运输安全管理要求，做好培训等综合性的服务。

（4）其他工作中的服务，如市政接口对接、专用设备借用、水电设备利旧、大临房屋帮助协调等。

6）维持平行流水作业的格局

（1）平行流水是铁路建设施工组织的最佳状态。在铁路客站建设过程中，平行作业、流水作业共存的状态维系越好，总工期越短，成本控制效果越好。

（2）科学划分施工区域。在兰州西站建设过程中，以原兰新铁路为界，将站房和车场一分为二，实现南、北分区域同时并行组织施工，是典型的平行流水作业。这一模式的优点是分部、分项工程全面同时施工，对本区域的关键路线控制效果明显，对总工期的时间压缩翻倍。

（3）选用有经验的管理人员。施工单位架子队队长在工期控制中的作用非常重要。架子队队长的经验不能停留在"眼力好"的层面，而是要用新时期的科学方法和管理手段将任务合理分配、组织完成。科学方法，是用统计、对比、排列组合等方法，将分部、分项工程的任务以适度超前的原则测算后，以网格化的理论成区域分配，形成小范围内的二次平行流水作业，并明确对工班的考核奖励标准；管理手段，是兼激励、约束、关爱于一体的一些具体方式，形式较多。

涉及既有线切割客站的，开展方案、准备、站房三者之间的平行流水作业，即提前研究方案，机料人员准备，不受影响段落的正常推进等，这里不再赘述。

7）选用有经验的专业劳务队

这一点对于铁路客站的进度控制至关重要。目前一些施工单位的做法是保持与劳务队的长期协作，并形成了一些配套的管理方式，如在工资外的绩效考评激励、有比例地纳入正式员工范畴、比照架子队成员进行管理、测算成本、合理调整利润目标后的长期合同等。对于焊工、钳工、木工、架子工、钢筋工等重点岗位，有的施工单位在公开招聘、评定后，给予高额薪酬。

4.3.2 质量控制

1. 建筑物质量管理的阶段

对于铁路客站质量建设中的控制，需要在铁路工程建设质量管理、建筑物质量管理的大局中考虑，既考虑铁路建设行业质量管理控制中的特性，也要紧紧围绕建筑工程质量管理中的常态要求，规范采取有针对性的措施。

根据国际上的先进质量管理理论，质量管理工作经过了质量管理检验阶段、统计质量控制阶段和全面质量管理阶段等三个阶段。

在质量管理检验阶段，主要通过检验的方式来控制和保证产出或转入下道工序的产品质量。质量检验人员根据技术标准，利用各种测试手段，对零部件和成品进行检查，做出合格与否的判断，不允许不合格品进入下道工序或出厂，起到了把关的作用。这种管理方式侧重于事后把关。

在统计质量控制阶段，从单纯靠质量检验进行事后把关发展到对工序的质量控制，突出了质量的预防性控制与事后检验相结合的管理方式。这一阶段强调"用数据说话"，强调应用统计方法进行科学管理。这种管理模式为严格的科学管理和全面质量管理奠定了基础。

在全面质量管理阶段，综合运用各种管理方法和手段，充分发挥组织中每个成员的作用，从而更全面地解决质量问题。这种模式中，产品质量存在产生、形成和实现的过程，各个环节互相制约、共同作用，决定了最终的质量水平。全面质量管理理念中，提出质量应当是"最经济的水平"与"充分满足顾客要求"的完美统一，离开经济效益和质量成本去谈质量是没有实际意义的。

从这三个阶段的不同理念分析铁路客站建设质量控制工作，显然需要用全面质量管理的理念开展工作，才能满足"六位一体"对于铁路客站质量确定的目标要求。

2. 铁路客站质量控制措施

从客站招标阶段到建设过程中，铁路客站建设的质量目标一般为检验批、分项工程、分部工程合格率均 100%。

铁路客站常见的质量问题主要表现为屋面漏水、钢结构焊缝瑕疵、混凝土外观质量不合格、站台墙沉降或变形、站台面下沉、石材鼓起、雨棚固定不牢、楼（扶）梯与站台面高度不一、客车上水管沟堵塞、雨棚周边过渡段下沉等。针对这些问题，在质量控制中应从多方面加强管理。

1）树立科学的质量管理导向

（1）以验收标准为依据执行质量控制。铁路客站执行《建筑工程施工质量验收统一标准》（GB 50300—2013）作为客站分部、分项工程和检验批质量评定的标准。实际中，一些施工单位会以"技术指南"、"施工规范"为依据开展施工控制，忽视了验收标准的要求。有的客站建设中，项目管理机构专门组织对验收标准内容的培训，将其质量管理支配性的地位重点贯彻。

（2）结构物淘汰指标。有的客站建设中，借鉴涵洞等结构物淘汰比例的做法，传递一次成优、确保质量的管理导向，提高工序交接的效率。个别达不到验收标准的单元，则选择性地采取整改措施。在客站装饰装修阶段，这一导向体现较明显。

（3）提高质量标准。为提高质量控制效果，一些项目要求施工单位在验标基础上，细化客站各分部、分项工程的内部控制管理标准。兰州西站落实精益建造理念，以高于验标的导向开展客站质量管理，收到了较好效果，在装饰装修阶段得到不同层次展现。

2）提高检验批报检的质量

（1）研究明确检验批。项目管理机构组织参建单位研究划分了分部、分项工程和检验批的组成。兰州西站在建设之初,即组织施工、监理单位进行了研究划分,全部工程在一个单位工程的基础上,进一步细化确定分部、分项工程及检验批。检验批共分为基坑、钢筋、模板、混凝土、钢结构、装修、设备安装等。

(2)质量工作培训。以技术交底和深化设计交底为重点,加强对班组人员的质量标准培训,逐人签认备案。质量培训方式包括对照规范标准的培训、解释,有经验管理人员和技术人员对疑难问题的现场分析,针对疑难质量控制单元的专项分析等。对总公司重点关注的客站质量问题深入分析,剖析管理责任,是强化质量责任意识的较好培训方式。

(3)建立主动巡检机制。建立监理工程师主动巡检机制,将监理人员主动巡检融入过程控制中,最佳状态是施工单位结束检验批施作、申请报检时,与监理巡检工作更好地衔接。通过主动巡检,对质量隐患早发现,利于施工单位尽早开始隐患整改,在第一时间督促整改达标。

(4)提高监理报检签认的管理层次。这是一项将管理要求和监理业务合二为一的管理机制,即要求总监理工程师或副总监理工程师、监理站安质部长、实验室主任等人员,在固定时间内亲自签认检验批的数量达到一定频次,有的项目规定为至少5%。通过亲自签认,使监理管理人员准确掌握现场阶段性的质量控制水平,有针对性地做出提示和管理,同时督促现场监理工程师在岗尽责,认真把关。

3)对重点环节重点管控

(1)需重点关注的环节。对站房施工中重点出现的结构物与路基过渡段、地下结构物防水、站台限界控制、排水沟防水、给排水管道等部位重点关注。

(2)项目管理机构牵头组织验收。有的客站建设中由项目管理机构牵头组织对重点部位验收,达标后进入下一道工序。其流程是:施工单位自检合格—监理初验—报请项目管理机构验收。例如,对站台部位路基填筑后、在站台面铺设以前,项目管理机构质量管理人员带队,根据验标规定组织承载力、密实度等试验,达标后进入下一工序。同样,在工序间的结合部问题上,一些客站在建设过程中也由项目管理机构牵头验收,减少问题发生,如在先地基处理、再桩基础施工、再交由路基施工的工序环节,项目管理机构安排专人按一定频次盯过程。

(3)对特殊部位的质量控制。铁路客站的特殊部位多出现在不便检测之处或施工难度较大的过程中。在这些部位的质量控制中,通过准确划清管理的责任界面,确保施工工艺落实,满足验收规范要求。

(4)深化设计对接。在梁柱节点、设备管线预留等方面,设计单位与深化设计单位、施工单位之间的加强对接,将深化设计的标准逐一明确。

4)适当运用激励和约束制度

(1)加强约束机制的运用。加大质量工作在各种考核中的权重,以体现质量工作的重要地位,并与建设单位一定时期的招投标工作挂钩。在铁路系统开展的信用评价工作中,建设单位据实按规定组织评价,通过严格的扣分方式,体现质量管理刚性约束的效应。

（2）对于一般问题,管理重点放在督促整改上。项目管理机构、施工、监理单位分别建立问题库,定期分析评比,对问题梳理归纳,开展培训教育。在兰州西站建设中,将监督站发现问题的重复发生率、整改率作为阶段性评比排序的依据。

（3）发挥监理的作用。设定对监理人员业务水平的达标评判机制,项目管理机构对总监理工程师、安质部对其他人员进行评判,形成素质准入机制。例如,对于大体积混凝土施工,指挥部在配合比确定、运输、现场浇筑、养护拆模等环节分别组织了现场实做式的抽考。

（4）设定质量红线。铁路总公司提出了质量管理 5 道红线,其中与铁路客站关系紧密的 2 条为结构物沉降评估达标、工序达标。在此基础上,一些客站建设过程中,建设单位、项目管理机构自定了质量管理红线,督促参建方严格遵守。

5）特殊条件下的质量控制措施

（1）高温时段的质量控制。原则上,在总工期不受影响的情况下,通过合理的施工组织安排,避开高温时段施工质量易受影响的项目,如大体积混凝土浇筑。确实需要施工的,做好降温、保湿等工作。尤其是混凝土浇筑后的养护工作,对于覆盖措施要进行专项设计、落实。

（2）严寒气候下的质量控制。原则上,应避开严寒气候下施工质量易受影响的项目。确实需要施工的,除采取对应的保温等措施外,还要选定有一定经验的施工技术人员和操作人员。

（3）持续降水时的质量控制。尤其是在南方地区,在连续降雨天气下浇筑混凝土,需要从施工配合比准确调试、拌和站原材料管理、计量系统进料控制、养护措施等环节精细准备。对于自密实混凝土、清水混凝土等特殊混凝土,原材料和拌和系统还应采取更严格、更规范的控制措施。同前,如果总工期不受影响,应研究避开连续降雨天气下的大体量混凝土持续浇筑。

（4）大风天气时的质量控制。一是做好拌和站封闭、确保原材料洁净度;二是做好混凝土浇筑后的保湿措施,严防因湿度不够而导致的收缩和干裂。

6）提高施工队伍的专业化水平

（1）选用过硬的单位、队伍。经过 10 余年的探索,铁路客站建设管理水平得到发展,并锻炼了一些专业化的站房施工单位。与施工单位的协作,也锻炼储备了一批客站施工作业人员。

（2）细化作业指导书。作业指导书一般根据验收规范、施工单位的内控标准等编制,按照首件认可和样品选定过程有针对性地完善。

（3）专业化的作业队伍。对焊接、混凝土、吊装、装修、石材铺贴等作业,应选定专业化队伍,以利于质量通病的防范和减少。

（4）BIM 技术使用。通过 BIM 技术在施工阶段的运用,提前发现管线碰撞、设备安装位置不符、重要节点柱质量细部的问题,提前采取防范措施,收到了良好效果。

7）提高质量控制目标

本项内容以兰州西站建设为例。该站于 2013 年 2 月开工建设,于 2014 年 4 月主体建设全部完成,其后建设单位提出建设"全国一流高铁示范站"的目标,并计划于 2014 年 12 月交付使用。这种情况下,剩余的突破空间主要在装饰装修、设备安装、客服等方面。为此,兰州铁路局、兰州枢纽工程建设指挥部提出以引领、超越为内容的创建目标,确定了 16 项引领和 38 项超越指标,确保了客站建设质量的综合和系统提升。

4.3.3　安全控制

一般来看,铁路客站建设过程中的安全工作目标分为三方面:一是生产安全事故,消灭责任生产安全一般事故;二是铁路交通事故,有的单位定为消灭责任铁路交通一般 D 类及以上事故;三是消防安全,有的单位定为消灭责任消防安全。

梳理分析国内大型客站建设过程中的安全问题,常见的有深大基坑支护隐患、消防隐患、人员和料具高空坠落风险、特种机械设备管理、营业线安全隐患、吊装安全风险防控、专项方案管理等。

针对这些常见的、具体的问题,在安全控制中,需要从易发生问题的管理单元、各个专业入手,综合分析,采取有针对性的措施。

1）经常开展有针对性的培训

（1）安全交底。在质量控制、技术交底工作的同时,设计单位对施工单位同步进行安全交底,讲清安全风险的防范要点。

（2）先行模拟。在安全风险较大的施工环节,组织施工单位开展安全模拟工作,进一步分析安全管理的要点,采取防范措施。例如,数值仿真技术,除在设计阶段的应用外,在临近营业线基坑支护等方面,也进行了成功运用,测算有关参数,为培训工作提供条件。

（3）班前教育。班前教育是常态的安全管理工作,也是客站安全培训的最有效方式。有的客站在建设管理中,将班前教育以微信、视频监控方式传输。

2）做好专项施工方案的管理工作

（1）明确范围。对于专项方案,在遵从住房和城乡建设部、铁路总公司管理制度的基础上,有的客站建设单位对其进行了细化,对不同专业需制订专项方案的情况进行了细化。

（2）复核检算。对相关专项方案,要组织有资质的单位进行第三方检算,确保符合建设程序管理要求,再次把关。常见的如满堂支架模板支撑体系的整体稳定性。

3）对消防和高空作业安全的管理

（1）从源头上做好控制。在消防方面，对进场时的板房选用阻燃型材料；混凝土模架体系尽量选用钢模板，减少使用木模板。在高空作业方面，选用合格的安全带、安全绳、安全帽。

（2）开展应急演练。根据客站空间的结构实际，开展应急演练，一方面检验应急能力，另一方面开展深层教育、督促规范行为。加强与地方有关部门的沟通对接，建立安全生产方面的协作关系。

（3）开展专职巡视。配备消防安全、高空作业安全专人巡视检查，对电线路、热水供应方式和安全"三宝"使用、临边防护情况等进行提示。

（4）配备必要的备品。灭火设施的数量、状态必须确保良好。

4）对涉及既有线的安全管理

（1）明确原则。有的建设单位根据"五不一防"的原则开展管理，即无调度命令坚决不进入防护网施工，不进行超范围施工；无施工组织方案、无安全协议、无技术交底不施工；安全防护不到位不施工；施工前人员、机料具清点不清楚不施工；施工结束后撤离回收不彻底不销记开通；不交付施工质量验收不合格、缺陷没有彻底整改的设备设施；临近营业线施工时坚决防止大型机械设备及人员侵入限界。

（2）抓好临近营业线施工安全。重点盯控塔吊吊物、基坑防护、物理隔离、劳务工管理、便道封闭隔离、物料堆码等。

（3）注重对冷门问题的防范。冷门问题是客站建设中安全控制的重点。例如，对于采取物理隔离的地段，也要加强专人巡视检查，尤其注意因封闭不严而导致钢筋等长大杆件伸出后侵入铁路限界，这是最易被忽视的问题。在铁路线路接入客站永久位置前，装修作业时有高空坠物风险。在软弱地基段落的地基处理施工，严防机械侵斜后侵入铁路限界。

5）建立科学的管理制度

（1）"三化"。即安全管理规范化、检查整治常态化、现场作业标准化，把此作为客站建设安全管理的基本原则。围绕规范化，项目管理机构针对客站特点，设计出客站机械管理、检查管理、作业管理的制度，并从进场时总平面布置图全面考虑。围绕常态化，对建设各方的检查频次和标准做出量化规定，纳入阶段性激励约束考核。围绕标准化，对作业指导书动态完善。

（2）"四预"。即对安全风险的预判、预报、预警和预控，把此作为客站建设安全管理的基本思路，管理的主要依托是对安全风险有效辨识、转移和控制。以兰州西站建设为例，围绕"四预"的基本思路，每一周汇集所有安全风险源，在此基础上对下一周的安全风险进行预判，并落实对已知风险的预报、预警、预控相关工作。

（3）考核。以"三化""四预"的落实效果为基础，对现场的执行力进行考核，依托各客站项目管理机构不同的考核设计方式。在考核过程中,借助铁路系统安全监督部门、设备管理单位、地方政府安监部门、公安部门的力量是有效手段。与考核对应的,是各种责任包保体系的完善。

4.3.4　对参建单位的管理

客站建设中的管理架构由建设、设计、施工、监理、咨询等单位共同构成。建设单位的龙头作用集中体现在对工期有限等8个方面困难、挑战的协调效果。建设单位对参建各方的管理水平,直接决定了客站建设管理的效果。这是"好客站不仅是规划设计出来的,更是管出来的"理念的直接体现。

分析2003年以来铁路客站建设过程中的管理问题可以发现,主要问题体现在各参建方。在施工单位方面,常见问题如下:施工单位过于重视成本和利润,影响了过程中的一些目标实现;质量、安全、环保等问题阶段性反弹、时好时坏;对既有线的管理经验不足;优化图纸、优化方案的主动性不够等。在监理单位方面,最明显的问题是监理工程师的业务水平不高,体现为专业知识不全、不深;特殊施工的监理人员缺乏,如设备安装、客服系统专业等。

针对这些常见问题,对参建单位尤其是施工单位的管理工作要采取综合的方法。

1) 形成劳动竞赛的格局

划分区域,在同等条件下竞争。对于大型客站,可根据工区所处地理环境、施工空间、周边影响等因素,将施工区域分割为多个区域。以兰州西站为例,其划分为南、北两个区域,从基础施工阶段即组织劳动竞赛,直至装饰装修阶段。对劳动竞赛活动分阶段评定、表彰,对现场的激励作用明显。

2) 运用激励的手段

(1) 加强物质激励。将项目部、工区、架子队、工班均纳入物质激励的范畴,制定配套管理办法。

(2) 开展评比考核。组织阶段性的评比,以不同方式奖先促后。例如,某客站建设中采用"大拇指"式评比办法,将好的做法、工作不足在每一周交班会上都以电子大屏方式展示在所有参建单位面前,提高了面子意识和争先意识。

3) 通过工作提示体现管理的价值

(1) 对差错碰漏方面的提示。对这方面的提示具有启发和完善设计的功效,较施工图评价,对设计单位更能显示有效管理的现实意义。而严谨的建设程序要求在铁路客站规划阶段,建设单位就要介入、分析、研究,帮助设计单位规避可能遗漏的项点。

(2) 对解决困难方面的提示。对这方面的提示集中体现在既有线等专业较强的施工管理中,尤其对既有线施工经验不足的施工单位,发挥项目管理机构的经验优势、协调优势、预见问题、帮助解决问题，会激发现场的责任感。

（3）对市政配套方面的提示。发挥项目管理机构的协调优势和人力资源优势，帮助施工单位在市政水暖接口、用电增容并网、消防专项验收、设施设备利用等方面积极联系，帮助施工单位提高协调效率、压缩成本，激发对方主动工作的意识。

4）导入精益建造思想

精益建造是一种新的项目建造管理体系，是建造项目满足或者超越业主要求，并且能够消除浪费，追求项目趋向更加完善的一种先进的管理方法。在铁路客站建设中，由于建设过程是复杂的动态过程，这个过程中的价值流向冗余繁杂，直接影响客站建设效率和工期控制。精益建造技术可以改进建筑建造过程中的各项工作，消除、减少对项目本身没有价值的工作流程，引用新的技术替换项目建造过程价值贡献小的流程作业。对参建各方精益建造思想的树立，是建设单位管理的重点之一。

5）谋划共商共赢的格局

共商共赢是铁路建设的常态理念，在多专业、多单位的铁路客站建设中体现最为明确。对图纸、方案、方法、管理措施的共同商定，是挖掘建设团队智慧、提高建设效率的重要办法。共商共赢需要从两个方面协商，一是基于达成共识目标的协商，铁路客站快速建成投用、创建精品工程、打造地标性建筑物的各方共识，需要用一套管理办法引导建设，开展工作；二是基于利润不压缩目标的协商。

6）推行绿色建筑理念

一座大型铁路客站的建设工期往往达 2～5 年，环水保工作直接影响城市环保目标和部分群众的生活、出行，对于沙尘地区、雾霾地区尤其明显。在"绿色 GDP""绿色建筑"等新理念的带动下，建设过程中对于环保控制的重要性也日益显现。

铁路客站建设过程中的环保问题常见的有噪声扰民、扬尘、选用的材料不符合节能环保的理念、建筑垃圾不按规定处理、弃渣场管理随意、移挖作填地段对临时弃土覆盖不到位等。对这些问题的防范，需要树立强烈的环保意识，落实环保责任。

4.3.5　变更管理

为规范铁路客站建设变更设计管理工作，保证工程质量、施工安全，合理控制工程投资，依据《建设工程质量管理条例》《建设工程勘察设计管理条例》《铁路建设工程勘察设计管理办法》《铁路建设项目变更设计管理办法》和建设单位的规定，客站建设中必须严格履行变更管理程序要求，确保依法合规地组织客站建设。

1. 基本规定

铁路客站的变更设计，是指自铁路客站建设项目施工图审核合格后至工程初步验收合格后半年以内变更设计的活动。施工图阶段需要对初步设计批复的重大内容调整的,包括施工图预算超出初步设计批复总概算的,比照Ⅰ类变更设计程序报初步设计审查部门批准。变更设计必须坚持"先批准、后实施,先设计、后施工"原则,严格依法按程序进行变更设计,严禁违规进行变更设计。

客站建设单位应加强对变更设计的管理,勘察设计单位应提高初步设计、施工图质量,切实减少变更设计,各参建单位应互相配合,初步设计审查部门要切实履行职责,做好变更设计工作,确保客站建设正常推进。变更设计必须科学合理、实事求是,在确保工程安全、质量和使用功能的同时,严格按照国家和铁路总公司建设、投资管理规定控制工程投资。

2. 铁路客站建设中变更设计的常见分类

遵循铁路建设项目Ⅰ类、Ⅱ类变更设计基本要求的基础上,对国内大型客站建设中的变更进行梳理分类。

按照《铁路建设项目变更设计管理办法》(铁建设[2012]253号)中的共性规定,对初步设计审批内容进行变更且符合下列条件之一者,为Ⅰ类变更设计,主要包括:变更批准的建设规模、主要技术标准、重大方案、重大工程措施(建设规模是指工程范围,车站(段、所)规模;主要技术标准是指铁路等级、正线数目、设计行车速度、线间距、最小曲线半径、限制坡度或最大坡度、牵引种类、机车类型或动车组类型、牵引质量、到发线有效长度、闭塞类型或行车指挥方式与旅客列车运行控制方式、建筑限界;重大方案及重大工程措施是指批复的线路、站位、重点桥渡、站房建筑方案、重要环水保措施等);变更初步设计批复主要专业设计原则的;调整初步设计批准总工期的;建设项目投资超出初步设计批准总概算的;国家、铁路总公司相关规范、规定重大调整的。除Ⅰ类变更设计的其他变更设计为Ⅱ类变更设计。

对于原因划分,要求Ⅰ类变更设计以变更设计原因划分,一项变更设计原因为一个变更设计。Ⅱ类变更设计以工点划分,同一工点或同一病害引起的不可分割的一次性变更为一个变更设计;同一工点中的不同变更内容、同一病害类型的不同工点、同一变更内容的不同段落应分别划分为不同的变更设计,严禁合并或拆分变更设计。

3. Ⅰ类变更设计程序

Ⅰ类变更设计程序分为提出变更设计建议、会审变更设计方案、编制变更设计文件、初审变更设计文件、批准变更设计文件、审核下发变更施工图等。

(1)提出变更设计建议。施工图审核合格并交付后,客站建设、施工、监理以及勘察设计单位均可就设计文件中符合Ⅰ类变更设计条件的内容向建设单位提出变更设计建议,变更设计建议应在变更内容实施前提出,并填写《变更设计建议书》。

（2）会审变更设计方案。建设单位应就Ⅰ类变更设计建议组织勘察设计、施工、监理等单位进行现场勘察、研究会审，详细分析变更设计原因，研究提出变更设计类别及变更设计方案，确定责任单位及费用处理意见，形成由参审人员签字的《变更设计会审纪要》。建设单位应履行内部程序，对《变更设计会审纪要》的主要内容进行确认，需要履行董事会决策程序的应履行决策程序。铁路客站在实施过程中发生危及安全需要立即处理的变更设计，建设单位组织勘察设计、施工、监理等单位提出方案，并进行应急处理，属于Ⅰ类变更设计的同时按规定向铁路总公司有关部门报告；重大的或必要的，由鉴定中心、工管中心现场确定变更设计方案，建设单位先按确定的方案进行施工准备和应急处理。

（3）编制变更设计文件。勘察设计单位应严格按照铁路总公司相关规定和《变更设计会审纪要》以及确定的安全应急方案编制变更设计文件，Ⅰ类变更设计文件应包括变更设计原因、变更设计方案及工程数量和概（预）算，原设计方案及工程数量和概算，有关原设计文件和变更设计图纸，经济技术比较资料和分析说明；Ⅰ类变更设计的设计深度为初步设计深度。Ⅰ类变更设计文件一般应在会审纪要下发后30日内完成，特殊情况下Ⅰ类变更设计文件完成时间由建设单位协商勘察设计单位确定。

（4）初审变更设计文件。建设单位应对Ⅰ类变更设计文件进行初审，涉及环水保的重大问题的变更设计，应先向铁路总公司环保水保主管部门报告，经同意后，再形成初审意见连同Ⅰ类变更设计文件一并报送铁路总公司。

（5）批准变更设计文件。初步设计审查部门收到Ⅰ类变更设计文件后，应尽快组织现场核实，提出明确要求。对符合审批条件的，一般在30个工作日内完成批复；需要补充资料的部分，应及时提出补充要求，并在资料补充后20个工作日内另行批复。

（6）审核下发变更施工图。建设单位根据Ⅰ类变更设计批复组织勘察设计单位完成施工图并组织对施工图进行审核，将审核合格的施工图随同《变更设计通知单》下发施工及监理单位，并就非施工单位责任的部分与施工单位签订施工补充协议。

4. Ⅱ类变更设计程序

Ⅱ类变更设计程序分为提出变更设计建议、进行现场核实、确定变更设计方案、审核下发变更施工图等。

（1）提出变更设计建议。施工图审核合格并交付使用后需进行Ⅱ类变更设计的，建设、施工、监理以及勘察设计单位等均可提出变更设计建议，填写《变更设计建议书》，并详细说明Ⅱ类变更设计理由。

（2）进行现场核实。建设单位收到《变更设计建议书》后，应组织现场核实确认，对现场现状进行照相摄影，对照变更设计建议客观提出核实确认意见，确认人在确认意见上签名。签名后的确认意见和影像资料纳入变更设计档案保管。

（3）确定变更设计方案。建设单位应组织勘察设计、施工、监理等单位对变更设计建议及现场确认结果进行会审，详细分析变更设计原因，研究确定变更设计方案并确认变更设计分类，确定责任单位及费用处理意见，形成由参审人员签字的《变更设计会审纪要》。建设单位应履行内部程序，对《变更设计会审纪要》的内容进行确认，主管领导或主要领导签署后实施。对于危及安全的Ⅱ类变更设计，建设单位应在现场组织确定变更设计方案，按确定的方案先进行施工准备和应急处理。

（4）审核下发变更施工图。建设单位组织勘察设计单位按确定的变更设计方案编制施工图。勘察设计单位一般应在《变更设计会审纪要》下发后 10 日内完成施工图。建设单位应组织对施工图进行审核，并将审核合格的施工图随同《变更设计通知单》下发施工及监理单位。

5. 变更设计费用

Ⅰ类变更设计概算由勘察设计单位按初步设计批复的概算编制原则编制，并对工程数量和费用进行增减对照，按规定报送铁路总公司审批。Ⅱ类变更设计引起的工程费用由勘察设计单位按变更设计的工程数量、施工承包合同约定和初步设计批复的概算编制原则编制，建设单位组织审定。由建设单位承担的费用在预备费中列支。

因责任原因引起的变更设计，属于施工单位责任的，施工单位按规定承担变更设计造成的损失；属于勘察设计单位责任的，由勘察设计单位无偿承担变更设计的勘察设计工作并按规定承担变更设计造成的损失；属于建设方责任的，由建设单位承担变更设计造成的损失。非责任原因的变更设计，属于不可抗力的，按合同约定处理；属于风险包干范围的，按风险包干相关规定处理；其他变更设计增减工程费用，除相关规定外，由建设单位承担，相关事宜在合同中明确。

非责任原因引起的Ⅰ类变更设计，勘察设计费按变更设计批复支付；责任原因引起的Ⅰ类变更设计，勘察设计费由责任单位承担。Ⅱ类变更设计不另计取勘察设计费。

对变更设计中节约投资的单位及个人，按照国家和铁路总公司相关规定予以奖励。

变更设计履行审批程序并经批准的，其费用方可纳入项目概算；未履行审批程序并经批准的，其费用不得纳入项目概算。

6. 变更设计管理

初步设计审查部门负责Ⅰ类变更设计审查工作。铁路总公司工管中心加强对建设单位变更设计管理工作的监督检查。

建设单位必须加强对变更设计工作的组织管理，制定变更设计管理制度，明确内部管理程序和工作标准，落实主管领导、主管部门、协管部门、责任人员，建立考核制度并实施考核。定期对Ⅱ类变更设计及预备费使用情况进行统计、分析，分年度报鉴定中心，抄计划、建设司和工管中心。

勘察设计单位应完善内部勘察设计及变更设计管理制度，提高初步设计和施工图质量，避免Ⅰ类变更设计，减少Ⅱ类变更设计。应合理、系统、及时进行变更，减少工程损失和工期延误，同时要防止因工作失误再次造成变更设计。不得在变更设计过程中弄虚作假或与其他单位相互串通弄虚作假。

施工单位应做好施工图现场核对和施工过程中地质资料确认工作，发现问题应及时向监理人员和建设单位提出；积极参与变更设计方案研究，严格按照变更设计施工图组织施工；不得在变更设计过程中弄虚作假或未经批准擅自施工。

监理单位应认真核对设计文件，将发现的勘察设计问题以及施工单位提出的问题及时通知勘察设计单位和建设单位；积极参与变更设计方案研究，按照变更设计施工图实施监理，严禁未经批准擅自同意变更施工。

建设、勘察设计单位应分别建立变更设计管理台账，定期分析研究，查找存在问题，改进勘察设计管理，做好变更设计资料归档工作。变更设计归档资料包括《变更设计建议书》、《现场确认意见和影像资料》、《变更设计会审纪要》、《变更设计文件》、《变更设计初审意见》、《变更设计批复》、《变更设计通知单》及《变更设计施工图》。

7. 责任追究

对在变更设计管理中存在违法、违规行为的行政人员及相关工作人员，依据国家和铁路总公司相关规定追究责任。因建设单位原因发生Ⅰ类变更设计，以及建设单位在变更设计管理中的违规行为，依据《铁路建设单位管理人员责任追究暂行办法》追究建设单位领导及有关人员责任。

4.3.6　投资控制

投资控制是铁路工程建设"六位一体"的重要组成部分，是铁路客站建设中各方关注的焦点。一个管理到位的铁路客站建设过程，体现之一就是对投资的有效控制。

1. 常见问题

随着铁路建设的发展,兼作综合交通枢纽的大型铁路客站站房不断增多。但其设计方案需要结合所在城市的区域市政规划综合考虑,基于此,铁路站房的设计方案就会各异,且造成与车站站区及市政配套工程接口的繁杂,投资控制难度加大。

在确定客站建设规模时,设计单位有时掌握的标准不一致,造成投资控制方面的不足。主要体现在由于地方政府提出的面积需求与铁路方从专业角度对于客站规模测算之间的不一致性上。

设计单位在计算客站站房的规模时,有时采用的方法不一致。由于客站发展变化快,多种功能的综合性客站越来越多,设计单位在计算面积时,采用的方法缺乏统一性,造成面积差异较大,集中体现在候车室下高大空间的计算方法、挑檐的计算方式、一些公共通道和空间是否计入等方面。这些因素导致在确定客站规模时存在不确定性、不统一性。

对于客站位置的选择,也直接影响投资规模。需要决策层、地方政府、建设单位和设计单位一并考虑,确定最优位置。

根据验收规范规定,一座铁路客站是一个单位工程,其投资增加会影响本线的投资控制指标。在这种因素下,有时为满足一些需求且调增客站的投资后,会对一个项目的投资带来影响,决策方、建设方会综合考虑后采取措施。

工程实施阶段及其前后的工作也对投资控制的效果产生直接影响:一是建设单位决策的合理性、科学性,如果对施工顺序、重大方案确定得合理,会节余费用,反之将从源头上增加投资;二是施工图审查的深度方面,建设单位对前期工作介入不深、对存在的问题不能提前规避,会导致审图不深入、后期增加投资,故加强施工图审查,减少变更发生率,是控制投资的努力方向;三是施工单位自控管理的效果,即从原材料管理、劳务队伍管理、深化设计的科学性、施工效率、对外协调等方面看,施工单位的内部管理松散、弱化会导致成本增加。

2. 控制要点

1) 对于设计单位的控制

对设计单位的控制主要表现在如下方面:①采用科学、合理的计算方式,根据地方政府、铁路系统的不同需求,合理确定站房规模;②在一些面积的测算中,要确定、统一,确保采用的计算方式符合最新要求;③在确定客站规模时,应根据城市等级、人口、经济水平和在铁路网中的作用等原则,依据"最高聚集人数"、"高峰小时发送量"和现场调查资料得出"测算规模",和设计批复的"建设规模"进行对比,优先考虑技术经济指标而不是建筑方案,来控制工程投资,在这一点上,需要批复单位、建设单位等一并加强协调工作；④对于一个地区的近、远期客流量进行合理测算；⑤对于客站位置的选择，要结合地方政府要求和铁路专业化的要求综合考虑比选，确保最优。

2）对于建设单位的控制

对于建设单位的控制体现在如下方面：①要加强前期工作中的介入，从规划阶段起就要分析客站位置、行业要求、各项设计的重点要求，加强对接工作，从源头上控制投资；②全过程与设计单位、地方政府加强沟通，既要从专业的角度考虑方案优化，也要将投资控制作为重点考虑；③加强施工图审查的组织工作，围绕方案最优、投资最省、质量安全最可控这一核心，找出这一"临界点"，并动态分析投资控制效果；④对于变更管理工作严格按程序管理，按合同管理，确保依法合规；⑤对于一些重大方案，在依照风险管理办法进行审查、反复优化的同时，要考虑投资的增减，综合选用最优方案；⑥对于一些不易划清界面的单元、结合部，要积极协调批复部门予以明确，用明确的责任划分提高投资控制的效果。

3）对于监理单位的控制

对于监理单位的控制要求如下：①严格履行监督职责，加强质量、安全管控，减少因质量返工、安全问题等增加的成本；②发挥在客站建设第一线的优势，及时发现问题，提出科学建议，优化施工方案，控制工程投资；③严格落实变更管理各项程序要求。

4）对于施工单位的控制

对于施工单位的控制体现在如下方面：①加强施工方案的优化，树立施工图优化无止境的意识，调动一线工人、技术人员和管理者的积极性，对重大方案、常规做法等开展创新创效，控制投资；②加强质量、安全控制，确保一次成优、安全可控，不因质量安全问题而增加投资；③加强建设过程中的各方对接，发现问题及时沟通解决；④选用有经验的劳务队伍、有经验的管理人员，通过划小责任单元等方式控制投资。类似于这样的管理手段方面的内容，对于投资控制非常重要，"节约小钱、控制投资"是施工单位必须全程研究的课题。

4.3.7　一体化管理

从路地协作方面看，一体化管理是铁路客站更好地服务人民群众的趋势。分析 2003 年以来铁路客站在铁路、地方建设界面划分和组织实施中的问题可以发现，一方面，铁路在前、市政配套在后是常态现象；另一方面，由于不同步，后期建设的市政配套工程既存在空间有限不便组织的问题，也遗留了一些结构方面的质量缺憾。因此，建立"大客站"的理念，对铁路方、地方政府出资修建的部分，均由铁路方一并代建，是发展的趋势。在这方面，主要是路地双方总体规划、交由铁路管理单位代建。代建的优势在于：①减少了施工界面、更易组织；②结构物在同期施工的状态下更易控制质量;③将安全风险规避到最小;④对于配套的落客平台、广场、出租车通道、城市通廊等可与站房主体同步投用,提高了车站使用品质,满足了旅客的乘降需求。

从专业交叉方面看,一体化管理是弥补站房主体与车场施工管理空档的有效手段。站房主体与站前工程施工中易出现管理空档,一旦站前与站后工程进入调试阶段,车站就成为既有线施工,增加了施工难度。例如,兰州铁路局中川铁路陈官营站和福利区站在进入既有线车站改造阶段时,站台施工与站前施工形成交叉状态,相互干扰大,施工单位配合不到位。建设单位加强统筹协调,以站前为关键工序,其他工程围绕站改方案制订专业方案。

从程序衔接方面看,一体化管理是铁路客站全过程管理的长久需要。铁路客站建设,需要从前期介入开始,稳扎稳打、步步为营,紧紧抓住前期工作、勘察设计、工程实施、竣工验收各阶段的要点,实现客站"从无到图"、"从图到用"过程中的一体化管理。在前期工作方面,对可能涉及征拆的范围、产权性质摸清,对给排水、电力热源、交通等配套设施情况摸清,并落实到具体的点、线、位,对道路通行能力、物资供应能力全面组织调查,为编制指导性施组、参与审查提供依据。在实施前的准备工作方面,要以指导性施组统领准备工作。在施工方案调整、设计变更方面,需要拓展思路、提出方案。

参 考 文 献

党立. 2011. 着眼治理安全质量隐患 提升铁路客站建设项目管理水平[J]. 铁道经济研究,5:1-4.

丁忠堂. 2012. 探析铁路客站雨棚质量隐患与解决对策[J]. 上海铁道科技,1:139-140.

窦静雅,谢晓东,吴卫平,等. 2013. 铁路客站多元化经营管理机制研究探讨[J]. 铁道经济研究,4:12-16.

郭烽,陈大斌. 2012. 铁路客站金属屋面工程质量安全管理探索[J]. 铁道经济研究,5:46-50.

过建钢. 2014. 高速铁路客站客运设备设施运维一体化、信息化管理探索与实践[J]. 铁道经济研究,5:12-16.

韩志伟. 2005. 新型铁路客站的设计与建设[J]. 铁道经济研究,6:20-22,25.

郝光. 2009. 铁路客站建设项目全寿命三维集成管理研究[J]. 铁道经济研究,6:30-35.

胡潇帆,徐伟,谭月仁,等. 2014. 杭州铁路东站枢纽工程的全周期风险管理[J]. 建筑施工,1:87-90.

李迎九. 2011. 新时期铁路客站建设管理初探[J]. 上海铁道科技,2:1-2.

卢春房. 2013. 铁路建设项目标准化管理[M]. 北京:中国铁道出版社.

孙坚,徐尚奎,徐伟. 2013. 大型铁路客站建设的风险要素与风险管理[J]. 建筑施工,10:956-958.

王峰. 2007. 践行全新理念 坚持精细管理 在长三角城市群建设一流铁路客站[J]. 铁道经济研究,6:34-37.

王峰. 2009. 理念为先 创新为魂 谱写建设世界一流铁路客站新篇章[J]. 铁道经济研究,6:

11-14.

徐尚奎,谭月仁,蒋凡,等.2014.BIM 技术在铁路客站质量安全控制方面的应用[J].铁路技术创
　　新,5:28-30.

严瑾.2012.铁路客站现代管理集成平台在成都东站的研究与应用[J].通信与信息技术,6:
　　76-79.

杨姝,鲍学英,王起才,等.2016.绿色铁路客站施工管理评价模型构建[J].铁道科学与工程学
　　报,8:1636-1641.

张峰.2011.合理确定铁路客站站房规模及投资控制的探讨[J].铁路工程造价管理,4:11-14.

张天明.2013.精细管理,合理优化铁路客站建设工期[J].城市建筑,10:30.

赵伟.2012.哈尔滨西站质量安全风险管理探讨[J].铁道经济研究,5:28-31.

郑健.2011.高铁客站建设管理体系构建与实践[J].项目管理技术,3:46-51.

郑健.2012a.安全固本 品质铸魂 服务立身 深入推进铁路客站科学发展[J].铁道经济研究,5:3.

郑健.2012b.聚焦安全 提升品质 深入推进铁路客站科学发展[J].铁道经济研究,5:1-7.

周东伟,刘琨.2012.现代化铁路精品客站建设管理探索与实践[J].铁道经济研究,1:27-31.

第5章 铁路客站的运维管理

5.1 铁路客站的运维管理模式

5.1.1 新型铁路客站对运维管理的需求

铁路客站具有建设理念新、建设规模大、技术难度大、专业接口多、协调难度大、施工组织难、运营管理细等突出特点。回顾10余年来中国铁路客站创新发展的历程,有很多经验值得总结,其中最核心、最关键的是在客站规划、设计、施工、运营等各环节以创新为引领和驱动,以精心设计、精心施工、精心管理与运营为基础和保障。铁路客站与城市配套交通设施(高架车道、出租车道等)一般分别由多个部门负责规划设计、投资建设和运营管理。管理部门的职能关系各成体系,而结合部又相互交叉,因分界及管理水平等问题往往会形成维管空缺,而对整个铁路客站来说这种管理体制势必会对客站内部统筹协调、安全运营、优质服务等产生不利影响。随着高速铁路的快速发展,建立以服务运输为导向的运营管理体系,实现协调、高效、优质、安全的运营管理,既能保障铁路客站安全运行,也能为广大旅客出行提供便捷、快速、温馨的环境。因此,"如何划界、谁来管、怎么管"是新时期铁路客站运维管理需迫切解决的问题。

5.1.2 国内铁路客站的主要运维管理模式

通过对国内具有代表性的铁路客站,如北京南站、上海虹桥站、武汉站、西安北站、兰州西站等大型客站运维管理模式的实地调研分析,目前国内铁路客站的运维管理主要有四种模式。

(1)车站独立管理模式。以车站为主体成立综合设备管理科,负责站房建筑物、强弱电、给排水、暖通空调、电扶梯、消防设施、客服信息等全部设施和设备的维管。国内新建客站中的北京南站主要采用该模式进行管理。

(2)专业服务公司模式。由客站所属铁路局或总公司管铁路公司成立专门的服务公司,统一对客站(除客服信息系统外)所有构筑物、设施和设备进行运维管理,客服信息系统则由铁路局或总公司管铁路公司的车站机构管理。上海虹桥站采用该模式进行管理。

(3)总公司部令模式。执行铁路总公司各相关业务部门下发的部令,采用传统的设备分界和运维管理模式,即站房建筑物、低压照明电、给排水、暖通空调等由所属铁路局内房建部门运维管理;设备用电、弱电、电扶梯、消防设施、客服信息以及新设备等全部由铁路局的车站机构运维管理。该管理模式在国内应用最为广泛。

(4)综合管理模式。依据各铁路局(或总公司管铁路公司)的管理习惯和目前各相关单位专业人员配置情况,经与各方充分协商沟通,按照集中管理、减少交叉、便于协调的原则,由铁路局(或总公司管铁路公司)组织重新划界确定管理单位。通常,建筑物及其附属的设施和设备由房建段成立高铁车间进行运维管理;电扶梯、消防设施、客服信息系统、空调通风等设施由车站管理;高压电及其相关设备由铁路局供电部门管理。通过对客站建筑物及设施设备按种类、分系统、分区域进行划分,明确运维管理范围,确定运维管理责任主体,并按照相关劳动定额配备运维管理人员和机具,制定运维管理办法。按照全覆盖、无遗漏的原则,确保将客站设备纳入正常维修保养管理体系中。兰州西站主要采用该模式进行管理。

5.1.3　国内铁路客站运维管理模式的特点

1. 车站独立管理模式的特点

车站内部配备房建、电力、给排水、暖通空调、弱电、消防、设备管理等相关专业人员,并成立由车站直接管理的设备科。该管理模式的优点是,现场出现的问题能快速直接地反映到设备科,业务部门能迅速派人到现场直接处理问题,杜绝了扯皮现象;其缺点是,车站需要配备一个综合性的专业化运维管理团队(含土建、给排水、电力、暖通空调、设备等相关专业技术人员),与设有房建段的铁路局或总公司管铁路公司的管理业务容易发生重合,会造成资源浪费。

2. 专业服务公司模式的特点

铁路局(或总公司管铁路公司)成立专门服务公司,由车站直接负责将站内建筑、暖通空调、给排水、高低压电、电扶梯等重点设备委托服务公司管理,该模式的优点是责任明确、服务周到、服务公司有成熟的管理团队、管理制度和维护程序,维管更专业、便捷和快速,且对旅客及车站正常秩序影响最小;其缺点是专业服务公司只配置技术管理人员,而将具体业务外委给其他专业化公司,增加了管理成本。

3. 总公司部令模式的特点

按照铁路总公司划界文件的规定,对传统的设备有比较清晰的界面和运维管理规定,但是新型客站使用的新设备(如火灾报警(FAS)、设备监控(BAS)、玻璃幕墙、钢结构屋面、中水、卸污和自动上水等系统)则缺乏管理分界的相关规定,更没有专业化的管理团队。此时,往往新设备由使用单位管理,存在漏洞多、易扯皮等管理问题,还会给客站正常运输组织造成一定困难,甚至影响行车安全。

4. 综合管理模式的特点

综合管理模式打破了常规,依据铁路局(或总公司管铁路公司)的运维管理习惯、客站设施设备特点及局内现有资源进行分界,并配备了专业化的人员和设备,减少了界面交叉,提高了运维管理效率,节约了管理成本。但其缺点是各铁路局现状不统一,且与铁路总公司相关管理部门没有对口管理机构,给总公司管理客站业务带来了不便。

5.1.4　铁路客站典型设施设备的管理界面划分

1. 铁路客站与地方配套工程的界面划分

铁路客站和地方配套工程的投资主体与建设管理往往分属不同行业,工程规划、设计和施工也由不同的单位实施,因此运营阶段合理划分维护管理的界面尤为重要。例如,兰州西站工程中的出租车通道、城市通廊等为地方出资工程实体,但为了方便运营管理,站房内出租车通道、城市通廊等交由铁路方统一管理、统一维修、统一经营,站房落客平台平面投影以外部分(地方出资部分)由地方市政管理。

2. 铁路客站内部的界面划分

兰州西站维护管理界面划分中,为确保相关设备运行良好、管理责任明确,结合总公司相关文件,由铁路局组织运输、供电、电务、车辆、建设、信息、房建、车站、多种经营等相关部门,就铁路客站相关设备分界及维修管理等事项进行研究,按如下原则进行划分:

(1) 依据总公司相关专业规定和局内各站段专业设置现状,按照集中管理、减少交叉、便于协调的原则,对相关设备按系统进行维修管理界面划分。

(2) 因车站接管的冷热源机房内含有集中供热热力公司接管的换热设备,由车站与热力公司对接确定相关设备管理制度,便于热力公司维护管理人员定期巡查供热设备。

(3) 站房内高压设备与低压配电柜等在同一室内,变压器及以上设备由供电部门负责维修管理,变压器以下设备由房建部门负责维修管理。

兰州西站站房内部的维护管理界面划分情况如表 5-1 所示。

表 5-1　维护管理界面划分表

序号	主要项目	设备管理单位
1	房屋建筑物	房建部门
2	站房内给水排水管道及设备（含消防水管道）	房建部门
3	站房内暖气管道及分集水器	房建部门
4	站台及雨棚	房建部门
5	站房及雨棚照明系统	房建部门
6	消防泵房及室内相关设备	房建部门
7	室外排水系统	房建部门
8	高低压变电室 6 处	变压器及以上供电部门负责，变压器以下由房建部门负责
9	380V 及以下配电柜（含动力设备配电、消防配电、照明配电、动态标志配电、楼宇控制配电等）	房建部门
10	设备用电配电线路	房建部门
11	卸污中心房屋及化粪池等排水系统	房建部门
12	兰州西站钢结构健康监测设备	房建部门
13	弱电配电间（通信、信息、客服系统等配电）	车站
14	兰州西站中水处理系统	车站
15	站房内空调、通风系统（含末端风机盘管、风口、热风幕、换气扇等）	车站
16	站内消防控制系统（含消火栓、消防水泡、消防喷淋、灭火器等设备）	车站
17	站房内动静态标志	车站
18	旅服信息系统（含办公、监控等）	车站
19	票务信息系统	车站
20	站房内视屏监控系统	车站
21	站房内行包系统	车站
22	站内扶梯、直梯	车站
23	南北站房冷热源机房内设备	车站
24	站房内楼宇自控系统（BAS 系统）	车站
25	车站饮水机	车站
26	高压室 2 处	供电部门
27	南北站房柴油发电机房	供电部门

序号	主要项目	设备管理单位
28	通信设备室	供电部门
29	室外给水及客车上水系统	供水部门
30	客车卸污系统	车辆部门

5.2　铁路客站运维管理的措施和保障机制

5.2.1　高效运维管理的措施

1. 提前介入

随着新结构、新技术、新材料、新工艺、新设备在铁路客站中广泛应用，铁路客站的运维管理日趋复杂，这就要求运维管理部门在施工阶段提前参与客站的建设，了解施工过程，熟悉新型结构和新型设备的运行及工艺流程要求，掌握管理和维护的方法。此外，可通过建设过程的提前介入，及时补充和完善设计、施工和设备安装等工序对运维管理考虑不周的相关问题，为竣工后的高质量运维管理创造便利条件。

2. 学习培训

新型铁路客站涉及的专业至少30余种，其中突破传统客站的新专业有10余种。对没有高铁运营经验的铁路局或铁路公司而言，开展新型客站运维管理培训和学习至关重要。应在铁路客站开通运营前组建接管机构，并组织运维管理单位的运输、客运、工务、电务、通信、信息、供电、房建、供水等相关技术人员进行专业学习培训，使其在接管前熟悉管理技术、管理程序和应急处置方法等，确保"接得住、管得好"。兰州西站在建设过程中，铁路局成立了高铁运营接管领导小组和8个专业组，先后赴北京、上海、武汉、西安等有高铁站房的铁路局学习观摩，提高了运维管理人员的业务水平和素质。

3. 全程参与

通过运维管理部门在施工阶段提前参与客站的建设，熟悉客站各部位的使用功能、旅客流线组织、各种客服设施性能和站房新设备新材料的功能，提高运维管理效率。同时，通过参与建设过程，对施工中的工程质量、安全隐患进行监管，提高了工程建设的质量。兰州西站的全程参与工作开始于装饰安装阶段，主要从客服系统、站务管理、客车上水管理、建筑物限界管理等方面介入，效果良好。

1) 客服系统

为确保兰州西站客服信息系统使用功能完善,通过提前介入,从布置位置、数量、设备功能等方面优化售票、检票、安检、广播、视频监控、动静态标志等系统。对自动售票机位置、动态显示大屏、旅服咨询服务台、安检仪位置、进出站楼扶梯栏杆、视频监控设备、售票扩音器等进行调整,既方便旅客,又满足客服人员工作需要,充分体现人性化管理。

2) 站务管理

兰新高速铁路(又称兰新客专)作为兰州局境内首条高速铁路,高铁服务人员培训尤为重要,在路局的支持下,以兰州车站为主成立运营接管前期办公室,并公开从社会招聘 100 余名旅服人员充实兰州西站运营管理。通过组织军训、业务专训、外出参观学习、提前进站模拟服务等形式,在兰州西站开通运营前培训出了一支业务熟练、综合素质过硬的旅服队伍,为兰州西站的顺利开通打下坚实基础。

在设备接管中,车站成立专门设备接管专业小组(包括电梯组、通风空调组、消防组、水电组、装饰装修组、客服设备组等),在静态验收前进驻兰州西站,分别与施工单位各相关厂家、分包方逐一对接。对静态验收和动态调试中提出的问题跟踪和督促整改,确保设备达到运营要求。

3) 客车上水管理

兰州供水段在兰州西站施工图审查阶段就提前介入客车上水管理工作,通过分期参加举办的各期高铁培训班,加强了高铁车站业务知识储备。在客车上水施工阶段,成立了专门现场监管组,通过制定《兰州供水段兰新客专运营准备工作推进方案》,从源头上加强了对施工质量的控制,为全面验收打下了基础。具体措施如下:

(1) 配合建设单位积极协调威立雅水务管理部门做好水源接口位置论证、管线路径选择及相关协议签订工作。

(2) 加强现场抽查细验。室外给水专业根据本专业重点进行了复检和抽验,对水源、扬水机械、给水所、给水管路、消防管路、客车上水栓、消防栓等项目进行了检查和抽验,采用逐台、逐设备平推检查的方式,确保达到运营要求。

(3) 紧盯问题整治销号。加强静态验收问题的收集和沟通工作,以周报制度的形式,每周将静态验收问题按 A、B、C 三类汇总,并反馈至建设及施工单位。对影响动态验收的问题逐一研究并落实了责任单位,要求限期整改,对不影响联调联试的质量遗留问题做出了整改安排,实施问题销号双签认制度,施工单位整改一处,现场检查确认一处,确保问题有效解决。

(4) 做好设备接管工作。接管工作组按《铁路建设项目竣工文件编制移交办法》(办档[2002]8 号)的要求,做好接管给水设备竣工档案接收工作,建立了相应基础台账,实行专人接收专人管理,确保兰州西站开通后纳入路局设备管理单位正常管理程序。

4）建筑物限界管理

在兰州西站进入装饰装修阶段后，兰州铁路局兰州房建段成立高铁大队，配足相关专业人员，负责兰州西站建设过程中的监管工作，重点卡控站台、雨棚等建筑物限界。严格按照相关高铁规范，严把站台限界、超高；把控装修材料连接牢固性，确保装修材料不脱不落，站房屋面不漏，各种管道、洁具不漏不堵，达到安全使用条件。

4. 做好验收交接

1）静态验收前对口检查

在站房静态验收前，建设单位组织运输、客运、信息、土房、供电等业务处室，由兰州车站、房建段、客运段、供水段、兰铁公安局等组成接管单位，分8个组分别就相关设备施工质量、缺陷等进行对口检查。共梳理不同专业问题320条（含部分交叉结合部未完工程），建立问题库，成立由建设单位组织、设计单位配合、监理单位督导、施工单位具体实施的整改组织机构，每天下午五点召开总结会，通报整改推进情况并就结合部存在的问题研究处理方案，确保问题逐一销号，为静态验收创造条件。

2）组织静态验收、动态验收、初步验收

通过对口检查，督促施工单位按照设计文件和合同约定完成全部工程和设备安装、调试。经自检合格后，施工单位向建设单位申请专业工程验收，报送《专业工程验收申请表》并签署意见。建设单位成立验收工作组，经现场检查确认达到专业工程验收条件后，由建设单位验收工作组分专业进行现场验收。验收工作组对存在的问题提出处理意见、整改期限、复检时间等，对整改问题进行复查，合格后填写《专业工程验收记录表》并签署验收意见；专业工程验收合格后，项目管理机构向铁路局建设主管部门申请验收。铁路局组织专业机构按《动态验收实施方案》进行动态检测，并形成动态检测报告。经过验收提出了相关验收问题120条，对动态检测中发现的问题进行研究并提出整改意见，整改问题复查合格后，填写《动态验收记录表》并签署意见，形成《动态验收报告》。铁路局向铁路总公司建设司报送《初步验收申请表》、《动态验收报告》、《初步验收申请报告》；初步验收单位在收到《初步验收申请表》、《动态验收报告》、《初步验收申请报告》、《质量安全监督报告》后，确认是否符合初步验收条件，由铁路总公司确认符合初步验收条件的，要成立初步验收委员会。初步验收委员会组织召开初步验收会议，并组织现场检查，提出《初步验收报告》，明确验收结论。

3）组织设备交接

兰州西站结合建设系统、运营接管系统组织外出考察的经验，建设单位根据客站的设备种类和系统界面,提出初步接管意见,明确了管理维护界面,在运营后一个月内化解接管矛盾,明确各自职责,将兰州西站各种设备纳入铁路正常维修管理秩序,确保兰州西站运营安全。

5. 2. 2　站房运维管理的保障机制

为确保铁路站房各种设施设备完好和运行正常,保证行车和旅客出行安全,制定了完善的运维管理保障机制。

1) 人员、技术到位

(1) 按照运维管理要求,明确工作职责和岗位技能要求。

(2) 按照岗位要求和相关定额配备合适的人员。

(3) 按照专业特点配备技术支撑团队。

2) 规范操作、灵活应对

(1) 建立并不断完善岗位责任制度和专业作业指导书。

(2) 通过经常性培训强化责任和服务意识。

(3) 严格按照有关规程规范、管理文件、应急处置要求操作。

(4) 充分理解管理意图,灵活应对突发事件。

3) 加强日常巡检、及时发现问题

(1) 建立巡视检查制度,进行持续不断的巡视检查、监测,力争在第一时间发现隐患或故障。

(2) 按照相关规范、规程、文件要求巡视,做好巡视检查记录。

(3) 管理层对巡视检查行为进行定期监督检查,保证巡视检查职责认真履行。

(4) 发现问题及时上报,并采取相应的应急控制措施。

4) 定期维护,保持站房设备状态始终处于良好状态

(1) 建立设施设备定期维护保养制度,有计划地安排日常维护保养。

(2) 及时完成设施设备零星修复工作,保持设备始终处于良好状态。

(3) 定期对设备进行试运行维护。

(4) 定期、定时检测设备运行状态,及时维护,保持设备良好运行状态。

(5) 按期进行设备及安全附件法定检测,保证取得安全合格证明。

5) 突发事件、及时处置

(1) 建立突发事件管理办法,若发生突发事件,则按照事件管理办法程序处置。

(2) 建立重要物资储备管理制度,应对突发事件发生,以备急需。

(3) 发生突发事件时,由车站最高职级人员担任临时总指挥,各相关单位人员做好配合,立即采取应急措施,确保事态及时控制。

5.3 铁路客站运维管理的主要内容

5.3.1 旅客服务管理

铁路客站客服管理的主要任务是按照站房建筑设计功能流线,安全、便捷、快速、流畅、正点地将广大旅客引进车、送出站。进站服务关键节点有购票、安检、候车、检票、上车等;出站服务关键节点有下车、检票、换乘、引导出站等。车站服务管理围绕关键节点,通过车站微笑服务,使广大旅客安全、温馨、便捷地度过旅行的车站环节。其主要做好以下工作:

(1)铁路客站主要办理旅客乘降及行李、包裹取送工作,除严格执行《铁路旅客运输规程》外,为方便旅客,车站内醒目位置应显示铁路旅行常识,全国铁路营业站示意图,严禁携带危险品进站、上车的图例或文字说明,列车开车、中转换乘时刻,全国主要站中转换乘时刻表。

(2)在候车区域或上、下车通道还应有相应的车次和车厢序号指引牌、检票车次牌等导向标志;行李包裹承运处应有行包托运须知、行包包装标准、禁止托运和夹带违禁品的图例或文字说明、服务项目等。

(3)车站内运输组织工作要从方便旅客出发,按照长短途列车分工、换乘优先、保证重点的原则,合理、经济地使用运输能力,均衡地组织运输。

(4)车站应积极协调、配合各列车,如果发生问题应本着以站保车的原则积极处理;当站、车发生纠纷,在责任和原因不明时,站、车双方均不得以任何理由阻碍开车而造成列车晚点。

(5)要本着旅客至上的原则,坚持人民铁路为人民的服务宗旨,周到热情为旅客服务;对旅客在购票、候车、乘降中发生的困难应千方百计予以解决;车站服务设施和引导标志应采用《铁路客运服务图形标志》或国家标准规定的图形标志,标准没有规定时,自行设计的标志应易于识别并附加汉字。

(6)车站发售客票时,不能使用到站不同但票价相同的车票代替;在软卧车有空余包房的条件下,车站可根据列车长的预报发售软座车票;发售去边境地区的车票时,应要求旅客出示国务院铁路主管部门、公安部规定的边境居民证、身份证或边境通行证。

(7)发售加快票时,应在符合《铁路旅客运输规程》规定的前提下,其发到站之间全程都应有快车运行;中间有无快车运行的区段时,不能发售全程加快票。

(8)购买卧铺票的旅客要求在中途站开始乘车时,售票员须在客票背面签注某站上车,加盖站名戳,并在"中途预留卧铺通知单"上注明,以便通知列车预留。

(9)为测量儿童的身高,在售票窗口、检票口、出站口、列车端门口应涂有测量儿童身高的标准线;成人无论身高多少均应购买全价票;学生和残疾军人、伤残警察等购票按照总公司相关规定执行。

(10) 为便于进站接送旅客,车站应积极发售站台票;对确有需要的单位,可发售定期站台票,定期站台票可按实际需要分为季票和月票。

(11) 因列车满员或意外事件列车停止运行,旅客不能按票面指定的日期、车次乘车时,车站应积极为旅客办理签证及通票有效期延长手续,办理时,应在通票背面注明"因××延长有效期×日"并加盖站名戳;旅客托运行李时,还应在行李票上签注"因××原因改乘×月×日××车次",加盖站名戳,作为到站提取行李时,计算免费保管日数的凭证。

(12) 车站的检票口、出站口应有明显的标志;车站对进站人员持用的车票、站台票经确认后加剪(市郊定期客票、卧铺票不剪);出站人员的站台票应将其副券撕下;误撕车票时,应换发代用票。

(13) 对烈性传染病患者(尤其是对人身健康危害严重、有暴发性流行可能的疾病患者),车站发现时应告之铁路规定并给予办理退票手续。

(14) 因铁路责任造成旅客退票时,无论在发站、中途站还是到站,均应积极为旅客办理,不得互相推诿,给旅客造成困难。

(15) 发现旅客违章携带物品(包括几人同时携带一件超高或超大物品)时,车站应拒绝进站或动员旅客办理托运。

(16) 客流量较大的车站应开展旅客携带品搬运业务;搬运员必须穿着统一制服,佩戴标志,搬运车辆应有明显标记,易于识别;收费时应给旅客收费凭证;搬运服务不得违反铁路规章;车站对非车站人员进站经营搬运业务的应予以制止和清理。

(17) 车站对本站发现或列车移交的遗失物品,应在遗失物品登记簿上详细登记,注明日期、地点、移交车次、品名、包装及内含物品、数量、重量、交物人、经办人、处理结果等内容。

(18) 客流量较大的车站应设遗失物品招领处,遗失物品招领处应有明显的招领揭示;对遗失物品应妥善保管,正确交付;失主来领取时,应查验身份证,核对时间、地点、车次、品名、件数、重量,确认无误后,由失主签收,并记录身份证号码。

(19) 不能按行李、包裹运输的物品范围主要为妨碍公共卫生和安全的物品;国家政策法令规定禁止运输的物品;国家禁止和限制运输的物品以国务院及各部委颁发的文件为准。活动物中能够主动攻击伤害人的猛兽、猛禽和蛇、蝎子、蜈蚣、蜂等以及大动物不能承运。

(20) 行李、包裹到站后,在规定的免费保管期限内应在票面指定的到站行李房保管,不得易地保管;超过免费保管期限,行李房仓库没有能力时,包裹可以易地保管,易地保管产生的费用由铁路负责。

（21）包裹到达后,应及时以明信片或电话等方式通知收货人领取;通知应以文字或录音等形式记录备查。

（22）因事故或不可抗力等而延长车票有效期的行李,应按客票延期的日数延长行李免费保管的日数;超过免费保管日数,按规定核收保管费,出具保管费收据或填发客运运价杂费收据;遇特殊情况,车站站长有权减收保管费。

5.3.2　站房建筑物及设施设备维护管理

1. 维护原则、职责、计划

1）维护原则

站房建筑设备修缮与管理工作,其基本任务是在大修周期之间,对已发生和可能发生的一般破损、病害的房建设备进行修理,以保持其经常处于良好、合格状态。其应贯彻"坚持预防为主,周期状态修缮,重点整治病害,逐步改善条件,确保使用安全"的工作方针。

2）维护职责

（1）站房维护工作在铁路局或总公司管铁路公司领导下,贯彻上级有关文件,制定有关规章制度,组织对站房房屋建筑物及设备进行技术管理、维护修缮等工作。

（2）站房维护管理单位要根据自管范围、专业、生产任务量、设备数量等提出申请,由铁路局或总公司管铁路公司统一按照相关定额配置相关专业维护人员和相应机械、工具,确保维护工作能正常进行。

3）维护计划

各相关维护单位、部门根据春（秋）检资料和日常掌握的设备基本状态,在年初编制维修计划,按照日常状态修、整修、设备大修等分类提报年度维护时间、材料以及相应资金计划,确保维护费用及时拨付。

2. 站房构筑物巡检维护

站房构筑物巡检维护主要包括以下方面。

（1）对混凝土结构的预埋件等使用情况应制订计划,定期（每年不少于两次）进行检查;发现腐蚀、渗漏、开裂和建筑垃圾、污杂物沉积要及处理;制止不经设计及有关部门批准,任意在结构上开凿的行为。

（2）钢筋混凝土保护层损坏要及时修补,以防止钢筋锈蚀。

（3）站房内的使用应符合设计要求,不允许随意超载,甚至对结构进行改造。

（4）保持站房内楼层地面清洁、干净卫生;保持上、下水道不漏不堵,避免因漏水造成室积水,渗入楼板;对于如大理石、自流平等特殊地面还需定期专业养护。

（5）对在使用过程中发生小的损坏,要及时修补;制止不加任何保护措施在楼面上拖拉重物。

（6）对车站相关工作人员做好保护门窗的宣传工作,发现开关不灵、缝隙过大、五金配件丢失或损坏等问题,要及时修理;做好防雨、防寒等工作。

（7）对饰面墙定期(每年不少于 2 次)巡检,可采用观察或用小锤轻划检查,发现问题及时处理,不允许用强酸对任何饰面墙进行擦洗;对楼体外墙面,安装饰物若用铁件,必须刷漆,防止水锈污染墙面。

（8）加强对顶棚定期巡检,发现翘边、裂挂、破损应及时修补或更换。

3. 幕墙工程养护管理

幕墙工程养护管理主要包括以下方面。

（1）发现螺栓松动、破损应及时修复或更换,发现玻璃松动、破损应及时修复或更换,发现密封胶和密封条脱落或损坏,应及时修补或更换。

（2）定期检查幕墙排水系统,保持通畅。

（3）当遇特大风沙、地震、火情等灾害时,事后应对玻璃幕墙进行全面检查,视损坏程度进行维修加固。

4. 给排水设备运行维护

给排水设备运行维护主要包括以下方面:

（1）管道漏水修理,主要为管道堵塞排堵。

（2）水龙头与阀门的维修。

（3）卫生洁具的维修。

（4）水泵保养及维修,主要为压力表的校验,潜水泵的检查保养。

（5）热交换器的运行与维修。

（6）生活水箱的清洗消毒。

5. 供电设备运行维护

供电设备运行管理维护主要包括以下方面:

（1）电气电路故障,包括断路、接触不良、漏电等故障判断和维修。

（2）绝缘电阻测量及损伤线更换。

（3）配电箱的检查。

（4）照明灯具的检查。

6. 空调系统运行维护

空调系统运行维护主要包括以下方面:

（1）电源电压的检查。

（2）机油温度、压力的检查。

（3）制冷剂的检查。

（4）冷冻水、冷却水的检查。

（5）运行参数的记录。

（6）注意冷却泵塔水质清洁，及时补水。

（7）冷却泵、冷冻泵的检查。

7. 站台及雨棚维护要点

1）站台维修内容及要求

（1）站台尺寸不得侵入铁路建筑物限界；站台尺寸、使用材料及质量（强度）、伸缩缝、排水孔位置应符合设计要求和规范；站台墙砌筑或用预制板拼装，应牢固平顺；站台帽现浇或安装，必须牢固平整，不得有松动现象；整体或块体站台面铺设应结实、平整，层面材料强度及整体面层的伸缩缝应符合设计要求，排水面顺畅。

（2）补修站台，新旧接搓应密贴、牢固、平顺；安全线应明显。

2）钢结构雨棚维修内容及要求

（1）在日常使用过程中，要加强对主体结构构件耐久实效的检测和维护工作，特别是对主体钢结构的防腐防火涂装、屋面防排水、雨棚吊顶等进行监测，对局部损伤应及时修补和恢复。

（2）严格要求维护材料和设备符合国家现行标准的规定，对涉及建筑结构安全的材料，必须按国家相关规定送检或抽样复检；对围护结构防排水系统以及建筑装饰材料等非主体结构构件及设备设施系统应根据产品使用寿命和实际使用年限，及时进行必要的检查和更换，更换时以不损伤与其相连的主体结构和不超出规范允许为前提。

（3）在日常使用过程中，重视自然界不可抗力对建筑的影响，采取有效预警和积极的应对措施，当遭遇超出设计标准的特大风雨雪以及地震等自然灾害时，应及时检查建筑有无异常，并采取迅速有效的办法，最大限度地减小和避免突发灾害对建筑的破坏及人员的损伤。

（4）注意检查屋面排水系统是否漏水畅通，严查雨水口管天沟檐沟是否堵塞，是否影响主体结构钢结构的安全；在每年雨季、冬季前进行安全大检查并进行彻底清扫，发现问题及时维修，并做出维修保养记录，如在雨季中要采取临时防雨措施。

（5）在每年雨季及遭遇强风天气的前后，要进行检查，若发现破损及时修补，保证相关构件构造安全有效；维护时要注意安全，不能破坏建筑物原有的防水层、保温层、涂装层。

（6）严禁在防水层和保温隔热层上凿扩洞；严禁重物冲击；不得任意在屋面上

堆放杂物及增设构筑物,并应经常检查节点的变形情况,在需要增加设施的屋面上,应做好相应的防水处理。

(7)屋面其他部分(屋脊、泛水天沟、老虎窗、水落管等)应根据损坏程度进行修复或拆换,以保证正常使用;应定期对钢构件主体现状进行检查,包括构件连接板材相关配件的使用状况,做好记录,以保证结构安全,必要时可请专业单位对结构现状做出安全鉴定。

5.3.3 站房节能降耗管理

站房运营节能降耗通常以提高设备使用效益为核心,以节水、节电、节能和合理利用能源为重点,培养、强化使用者的节约观念,达到节能的目的。通过节能管理,建立适应现代化铁路站房发展的节能降耗管理的新格局。

节能降耗,就是应用技术上现实可靠、经济上可行合理、环境和社会都可以接受的方法,有效地利用能源,提高用能设备或工艺的能量利用效率。随着客站规模、现代化科学技术手段等不断应用,站房能耗不断增加,成为铁路运营成本的一项重要组成部分,直接影响铁路经营效益,因此,在低碳背景下开展铁路客站节能降耗势在必行,应主要从以下几个方面做起:

(1)挖掘节能潜力。通过对用能系统、用能设备的能源统计和能效分析,将电扶梯、热风幕、照明、供暖、生活热水、中央空调、供水等系统与新型用能效率高的系统相比,挖掘节能潜力,并通过设备改造、精细化管理等手段实现能效提升,节约能源资源。

(2)提高管理能力。铁路客站在节能降耗管理与机制建设方面做了大量工作。但大型站房用能总量大、用能范围广,在节能管理人力配备、资金投入等方面还跟不上节能管理的要求,特别是由于人员流动性大等特点,各级节能管理网络未发挥更大的作用,进一步加强节能管理网络和制度建设尤为重要。

(3)提升节能意识。客站属于大型公共场所,部分旅客与职工存在用能量与己无关的思想,未形成随手关灯、关水的良好习惯,造成较大的能源浪费。管理中应通过各种形式开展节能与环保宣传,提高旅客和职工的节能意识。

(4)完善节能措施。建立能源资源消耗统计制度和能源消费节约潜力分析制度,定期分析能源消费状况,寻找耗能超标的问题,分析原因,掌握规律,积极研究探索节能降耗的有效对策。

(5)增加技改资金投入。加大对节能技改必要的资金投入,通过技术改造来寻找节能潜力,包括技术革新和提高能源效率,提高研发水平;实施各项节能改造工程项目,加快设备升级换代和结构调整;找准节能重点,积极发展节能环保的新能源,提升节能效益。

5.3.4　站房保洁保养管理

1. 保洁管理的内容

保洁管理主要包括以下方面：

（1）站房内所有公共部位和公共设施保洁（候车区、购票区、卫生间、出站层、站台层、电扶梯、商业区等）。

（2）站房内办公区保洁（办公区办公室、会议室等）。

（3）站房内外雕塑、景观、小品等保洁。

（4）站房内外环境消毒、病虫害防治等。

（5）站房内建筑物表面装饰类材料的专业保养，如地面保养、墙面保养、屋面保养等。

（6）站房外与市政设施交接处（铁路范围）的保洁。

（7）站房内垃圾分类收集和清运。

2. 保洁的要求

铁路站房保洁工作由车站委托专业保洁公司负责，保洁的主要目标是保持站房内环境舒适，主要做到以下方面：

（1）外围区域保洁，主要有落客平台、进出站楼扶梯、进站道路、标志、标牌、灯柱、栏杆、消火栓（箱）围栏、绿化带、玻璃围挡等。

（2）站房内公共区域，主要有石材地面、墙面、铝板、卫生间墙地面、洁具、饮水机、顶棚天花板、售票台面、玻璃、玻璃栏板、栏杆、垃圾箱、动静态标志、照明灯具、电扶梯、楼梯、商业公共区等。

（3）办公区域，主要有办公室、更衣室、办公桌、会议室、文件柜、电话机、空调风口、显示屏、地毯清洗等。

（4）建筑物表面，主要有石材养护、铝板、幕墙、屋面、落水管等。

（5）设备区，主要有高低压配电设备、配电箱、空调机组、冷水机组、消火栓等。

（6）站房内垃圾分类收集清运，主要有对站房候车区域、职工办公区域、商业餐饮区域等场所产生垃圾分类收集、临时存放、及时清运，做到日产日清，定期消毒，蚊蝇消杀，确保存放点干净、无异味，收集清运时不产生二次污染。

（7）站房区域内环境消毒，主要有公共设施、候车区、购票区、商业区、公共走道、电扶梯、卫生间、会议室、办公室、进出站闸机、垃圾箱（房）等。

（8）病虫害防，主要有为了确保站房内旅客及工作人员健康、设备安全，杀灭或清除病原微生物传播媒介物，切断传染病的传播途径，最大限度地降低虫害的密度，维护好良好的环境。

5.4　铁路客站典型设备的维护要点

5.4.1　站房客服系统的维护要点

1. 客服系统维护的特性

1）系统的可靠性

客运服务系统在使用中的维护事宜,除了需要在出现故障后进行快速解决,更重要的是进行对故障的事先预防和系统实施前的规划。把预防、日常维护、故障排除和应急服务合理有效地结合在一起,使整个服务方案能够最大限度地提升和保障系统运行的效率。

2）系统的经济性

保障设备得到正确的使用和维护,提高设备的使用效率和寿命,达到设备综合使用成本最优化的目的。

3）系统的效率性

当系统或设备出现故障后,根据具体情况进行远程和现场服务,能够快速响应、及时解决,从而使系统客户能更加顺利地进行工作,保障工作效率。

2. 客服系统维保的内容及范围

1）主要内容

客服系统维保的主要内容包括系统日常维护、重大事件保驾护航、客运服务系统的升级、对设备的合理保养,针对业务操作人员的培训、应急演练、各系统日常巡检、系统的安全防护、各种设备的原厂服务、备品备件等。

2）主要范围

客服系统维保的主要范围包括集成平台、广播系统、导向揭示系统、视频监控系统、查询系统、求助系统、时钟系统、寄存系统、自动检票机、自动售票机、人工售票机、机房网络设备、机房服务器等客服子系统(见《客运专线客运服务系统维护维修设备清单》),确保各个系统正常稳定地运行。

3. 客服系统巡检

(1)日巡检:客服系统设备实行不间断轮检,并及时填写巡视检查记录(详见《客运专线旅客服务系统维护维修日常工作流程及规范》)。

(2)月巡检:每自然月加强人手对站内设备做月检,并及时填写巡视检查记录。

（3）春运、暑运、"五一"、"十一"等节假日及重大政治活动前，维保单位组织重点设备供应商联合进行深度巡检。

（4）每年 12 月份提交次年的巡检计划报铁路局、车站审批，每月 20 日前与铁路局、车站确认下月巡检计划。

4. 客服系统维护保养

（1）供电设备维护保养：对供配电设施（导线、开关、多用插座等）检查、双路输入配电切换应每半年不少于一次；UPS 电池组带负载放电应每季不少于一次。

（2）机房设备维护保养：确保机房供配电设施状态良好，无损坏、过热、老化、接插不良等问题，多用插座不应串接使用；电流表、电压表、输入/输出指示灯应显示正常；电源设备、开关、配电柜等应标记齐全、清楚。

（3）终端设备易损件维护保养：确保终端设备的日常维护保养工作。

（4）深度清洁保养：除日常清洁保养以外，每年为车站服务对象清单内的设备提供两次深度除尘服务。

（5）建立维护保养记录：维护工程师应保持设备常态良好并建立设备维护记录。

5. 客服系统故障处理

1）客服系统故障处理的要求

（1）制定简明、完整、可操作性强的日常故障处理流程规范及应急处理预案，并上报铁路局主管部门审核。

（2）除恢复性维修以外的设备维修工作，维保单位将安排在夜间车站无客运业务时段进行。

（3）当出现设备故障时，现场维护工程师必须立即响应，判断故障级别，如果维修过程不会影响车站客运业务，立即进行故障检查和排除；如果维修过程影响车站的客运业务，立即通知车站及铁路局相关科室并在取得同意的情况下对故障进行排查和处理。

（4）对于在巡检中发现的各类危及信息安全的情况，现场维护工程师必须在第一时间向铁路局指定的相关部门进行汇报，在得到确认后，迅速组织故障处理。

（5）针对客服系统，维保单位公司本部建立专家团队，配备专业技术人员，对驻站维护工程师提供 7×24 小时响应，缩短故障解决时间。

（6）对于所有的故障处理和现场维护工作，现场工程师需整理归档，并定期上报铁路局相关部门。

2）客服系统故障处理类型

（1）一般故障处理。当故障发生时，车站方判断故障等级及造成的影响，上报驻站售后,驻站售后进行处理;若不能解决可进行电话求助,或者按故障处理流程图进行逐级上报,由技术支持工程师、高级技术工程师进行处理。

（2）系统故障。技术专家进行故障诊断,并通知维保经理;就近调配技术人员,到现场进行故障诊断;若故障原因明确,则采用相关的故障解决流程;若无法诊断故障,通知原厂商共同诊断故障设备;查明结果后,解决故障;工作完成后,向用户提交《故障分析处理报告》。

（3）硬件故障。技术专家进行故障诊断,并通知维保经理;若硬件故障,立即现场更换;若本地仓库中无此备件,立即从上一级备件库中调配,在 6 小时内将备件送到客户现场;充分利用夜间无客运业务时段进行维修,确保系统在第二天开班之前恢复运行;技术人员将损坏设备带回,交由备件管理人员处理;工作完成后,向用户提交《故障分析处理报告》。

（4）软件故障。由技术专家根据现场故障现象进行诊断,并依据诊断结果通知现场维护工程师进行软件恢复工作;若 15min 内未能完成恢复工作,立刻派遣维护维修工程师到现场进行系统软件恢复工作;完成软件修复工作后,协助客户恢复数据,确保业务系统在最短时间内正常运行;工作完成后,向用户提交《故障分析处理报告》。

5.4.2　消防设施维护要点

依据有关消防法规及相关规范和《消防设施维护保养细则》,维管人员要经常对站房内的所有消防设施进行检查、维护。

1. 消防设备管理要求

（1）所有安全及疏散指示牌必须保持良好状态,停电后仍正常工作。

（2）所有消防设备应每月测试一次,若发现故障应马上维修并记录。

（3）任何消防设备安装于机房内,应每星期检查一次。

（4）消防系统主机应每月测试一次,若有故障应马上维修并记录。

（5）消防水泵应保持良好状态,阀门没有被人误关及消防水箱水位正常。

（6）填写完整消防保养记录。

（7）每年应有一次消防演习。

2. 维护保养的要领和方法

1）火灾自动报警系统

（1）检查消防控制室工作环境以及火灾报警控制器、联动控制器、楼层复示屏、控测器、手动报警按钮等是否处于正常完好状态。

（2）检查火灾报警控制器自检功能、消声复位功能、故障报警功能、火灾优先功能、报警记忆功能和主备电源自动转换功能,确认处于正常状态。

(3) 对非智能系统按安装总量的10%采用专用检测设备对控制器进行模拟火灾响应试验和故障报警试验,智能系统有自诊断功能免加温加烟试验。

(4) 按安装总量的10%进行手动报警按钮模拟火灾响应试验和故障报警试验。

(5) 测试手动或自动试验相关消防联动控制设备的控制和显示功能。

2) 自动喷水灭火系统

(1) 检查消防泵房的工作环境、消防泵、稳压设备、电源控制柜、湿式报警阀、管网、喷头、水泵接合器、储水设施。

(2) 手动启动电动消防泵,并模拟自动控制条件自动启动消防泵,进行主、备泵切换功能试验。

(3) 检验水流指示器、压力开关的报警功能、自启动泵功能和信号显示是否正常。

(4) 利用报警阀上的放水试验阀放水,试验系统供水,试水力警铃和压力电气信号。

(5) 试验与消防控制室联动控制功能、信号反馈。

3) 消火栓系统

(1) 检查消防泵房的工作环境、消防泵、稳压设备、电源控制柜、湿式报警阀、管网、阀门、水泵接合器、室内外消火栓、储水设施等是否处于正常完好状态。每月手动启动电动消防泵,并模拟自动控制条件自动启动消防泵,进行主、备泵切换功能试验。

(2) 按安装数量的10%试验远距离启泵按钮,检查自动启泵功能和信号显示是否正常。

(3) 屋顶消火栓或最不利点消火栓出水试验,检查管网压力和水质。

(4) 试验与消防控制室联动控制功能、信号反馈是否正确。

4) 防火分隔系统

(1) 检查防火门、防火卷帘门周围有无门正常开启的障碍物,门是否处于正常启闭状态。

(2) 每季度按安装数量的10%试验自动方式启动防火门、防火卷帘门。

(3) 按安装数量的10%试验手动按钮启动防火卷帘门。

(4) 通过消防控制室进行联动试验,检查防火门防火卷帘门动作及反馈信号是否正常。

5) 防排烟系统

(1) 检查送风、排烟机房的工作环境、送风机、排烟机电源控制柜、送风口、排烟口、防火阀等是否处于正常完好状态。

（2）每季度按安装数量的 10％试验自动方式打开排烟口，启动送风机、排烟机，并测试前室、楼梯间的正压值。

（3）每季度试验自动方式关闭空调系统、电动防火阀。

（4）每半年按安装数量的 10％试验手动关闭防火阀。

（5）通过消防控制室进行联动试验，检查送风机、排烟机、防火阀等动作及反馈信号是否正常。

6）消防通信设备

（1）检查电话插孔、重要场所的对讲电话、播音设备、扬声器等是否处于正常完好状态。

（2）按安装数量的 10％试验电话插孔和对讲电话的通话质量。

7）气体灭火系统

（1）检查贮瓶间及防护区的工作环境、贮气瓶、选择阀、液体单向阀、高压软管、集流管、阀驱动装置、管网、喷嘴、紧急启动按钮、声光报警装置。

（2）灭火剂贮存容器进行承重检查，灭火剂净重不得小于设计量的 5％。

（3）对每个防护区进行一次模拟自动启动试验。

8）应急照明及疏散指示系统

（1）检查安全出口、疏散通道、重要场所的应急照明或疏散指示标志。

（2）按安装数量的 10％试验应急照明或疏散指示灯的工作照度和疏散照度。

9）移动灭火器

（1）检查灭火器的种类、数量、设置位置、标志等是否符合要求。

（2）按照总数的 10％检查灭火器压力、重量、有效期是否合格，必要时做喷射试验。

10）其他消防设施

（1）试验自备发电设施能否正常切换及发电。

（2）试验消防电梯的迫降功能。

（3）试验消防电源的末端切换功能。

（4）进行非消防电源切断试验。

（5）检查消防疏散通道是否畅通。

5.5　铁路客站的健康监测

5.5.1　健康监测概述

1. 健康监测的发展历程

Housner(1997)等将结构健康监测定义为一种从运营状态的结构中获取并处

理数据,评估结构的主要性能指标的有效方法。健康监测结合了无损检测和结构特性分析,通过对结构状态的监控与评估,当结构出现严重异常状态时触发预警信号,为结构维护、维修和决策提供依据与指导。

土木工程事故(如桥梁的突然折断、房屋骤然倒塌等),会造成重大的人员伤亡和财产损失,已经引起人们对重大工程安全性的关心和重视。地震、洪水、暴风等自然灾害和极端天气对建筑物与结构会造成不同程度的损伤。既有结构的安全运营越来越引起人们的密切关注。1994 年 10 月 21 日,韩国首都首尔市内连接汉江南北的圣水大桥中间约 50m 的桥梁突然塌落;1999 年 1 月 4 日,重庆市虹桥使用仅 222 天即发生坍塌事故;2001 年 11 月 6 日,宜宾南门大桥突发悬索即桥面部分断裂。面临着不断发生的结构破坏安全事故,实际工程中对重要结构进行健康监测的需求越来越强烈。工程结构检测技术、计算机通信与控制技术、工程结构解析与损伤诊断分析技术、海量数值信号的处理与管理技术、拟人的思维推理和损伤症状判别等技术领域的快速发展,对生命线工程以及重要结构物智能化的长期在线监测与安全评价系统已经成为一个新兴的蓬勃发展的学科。我国在 2012 年颁布实施了《结构健康监测系统设计标准》(CECS 333—2012),进一步规范了健康监测系统的设计、施工和系统运营的相关问题。

结构健康监测系统发展经历了两个阶段。

(1)"监测"阶段。随着工程结构检测技术、计算机通信与控制技术、工程结构解析与损伤诊断分析技术的发展,人们已经能够从结构中获得相关的信息。

(2)"诊断"阶段。通过"监测"阶段数据的监测,人们将获得海量的监测数据,但是这些海量数据如何处理,如何获得有用的关键信息,是人们研究的热点。

2. 健康监测的目的与意义

客站结构健康监测系统的主要理论和实践意义如下:①设计验证,确保结构安全;②及时发现结构损伤;③为维护管理提供技术依据。

1)设计验证,确保结构安全

与传统的检测技术不同,客站结构健康监测不仅要求在测试上具有快速大容量的信息采集能力,而且力求对客站结构整体行为的实时监控和对客站结构状态的智能化评估。同时,对于大型或复杂客站结构的力学和结构特点以及多变的实际环境,在设计阶段完全掌握和预测结构的力学特性与行为非常困难。另外,结构理论分析常常基于理想化的有限元离散模型,且分析时常常进行很多假设,这些假设与真实条件不完全相符。因此,通过安装在客站结构上的健康监测系统所获得的实际结构的动静力行为来验证理论模型、计算假定就有重要意义。

客站结构健康监测信息反馈与结构设计的更深远意义在于,客站结构设计方法与相应的规范标准等可能得以改进;对客站结构在各种使用条件和自然环境下的真实行为的理解以及对环境荷载的合理建模将是实现"虚拟设计"的基础。同时健康监测带来的不仅是监测系统和对某特定结构设计的反思,还可以成为结构研究的"现场实验室",结构控制和健康评估技术的深入研究与开发也需要结构现场实验和调查。

在复杂客站结构设计阶段,许多因素具有不确定性,荷载方面如风荷载的最大风速、功率谱主要成分、风攻角以及空间相关性等。另外,复杂客站结构本身就具有力学和结构上的复杂性,设计阶段完全掌握和预测结构的力学特性与行为是非常困难的。因此,在设计阶段通常采用较大的安全系数(也就是较大的设计冗余度)来保证结构的安全。在复杂客站结构上安装监测系统不仅可以对荷载和结构响应进行监测,还能为结构的静力和动力性能分析提供实时数据,从而能对结构设计假设进行验证,判断结构的安全性。

2)及时发现结构损伤

复杂客站结构在荷载长期作用下,不可避免地会产生刚度退化,从而产生损伤。因此,客站健康监测系统核心就是损伤识别能力,在客站结构发生破坏前尽早发现客站结构刚度退化和损伤,为客站结构安全提出预警。

3)为维护管理提供技术依据

复杂客站结构使用过程中其结构承载能力不断退化,为了保障铁路运输安全就必须对客站结构进行维修养护。但是什么时候进行维修养护?每次维修采取什么维修方法?要解决这两个问题就必须了解结构的健康状况和荷载状况,所以安装结构健康监测系统,实时对客站进行"试验"成为较好的选择。

3. 健康监测技术的使用概况

1)国外健康监测系统使用概述

在国外,结构健康监测系统已有较多的应用,除应用于大跨桥梁外,已经开始应用到高层复杂建筑的监测。日本的明石海峡大桥为主跨 1991m 的 3 跨双铰悬索桥安装了一套监控系统,该系统在观测中,采用 GPS 来监测梁和塔的变形;通过测量主缆的温度和跨中竖向位移的 GPS 值,然后校核与回归线的偏差,来诊断悬索桥是否存在异常,传感器安装如图 5-1 所示。德国在柏林的莱特火车站大楼安装了健康监测系统。该火车站大楼的屋顶由几千个玻璃方格组成,要求相邻支柱的垂直位移差不超过 10mm。葡萄牙在达伽马桥上安装了健康监测系统,布置有两套 16bit 的 GSR-16 三维强震数据记录器,另有两套扫描式三维运动记录器布置在桥面的 25 个不同位置。连接丹麦和瑞典的厄勒海峡大桥上安装了一套用于永久监测的连续监控系统,监测结构的静力及动力荷载、风荷载、应变、加速度和周围环境的温度、湿度等。介于新加坡和马来西亚的 Second Link 桥上安装了健康监测系统,布置了 4 组数据记录仪、12 个线振应变仪、44 个热电偶和 1 个三维加速度传感器。

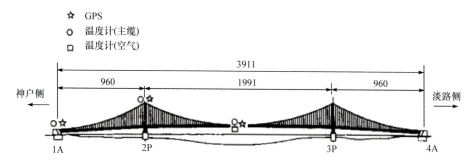

图 5-1　明石海峡大桥 GPS 测量仪及温度测量仪的布置图(单位:mm)

2) 国内健康监测系统使用概述

在国内,近几年结构健康监测系统的应用逐渐增多,但由于健康监测系统集成技术复杂,成本昂贵,我国的健康监测系统多应用于大跨桥梁。虎门大桥安装了健康监测系统。该系统主要包括虎门大桥三维位移 GPS 实时动态监测系统和虎门大桥应变监测数据处理系统。国道 205 线山东滨州黄河公路大桥安装了一套健康监测系统。该系统用于进行传感器信号的采集,并将所有信息输入数据库中;通过阈值触发调用 MATLAB 进行数据处理和分析,调用 ANSYS 进行结构分析;采用大型网络数据库系统 SQL Server 2000 作为系统的核心数据库。该健康监测系统传感器子系统包括超声风速仪和涡轮式风速仪、光纤光栅温度传感器、光纤光栅应变传感器、力平衡式和压电式加速度传感器、GPS 位移计。杭州文晖大桥的健康检测的传感器子系统由全站仪、温度传感器、超低频压电式加速度传感器、钢弦式应变计、索力仪和数据采集器等组成。

目前,铁路客站健康监测主要包括两部分:第一部分为客站施工过程中的监测;第二部分为客站运营阶段的监测。

(1) 施工过程监测。为适应现代交通需求和与地方融合,铁路客站多采用大跨、复杂空间钢结构。客站施工过程监测包括基础施工监测、钢结构吊装监测等。

基础施工监测主要包括客站结构竖向位移监测、围护墙侧向土压力监测、结构物倾斜监测。钢结构吊装因结构不同,采用的施工方法会有所差别,但监测的主要内容有吊装过程中关键构件和节点的受力状态监测、结构整体变形和振动监测、现场施工环境监测等。图 5-2 为沈阳北站钢结构吊装示意图。

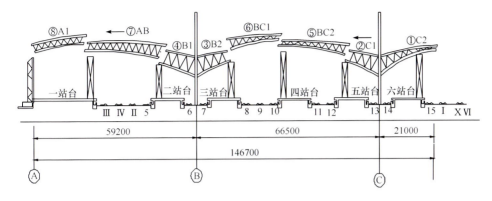

图 5-2　沈阳北站钢结构吊装示意图(单位:mm)

（2）运营监测。现代大型复杂客站健康监测主要监测以下项目:结构环境监测(风速场、温度场)、结构的振动和稳定性监测、结构和支座沉降变形监测、主要构件与关键节点的受力状态监测、结构构件节点焊缝和锈蚀工作状态监测。目前铁路客站安装健康监测系统较少,于家堡站和兰州西站根据需要安装了健康监测系统。

5.5.2　铁路客站的健康监测关键技术

1. 监测系统的组成

通常意义上,客站结构健康监测系统由以下四个子系统组成,系统框架如图 5-3 所示。

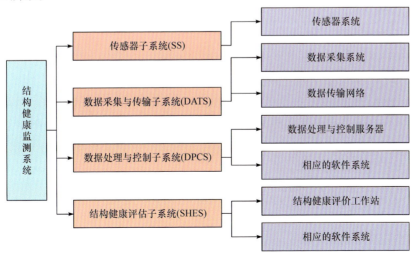

图 5-3　结构健康监测系统框架图

根据各系统功能所处层次的不同,结构健康监测系统的功能实现可分为以下四层。

(1) 数据采集层。安装于客站各关键部位的传感器获取的信号,通过电缆或光缆接入采集系统。数据采集层的主要工作是采集接入采集系统的数字信号或模拟信号。模拟信号一般是电压、电流及光信号,通过采集卡采集数据。

(2) 数据预处理及传输层。一般而言,传感器信号激励较弱,特别是毫伏级别的信号在传输过程中更容易受到干扰。同时,需要将电压或电流信号转化成具有工程单位量纲的值,所以在数据采集层后需要进行数据预处理,预处理一般包括信号放大、信号调理、信号转换和工程单位转换等,通常这些工作都是在数据采集系统中完成的,数据采集系统将传感器系统采集的各种传感器信号通过预处理转换成数字信号,然后通过传输网络将预处理后的数据传输至数据处理与控制系统中。

(3) 系统控制与数据处理层。系统的控制和数据处理工作由数据处理与控制系统来完成,内容如下:①对传感器系统和数据采集系统的运行进行控制、管理;②对所有来自数据采集系统的数据进行选择、处理、分析、显示;③数据的入库和出库操作;④管理系统数据库。

(4) 结构健康评价层。结构健康评价工作由结构健康评价系统来完成,内容如下:①分析、解释监测数据,并将其与定期的历史检测、监测数据和设定的标准数据进行对比;②对监测的结构进行高级有限元分析,如结构的非线性静动力分析、抗风抗震分析、结构的稳定性分析和结构损伤分析;③显示、存档/存储所有分析结果;④生成结构健康监测报告和评估报告。

2. 监测内容与测点布设

1) 传感器布置原则

从监测理论和全面掌握结构响应的要求上说,健康监测系统安装尽可能多的传感器有利于获得更全面的结构响应信息。但由于经济和结构运行状态等方面的因素,在整个结构的所有自由度上安置传感器既不可能也不现实。通过尽可能少的传感器来获取可靠而全面的客站结构健康状况信息,就是客站结构健康监测系统传感器子系统传感器布设的根本原则。因此,如何选取关键部位、关键构件就显得尤为重要。

传感器布设的依据是先建立有限元模型,对客站结构进行数值仿真模拟,找出结构的关键部位和关键构件,然后在这些关键部位、关键构件上布设少量的传感器。

在布设传感器时应根据对结构的具体项目要求和系统实际应用条件,力争实现"监测完整、性能稳定兼顾性价比最优",还要考虑结构状态、体系和形式以及经济条件，并结合具体监测内容和目的选择适宜的传感器类型与数量。

传感器测得的数据应对实际结构的静、动力参数或环境条件变化较为敏感，应能充分并准确地反映结构的动力特性，测得的参数应能够与理论分析结果建立起对应关系，能通过合理添加传感器对敏感区域进行数据重点采集，传感器布设可合理利用结构的对称性原则，达到减少传感器的目的。传感器的布置宜便于安装和更换，还应考虑传输距离。另外，宜在结构反应最不利处或已损伤处布置。

2）传感器选型

首先应建立比较精确的力学模型，对结构的内力分布和动力特性作全面的分析，并结合监测数据确定结构静动力反应较大的部位和需要监测的结构反应类型、监测参数及可能出现的最大值。然后利用力学模型分析计算得到的结果、工程经验判断，确定传感器需要满足的精度、量程。最后选择操作方便、耐候性好、稳定和抗干扰能力强且精度合适的数据采集及信号通信系统，保证监测结果的可信度。监测量的大多数值宜为量程的 $80\% \sim 90\%$，且最大工作状态也不应超过量程，同时应根据监测参数和传感器类型选择适当的采样频率。但是在对结构加速度等动态反应进行监测时，传感器采样频率应为需监测到的结构最大频率的 2 倍以上，采样频率宜为结构最大频率的 $3\sim 4$ 倍。选择的传感器应具有良好而稳定的线性度、灵敏度、信噪比和分辨率；在对结构位移及应变等反应进行监测时需要满足较高的线性度要求。

3）监测内容

根据结构特点和监测项目，客站健康监测系统主要监测内容有环境监测（风速场、温度场）、结构挠度监测、结构应力监测、加速度监测。图 5-4 为于家堡站监测测点布设。

3. 状态识别与健康评估

健康监测系统在"监测"的基础上采集到海量的数据，然后就是从这些海量数据中分析提取需要的数据对结构进行"诊断"。"诊断"的主要内容包括结构模态识别、结构损伤识别、结构健康评估。

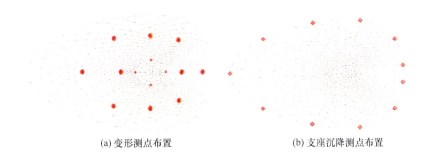

(a) 变形测点布置　　　　　　　　　(b) 支座沉降测点布置

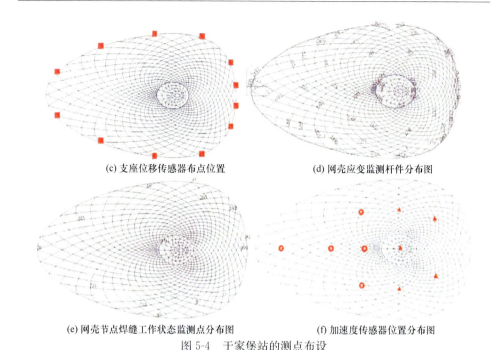

　　　　　(c) 支座位移传感器布点位置　　　　　　　(d) 网壳应变监测杆件分布图

　　(e) 网壳节点焊缝工作状态监测点分布图　　　　(f) 加速度传感器位置分布图

图 5-4　于家堡站的测点布设

1) 结构模态识别

结构模态识别是通过结构振动监测数据，获取结构自振频率、振型、阻尼比、模态刚度、模态质量、结构动力特性参数，为结构模型修正及损伤识别提供基础数据。模态识别的方法可以采用频域识别方法、时域识别方法和时频域识别方法。

2) 结构损伤识别

客站结构在长期使用荷载、突发偶然荷载等荷载作用下，部分构件可能会发生损伤。损伤识别是根据监测得到的数据来识别损伤位置、损伤程度等损伤信息。损伤识别由浅入深逐次分为损伤判断、损伤定位、损伤定量、损伤评估，其要求应符合下列规定：

(1) 损伤判断应给出结构是否发生损伤的明确判断，并对相应的判断准则或阈值进行说明。

(2) 损伤定位宜给出具体的结构损伤单元或损伤构件的位置。

(3) 损伤定量应给出发生损伤的单元或构件的损伤程度。

(4) 损伤评估应对结构损伤后的性能退化作出综合评估，对结构损伤后的剩余寿命进行预测。

损伤识别的方法主要有以下几类：

(1) 静力参数法，采用结构刚度（包括结构单元刚度）、位移、应变、残余力、材料参数如弹性模量、单元面积或惯性矩等进行损伤识别。

(2) 动力参数法，采用固有频率比、固有振型变化、振型曲率、应变模态振型、

MAC、COMAC、柔度曲率、模态应变能、里茨向量等进行损伤识别。

（3）模型修正法，如矩阵型修正方法、元素型修正方法、误差因子修正方法（子矩阵修正方法）、设计参数修正方法。

（4）结构损伤识别也可采用神经网络法、遗传算法、小波变换、希尔伯特-黄变换方法（HHT 方法）等。

3）结构健康评估

客站结构健康评估是根据监测系统监测到的数据，通过数学方法分析得到客站的安全状况和结构可靠度。结构健康评估应遵循的原则如下：

（1）结构在规定的设计使用年限内应具有足够的可靠度。

（2）结构在施工和设计使用年限内应满足在正常施工与正常使用能承受可能出现的各种作用、在正常使用时具有良好的工作性能、在正常维护下具有足够的耐久性、在设计规定的偶然事件发生时及发生后仍能保持规定要求的整体稳定性。

（3）施加在结构上的荷载宜采用随机过程概率模型描述。

（4）结构构件的可靠指标宜采用考虑基本变量概率分析类型的一次二阶矩方法进行计算。

健康评估可采用的方法分为确定性方法和可靠度分析方法两类，其中确定性方法包括层次分析法、极限分析法，可靠度分析方法包括构件可靠度分析法、体系可靠度分析法。

5.5.3　代表性客站健康监测技术应用实例

1. 兰州西站

1）监测内容

兰州西站主要监测内容包括钢结构关键部位应力和温度监测、振动加速度监测、客站屋盖结构的风环境与风压监测、地震动监测。

2）钢结构关键部位的应力监测

结构的内力和位移是结构外部荷载作用效应的重要参数，其中内力是反映结构受力情况最直接的参数，跟踪结构在建造和使用阶段的内力变化，是了解结构形态和受力情况最直接的途径，也是判断结构效应是否符合设计计算预期值的有效方式。对结构关键部位构件的应力情况进行监测，把握结构的应力情况，可以确保结构的安全性。其测点布置方案如下：

（1）主客站Ⅰ区框架柱应变测点分布图见图 5-5，共计 12 根柱子，48 个应变测点。

（2）主客站Ⅱ区框架柱应变测点分布图见图 5-6，共计 4 根柱子，16 个应变测点。

（3）主客站管桁架测点布置于Ⅰ～Ⅲ区钢屋盖的 8 榀管桁架中。Ⅰ区管桁架应变测点分布图如图 5-7 所示，共计 48 个应变测点。

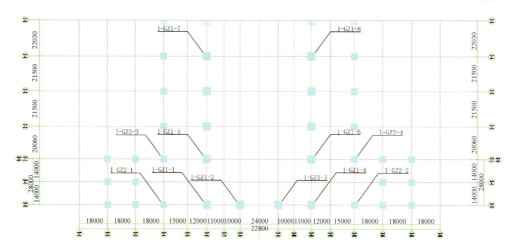

(a) Ⅰ区应变测点分布图

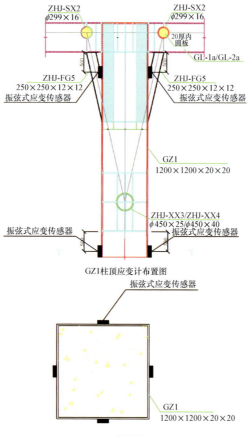

GZ1柱顶应变计布置图

1-1剖面图

(b) GZ1应变测点布置图

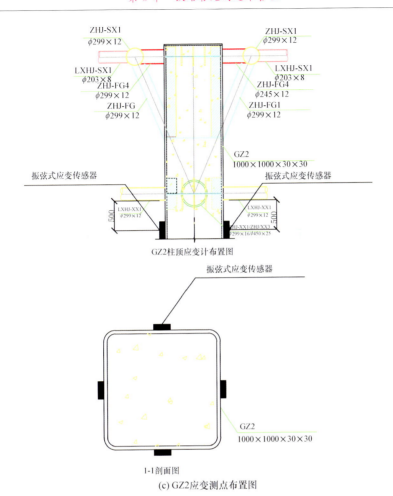

(c) GZ2应变测点布置图

图 5-5　主客站Ⅰ区框架柱应变测点分布图(单位:mm)

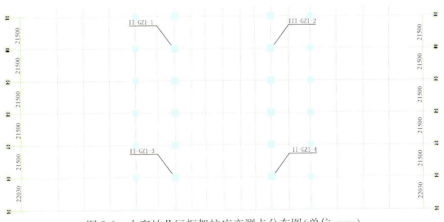

图 5-6　主客站Ⅱ区框架柱应变测点分布图(单位:mm)

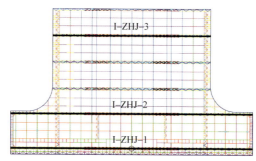

(a) 平面布置

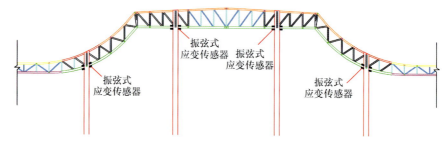

(b) I-ZHJ-1应变测点布置图

(c) I-ZHJ-2应变测点布置图

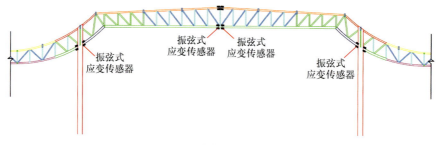

(d) I-ZHJ-3应变测点布置图

图 5-7　Ⅰ区钢管桁架应变测点布置图

3）钢结构关键部位温度监测

现代结构体系建造和使用过程中，结构构件表面的日温差、结构构件向阳和背阴处的表面温差、不同季节的温差均将致使结构产生十分明显的变形和内力。监测结构建造过程中和使用过程中的表面温度对于确定结构安装工序、确保结构安装精度以及确保结构在使用过程中的安全性具有十分重要的意义。

需要监测温度的部位可安装具备测温功能的振弦式应变传感器，以减少系统布线复杂程度。图中标注黑色实心圆的部位为安装温度测点的部位，该部位至少安装一个具备测温功能的振弦式应变传感器。客站温度测点布置图如图 5-8 所示。

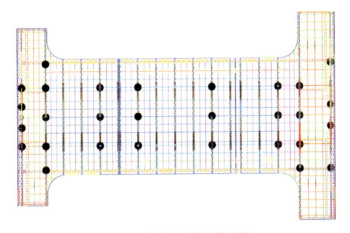

图 5-8　客站温度测点布置图

雨棚温度测点布置图如图 5-9 所示，注意图中标注矩形方框部位需要安装额外的温度传感器。

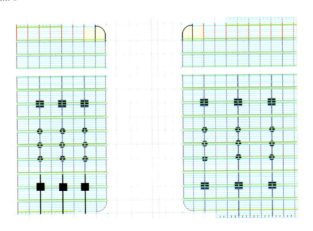

图 5-9　雨棚温度测点布置图

4）振动加速度监测

加速度信号可以用于结构的参数识别、损伤识别与模型修正。基于加速度频响函数的模型修正法可以直接利用计算和测量得到的加速度频响函数进行模型修正，使修正后模型的频响函数与实际结构的频响函数相一致，所以基于加速度频响函数的模型修正技术在结构损伤诊断中具有更实际的工程意义；利用测得的频率可以反算出结构的刚度矩阵，从而可以识别出损伤杆件。

客站屋盖结构是一个框支大跨度结构体系，主振型以水平方向为主，同时竖向动力特性也是大跨结构的重要指标。

Ⅰ区需布置 27 个加速度传感器，测点布置图如图 5-10 所示。

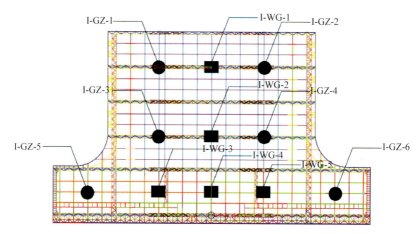

图 5-10　Ⅰ区加速度传感器布置区域

矩形方块表明在构件上表面放置 X、Y、Z 向加速度传感器各一个；

圆形表明在柱顶放置 X、Y 向加速度传感器各一个

5）客站屋盖结构的风环境与风压监测

风荷载是结构物所承受的主要荷载之一，也是导致结构体系破坏的主要因素之一。结构体系的振动加速度反映了结构在风载作用下的动力特性，也是反映结构安全性和适用性的重要指标。目前，确定结构风荷载的手段主要依靠风洞试验和数值模拟。然而，由于风洞试验大缩尺比的弱点以及雷诺数难以模拟等复杂效应，风洞试验或者数值模拟得出的结构风荷载与实际情况可能存在差异。而对于结构的风振，目前尚无有效的研究手段。因此，对于大型复杂结构，进行风压和振动加速度的监测是非常有必要的。通过监测能够检验风洞试验的结果，验证设计中风荷载选取的合理性，所以风压和振动加速度的监测是风洞缩尺模型试验研究的延续和补充。此外，由于气候条件的恶化，风环境也受到了很大的影响，对于结构物周边风环境的观测也越来越受到广大学者和工程师的关注。长期的风环境观测能够准确验证设计时结构物设计风速（设计风压）选取的合理性，也能够为结构

物万一发生风毁之后的理赔,即结构物的保险提供有力的依据。例如,上海 F1 赛车临时看台在十三级台风作用下风毁之后得到了巨额赔偿,之后的风速数据则可作为有效的参考依据。

兰州西站拟在屋盖的北端安装一个超声波风速传感仪和一个机械式风速传感仪。在屋面 C9 和 C11 轴的主桁架上方各均匀间隔布置 16 个风压传感器,共 32 个测点,测点布置如图 5-11 所示。

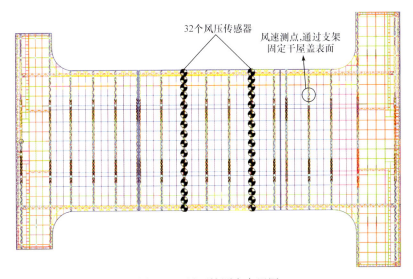

图 5-11　风环境测点布置图

6)地震动监测

兰州处于青藏高原东北部边缘,其西、北、东三个方向分别受到塔里木块体、阿拉善块体和鄂尔多斯块体的阻挡,以断裂和断块活动为特征的新构造运动十分强烈。因此,从历史背景而言,兰州具有发生中强地震的地质构造条件和历史背景。通过在客站基础大地板中央设置一台强震仪来自动记录地震在结构底部三个分量上的数据,通过地震作用监测与结构的地震响应监测相结合,建立有效的荷载-响应关系,实现地震灾害的预警及地震作用下结构的损伤识别与性态评估。设备的具体放置位置需与业主及总包协调后再行确定,一旦安放完毕,即可将数据以数据线传递的方式或无线的方式发送到最近的子站,再发送到总站。当地面运动超过强震仪触发值时,强震仪即开始实时记录,采样频率为 250Hz,可实时记录数据,根据内存进行记录,并传递到子站,然后通过子站传递到总站。

2. 于家堡站

1)工程概况

京津城际延伸线于家堡站工程地面城际客站为贝壳形的穹顶建筑,立面为双曲面的空间造型,穹顶各方向尺度比例经过充分的结构力学分析,并考虑外观美学效果。南端穹顶较陡,弧度较大,建筑最高点 24m,北端呈平缓的曲面,顶部最高处设置椭圆形孔,丰富了穹顶的立面造型,如图 5-12 所示。穹顶的外表面材料主要由 ETFE 膜、透明玻璃、铝合金构件组成,整体颜色呈现为柔和的半透明的白色。于家堡站网壳为单层网壳结构,长跨 143m,短跨 80m,高度 24m。网壳由 36 根顺时针和 36 根逆时针的钢箱梁相互编织而成,在顶部交织成 36 个点与顶部钢环梁连接,在底部也交织成 36 个钢节点与底部钢环梁连接,这样顶环梁 72 条杆件编织网+底环梁的单层网壳结构通过双向铰支座与地下结构及牛腿连接。

(a) 外部构造　　　　　　　　　　(b) 内部构造

图 5-12　于家堡站综合楼构造

2) 监测方案

(1) 监测传感器的选择与布置原则。传感器一般分为环境类传感器、外部荷载传感器、几何类传感器、结构反应传感器和材料特性传感器。按照对结构、环境监测数据敏感,能够充分反映结构特性,与结构理论分析有一定的对应关系,对称性和重点布置在结构最不利位置,便于安装、维修、更换,减少传输距离等原则,该客站共设置 503 个风速场、温度场和网壳结构振动、位移、支座沉降与环向位移、杆件应力、节点焊缝传感器,分别占监测杆件、节点、支座数量的 0.9%～33.3%。

(2) 风速场监测传感器。该客站周边建筑稠密,其风环境场复杂,属于风敏感结构。根据风洞试验和风雪飘移理论,确定作用于建筑物上的风荷载及风致振动特性,局部的雪(积冰)的漂移、荷载及其分布范围。该工程在客站顶部天窗部位设置 1 个三维超声式风速仪,对其绕流与自然风速场的极值风速和 10min 平均风速、风向角、脉动风湍流强度(包括顺风向、横风向、竖风向)、风功率、相互干扰函数等参数和环境温度,进行实时监测,并对风效应进行预警。

(3) 温度场监测传感器。由于该网壳结构属于高次超静定结构,结构温度的变化会对网壳结构杆件内力、应力和应变的分布产生重大影响。通过对不同时段阳光照射下温度场的分布情况分析,在客站东南、东北、西南和西北 4 个方向正反螺旋线钢管构件相交约 90°温度相差较大的区域,布置 26 个光纤光栅温度传感器

(图 5-5)。其中沿两个方向同时布置温度传感器，沿其他两个方向钢梁温差不大区域仅在一个方向布置温度传感器。

（4）网壳结构变形与支座沉降监测。该网壳结构内环梁的相对变形是保证该结构整体形体的关键环节之一，设置 14 个测点对网壳结构变形进行监测。其中沿内环梁共均匀布置 4 个测点，在网壳长跨方向布设 4 个测点，短跨方向布设 6 个测点。考虑到网壳结构卸载后若发生较大的支座沉降位移，会导致上部结构局部过大的应力和变形，沿底部环梁设置 11 个支座沉降测点，采用全站仪对网壳结构变形与支座沉降进行监测。

（5）支座位移传感器。该网壳结构在风荷载、雪荷载和温度作用下，网壳结构东面、南面和西面的支座位移变化相差较大，北侧支座位移较小。支座位移直接影响结构内力分布，支座位移监测与结构变形监测相结合能够更为准确地了解结构内力状态，提高结构模型修正的准确性，并对超限位移及时预警。对客站网壳结构 12 个单项滑动支座设 36 个拉伸式位移传感器。

（6）网壳结构杆件应变（应力）和节点焊缝工作状态监测。根据网壳结构在恒荷载、活荷载、雪荷载、风荷载和温度作用下杆件截面最不利正应力分布图，在地震作用、恒荷载和雪荷载作用下杆件截面最不利正应力分布图分析以及风险点判识，对第一类风险点构件的底环梁选择 4 根位于北面、东南面和西南面，承受轴力、弯矩、剪力较大的扇形截面构件与 3 根位于东面、南面和西面，主要承受轴力和单向弯矩的矩形截面构件设置光纤光栅应变传感器，顶环梁选择 3 根承受轴力、弯矩、剪力较大的构件设置光纤光栅应变传感器；对第二、五类风险点构件选择东南面、南面、西南面、东北面、西北面承受较大轴力、弯矩、剪力和扭矩共同作用且接近支座部位构件，以及南面中间区域承受较大轴力、剪力构件（共 33 根）设置光纤光栅应变传感器；对第三类风险点构件选择 15 根受力较大的入口处钢箱梁设置光纤光栅应变传感器；对第四类风险点构件选择 6 根天窗部位受力较大的构件设置光纤光栅应变传感器。网壳应变检测杆件分布。该网壳结构选择 14 个关键节点设置 45 个光纤光栅应变传感器来监测该处节点板两侧受拉区焊缝的工作状态。

（7）结构振动监测。通过对该网壳结构模态特性的分析，设置 5 个单向与 5 个双向加速度传感器，对其竖向和水平双向振动进行监测。

3）监测数据的采集与传输

该客站网壳结构设置 503 个传感器和 PXI 机箱数据模块，通过监测数据管理系统分析，将相关数据存入数据采集站、中心管理站。数据传输系统有利于提高数据对象信息应用的时效性，做到即使人员不在场，也可以通过网络了解现场监测系统的运行情况和监测参数的变化情况，并对现场服务器计算机的控制系统发出指令，从而达到远程控制的目的。监测数据传输分有线传输系统和无线传输系统，其中有线传输系统通过大量的信号传输线，把传感器与数据中心连在一起，其系统安装、维修工作量大、成本高,并且传输线对客站室内装修影响较大;无线传输系统由传感器、信号处理单元和控制单元组成,直接在传感器之间、传感器与控制中心之间通信,其对现场无线发射设备和强电磁环境的屏蔽要求高,信号有一定的干扰和衰减。该工程拟采用有线传输系统,在客站内设一间监测数据机房。

4)结构的安全评价与预警系统

按照能够保证结构有足够的安全度,能够满足可能承受的外部荷载、作用,具有良好的工作性能与耐久性能,在偶然作用下能够保证结构必要的整体稳定性能等原则,该客站确定了网壳结构周围风速统计分析模块、温度场分析模块、结构振动分析模块、网壳位移和支座沉降分析模块、支座位移分析模块、关键结构构件应力/应变分析模块、节点焊缝工作状态监测模块和结构整体安全状态分析模块共 8 个子系统的安全评价与预警系统,对网壳结构温度、变形、支座位移和构件应力、应变、加速度等信息进行分析,并对结构的有限元模型进行修正和结构损伤判识、安全评估。

网壳结构在结构监测过程中,通过计算机分析模块对可能威胁到结构运营安全和正常使用状态的可变荷载及构件内力、变形、振动等监测数据进行预警,提醒管理人员关注结构的运营与安全状况。该客站支座位移预警值为 90% 容许位移,结构变形预警值为网壳结构短向跨度的 1/400,杆件应力的预警值为 90% 材料容许应力,并设黄色、红色两级预警系统。当结构监测温度、位移支座侧向与沉降位移、网壳结构位移和构件应力、应变、加速度等数据发生异常波动,预示结构可能发生局部损伤时,给出黄色预警,提示客站管理与技术人员组织专家深入现场,认真分析监测数据,查找安全隐患,并制定维修或更换方案;当结构监测温度、位移支座侧向与沉降位移、网壳结构位移和构件应力、应变、加速度等数据接近保证结构安全使用的极限值时,预示结构可能已发生严重损伤,给出红色预警,提示客站管理者立即进行人员疏散,通过相关人员进行结构安全检查和评估。

5)使用维护方案

一般铁路客站的使用单位为车站站段,维修归铁路局房建段下属车间或工区管理。由于该工程维修部门人员介入较晚,对客站健康监测体系了解程度不够,需要制定用户维修手册。其主要内容应包括工程概述、健康监测的技术理念、监测组织机构、人员和设备与零状态初检、日常监测与软件的操作指南、报警与特殊事件的管理与处置、数据的累积与深度分析等,并对结构可能出现风险点的防范,主要传感器及传输、分析设备的保护、维修、更换,以及特殊情况的应急处理程序与处置方案等方面,提出建议。

参 考 文 献

段致国. 2010. 新型铁路客站导乘环境规范化建设的思考[J]. 中国铁路,7:26-30.

过建钢.2014.高速铁路客站客运设备设施运维一体化、信息化管理探索与实践[J].铁道经济研究,5:12-16.

胡潇帆,徐伟,谭月仁,等.2014.杭州铁路东站枢纽工程的全周期风险管理[J].建筑施工,1:87-90.

李东升,李宏男.2005.埋入式封装的光纤光栅传感器应变传递分析[J].力学学报,37(4):435-441.

李宏男,高东伟,伊廷华.2008.土木工程结构健康监测系统的研究状况与进展[J].力学进展,38(2):151-166.

李宏男,李东升.2002.土木工程结构安全性评估、健康监测及诊断述评[J].地震工程与工程振动,22(3):82-90.

李惠,周文松,欧进萍,等.2006.型桥梁结构智能健康监测系统集成技术研究[J].土木工程学报,39(2):46-52.

刘燕.2011.中国铁路客站软设施的研究与思考[J].铁道经济研究,2:21-25.

宁冉.2013.信息化成就高铁客站运营管理新高度[J].中国建设信息,24:38-41.

钱桂枫.2007.新建铁路客站运营效果调查及存在问题分析[J].铁道经济研究,6:38-44.

孙丽,李宏男,任亮.2006.光纤光栅传感器监测混凝土固化收缩实验研究[J].建筑材料学报,9(2):148-153.

张涛.2014.贝壳状钢网壳结构铁路客站健康监测方案探讨[J].铁道经济研究,5:26-31.

张天明.2012.如何在铁路客站建设中发挥运营单位提前介入作用[J].中国外资,9:27-28.

Housner G W,Bergman L A,Caughey T K,et al.1997.Structural control:Past,present,and future[J].Journal of Engineering Mechanics,123(9):897-971.

第6章 BIM 技术在铁路客站建设和管理中的应用

6.1 BIM 技术概述

6.1.1 BIM 技术简介

BIM 是 building information modeling 的缩写,中文翻译为建筑信息模型,其基本理念如下:以基于三维几何模型、包含其他信息和支持开放式标准的建筑信息为基础,利用强有力的软件,提高建筑工程的规划、设计、施工、管理以及运行和维护的效率与水平;实现建筑全生命周期信息共享,从而实现建筑全生命周期的优化。

B1M 的概念最早于 20 世纪 70 年代提出,随着 CAD 技术的出现,特别是三维 CAD 技术的发展,美国 Autodesk 公司正式推出冠以"BIM"名号的软件,经过十多年的发展应用,BIM 技术取得很大进步,已发展成为继 CAD 技术之后行业信息化最重要的新技术。

6.1.2 BIM 技术应用现状

在世界范围内,美国 BIM 的研究与应用一直走在世界前列。目前美国 BIM 技术已经广泛应用,大多数建筑商已经深刻感受到 BIM 的优点。据统计,美国工程建设行业采用 BIM 的比例在 2012 年就已经达到了 71%。2004 年美国就颁发了《国家 BIM 标准(NBIMS)》,现在已经发展到了第三版。美国联邦总务署要求,从 2007 年开始,所有大型项目都需要应用 BIM,并提交 BIM 模型。北欧国家如挪威、丹麦、瑞典和芬兰等应用 BIM 也比较早,是主要的建筑业信息技术软件 Tekla 和 Solibri 的发源地。在亚洲如新加坡、日本、韩国及中国香港,BIM 应用相对成熟。新加坡建筑管理署 2011 年发布了新加坡 BIM 发展路线规划(BCA's Building Information Model Roadmap),要求整个建筑业在 2015 年前广泛使用 BIM 技术;建筑面积大于 $5000m^2$ 的项目必须提交 BIM 模型。韩国公共采购服务中心 2010 年发布了 BIM 路线图(Roadmap),要求在 2016 年前全部公共工程应用 BIM 技术。香港房屋署自 2006 年起已率先使用 BIM,并在 2009 年发布了 BIM 应用标准(BIM User Guide)。

中国内地的 BIM 应用步伐稍晚,但近年来在政府单位、行业协会、科研机构及相关企业的积极参与和共同努力下,BIM 学习和应用掀起了一股热潮,国家在《建筑业发展"十二五"规划》和《2011—2015 年建筑业信息化发展纲要》中均明确了建筑业信息化是我国未来建筑业发展的方向,其中 BIM 是重要的发展点。在 BIM 基础研究和标准化方面,清华大学软件学院 BIM 课题组于 2010 年提出了"中国建筑信息模型标准框架",旨在制定一个与国际标准接轨并符合我国国情的开放性的 BIM 标准框架。2012 年 1 月,住房和城乡建设部发布的《关于印发 2012 年工程建设标准规范制订修订计划的通知》宣告中国 BIM 标准制定工作正式启动。经过近两年的努力,2013 年 11 月我国首部国家 BIM 标准《建筑工程信息模型应用统一标准》完成征求意见稿并公开征求意见。

2013 年,铁路总公司组织成立了"中国铁路 BIM 联盟",为铁路的 BIM 技术研究和应用提供组织支撑。目前,该联盟已有铁路总公司工程管理中心、中国铁道科学研究院、铁道第三勘察设计院集团有限公司、中铁第一勘察设计院集团有限公司、中铁二院工程集团有限责任公司、中铁第四勘察设计院集团有限公司、中铁四局集团有限公司、中建交通建设集团有限公司等单位。联盟目前正在制定 BIM 技术在铁路行业应用的各种标准、规范。

2015 年 6 月,我国住房和城乡建设部发布了《关于推进建筑信息模型应用的指导意见》,明确了 BIM 技术在建筑领域应用的发展目标、工作重点、保障措施。这标志着 BIM 技术今后会成为工程建设中的主流技术。

2016 年 12 月,我国住房和城乡建设部发布了《建筑信息模型应用统一标准》(GB/T 51212—2016),这是我国第一部建筑信息模型应用的工程建设标准,提出了 BIM 应用的基本要求,是 BIM 应用的基础标准,可作为我国 BIM 应用及相关标准研究和编制的依据。该标准充分考虑了我国国情和工程建设行业现阶段特点,创新性地提出了我国 BIM 应用的一种实践方法(P-BIM),内容科学合理,具有基础性和开创性,对促进我国 BIM 应用和发展具有重要指导作用。

6.2　BIM 技术在铁路客站工程设计阶段的应用

6.2.1　传统铁路客站设计中的问题

铁路客站设计工作涉及 30 多个专业,除了建筑、结构、给排水等专业,还包括车辆、轨道、通信信息、信号等铁路特有的专业,专业种类繁多,这给各设计专业间的协调带来了不小的难度。若沟通协调不力,各专业之间图纸出现矛盾,则会导致重复多次的返工,严重影响设计效率和质量。此外,铁路客站一般外形多变、构造复杂,传统二维图纸表达能力有限,容易令一线施工人员产生误解,从而导致错误和返工。

6.2.2　BIM 技术给铁路客站设计带来的提升

BIM 技术能够给各专业提供一个协作的信息平台。各专业在设计初期便能够通过这个平台进行有效的沟通,所有的信息都能够在平台上得到完整的体现,不同专业可以通过信息共享获取对本专业有价值的信息。这就明显减少了专业之间因协调不到位而产生的各种差错,实实在在地提高了设计效率。理想化的基于 BIM 的工作方式是:所有专业都在一个 BIM 平台上,围绕着一个 BIM 模型来进行设计工作,如图 6-1 所示,如果出现专业间的设计冲突,BIM 平台的协作机制能够很快发现并提示修改,从而实现"无错设计"。

但是由于目前的技术、制度、标准方面的种种因素,BIM 技术的应用还远远达不到"理想"的程度,只能在一些分散的环节上将 BIM 技术作为一种辅助设计手段来使用,当前较典型的 BIM 辅助设计流程如图 6-2 所示。下面介绍 BIM 技术能够对设计工作带来的提升。

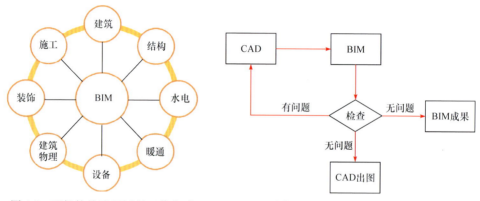

图 6-1　理想的基于 BIM 的工作方式　　　　图 6-2　BIM 为辅的设计流程

1. 三维取代二维,提升设计表现

铁路客站为大型公共设施,为了体现其地域特性、内涵,大多外形、结构复杂,如图 6-3 所示,这使得传统二维施工图的表现力成为设计瓶颈。

基于 BIM 技术,设计师可以将设计构思直接转化为虚拟的"三维模型",而不是传统的"二维平面图"。这样,可以使得设计资料的表现形式从"以二维图形为主、三维效果为辅"转变为"以三维模型为主、二维详图为辅",明显加强了设计师的表现力。

例如,兰州西站空间跨度大、外形多变、功能多,因而构造复杂,采用二维施工图则限制了设计师的想象。因此,该项目使用了 BIM 技术进行辅助设计,如图 6-4 所示。BIM 技术人员构建了 BIM 综合模型,由建筑、混凝土结构、钢结构、暖通、电气、给排水等各专业模型组成。这一系列模型使得设计师可以随意以"所见即所得"的形式来展现设计意图。

图 6-3　铁路客站举例

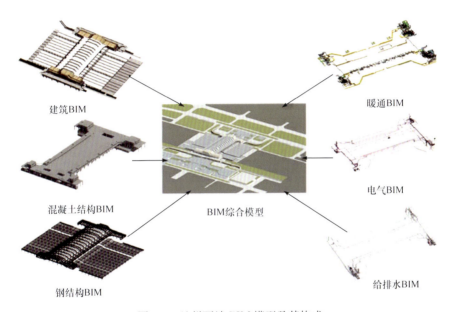

图 6-4　兰州西站 BIM 模型及其构成

2. 多角度展示设计，加深对设计的理解

大型车站外形多变、结构复杂，传统的二维施工图会给一般技术人员带来不少的"识图误解"，给施工、运维阶段带来错误和损失。而使用 BIM 技术来进行"360度无死角展示"，这些问题都将迎刃而解。

例如，在兰州西站的设计阶段，BIM 技术人员为了使项目的其他参与方能深刻理解设计意图，利用 BIM 做了各种形式的旋转、剖切、局部放大等效果，对项目的交流沟通起到了良好的促进作用。图 6-5 为兰州西站 BIM 立体分解示意图。

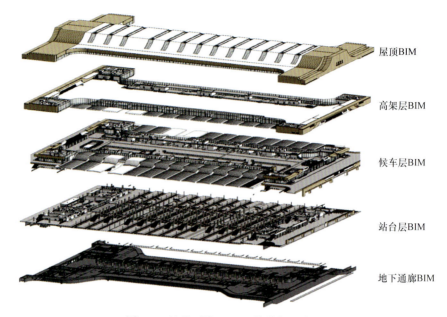

屋顶BIM
高架层BIM
候车层BIM
站台层BIM
地下通廊BIM

图 6-5　兰州西站 BIM 立体分解示意图

图 6-6 和图 6-7 为兰州西站项目的一些复杂部位的三维剖切展示。

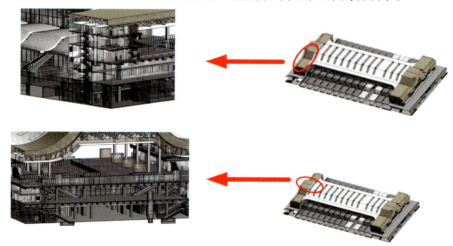

图 6-6　兰州西站 BIM 中复杂建筑部位剖切展示

　　图 6-8 为兰州西站项目的个别复杂节点的三维放大展示。

　　图 6-9 为兰州西站项目中泵房安装作业的管线、机电立体展示。

　　通过以上工作,在兰州西站的整个建设过程中,大大降低了图纸的"识图门槛",使得一般技术人员以及管理人员也可以深刻领悟设计意图,有效地降低由于误解设计意图而导致的损失。

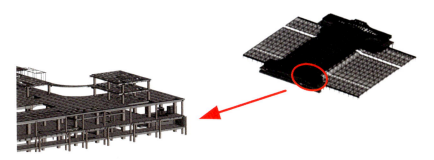

图 6-7　兰州西站 BIM 中复杂结构部位剖切展示

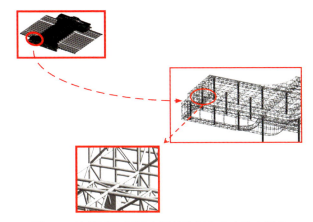

图 6-8　兰州西站 BIM 中钢结构复杂节点放大展示

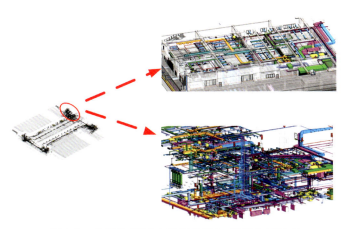

图 6-9　兰州站 BIM 中泵房的机电、管线立体展示

3. 减少设计工作量，提高效率

1）利用 BIM 自动出图

铁路客站一般体量庞大、结构复杂，要想精确地表现设计意图，传统的设计方

式需要绘制大量的二维图,如平面图、立面图、剖面图等,有时一些复杂部位可能需要出几十张剖面图和详图才能描述清楚。采用 BIM 技术能够带来本质的改变。BIM 技术以"建造"三维模型为主要工作,如果需要二维平面图,可以对 BIM 进行任意剖切,自动生成任意位置的剖面图,明显减少工作量。

2) 直接在模型上进行修改,准确、无遗漏

车站设计规模巨大、细节繁多,设计中难免要进行大量的修改工作,而传统的 CAD 施工图纸相互之间是没有任何智能关联的,所以当要对某一设计点进行修改时,设计人员必须手动地去修改所有包含此设计点的图纸(包括平面图、立面图、剖面图、详图等),不仅工作量大,而且容易出现遗漏。基于 BIM 的设计可以避免这种不方便和低效率。在 BIM 中,所有图元构件都是基于一定的逻辑关系生成的,设计文件中的各个图纸视图和模型构建等图元都是关联在一起的,任何部分的修改都能够自动反映到其他图纸视图及与模型相关的全部子项,引起关联变更。因此,整个项目中多专业协同工作在任何时刻、任何地方由任何一个专业所做的任何变更,均可确保各专业设计文件保持协调一致和完整,这明显减少了设计人员的重复劳动和错误率,节约资源、提高效率、降低成本。

4. 协同工作,及时发现专业冲突

铁路客站设计涉及 30 多个专业,车站内部管线多、配合工作量大,如果全部绘制到平面图纸上则无法分辨。BIM 技术可以提供一个统一的信息平台,各个专业同时在这个平台上,使用一个轴网空间来进行设计,这样,一旦专业间产生冲突,如水管与梁位置冲突、风管与消防管位置冲突等,BIM 平台可以智能感应到,马上提示修改,此项功能称为"碰撞检查"。通过碰撞检查,可以在第一时间发现错、漏、碰、缺等问题,明显提高建筑、结构、设备之间的沟通效率,提高设计与施工的质量。图 6-10 为 BIM 软件在某处检查出的管道碰撞。

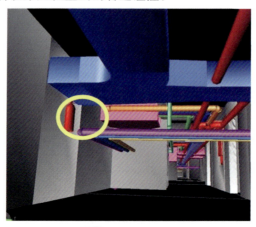

图 6-10　暖气管与风管碰撞

除了构件间的实体碰撞问题(称为硬碰撞)外,还有一类称为"软碰撞"的问题,即室内空间净高不足的问题,也是碰撞检查可以检查出来的。图 6-11 为 BIM 软件在某处楼梯上检查出的楼梯空间净高不足的问题。

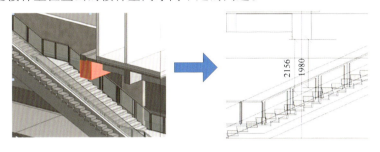

图 6-11　净高检查(单位:mm)

以兰州西站项目为例,在设计完成后,BIM 技术人员对该项目进行了"碰撞检查",检查出错、漏、碰、缺问题共计 532 处,其中土建问题 193 处,机电管线问题 339 处,重大问题 63 处,中等问题 107 处,一般问题 163 处。设计人员就这些问题对设计及时进行了修改,避免了损失的发生。

5. 进行各种模拟分析,不断优化设计

传统的设计阶段所进行的分析、模拟需要将设计中包含的数据、信息人工提取出来,重新输入各种专业软件中,这一过程实际上为重复工作,不仅增加了工作负担,而且手工(半手工)的数据转录过程容易出现错误,导致结果错误。基于 BIM 技术的设计可以避免这一重复劳动。BIM 本身就是内部集成各种信息的数字模型,只要是在建模过程中集成进去的信息、数据,可以通过各种 BIM 分析软件轻易、精确地自动提取出来,以进行各种分析、模拟工作。BIM 的这一特性称为"可计算性",即这个数字模型可以作为参数导入分析软件中自动进行各种分析、处理,而不需要中间有一个数据提取、录入的手工(半手工)过程。

目前基于 BIM 的分析、模拟软件可以对导入的 BIM 做各种仿真计算,得到各种物理数据,在计算机上展示各种接近真实的虚拟场景,并将分析结果以图表的方式展现出来。

例如,图 6-12 为乌鲁木齐南站设计阶段在 BIM 内部做的虚拟漫游,以提前让业主感受设计内部的情况,根据业主的反馈来修改、优化车站内部空间。图 6-13 为海南西环铁路东方站项目中利用 BIM 做的候车大厅内气流速度与方向的分布,用来优化大厅内的通风条件。图 6-14 为乌鲁木齐南站利用 BIM 做的候车大厅夏季温度分析,图中黄色、红色部分代表温度较高、舒适感较差,蓝色部分代表温度适宜。第一次模拟发现大厅内普遍温度较高(图 6-15(a)),针对这一问题修改、优化了设计方案,修改后再一次模拟分析,此时大厅内普遍温度较适宜(图 6-15(b))。

图 6-12　乌鲁木齐南站 BIM 中虚拟漫游

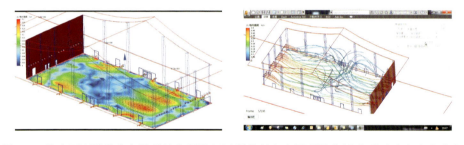

图6-13　海南西环铁路东方站项目中利用 BIM 做的候车大厅通风分析(气流速度与方向分布)

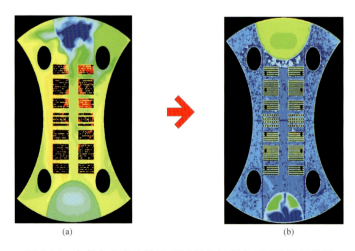

(a)　　　　　　　　　　　　　(b)

图 6-14　乌鲁木齐南站利用 BIM 做的候车大厅夏季温度分析

6.3　BIM 技术在铁路客站工程施工阶段的应用

6.3.1　传统铁路客站施工中的问题

铁路客站工程的施工一般工序繁多，工艺复杂，尤其是大型客站，会用到大量的新方法、新工艺，且工程量大，导致施工工期较长。除此之外，一些铁路客站施工工地位于城市中心区，周边建筑物密集，人流量、车流量均比较大，为了尽量减少施工对道路交通造成的影响，施工场地布置都比较紧凑。这些都会给施工带来困难。此外，铁路客站工程作为重大的公益性工程，如果发生安全事故，社会影响非常恶劣。

传统铁路客站工程由于以上因素，工期延误、交通堵塞现象屡见不鲜。如果在施工中积极采用 BIM 技术，将明显改变传统铁路客站工程的施工面貌，本节将详细介绍 BIM 技术对铁路客站施工带来的提升。

6.3.2　BIM 技术给铁路客站施工带来的提升

1. 改变传统的图纸审阅方式

审图工作是施工前的一项重要工作，直接关系施工人员能否正确领会设计意图，提前发现问题、解决问题。但是传统的审图工作基于二维平面图纸，工作量大、效率低。基于 BIM 的审图工作不仅方便直观、高效，而且通过 BIM 软件的自动化分析能够找出图纸中存在的绝大多数问题。

1）虚拟踏勘

审图人员可以在 BIM 内部进行虚拟踏勘，迅速理解设计意图，还可以直观地发现图纸中明显的错误和不合理处。图 6-15 为审图人员在乌鲁木齐南站 BIM 中进行虚拟踏勘审阅。

图 6-15　乌鲁木齐南站 BIM 中的虚拟踏勘

图 6-16 为审图人员在兰州西站 BIM 中"虚拟踏勘"时发现了管线布置不合理的问题,设计人员随后进行了修改。

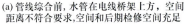

(a) 管线综合前,水管在电线桥架上方,空间　　　(b) 管线综合后,水管调整到桥架下方,安全性高,
　　距离不符合要求,空间和后期检修空间充足　　　　　安装空间和后期检修空间不足

图 6-16　兰州西站 BIM 内发现水管空间布置不合适

2) 碰撞检查

理想的 BIM 应用是在设计阶段进行碰撞检查,在设计阶段就改正所有的错误。但是,在现阶段,大多数的工程在设计阶段没有用到 BIM 技术,这就需要施工单位接到设计图纸后,利用 BIM 技术来进行碰撞检查工作,以减少设计变更和返工。

2. 更加精细地深化设计

深化设计工作是施工前需要做的另一项重要工作,尤其是铁路客站这样的大工程,复杂部位、复杂节点众多,深化设计工作量巨大。但是如果建有 BIM,这项工作就会变得非常简单,将 BIM 中需要深化的部位进行放大、旋转、剖切等一系列操作即可。图 6-17 为乌鲁木齐南站利用 BIM 进行复杂部位设计深化的示意图。

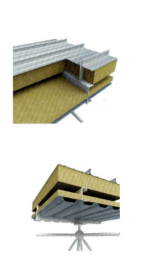 

(a) 金属屋面深化　　　　　　　　　　(b) 玻璃幕墙深化

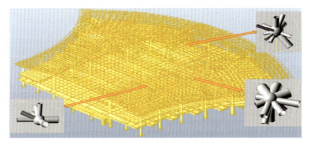

(c) 钢结构屋架的复杂节点深化

图 6-17 乌鲁木齐南站利用 BIM 进行设计深化

3. 更加直观地展示复杂节点部位

对于特别复杂的节点部位,传统二维平面图不太容易表达清楚,需要做大量的剖面图来描述,这对看图人的识图能力是一个很大的挑战。基于 BIM 技术,可以轻松地对复杂节点部位做各种形式的三维展示,明显提升了项目参与各方的交流沟通。利用 BIM 生成的兰州西站项目中的 9.45m 劲性主梁梁柱节点,在 BIM 的不同视角观察下,构造一目了然,如图 6-18 和图 6-19 所示。

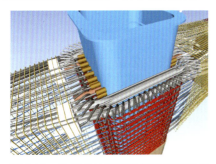
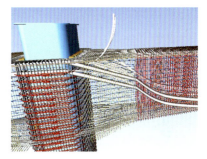

图 6-18 兰州西站接驳器与型钢柱连接　　图 6-19 兰州西站波纹管和出气孔路线

图 6-20 为对此节点部位的 BIM 进行了分离、拆分处理,加深了施工人员对其构造的理解。

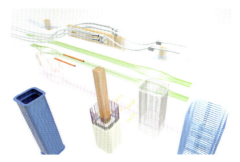

图 6-20 兰州西站 9.45m 主梁构造分解演示

4. 更加精确的成本、材料管理

传统施工中成本、材料管理的基础是二维施工图纸的算量、汇总。此过程烦琐且精度差、错误多。不同的人计算会得出不同的结果。

如果设计方给下游的施工方提供了精确的 BIM，那么施工方在此模型的基础上进行了深化处理后，就可以基于 BIM 进行成本、材料管理，其好处如下：

（1）自动算量、计价：可以直接将 BIM 导入 BIM 算量、计价软件，计算机根据模型中集成的丰富信息可以马上计算出每一个构建的工程量。如果有详细的指导价，还可以自动套价。这样就避免了手工、半手工计算带来的低效、低精度、错误多问题。

（2）算量精度高：由于基于 BIM 的算量是计算机严格按照算量规范来进行的，所以可以避免人工算量易发生的绝大多数错误。

（3）材料自动汇总：基于 BIM 算出的工程量可以由计算机进行自动汇总。例如，可直接利用 BIM 建模软件进行钢筋工程量的汇总。

（4）材料用量可以自动和进度计划挂钩：由 BIM 统计出的材料用量还可以自动与模型中的进度信息相关联，从而自动生成材料供应计划。

5. 虚拟施工

大型铁路客站施工一般会涉及大量的复杂、非常规施工工艺。传统的施工中为了保证这类施工过程正确、安全地展开，需要大量、反复地进行论证、研讨，费时费力。如果依托于 BIM 技术，可以利用 BIM 生成虚拟施工方案演示，直观易懂，工程师通过观看虚拟施工演示过程，可以快速地确定正式施工方案。

图 6-21 为兰州西站在进行结构吊装工程之前，利用 BIM 技术制作的指导实际施工的钢结构吊装工程虚拟施工演示。

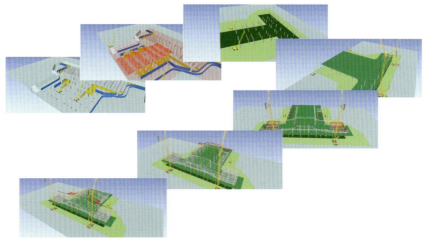

图 6-21　兰州西站钢结构吊装虚拟施工

　　图 6-22 为兰州西站 9.45m 劲性梁柱节点虚拟施工演示，此大型梁柱节点部位不仅结构复杂，而且施工工艺烦琐。在按照施工组织文件中的初始方案制作了虚拟施工过程后，组织工程师观看，由于虚拟过程的直观性，工程师马上发现了之前未曾考虑到的新问题，及时地优化了施工方案，避免了损失。

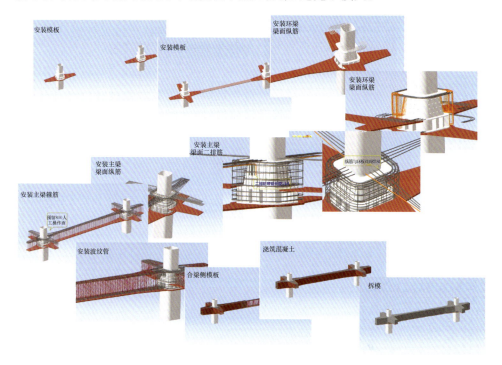

图 6-22　兰州西站 9.45m 劲性梁柱节点虚拟施工

6. 全新的技术交底方式

　　铁路客站工程由于其外形和结构的复杂性，加上施工现场部分工人知识水平偏低，所以现场技术交底涉及沟通、交流、识图等方面的问题，设计意图不能够得到很好的贯彻。BIM 技术的三维可视化特性使得技术交底变得直观、易懂，改善了交底工作中存在的误解问题。例如，"BIM 复杂节点模型"可以帮助工人克服读图障碍的问题，"虚拟施工"演示可以提高工人对施工方案的理解。如图 6-23 所示，乌鲁木齐南站在施工过程中采用了基于 BIM 技术的移动客户端——在平板电脑上运行的 BIM 演示软件，工人可以在施工现场读图的过程中随时调用平板电脑中的 BIM 三维模型，明显减少了工人对图纸的误解。

图 6-23　乌鲁木齐南站使用便携的平板电脑进行 BIM 三维演示交底

7. 全面提升现场管理

1) 现场布置管理

传统的现场布置管理主要依靠现场平面布置图,这种传统图纸是二维、静态的,由于现实的施工现场是三维、动态的,因此在工作中会带来很多问题。基于 BIM 技术的施工场地模型可以解决这一类问题。

例如,在兰州西站施工开工之前,技术人员制作了施工现场的 BIM,通过观察模型,施工人员深刻地理解了施工场地及其周边环境,安全、合理地布置了场地。图 6-24 为兰州西站施工现场 BIM,红色箭头提示现场紧邻既有线。

图 6-25 给出了在兰州西站 BIM 中设置安全隔离网和隔离通道的效果。

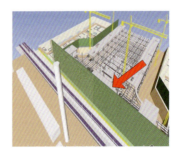

图 6-24　兰州西站施工现场 BIM　　　　图 6-25　兰州西站现场 BIM 中
　　　　　　　　　　　　　　　　　　　　　　　设置安全隔离网和隔离通道

图 6-26 为兰州西站施工技术人员为了合理布置塔吊群的位置，在 BIM 中进行塔吊吊臂碰撞检查。

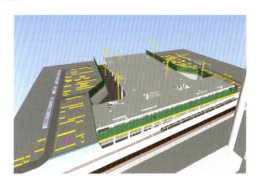

图 6-26　兰州西站工地塔吊群吊臂碰撞检查

2）可视化进度管理

工程施工是一个高度动态的过程，尤其是铁路客站的施工，由于其工程规模庞大，复杂程度高，施工项目管理变得极为复杂。传统的项目管理中用于表示进度计划的横道图或网络图，由于专业性强，可视化程度低，难以准确表达工程施工的动态变化过程。通过将 BIM 与施工进度计划相连接，将空间信息与时间信息整合在一个可视的四维模型中，可以直观、精确地反映整个建筑的施工过程。四维施工模拟技术可以在铁路客站项目建造过程中合理制订施工计划、精确掌握施工进度，优化施工资源并科学地进行场地布置，对整个工程的施工进度、资源和质量进行统一管理和控制，以缩短工期、降低成本、提高质量。例如，图 6-27 为兰州西站站房施工全过程可视化模拟的截图。

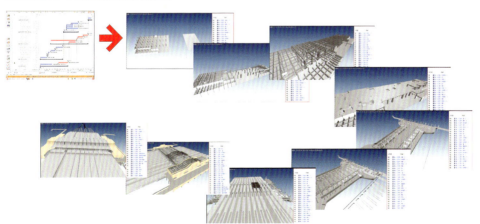

图 6-27　兰州西站施工四维模拟截图

8. 给工程参与方带来更加直观的沟通方式

铁路客站工程的施工中参与方众多，为确保工程顺利进行，必须要及时地进行各种各样的沟通、协调。但是，特别是大型铁路客站工程，各参与方可能遍布全国多个地方，要想让沟通协调及时、准确有很大的困难。基于 BIM 的沟通协调方式可以改变这一现状。例如，兰州西站在施工阶段，各方通过网络、基于 BIM 来进行沟通、协调，问题、修改全部展示在模型上，使得各方迅速理解协调意图，提高了效率。

6.4　BIM 技术在铁路客站工程运维阶段的应用

6.4.1　传统铁路客站运维工作中的问题

铁路客站的特殊性决定了它的运营维护工作异常重要。作为百年工程，同时是人流密集的大型公共建筑，安全在任何时候都应该摆在第一位，这种安全包括乘客安全和设备安全。如何防患安全事故于未然，或者在事故发生后迅速地解决问题，是检验车站运营维护工作的标准。但是，传统车站运维工作存在设施、设备图纸数量庞大且易损坏、变质，数据查找困难等缺陷。

6.4.2　BIM 技术对铁路客站运维工作的提升

BIM 能将客站内空间信息和设备参数信息有机地整合起来，从而为运维工作获取完整的信息提供更加高效快捷的途径。通过 BIM 与施工过程记录信息的关联，甚至能够实现包括隐蔽工程资料在内的竣工信息集成，不仅为后续的物业管理带来便利，而且可以在未来进行的翻新、改造、扩建过程中为业主及项目团队提供有效的历史信息。车站内部各种机电设备的详细信息均可以在设计前期录入BIM 中，随着模型的完善不断得到充实。因此，在后期的维护过程中只需输入设备名称或编号，便可以轻松查询该设备的相关信息，包括生产商、保修服务、维修常识等。维护人员可据此进行设备的定期检查和维修，从而防患于未然。图 6-28 为某基于 BIM 的运维系统示意图。

BIM 技术可以集成和兼容数字化的维护管理系统(CMMS)、电子文档管理系统(EDMS)、能量管理系统(EMS)和楼宇自动化系统(BAS)。虽然这些单独的设备信息系统也可以实施设施管理，但各个系统中的数据是零散的，且数据需要手动输入建筑物设施管理系统中，这是一种费力且低效的过程。在设施管理中使用BIM 可以有效地集成各类信息，还可以实现设施的三维动态浏览。BIM 技术相较于之前的手工(半手工)管理技术可以给运维工作带来以下方面的提升。

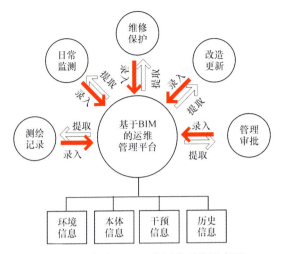

图 6-28　某基于 BIM 的运维系统示意图

1. 实现设备信息集成和共享

BIM 技术可以整合设计阶段和施工阶段的所有信息,将这些信息高效、准确地传递到运维管理中。上海地铁芳甸路站将设计、施工阶段的 BIM 集成到运维系统中,为运维工作提供了大量精确信息,如图 6-29 所示。

图 6-29　上海地铁芳甸路站基于 BIM 的运维

2. 实现设施、设备的可视化管理

BIM 三维可视化的功能是 BIM 最重要的特征。BIM 三维可视化将过去的二维 CAD 图纸以三维模型的形式展现给用户。当设备发生故障时，BIM 可以帮助设施管理人员三维地、直观地查看设备的位置及设备周边的情况。BIM 的可视化功能在翻新和整修过程中还可以为设施管理人员提供可视化的空间显示，为设施管理人员提供预演功能。图 6-30 为兰州西站所使用的基于 BIM 的运维管理系统，该系统充分发挥 BIM 技术的可视化特点，客站所有重要部位均可以以三维的形式展现，方便管理人员直观了解设施、设备情况。

图 6-30　兰州西站基于 BIM 的运维系统可以实现设施、设备的可视化管理

3. 应急管理

应急管理是铁路客站在运维阶段工作的重中之重。BIM 技术为应急管理提供了三维可视化的"沙盘"，通过 BIM 提供实时的空间数据，可以快速做出应急响应的决策。此外，BIM 可以作为一个模拟工具，来评估突发事件导致的损失，并且对响应计划进行讨论和测试。图 6-31 为海南西环铁路东方站项目中，利用 BIM 做的紧急情况下人员疏散仿真模拟图。

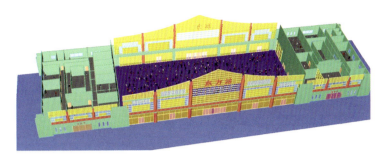

图 6-31　在 BIM 中进行紧急情况下人员疏散仿真模拟图

4. 定位建筑构件

铁路客站运维管理中,在进行预防性维护或设备发生故障进行维修时,首先需要维修人员找到需要维修的构件的位置以及该构件的相关信息,现在的设备维修人员常常凭借图纸和自己的经验来判断构件的位置,而这些构件往往在墙面或地板后面等看不到的地方,位置很难确定。准确的定位设备对新员工或紧急情况是非常重要的。使用 BIM 技术不仅可以直接三维地定位设备,还可以查询该设备的所有的基本信息及维修历史信息。维修人员在现场进行维修时,可以通过射频识别(radio frequency identification,RFID)技术快速地从后台技术知识数据库中获得所需的各种指导信息,同时可以将维修结果信息及时反馈到后台中央系统中,对提高工作效率很有帮助。

图 6-32 为在构件上布置存有构件详细信息的射频信号源。图 6-33 为现场人员使用平板电脑来感应读取构件上的射频信号,以获取构件详细信息。

图 6-32　存储有构件详细信息的射频信号源

图 6-33　用平板电脑来感应构件上的
射频信号以识别构件

参 考 文 献

李云贵. 2017. 建筑工程设计 BIM 应用指南[M]. 2 版. 北京:中国建筑工业出版社.

韩少帅,孙喜亮,温国威.2015.BIM技术在高铁站房装饰装修中的应用研究[J].铁路技术创新,
　　6:56-59.

江晓云.2015.浅论BIM在监理中实现的功能——以兰州西客站铁路站房工程为例[J].建设监
　　理,3:12-17.

毛灵.2014.BIM技术在铁路客站房的运用实践[J].中国新技术新产品,6:21-22.

欧阳松,吕小彪.2016.基于BIM技术的公共建筑三维节能仿真研究——以永安高铁站房为
　　例[J].绿色科技,10:191-194.

史建中.2015.BIM技术在兰州西站站房工程建设中的应用研究与实践[J].铁路技术创新,5:
　　58-61.

史建中.2016.BIM建设管理平台在兰州西站站房工程中的研发和应用[J].铁路技术创新,3:
　　32-35.

王维军.2015.BIM技术在南昌某站房机电安装工程中的应用[J].施工技术,12:90-92.

翁凯,孙红峰,魏英洪.2015.BIM在铁路站房中的应用及发展前景//天津大学、天津市钢结构学
　　会.第十五届全国现代结构工程学术研讨会论文集[C].天津:天津大学、天津市钢结构学
　　会:6.

吴彬,张亚静,高辉,等.2015.BIM技术在铁路站房综合管线及设备维护中的应用分析[J].铁路
　　技术创新,3:66-68.

信息和城乡建设部信息中心.2014.中国建筑施工行业信息化发展报告(2014)BIM应用与发展
　　[M].北京:中国城市出版社.

曾绍武,王学峰,张学钢,等.2017.基于BIM的杭黄高铁建德东站现浇梁支架方案研究[J].铁道
　　标准设计,1:45-50.

张涛,李兴龙,曹乐,等.2014.BIM技术在兰州西客站站房工程中的典型应用[J].土木建筑工程
　　信息技术,1:86-91,109.

张逊.2016.BIM技术在建设施工阶段应用方法研究——以兰州高铁西站站房工程为例[J].工
　　程经济,6:28-32.

赵乐.2014.基于BIM建模的站房大空间照明设计节能研究[J].铁道标准设计,10:109-113.

中华人民共和国住房和城乡建设部.2016.建筑信息模型应用统一标准[S].GB/T 51212—
　　2016.北京:中华人民共和国住房和城乡建设部.

第7章　铁路客站的商业开发

7.1　铁路客站的空间

7.1.1　铁路客站空间的发展历程

我国铁路客站经过100多年的不断发展，现已由传统铁路客站发展成为新型铁路客站。从传统到新型，我国铁路客站空间的发展变化主要体现为三方面：流线模式、站房空间及服务方式。

1. 流线模式——从等候式到通过式的发展

我国传统铁路客站流线模式大多为等候式，旅客通常需要于发车前较长时间在候车厅等候检票进站，同时对候车厅的划分也有多种形式，如母子候车、团队军人候车、普通候车等（图7-1和图7-2）。

图7-1　传统候车厅

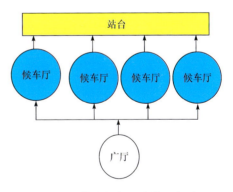

图7-2　传统候车厅流线示意图

发达国家有较为成熟的交通体系，其铁路系统的列车编组短、到发密，加上换乘及时、便捷，流线模式多为通过式，旅客随到随走。随着我国经济发展，人们时间观念的逐步加强，客运专线、城际列车的普及以及城市地铁的发展，铁路客站流线模式正逐步从经济性较差的"等候式"向高效率的"通过式"转变（图7-3和图7-4）。

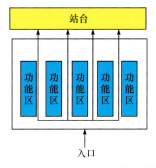

图 7-3　通过式候车厅：兰州西客站　　　图 7-4　通过式候车厅流线示意图

2. 站房空间——分隔空间到大空间、站棚一体化的发展

随着铁路客站由"等候式"向"通过式"的转变，相应的站房空间也发生变化。传统铁路客站"重站房，轻雨棚"，站房空间封闭，新型铁路客站则趋向于"站棚一体化"，建筑内部为通透的大空间，内部空间也摒弃了传统客站中的严格划分（图 7-5～图 7-7）。

图 7-5　武汉站站棚一体

图 7-6　武汉站通透的大厅

图 7-7　武汉站站台

3. 服务方式——从"管理式"向"服务式"发展

以往的铁路客站突出"以管为主"的理念,侧重于铁路客站管理的便捷性,而忽视了对乘客的尊重,甚至人为设置关卡,将交通流线的关键部位进行局部压缩以方便管理;而新型铁路客站主要以乘客为中心,使乘客最便捷、舒适地乘车,并把最大最好的空间让给乘客(图 7-8 和图 7-9)。

图 7-8　郑州东站

图 7-9　西安高铁站

7.1.2　铁路客站空间分类

从建筑空间形态、旅客活动与交通流线组织两方面分析,铁路客站可分为以候车大厅为核心的分散式、以活动广厅为核心的集中式和以综合体为核心的通过式三种类型。

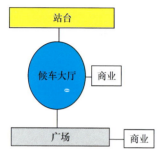

图7-10　以候车大厅为核心的平面组成示意图

1. 以候车大厅为核心

以候车大厅为核心,将售票厅、行包房、出站口、邮政、餐饮、购物等内容按相关程度分散布置,个体之间的联系和疏导则依靠站前广场来组织(图7-10)。

2. 以活动广厅为核心

以活动广厅为中心组织候车厅,在广厅候车厅中都布置商业设施,包括茶室、咖啡厅和餐厅等(图7-11),如天津站。

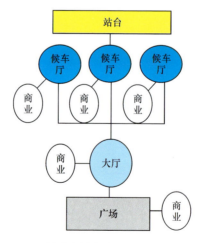

图7-11　以活动广厅为中心的平面组成示意图

3. 以综合体为核心

综合性多功能车站是把多种交通工具组织在一起,以多个通过综合厅为中枢,外围综合多种服务设施及商场、旅馆商业空间的城市综合体。

综合性多功能车站采用高架式和线下式等多种组织形式,使旅客进站的流线简短而便捷。同时,周围的商场、餐厅等服务空间都有多个通道,与数个综合大厅相连。这种类型的车站与城市中心区的商业布局相结合，是铁路客站发展的高级阶段。

7.2　我国铁路客站商业

7.2.1　我国铁路客站商业的形成发展

1. 我国铁路客站商业的形成

商业是指专门从事商品交换活动的营利性事业，是社会发展的产物。

从中华人民共和国成立到改革开放，中国社会经历了多次社会转型，经济、社会一直在不断地完善和发展，通过铁路出行的人数日益增多，有人流就有需求，有人流保证就有商业效益保证。

人群消费层次在不断提高，过去铁路客站乘客整体消费水平普遍偏低，只能消费基本的、价格低廉的商品或者不消费，但现在人们开始注重物质生活水平，对客站商业、商品的要求不断提高。因此，我国铁路客站整体商业发展经历了从无到有、从单一到综合的过程，并仍然在继续完善与发展中，且商业对客站的影响也逐渐增强。

新型大型铁路客站是现在及未来的发展趋势，扮演着越来越重要的角色，从国外铁路客站设计经验看，未来的铁路客站中商业空间位置选择也有可能决定铁路客站整体空间组织。

2. 我国铁路客站商业的发展

我国客站商业从可有可无转化为客站内不可缺少的重要组成部分，先后经历了四个发展阶段。

（1）1949～1979 年，这个时期的交通枢纽站点主要是铁路客站，除少量特大型客站外，多数客站规模较小、功能简单、建筑呈形式化和固定模式化（站前广场-站房-站场）的特点。

（2）20 世纪 80 年代之前，由于国情限制，铁路客站只是候车、乘车及集散的单纯功能性建筑，其功能仅满足乘客上下车的需要，没有考虑其他辅助设施，站内几乎没有商业空间。虽然有的站内设有商业空间，但仅以提供便餐服务和廉价招待所类住宿服务为主，且档次普遍较低。

（3）改革开放以后，铁路客站引入并重视商业开发，改变了过去单一的客站功能，车站、站场内设置了商业服务配套设施，为乘客提供方便、舒适的乘车环境。尤其是 20 世纪 90 年代之后，我国铁路部门以提高服务水平等为出发点，吸收并结合国外做法，重视铁路客站的商业建设与商业服务。

（4）2000 年以后，随着中国经济发展逐渐步入小康水平的轨道，已有部分大城市的 GDP 水平接近中等发达国家。铁路客站定位从单一的"城市形象门户"和铁路客运作业场所向多元化的城市综合体过渡、转化，在建筑设计上更多地考虑为旅客的休闲、购物提供周到、人性化的服务。

新型大型铁路客站商业的特点是"集、转、散"，人流具有明显的季节性波动，随着铁路客站商业在规模、与整体客站的契合程度等方面的完善与提高，未来中国大城市的交通组织将逐渐向以快速轨道交通为主体的多层级综合客运体系发展，既综合了城市各种交通形态的综合换乘，又服务于城市商业。

7.2.2　铁路客站商业概念及分类

铁路客站商业是客站中人们用来进行商品交换和商品流通的公共空间，其空间组成包括公众空间（共享空间），即供公众使用和活动的区域；信息空间，展品陈列的实际空间；辅助空间，包括接待空间、工作人员空间、储藏空间和维修空间。

大型客站内商业空间一级分类为零售业、服务业、金融保险事务 3 种；二级分类则为日用品零售、一般零售、综合型零售、文化休闲服务、医疗卫生服务、个人服务、旅游及运输服务、饭店服务、餐饮服务、金融保险、地方特色服务共 11 种；三级分类共 49 种，如表 7-1 所示。

表 7-1　铁路客站商业空间分类

一级分类	二级分类	三级分类
零售业	日用品零售	日用杂货、超级市场、饮食店、食品店
	一般零售	服装配件、钟表眼镜、文教用品、迎送礼品、计算机用品、电子器材、中西药房、便利商店、书店、唱片店、医疗器材、运动用品、工业原料、家电用品、报刊亭
	综合型零售	大型超市、大型商店、专卖店
服务业	医疗卫生服务	医院、诊所
	个人服务	美容美发、电话亭、数码冲洗店、手机充值、手机卡购买、存取款机
	文化休闲服务	网吧、录像厅、影院、展示
	旅游及运输服务	旅行社、客运公司、物流公司、机票订购
	饭店服务	酒店、旅社、餐馆
	餐饮服务	点心店、快餐店、中西餐厅、咖啡厅
	地方特色服务	地方产品商店
金融保险事务	金融保险	银行、邮局、保险公司

7.2.3　传统大型铁路客站商业空间

1. 传统大型铁路客站商业布局与站房的关系

1）混合式

商业服务集中设置，与站房共用交通空间构成客站综合体。这种布局模式适于商业服务内容多、规模大的车站，其特点是将商业服务与站房分开分别集中设置，两者通过共同的交通空间取得方便联系（图7-12(a)）。

2）分离式

商业服务分散设置，并与站房候车空间结合，共同构成客站综合体。这种形式多用于线侧式特大站，商业服务设施与候车厅空间上直接结合而取得较好的经济和社会效益；打破了候车环境的沉闷感，体现了综合型站房的功能，使铁路客站内部既是候车空间，又是购物空间（图7-12(b)）。

3）集中式

商业服务设施与候车空间统一于一个综合大厅内。这种布局模式的特点是将站房的候车空间、各类商业服务设施空间及进站活动集中布局，形成一个综合性的整体空间（图7-12(c)）。

4）分层式

分层式可以看作集中式的特例。当客站与城市地下铁路、高架路联系在一起时，多利用地下空间集中解决停车和交通集散问题，同时结合地下空间布置大规模的商业（图7-12(d)）。

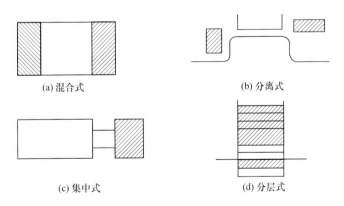

(a) 混合式　　　　　　　　(b) 分离式

(c) 集中式　　　　　　　　(d) 分层式

图 7-12　商业布局与站房的关系

2. 传统大型铁路客站空间与商业的关系

客站可布置商业的空间主要有候车厅、广厅、广场、通道、站台等(表7-2)。

表7-2 客站内部空间与商业关系表

空间位置	空间特点	适宜的商业模式	适宜的商业类型
客站候车厅	乘客停留时间长、面积大	固定商铺、流动花车	金融保险、文化休闲服务
客站广厅	乘车必经的空间、面积大	固定商铺、流动花车	餐饮、旅游及运输服务、综合零售
客站广场	上下车必经的空间、面积大、人员复杂	固定商铺	餐饮、一般零售、个人服务、日用品零售
客站通道、站台	空间狭长、人员停留时间短暂	流动花车	地方特色服务、一般零售

3. 传统大型铁路客站商业布局与客站流线的关系

为使商业经济效益最大化,商业空间必须与客站交通流线相配合,特别是与人流组织相结合,这样既可以方便服务乘客,又可以为客站创造更多收益。

一般来说,客站的流线分为进站与出站两种。与进站流线密切相关的商业空间布置在广场、广厅、候车厅、站台上,与出站流线密切相关的商业空间布置在广场、站台(图7-13)。

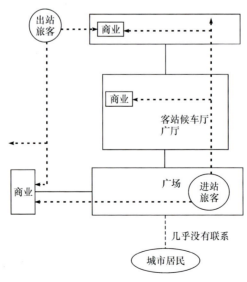

图7-13 客站流线与商业的关系

7.2.4　新型大型铁路客站商业空间

新型铁路客站大多采用通过式,乘客在站内等候的时间较短,客站商业空间与乘客使用空间及流线的结合需要更紧密。例如,北京南站(图 7-14),大型候车厅由连接售票厅与站台的通道式空间所代替,商业布局在通道两侧,乘客可以在去站台的过程中进行消费。商业与车站功能布局既分又合。"分"是为了减少相互干扰,便于各自经营管理;而"合"是为了给旅客提供方便的购物、食宿及娱乐,同时提高经营效果。

图 7-14　北京南站内部商业实景

由于我国铁路运输客流量大且不均衡,客运距离长,铁路运输能力的提高是一个长期的过程,不可能一蹴而就,客流的组成呈多样性的特点仍将长期存在,因此目前的新型铁路客站正是在这样的国情下采用了"等候式"与"通过式"并存的方式。这就导致了功能设置上和空间布局上的双重性与复杂性,商业开发模式则应该在两者中找到平衡点。

1. 国外大型铁路客站商业空间特征

1)日本大型铁路客站商业空间特征

与我国国情、经济发展水平大不相同,加上人多地少的特点,日本的铁路客站建筑与我国有明显的区别。从建筑特征分析,日本铁路客站具有三大主要特征:

(1)客站服务商业化。从整体客站运营角度看,铁路客站商场化的趋势在日本表现比较突出,发展商业和服务业是日本现代铁路客站的普遍做法。日本的铁路公司不仅是地上及地下铁路运输的"主业",通常还以铁路沿线为依托,建设商业住宅小区、购物区、宾馆、娱乐休闲地、餐饮区、旅游观光地等,在相当广泛的领域里开展各种商业经营。这反映了日本铁路客站在为繁忙的现代人提供方便交通服务的同时,充分利用地理位置、流动人口数量等优势,以商业补充运输收入的经营策略。日本一些私营铁路公司的生活服务业收入竟达到总收入的 80%，生活服务业已经成为与铁路运输业同样重要的经济收入支柱。

（2）客站商业面积比例大。日本的大型车站商业面积基本占据了车站的 1/2 以上，有的甚至更大。

（3）城市综合体。从建筑功能分析，日本铁路客站除了不断满足乘客对购票、候车、客站商业活动的需求，包括零食、餐饮、休闲娱乐、金融、通信等，有的铁路客站还提供停车场等设施，可以看成小型的购物中心。例如，京都火车站分地下 3 层，地上饭店部分 16 层，百货商店部分 12 层，是一个综合建筑体，包括酒店、百货、购物中心（有古董店、咖啡馆和餐厅）、电影院、博物馆、展览厅、地区政府办事处、停车场（表 7-3）。

表 7-3　日本部分铁路客站商业结构统计表

车站	商品经营结构	服务功能
京都火车站	伊势丹百货、购物中心、一家有三个观众厅的文化中心（其中的一个大剧场有 925 座）、一座博物馆、一家有 539 间客房的旅馆	有面积为 1800m² ，占 9 层楼面，可停 1250 辆汽车的大型立体车库
仙台火车站	交通枢纽，附近食品店、商场林立	可容纳 300 辆车的停车场
横滨火车站	在车站交通大厅旁及出入口附近，形成了规模宏大的 2～3 层的地下商业街，通过地下街连接号称世界最大级百货店的梭椁、丝咖一比卢百货店、日本有名的高岛屋百货店、三越百货店等七八个大型综合商厦，各种中小型商店、百货、食品、服装、电器、首饰、书店及饮食服务餐厅、酒吧等应有尽有，形成一个繁华商业中心	周边有私家车、两轮车停车场 15 个

2）欧洲铁路客站商业空间特征

（1）综合性。从欧洲铁路客站整体发展趋势看，车站建筑的综合性是铁路客站发展的方向。欧洲大型车站趋于城市综合体，车站不仅是交通建筑，而且是旅客的食宿、娱乐以及购物场所等。例如，伦敦最主要的火车站之一圣潘克拉斯火车站（图 7-15），站内有大型的购物中心和很多餐厅酒吧，其中包括号称欧洲最长的香槟酒吧。

（2）服务群体多样性。从商业构成分析，铁路客站商业服务功能齐全。纵观欧洲客站，其商业面积不断增加，商业的类型也十分丰富，包括旅馆、快餐厅、冷饮店、咖啡厅、茶座、小吃部、阅览室、报刊杂志服务处、杂货土特产商店、免税品商店等，不仅为旅乘客提供便利，而且为周边居民提供购物便利。

（3）快速通过性。从功能流线分析，欧洲的铁路客站多为通过式客站，基本没有设置专门的候车厅，因此客站商业空间不仅为乘客提供了购物空间，而且提供了候车时消磨时间的空间。

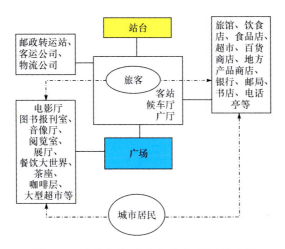

图 7-15　铁路客站、商业与乘客、居民关系图

3）国外客站商业特点小结

纵观国外的铁路客站商业发展情况，因国情不同、发展年代比我国早，有许多不同及可采纳之处。

（1）商业重要性。不管在日本还是在欧洲，商业都是铁路客站的重要组成部分，在某些客站中商业的比例甚至远远超过了交通功能空间，有的铁路客站为高层城市综合体。虽然现阶段在我国要将铁路客站发展为这样的城市综合体的可能性不大，但目前一些人认为商业在铁路客站中可有可无的观点是有误的。

（2）商业综合性。从日本、欧洲的铁路客站分析可见，铁路客站商业需要综合化、多样化，以满足使用者需求。在国外，铁路客站不仅服务于列车乘客，而且服务于周边市民。在我国，人们对铁路客站总体印象是脏乱差的集中地，除了乘车需要，人们基本不愿意接近铁路客站。但随着国民素质的提高及铁路客站的发展，铁路客站的服务人群范围由乘客扩展到非乘客的市民是未来的发展趋势，这必然要求客站商业在比例提高的同时，业态种类也多样化发展（图7-15）。

（3）商业高效性。欧洲铁路客站由于快速通过性，其商业空间逐步取代了专门的候车空间。虽然现阶段我国铁路客站不可能完全取消候车空间，但是商业的高效性、快速通过性以及候车空间相结合的形式是可以借鉴的。

2. 新型大型铁路客站商业的特征

新型大型铁路客站商业空间与其他商业空间相比具有共性与特性，对共性的研究有助于在设计时借鉴其他商业空间，对特性的研究有利于增加客站商业活力，提高商业服务水平及商业效率。

1）共性

（1）商业性。商业空间本身是一种商品，也是一种空间，用以迅速传递其中内在的功能信息和时尚性。

（2）展示性。在商品展示陈列中，应把顾客能有效感知和接收的商品的信息传达作为重点来考虑，以表达出商品的价值和质感，以刺激交换活动的发生。

（3）多元性。商业空间向综合化、大型化发展，集观赏、娱乐、展览、休闲等活动于一体的商业空间更能适应现代都市中消费者消费心理的变化。

（4）服务性。提供相应的服务功能，满足人们物质与精神的需要，满足不同群体不同需求。

2）特性

新型大型铁路客站商业空间不仅具有一般商业空间的共性，还因其规模、经营范围、位置布局和模式布局等受到铁路客站建筑的影响而呈现出不同的特征。这些特征是相对的，其他类型的商业空间中也可能具备，但在新型大型铁路客站商业空间中这些特点更为突出。

（1）快捷高效性。不同于一般商业空间要强调引人入胜的空间流线和游览观赏式空间布局的特点，新型大型铁路客站商业空间与其快速通过的性质相对应，更强调秩序感与便捷的可达性，商业空间设计及商业模式选择必须具有快捷高效性。

（2）综合附属性。现阶段，我国铁路客站的主要功能依然是交通通过载体，其商业空间虽然必不可少但也不是建筑的主体部分，因此必须要与整体交通部分有机结合。

（3）灵活可变性。为适应客站不同高峰时段及未来的发展，新型大型铁路客站商业空间在规模、布局、业态形式等方面应具备灵活发展的特点，如春节高峰客流时期，客站某些商业空间成为临时的候车空间等。

3）新型大型铁路客站商业空间的影响因素

新型大型铁路客站商业空间的影响因素主要有人流、交通、建筑形态特征。

（1）人流要素。新型大型铁路客站内的人流包括始发、到达及中转人流，迎送旅客的附加人流，从未来的发展趋势看，今后还可能会有车站周边居民以及城市非旅客人流。就我国目前铁路客站人流现状而言，有"春运""暑运""黄金周"人流突涨的钟摆式特点，其中又以"春运"为最。对任何商业而言，人流的大小直接关系商业空间的规模及商业运营的好坏，是商业经营成败的关键。针对新型大型铁路客站这种目的性更强、变化更显著的人流，商业需要有相应的灵活性。

（2）交通要素。大型铁路客站往往是公共汽车、出租车的集散地，部分铁路客站还与城市地铁、轻轨共同形成一个城市交通转换中心。商业空间在不同交通形式中的布置与过渡会影响乘客到达、使用商业的便捷性。

（3）建筑形态特征要素。传统铁路客站一般以候车大厅为核心，未来的铁路客站将向通过式、大空间发展，商业从附属单一的功能发展为客站的综合组成部分。在国外，一些客站商业空间甚至取代了候车空间成为主体。因此，我国新型大型铁路客站相应的商业空间布局形式也要随着客站的发展而发生改变。

7.3　铁路客站商业开发模式

7.3.1　概述

大型铁路客站中，旅客流线主要采用上进下出的模式，站房主要分四个层面：出站层、站台层、高架层、客服夹层。根据旅客在各层的停留时间、停留方式的不同，各层商业的设置也略有差异。

（1）出站层主要满足即时型、选择型消费需求。出站层从功能上看主要是旅客出站、换乘。根据消费者问卷调研，到达旅客中，70%以上的旅客停留时间少于30min，大部分旅客在到达后会产生即时型消费，如购买一些方便的、可带走的商品。因此，在出站层开设商务咨询区，提供 ATM、酒店预订、旅游、租车等服务，以及设置便利店、书店等，是目前大多数客站的业态首选。

（2）站台层主要满足即时型、服务型消费需求。站台层主要为进站大厅、售票厅以及列车站停临时下车活动的旅客，为通过式空间，换乘旅客停留时间较短，商业业态以便捷型零售为主。

（3）高架层主要满足即时型、选择型消费需求。高架层是旅客进站、候车的空间，是旅客抵达车站后最初停留的地方，是铁路商业形象的集中展示区域。由于候车区通道较长，应利用空间节点区域，预留设置一些人性化、功能化的服务设施，如展示、便捷型包装食品、旅游资讯等。公共区也可配备各种功能性的商业设施，金融 VIP 候车也可在该层有效融合进去。

（4）客服夹层主要满足目的性消费需求。客服夹层为非旅客进出站流线的主空间，与旅客动线分离，一般客流不易到达。夹层应设置餐饮、食品等目的性消费的商业设施，利用磁石效应积聚人气，并提高整体的商业效益。

7.3.2　国内铁路客站商业开发模式

以下以国内建成或在建大型铁路枢纽客站为例，分析各层商业的设置情况。

1. 虹桥站

虹桥站为国内特大铁路枢纽之一，其内部的商业业态布置及分布具备如下特点：

（1）出站层。由于虹桥站地下空间与 5 条轨道交通线（含暂未开通的）衔接。

其出站层地下空间的价值得到极大的提升。在地下空间设计中,两侧出站厅之间有约 120m 宽的空间用于开发,相应的商业开发策略是采用两组"岛式"的围合空间,每个岛由 4 个 125m² 的开发空间组成。此种布局使得 120m 宽的空间分成三个东西向的主通过空间,以及若干南北向的次通道,保证每个开发空间都有足够的沿通道面,使开发的地块价值得到有效的提升。该层的商业业态主要有快餐类餐饮、品牌集成商、零售、食品、配套服务等,其中快餐类餐饮和品牌集成商占了 85% 以上的铺面。

(2) 站台层。该层主要功能为进站大厅、售票厅、设备办公等,作为商业开发的空间有限,且旅客在此主要为快速通过式,因此只是在适当的区域作一些商业点位的预留,适当时作为开发用。

(3) 高架层。该层主要为进站、候车功能。该层商业布局主要考虑在两组进站口之间的区域以及中部通道区域,商业业态主要为 VIP 候车、便利店、特色产品零售、城市风貌展示,适当位置设置自动售货机。

虹桥站的高架层商业布局以利用既有次要空间为主,未对整体候车及售票区进行调整,商业业态以满足服务型消费需求为主(图 7-16),局部作为展示空间。

(4) 客服夹层。该层商业布局采取因地制宜、突出主题的原则。夹层西部靠近地铁,与沪宁城际铁路连接,人流量大,客流停留时间短,因此在 A 区与 B 区设置快速便捷服务区、综合配套服务区,满足旅客即时型、便捷型消费需求。夹层 A 规划商业总面积为 1475m²,其中餐饮占 51%,零售占 49%;夹层 B 规划商业面积为 1445m²,其中餐饮占 46%,零售占 54%。

夹层东部与京沪高铁连接,旅客候车时间较长,因此在 C 区与 D 区设置上海印象主题区、时尚动感体验区(图 7-17),满足旅客特色型、选择型消费需求。夹层 C 规划商业总面积为 1308m²,其中餐饮占 26%,零售占 64%;夹层 D 规划商业总面积为 1799m²,其中餐饮占 23%,零售占 66%,休闲娱乐占 11%。

图 7-16　虹桥站高架层商业开发实景图　　图 7-17　虹桥站客服夹层空间示意图

虹桥站商业投入运营的几年中,商业设施不断完善。虽然地处市区边缘,但由于自身客流量大，加上多条地铁换乘的因素，其内部的各类商业设施整体运营效果较好，尤其以快捷餐饮、休闲的咖啡馆等生意火爆。

2. 杭州东站

杭州东站也是国内特大型铁路枢纽之一，站房规模约 14 万 m^2。其商业业态布置及分布采取如下方式。

（1）出站层。杭州东站出站层下有两条轨道交通线通过，且在城市通廊中部留有进出站口，因此该层的商业价值比较高。其商业开发的对策是在城市通廊的中部设置零售、配套服务、自动售货机等点位，而没有像虹桥站一样设置大量的餐饮区域（虹桥站设置地下餐饮的前提之一是设计之初考虑了设置餐饮必需的给排水、排油烟、消防等因素）。

（2）站台层。该层商业开发策略是在取消了基本站台候车的前提下，将原来的候车区域作为预留开发用房，如零售区等。由于基本站台候车取消后安检可以上移至高架层，所以该层商业可以对广场开放，商业价值得到一定程度的提升。

（3）高架层。杭州东站高架层商业布局与虹桥站商业布局类似，该层商业布局主要考虑在两组进站口之间的区域以及中部通道区域，商业业态主要为 VIP 候车、便利店、特色产品零售（图 7-18），候车区域通道中间设置展台。

（4）客服夹层。客服夹层一般客流不易到达，属于满足目的性消费需求为主的区域。该层商业布局以四个餐饮区为主，辅以便利店、潮流服饰、产品特卖、休闲吧等（图 7-19）。

图 7-18　杭州东站高架层商业实景图　　　　图 7-19　杭州东站客服夹层空间示意图

杭州东站自运营以来，其已开商业运营总体良好，尤其以餐饮类表现最为突出，零售次之，个别如药店表现不佳。这里要指出的是，杭州东站的商业夹层总体运营较同期虹桥站运营要好，两站在夹层的餐饮类运营都较突出，差异之处在于杭州东站零售类业态表现较好。经分析，主要在于两站在夹层餐饮和零售之间的布局差异。同为"U"字形的商业布局，虹桥站餐饮设置在"U"字形底部的两侧，旅客如果想就餐可直接在高架层乘扶梯到达,就餐完毕后可原路返回;而杭州东站的餐饮设置在"U"字形的端部,旅客就餐时由高架层经扶梯到达夹层后要经过零售区再到达餐饮区,就餐完毕后还可以再经过零售区,这样的布局在满足餐饮流线的同时,也带动了区域内的零售业态发展。

3. 南宁东站

南宁东站为中国西南部的重要交通枢纽,站房建筑面积约 12 万 m^2,其商业开发用房的面积经优化后达到约 6.8 万 m^2。首次在站房设计中提出"商业城"的概念,其整体商业业态布置及分布采取如下方式。

(1) 出站层。南宁东站地下出站层的四个角部原为填土区,根据开发的需要,将该部分地下室开发出来作为商业开发用房,同时,为了提高商业的品质,在每个开发用房区的旁边都设置了一个下沉广场来吸引周边客流。四个角部的商业业态以商场和大型超市为主。另外,在城市通廊的两侧区域,靠近出站厅的外墙设置小型商铺,如旅游资讯、土特产专卖、移动柜台、纪念品等(图 7-20)。

(2) 站台层。该层的商业布局主要考虑将候车大厅的空间最大限度地利用,以及争取更多的朝向广场面的商业用房。由于南北广场周边规划的住宅用地较多,该层商业除吸引铁路旅客之外,还可以将周边居民纳入服务的范畴,提高商业的效益。该层的商业业态主要为大厅内设置奢侈品专柜,两侧设置便民设施(图 7-21)。

图 7-20　南宁东站地下通廊两侧商业空间形态　　图 7-21　南宁东站站台层南站房开发示意图

(3) 高架层。南宁东站的高架层商业策划是在"商业城"理念引导下实现的,该层中,商业的重要性提高到与客运几乎对等的地位。主要的设计方法是将高架层的安检后移,使得该层的四周,特别是南北侧争取到朝向广场且旅客无须安检即可到达的商业区域,无形中增加了潜在的商业客流。

该层的商业业态主要为南北侧设置品牌男装、体育用品、男士用品、皮鞋箱包、户外用品等,着力打造成男士精品一条街,同时为了商业发展需要,将部分位置好、面积大的商铺预留餐饮的上下水、排污管道和抽风口;在进站口中间区域建 VIP 候车区和各类商铺,其中两边端头各建一个 VIP 候车室区,其余商铺一半对内一半对外,对内主要是饮料、零食、书报以及小日用品,以满足集中候车区旅客需求,对外主要是食品、饮料、广西土特产、糖烟酒以及日用便利商品,可同时为旅客、周边居民服务。

(4) 客服夹层。客服夹层分布于候车层南、北两端及四个角上方,每端两侧各设置一组扶梯,通过扶梯上下与高架候车层形成一个商业整体,且不经安检即可进入,消费群体主要是周边居民和游客。高架夹层的商业业态主要为国内外知名餐饮,北端以中式餐饮为主,南端以国际快餐和东南亚特色餐厅为主。这样,整个站房的南北两端形成了依托铁路客站且相对独立的商业组团。

4. 国内客站商业开发特点

通过对以上国内大型铁路客站商业开发的分析,可以归纳目前国内铁路客站商业开发的特点如下。

(1) 尊重前提,铁路客站开发是在站房基础上的商业开发。在站房功能和流线科学合理的前提下,通过对现有标准模式下已形成的高大空间、结构框架、功能布局进行重新思考定位,挖掘潜力,提高效率,用较小的投入带来较大的收益。

(2) 站房内的商业不同于沿街商业,更多的是以"岛式商业"存在,商业面与旅客的接触面更大。

(3) 站房内商业开发的消费人群正在从单一的铁路旅客向多元的旅客转变,即周边居民、游客也能纳入铁路客站商业的服务人群。

(4) 大型客站各层的商业开发受到消防等技术问题的制约,不同地区对于消防标准执行的不同也造成客站商业的差异性。

7.3.3　国外铁路客站商业开发模式

1. 柏林中央火车站

柏林中央火车站为欧洲最大的火车站(图 7-22),位于柏林中心城区,是一个综合的大型立体交通枢纽,内部涵盖了干线铁路、长途列车、城铁、地铁、巴士、出租车等多种交通方式。车站的主体建筑为换乘大厅＋双塔楼。换乘大厅上下共 5 层,顶层为东西向的高架站台,底层为南北向的地下站台,中间三层为换乘层,车站内主要的物业开发都集中在中间区域,形成一个"购物世界",与地面接平的一层主要设置零售、餐饮、问询、休息等业态,地下一层主要设置各种小吃店、水疗中心、购物中心。由于柏林中央火车站内集中了多种交通模式,旅客站内部基本实现了零距离换乘,旅客很少需要出站换乘,如此方便的上下换乘也将夹在中间区域的商业开发价值提升到最大。

图 7-22　柏林中央火车站外景图

除换乘大厅外,车站两侧有一对 12 层、70m 高的塔楼,主要功能为办公、酒店,总建筑面积约 1.5 万 m^2,这种枢纽＋办公楼的物业开发模式极大地提高了城市土地的利用率,而且能使多种资源和谐共生,互相利用。

柏林中央火车站的成功之处在于将东西向和南北向的火车站台分别置于底层和顶层,而将商业分布在二、三、四层,并通过 54 座自动扶梯和 34 台垂直电梯贯通连接。这一规划思路,使交通和商业功能更好的融合,提高了每个楼层的商业价值(图 7-23)。

图 7-23　柏林中央火车站空间实景图

2. 京都火车站

京都火车站位于日本新干线上,是拥有 1800 万人口的京阪神地区(东京、大阪、神户)的客流中心(图 7-24)。京都火车站在设计之初就设立三大目标:①更新公共交通系统;②更好地接待旅客;③焕发城市活力。也就是说,车站设计在考虑城市交通因素的同时,也承载了城市发展的要求,会将更多服务于社会的功能囊括在枢纽的设计中。

图 7-24　京都火车站全景图

在京都火车站的设计中,中央大厅是车站建筑的核心空间,是各类设施间的连接枢纽(图 7-25),大厅长 220m、宽 27m、高 28～59m,沿东西横断面方向从中央向两侧高起,形成中间低、两边高的凹型空间,东西两侧呈喇叭状开放,使得大厅具有半室外的开放特性。大厅东侧通至剧场、酒店以及露天屋顶内院,向西乘扶梯至二楼是休息茶座,进而登高至四层,呈现在眼前的是 171 级大台阶,直通屋顶花园,并从台阶的平台处可进入大型百货商店内部,偌大的台阶兼具有舞台的功用,促使人们在其中交往、展示。大厅南侧是乘坐电车的检票口,由室内可以看到铁路线路和火车的停启。大厅与站台空间相同,最大限度地实现了现代交通建筑所具备的快捷和高效。

图 7-25　京都火车站中央大厅

从前面描述可以看出,最终呈现给世人的京都火车站就是一个集各类物业于一体的建筑综合体,除火车站外,内部还包括酒店、百货、购物中心、电影院、博物馆、展览厅、地区政府办事处、停车场等,而且各类功能空间有机地组合在一起,方便人们使用。京都火车站已经不是一个纯粹的火车站,除了作为交通枢纽,它还是城市的大型开敞式露天舞台、大型活动的聚会中心、古城全景的观赏点、购物中心和空中城市。

3. 纽约中央火车站

纽约中央火车站始建于 1903 年,1913 年正式启用。车站拥有 44 个站台,共有两层铁路在地下,地下一层有 41 条铁轨,地下二层有 26 条铁轨。铁轨设置到地下的最大好处就是避免了铁轨对城市的割裂,因此从总图上由于看不到铁轨,很难感觉这是一座火车站,车站附近的公园大道上近百年中建了许多饭店、办公大楼及豪宅,这里成为当时全曼哈顿岛地价最高的地区。如此恢宏精致的纽约中央火车站是在 100 多年前建设的,见证了岁月流逝的纽约中央火车站(图 7-26 和图 7-27)虽历经百年风雨的洗礼,依然屹立在繁华的 42 街上,这也充分反映了美国人对待历史建筑的态度。

图 7-26　纽约中央火车站外观　　　　　图 7-27　纽约中央火车站中央大厅

在商业开发方面,纽约中央火车站内商业业态繁多,包括餐饮、酒吧、甜点站、书店、博物馆、名品服饰、首饰店、剧院等休闲娱乐场所。由于车站里没有候车室,如果来得早,离火车开车还有一段时间,旅客可以在这些店里悠闲地逛逛,这也是一种促进消费的方式。

纽约中央火车站经历百年历史,它已不仅仅是单一功能的车站,而且是旅游的景点、购物的商场、社交的公共场所,甚至是美国人的精神象征,时间的洗礼赋予它多重的功能和身份。

纽约中央火车站的历史给铁路建设两点启示:建设前期定位的准确性是案例成败的关键,将轨道设置到地下给城市发展带来的好处是显而易见的;对待有价值的老建筑应采取积极保护、兼顾发展的策略,而并非一味地拆除重建。例如,我国20世纪50～60年代的第一批铁路站房,有相当一部分具有一定的历史价值,对它们的保护性开发,是对老站房在新时期发展的有效策略。在一定程度上,老站房的建筑本身对于社会的历史价值已经超越了对其物业开发的价值。

4. 发达国家铁路客站物业开发的特点

开发特点主要为:

(1) 交通枢纽内的各类物业开发在设计之初就已有所定位,各类物业的规划能在源头的设计策划阶段进行统筹考虑。

(2) 市区内的交通枢纽,其整合的物业模式更加多元化,并不仅仅局限于商业开发,枢纽的建设也肩负了一定的社会发展功能。

(3) 与国内铁路客站的运营模式不同,西方国家的铁路客站中旅客无须安检等程序,旅客几乎可在上车前到达任何站房内公共区域,这种流线上的变化也对商业开发产生一定的影响。

(4) 对待历史建筑(此处特指站房)采取积极保护、兼顾开发的策略。

7.3.4　挖掘客站商业开发价值

1. 观念上摒弃商业只是副业的思想

虽然铁路运输是铁路行业的主要业务,但也不能忽视车站商业的发展建设,否则就是没有用经济发展、规划的眼光来对待这一大型人流集散地,并且没有对旅客中存在的消费群体进行需求分析,是不完整的。

2. 旅客使用的主要空间的商业规划

(1) 出站层。在前期方案阶段提早策划,合理利用地下空间。目前高铁站大多结合城市轨道交通和市政开发同步建设,提早做好商业的整体策划,就可能在适当增加投资的基础上争取最大的商业价值。

(2) 站台层。对客运进站模式进行适当调整,争取最大的城市界面。站台层一般为旅客的进站大厅,多与城市的广场相连,如果能够将该层更多地沿城市广场界面打开做商业,则能把更多的客流吸引进站房商业。随着站台层基本站台候车功能的取消,整个进站的安检都可以移至高架层,使迎广场面增加非旅客的商业人流量成为可能。

(3) 高架层。将客运候车和商业运营相结合,充分发挥大空间的作用。高架层作为旅客候车的主要空间,属于旅客最集中的区域,而高架层的候车大厅面积也是整个站房面积最大的区域。如果能将高架层的候车区与运营的近、中、远期相结合,将商业开发合理融入该区域,则整体的候车大厅利用价值会得到明显的提升。

（4）客服夹层。该层多为设计之初就预留好的开发区域,主要需要考虑的是人流动线的合理性。由于存在几米的提升高度,保证旅客容易到达和行进流线明晰是设计的关键,因此客服夹层层高的选择、业态的设置、扶梯位置的定位都需要进行综合考虑。同时,客服夹层与高架层属同一大空间,与高架层商业开发相结合也是需要同步考虑的问题。

3. 从源头做好规划

对于尚未实施或尚在规划阶段的站房,应从源头入手,在前期的概念策划阶段就统筹考虑站区内的土地集约化利用,结合城市发展要求,对各类物业开发,要做到设计、实施一次到位。

7.3.5 优化铁路客站商业开发的思路

1. 开放式空间设计

国外的车站由于采用开放式管理,乘客可以较长时间滞留在集散厅以及站台上,用于商业服务的空间通常可以达到站房总面积的 50% 以上。我国铁路客站采用封闭式管理,建造规模庞大的候车空间以及维持其物理环境需要支付高昂的费用。商业开发的规模也受到限制。例如,虹桥站的候车厅是高架开放式的,商业开发规模大,效益好。部分改建车站的候车厅设计成候车室形式,商业开发受到限制。这也说明,人气是影响铁路客站商业开发效益的重要因素,而开放式设计可以提升人气。

我国铁路客站站房也应采取逐步开放的运营模式,最大限度地吸引客流,并通过安全技术手段实现站台候车,不会影响铁路安全运营,并且可以节约资源。铁路客站站房的开放式空间设计,需要营造宜人的内外部形象,空间布局上适应综合开发的需求。流线组织结合商业开发进行,商业流和旅客流在空间与时间上分离,人流和物流各自享有独立通道,出入口的位置可能会有所调整,火车站的立面造型也将是不对称的。

2. 对商业运营的专业化统筹

缺少专业人才,没有对商业开发进行市场化运作,也造成了铁路客站商业开发举步维艰,因此对铁路客站商业运营进行专业化统筹非常关键。首先,应根据所在地的经济状况、人口结构、旅客类型、消费水平提出客站商业开发总体规划,确定商业空间的规模;其次,要结合旅客流线确定站内商业服务空间位置,并适当考虑预留发展条件;最后,客站建筑与商业设施以及市政规划接驳的公共交通和广场力争同步建设。具体地讲,需要准确预测客站商业开发规模,充分满足各种商业业态经营在供水、排水、电力负荷、空调、排烟、消防、电话和网络接口、仓库、进货通道等方面的要求。设计上尽可能留有发展空间,加强各设备系统的兼容性设计研究,尽可能适应不同商业业态和分期开发的需求,避免再次投资改造的浪费。

借鉴目前大型商业综合体的运营经验,可以对站内所有入驻商家的收银系统进行统一管理,并对销售商品信息进行采集与分析,清晰掌握销售商品的种类、价格、数量,为今后铁路客站商业业态设置提供可靠的数据支持。同时,对站区商业广告的规模、位置、形式、效果、效益等信息进行采集分析,建立适应铁路客站运营特点的广告信息平台,指导今后站房广告展示的前期设计与后期运营。

3. 探索多种融资模式

铁路客站商业开发应严格控制工程投资,进行全寿命和项目群组综合经济分析。具体地讲就是要统一规划与建设,考虑建设、维护费用以及项目的整体效益。根据调研既有车站的成果分析,铁路可以尝试改变单一的投融资模式。个别客站正在探索铁路客站所属物业通过一次出售和二次出租来平衡开发与运营成本,并注重铁路客站周边土地权属的获得。通过配套开发,形成集商业、办公、展览、文娱、教育、交通为一体的城市综合体,取得的收益也能贴补铁路项目建设。当然,为了避免拖累主营运输业务,商业开发的投资宜先搞试点,有步骤、分阶段地进行。

4. 坚持"以旅客需求为中心"的市场观念和经营理念

目前,我国发达铁路网已初具规模,省会城市和其他一些大型客站都与地铁、公交等交通方式无缝衔接,实现旅客零换乘,成为现代化的交通枢纽。商业开发工作必须适应铁路现代化发展的需要,适应小康社会的到来对铁路服务提出的新需求,坚持"以旅客需求为中心",转变经营和服务理念,完善服务设施,提升服务档次,提高服务水平,为旅客提供与铁路现代化设施相一致的多层次、多样化、高质量的服务,满足旅客不断增长的服务需求,彻底改变长期以来车站商业开发经营低档次、服务低水平的状况,树立我国铁路客运车站的新形象。

5. 引入竞标招商机制,确保公平公正

我国铁路客站商业服务开发,如果确实需要引进品牌经营和连锁经营的,必须坚持竞标招商,这既是加强党风廉政建设的需要,也有利于减小经营风险、提高经济效益,提升车站商业服务业的整体水平。在具体操作过程中,一要制定招投标工

作制度和工作流程,对有关强制性、禁止性规定要做出要求并公示。二要规范操作,严格按照国家和铁路总公司、铁路局有关招投标的规定,明确要求和标准,严格执行程序,做到公开、公平、公正。三要主动接受纪检监察和路风监察等有关部门的监督,同时发挥多种经营系统各级组织和相关部门的作用,对车站商业服务业开发特别是招投标工作实施全过程监督,避免出现违规违纪的问题。四要加强车站商业服务企业及经营网点的路风管理,防止发生路风事件。

6. 按照"树标塑形"的要求,引入品牌经营和连锁经营模式,树立现代化铁路客站新形象

搞好车站商业服务业开发,要借鉴国外的成功做法,妥善处理好自营品牌和引进品牌经营的关系。对自营项目,要按照连锁经营的要求,做到统一名称、统一商标、统一标志、统一店貌、统一管理模式、统一服务水平。对外租赁经营的,要按照高起点、高标准的要求,认真分析市场,研究确定不同客站的市场定位,明确项目开发标准与经营主体的资质,在此基础上,通过公开招标,引进名品名企,确保车站商业开发经营和服务档次与现代化车站相适应。要按照"树标塑形"的要求,妥善处理客运管理、服务与商业服务经营的关系,做好既有车站的商业服务业的经营升级。对广告业务,无论是自营还是外包,都应集中资源,统一开发,发挥规模效应;要按照定位准确、设置合理、档次提升、效益提高的要求,提高广告发布水平,做到与车站整体环境相适应。

7. 坚持错位经营,减少同业竞争,提高经济效益

我国商铺租金的收取惯例是按面积收取,一般不与商家的经营收入挂钩,商家经营好坏与出租方无关。但是,对在我国铁路客站内部经营的商家来说,如果竞争对手过多,将会分散市场份额,有可能造成无序甚至恶性竞争,既影响商家经营的积极性,也对铁路客站的市场形象带来不利的影响。负责铁路客站商业综合开发的多经企业,要按照开放经营、错位经营的原则,积极开发适应不同层次、不同需求的商业服务业项目,做到全面覆盖商品销售、餐饮服务、广告传媒、物业服务等经营领域的同时,不引起车站内部商家之间的互相竞争,使每个经营者在统一的市场环境内相互协调、和谐发展。

7.3.6 铁路客站商业开发的前景展望

(1) 随着铁路客站与城市关系越来越紧密,客站设计的主导思想已经从"便于客运管理"转变为"便于服务旅客",铁路客站正向城市综合体逐步发展,客站商业形式越来越丰富,包括旅馆、快餐店、冷饮店、咖啡馆、茶座、小吃部、阅览室、邮电服务处、百杂货土特名产商店等。同时,随着人民生活水平与文化水平的提高,对精

神生活的要求逐渐提高,文化娱乐场所也将逐步进入客站,为旅客创造良好的休闲娱乐环境,如电影院、康乐文化交流场地等。未来这些商业服务空间将不仅服务于乘客,也可能服务于城市居民。

(2)铁路客站将会更大程度地与城市融合。铁路站房的建设为城市的发展带来商机,城市的发展也为铁路站房的商业开发带来机遇,两者是相辅相成、互相作用的。城市配套的建设给铁路客站不仅仅带来候车的旅客,也带来了发展的商机。铁路客站与城市的联系将由原来的单一纽带关系,逐渐向多元化纽带关系转变,如日本的京都火车站。

(3)铁路客站逐渐由单一客运枢纽向以客运枢纽为主导、多种开发为辅的多元化发展模式转变。单一的客运枢纽目前已很难满足运营、投资收益的要求,多元化的发展也成为铁路客站发展的必然。

(4)更复杂、更综合的铁路客站物业建设有可能会实现。在城市中心区域土地有限的前提下,集约化用地将是城市建设的趋势。对此也将会有多种类型的开发模式,如站台雨棚柱上方区域,在能够采取足够的安全措施和相关配套技术条件下,该区域会是一片优质的物业开发用地。对于大型、特大型站房动辄几万、几十万平方米的雨棚覆盖区域,能将该区域合理、有序开发,对于解决铁路的用地紧张问题也不失为一个可行性方法。

参 考 文 献

陈玉茂.2015a.新型高铁客站商业规划布局原则[J].上海商业,4:36-38.

陈玉茂.2015b.新型高铁客站商业开发现状与未来发展趋势[J].上海商业,3:14-16.

窦静雅,谢晓东,吴卫平,等.2013.铁路客站多元化经营管理机制研究探讨[J].铁道经济研究,4:12-16.

韩志伟.2007.新型铁路客站设计建设的实践与探索[J].铁道经济研究,6:23-30

李强.2014.高速铁路各客站商业开发中的财务定位[J].经营管理者,13:224.

谭啸,谢晓东.2013.铁路客站商业开发综合评价研究[J].铁道经济研究,6:32-35.

唐青.2012.我国东部高铁客站商业开发经营管理的实践和思考[J].上海铁道科技,4:5-6,44.

王广宇,李京.2014.基于铁路客站商业开发视角的现场调查及设计探索[J].城市建筑,3:39-40.

王凯夫.2013.中国铁路客站商业开发的模式探讨[J].铁道经济研究,6:36-42,56.

张茜.2012.我国新型大型铁路客站商业空间使用后评估[D].成都:西南交通大学.

张再华.2009.德国、法国铁路客运车站商业综合开发管理考察报告[J].铁道经济研究,1:15-21.

中文.1995.北京西客站引发周围商业开发热[J].首都经济,12:46-47.

第8章　铁路客站的精益建造

8.1　精益建造管理基础

8.1.1　精益建造理论的发展历史

1990 年,麻省理工学院通过对丰田汽车生产方式的研究和总结,提出了一种新的生产管理方法和制造模式——精益生产。精益生产的提出和应用极大地促进了制造业的进步。

精益生产源于日本丰田汽车公司成熟的生产管理理念,即丰田生产方式(TPS)。丰田汽车公司前总裁大野耐一通过丰田汽车公司的具体实践,把在丰田汽车公司取得成功的精益生产管理思想如准时制(JIT)、自动化、看板方式、标准作业、精益化等生产管理方式系统化,创造了丰田生产方式。丰田生产方式是提高企业生命力的一整套概念和方法的体系,其目的是让客户满意、零库存、零浪费和尽善尽美。它是丰田汽车公司通用的生产管理方法,其基本思想是"彻底杜绝浪费",通过生产的整体化,追求产品生产的合理性以及品质至上的成本节约。

1992 年,Koskela 将制造业中的精益思想引入建筑行业。2002 年 Koskela 和 Howell 指出:与传统建筑管理方式相比,精益建造不能仅仅考虑转化的过程,还应该考虑"流"的观点和价值生成的观点,形成转化-流-价值生成(TFV)生产管理理论。通过"流"和价值生产的引入,明确了精益建造必须努力提高增值过程的效率、消除浪费和减少不增值的活动,同时价值流程图(VSM)技术等很多制造业中运用成熟的精益生产和管理工具都引入精益建造。经过近 30 年的发展,精益建造的基本理论框架体系已初步形成。

8.1.2　精益建造的基本理论

精益建造是一种意识改革,充分吸收了精益思想的精华,重点体现精益的内涵。"精"和"益"各有两个含义。"精"的第一个含义是指精品,就是高品质,就是完美;第二个含义是指精干,就是少投入、多产出。"益"的第一个含义是指利益,就是做所有工作都要获取利益;第二个含义是指越干越好,没有最好,只有更好,追求完美,追求卓越。总体来说,"精益"就是做工作要精益求精,同时要少投入、多产出。

　　精益建造是将精益生产引入建筑业中,为解决建筑业的低效率和多浪费提供一种思路。精益建造思想是在转换模型理论、流动模型理论和价值生产理论三种基础生产理论互相作用的基础上形成的。其基本原理包括 TFV 生产管理理论、最后计划者系统、准时制三项原理。

1. TFV 生产管理理论

　　TFV 生产管理理论是基于建筑行业的特性而提出的,它包含三个基本观点:转化(transfer)观点、流(flow)观点、价值(value)生成观点。传统生产管理理论仅基于转化理论,而精益建造在这三种观点的基础上,提出了建筑生产同一般生产的共性以及三种观点的综合应用。三种观点之间并不相互矛盾,而是侧重点不同,如表 8-1 所示。TFV 生产管理理论将三者结合,在生产中对转化过程、流过程和价值生成过程都进行管理,以实现精益化生产。

表 8-1　转化-流-价值生成观点的区别

项目	转化观点	流观点	价值生成观点
概念	资源的输入转换成建筑产品的输出	一系列物质流和信息流,包含移动、等待、转换过程和检查	一个通过对顾客需求的满足而创造价值的过程
主要原则	努力提高运作生产效率	尽量改进第一类浪费,完全消除第二类浪费	实现业主的价值最大化
主要手段	工作分解、MRP 物料需求计划、组织责任分解图	持续流、LP 拉式生产、PDCA 改进	价值工程、质量功能展开(QFD)
实际做法	考虑必须做的活动	考虑如何让不必要的活动越少越好	探索以可行的方式来满足顾客需求
具体应用	任务管理	流管理	价值提升

　　转化观点认为建造过程是一系列的输入到输出的转换,输入过程就是将人工、材料、机械、设计、管理等资源通过输出建筑产品得到转化。转化观点认为生产过程可以细分为多个子过程,每个子过程又同样可以细分,直到分到最后一层的子过程(即活动),整个生产过程由此形成一个倒树状结构。例如,建筑施工过程大致可以分为基础工程、主体工程、屋面工程和装饰工程,其中主体工程可以分为钢筋工程、模板工程、混凝土工程,模板工程又可以细分各道工序。由此可见,下级子过程的输入实际上是上级子过程的输出,整个过程有序执行,通过直接提高各个子过程的生产效率以提高总效率,如图 8-1 所示。转化观点通过对关键路径的控制,实现个体最优。其不足之处在于过分强调达到个体最优,而个体最优并不等于整体最优,因此需要流观点和价值生成观点进行补充。

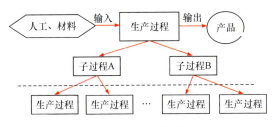

图 8-1　转化模型

流观点认为生产过程是一系列流动的过程，它包括物质流和信息流。流观点包括四个部分：移动、等待、转换和检查。在流动过程中，材料要经过这四个程序，其中只有"转换过程"使得材料得到了转换，如图 8-2 所示。生产总效率取决于转换的速率、流动的数量和流速，为了提高效率，必须减少在流动过程中的无效流动。流观点认为在生产流动中存在三种活动：①构成工程实体，能够直接创造价值的活动（即增值活动），如客站施工中，钢筋绑扎、门窗安装、混凝土浇筑等；②尽管不直接创造价值，但是在现有技术与生产条件下不可避免的辅助活动（即第一类浪费，必要的非增值活动），如客站施工中脚手架的搭接、模板安装等；③不创造价值并且可以立即去掉的活动（即第二类浪费，没有必要的非增值活动），如过多的库存。如何通过流程改进降低流动过程中的第二类浪费是流观点的核心。统计数据表明，大多数生产过程中只有 5% 的增值活动，35% 是第一类浪费活动，另有 60% 则是完全没必要的第二类浪费活动。

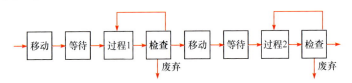

图 8-2　流动模型

持续流是精益建造中非常重要的一个因子，在建造过程中它遵循"先进先出"（即先发出的指令先执行，first in first out，FIFO）的原则，完全消除第二类浪费、尽量消除第一类浪费，同时最大限度地协调各个子工程的建设速度，使工程的建设持续、无间断、不受干扰地运作。

如图 8-3 所示，持续流的实施原则是从整体到细节、从价值层面到过程层面。在确定企业精益改进目标后，对整体的价值流进行分析，绘制出当前状态和未来状态图，再从细节上对各道工艺进行平衡化生产，同时采取 PDCA 循环的方法不断进行改进，使其持续流动，达到各项资源的高效利用。

价值生成观点注重转换和流的控制，它认为生产过程是最终为管理工作增值的活动，因此价值由较多因素决定，以参建各方共商共赢为中心实现价值最大化。

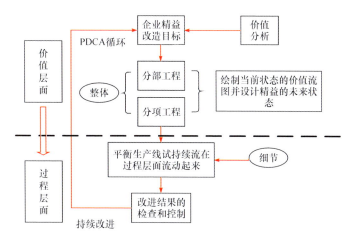

图 8-3　持续流实施模型

价值生成的原则主要是确保所有技术和管理要求得到满足。价值生成首先要明确价值,存在显性或隐性要求,这些要求在设计时易被忽略,使得产品不符合要求,因此在设计之初要确保各方的信息得到获取;其次要确保适当的生产能力,最大限度地满足管理要求,确定一种方法,使得创造的价值能够量化。

1) 价值定义

精益建造的关键是价值的定义,有意义的价值必须是在特定的价格、具体的时间内提供满足特定用户需求的建筑产品。正确的价值只能由最终的使用者(顾客)来定义,建筑企业根据市场实际需求,并从各方的角度出发做出决策,提供各方真正需要的产品。在当前信息时代中,企业竞争的焦点是如何利用信息社会的信息低成本优势,来满足顾客个性化的需求。这时,产品的价值结构就由顾客来确定。

2) 识别价值流

价值流是一组特定的活动,包含三项贯穿整个建造过程的关键性任务,分别是:①设计流的管理,包括概念设计、可行性分析、建筑实体设计;②信息流的管理;③生产流的管理,包括工程的建设和交付。确认建筑产品的所有价值流是精益建造的重要阶段,在这个过程中通常会产生大量极容易被企业忽略的浪费。价值流分析着重剔除不增值且不必要的浪费,通过价值流图的分析,将生产过程的信息流和物料流用简图表达出来,便于分析和改进,使之达到精益建造。

一座客站的建成必然涉及不同的相关方,这些相关方必须在管理工作中相互合作,形成在建筑管理中的一个整体,将价值流形成完整的渠道,减少浪费。参建方的合作是非常必要的,应该考虑一些新的方法和简单的原则,使得全过程的价值流动更加透明。每个参与方可以对其他参与方进行监督,所有参与者形成合力,共同创造价值。

3) 价值流流动

流观点是精益建造的灵魂,它要求在完成正确的价值定义和价值流分析的前提下,使各个步骤(活动)持续流动起来,强调的是"流动"性。精益建造认为一切等待都是企业的浪费,流动理论则对传统的做法提出了质疑,如果整个价值流的流动过程连续不断,工人的精力不再集中于组织和设备,而在于产品及其需要上,价值的实现必然能够更加有效且精确。

精益建造提倡通过重新定义职能、部门的作用,引入 JIT、持续改进等方法实现在批量生产情况下的价值流流动。同时,采取措施保证价值流流动所需的外部条件,包括:①保障环境和设备的完好性是流动的前提;②各个生产过程及中间工序的质量保证,次品、废品和返工均会造成价值流的中断;③根据生产的规模合理安排人员和设备,避免出现流动瓶颈。

4) 价值流程图分析

价值流程图(value stream mapping, VSM)分析就是以价值流图为工具,对整个生产过程的相关数据进行收集,并结合物料流、信息流等绘制成"当前状态图",分析当前的物料流和信息流流动的途径与方式,识别出浪费并找到消除浪费的方法,通过绘制"未来状态图"为持续改善提供导向。当前状态图反映的是一个产品从开始到结束的全过程的真实现状,每道工序和工序间的关系都是用图形或逻辑符号的方式表达出来的;未来状态图是指针对现状图进行一系列探讨,找出问题及解决方案。未来状态图的地位十分重要,因为价值流图分析的目标指明一条精益改善的价值流。没有未来状态图,当前状态图就失去了意义。但是,在实际过程中未来状态图往往难以立即实现,常常还需要画出能够利用现有的能力在近期可实现的未来理想状态图。根据现有的价值流,可以针对第二种浪费进行改进,然后在改善和提高技术水平或生产条件的情况下,运用精益建造方法,逐步消除其他仍然存在的不创造价值的浪费,精益求精,最终达到为顾客创造最佳价值的目的。

5) 价值流程图实施步骤

(1) 组建项目价值流分析团队。

公司往往是按照职能部门而不是项目流程来组织的,因此跟踪一个项目的价值流需要跨越公司的几个部门。在一个组织中,往往找不到一个人能够知道项目完整的物料流和信息流,组织中没有人对整个价值流负责。为了消除这种职能部门间的"孤岛",公司需要确定一个价值流经理和价值流改进团队。

价值流经理要具有能力和权力实现跨职能部门的改善,领导价值流团队绘制当前状态图和未来理想状态图,并负责实施计划及监督整个价值流的持续改进。

价值流团队应包括企业中各职能部门的人,以便在价值流分析过程中能综合各种意见。该团队成员通常包括:精益建造专家,即拥有精益建造知识和实践经验以及掌握价值流改进方法与工具的人；价值流中的实际操作者，即拥有实际操作经验并掌握价值流详细资料的人；系统分析人员，即能从企业整体角度出发将系统中其他部分综合起来进行统一考虑的人；项目价值的最终获得者，如建筑物的使用者，在铁路客站中多为旅客。

（2）绘制当前状态图。

当前状态图的绘制需要注意两点：一点是各方需求，包括对客站功能的要求，了解顾客真正需要的功能；对客站项目交付时间的要求，通过工期以确定生产节拍；另一点是全过程的所有工序和流程。此外，还必须收集各道工序、节点的相关数据，如施工现场价值流图主要数据包括各工序的工期、人材机的安排、生产效率等与流程改进有关的数据。利用这些数据绘制完整的价值流动当前状态图。

（3）分析当前状态并绘制未来状态图。

绘制完当前状态图，就可以对流程中的浪费做进一步分析，首先消除价值流中所有非增值活动，然后优化保留下来的活动及其流程。对增值的活动和非增值但必需的活动进行优化是实现精益价值分析的重点，也是创建持续流的前提。

未来状态图是指导未来流程改进的蓝图。通常来说，要一次性完成对当前状态图的改进是不可能的，未来状态图必须在实施过程中不断改进、修正。在前期改进时，先要评估问题的轻重缓急，对短时间内且低投资就可以完成改进的部分要优先处理。可采用项目管理的方法进行管理，制订一个年度价值流计划。这个计划包括可以衡量的具体目标、一步一步列出改进活动的详细计划和时间表、明确的检查点以及检查人。

（4）实施新的过程及持续改进。

实施新的过程包括重新安排工作区域以实现持续流或"单件流"、制定标准的工作操作说明、修改公司的相关程序、对支持流程改进的信息技术制定规格要求或进行必要的修改、表格与文件的重新设计等。

虽然新流程的实施会使未来状态最优，但在实施精益改进过程中可能会遇到来自各方面的阻力：只考虑无效的时尚管理方法，而不考虑如何使流程真正地"精益"；因有顾虑，对未知状态担忧，而对持续改进持有抵触情绪；将精益的目标误认为裁剪尽可能多的员工，认为实施精益改进措施会使自己或自己的同事失业；不愿面对因长期改善而可能出现的风险。

因此，员工可能表现出对改进活动支持不够、缺乏参与改进活动的动机、在实施精益价值流图分析时缺乏合作和沟通等行为。在实施新的精益流程过程中应避免上述问题。

当前状态转化成理想状态的循环是没有止境的，需要不断开展 PDCA（计划、实施、检查、处理）循环。在实现理想状态后，应该及时更新，再绘制一张新的理想状态图，这就是价值流的持续改进。管理层应定期评估系统改进后的效果，并针对遗留问题持续改进价值流。

价值流图分析的基本过程如图 8-4 所示,它体现了持续改进的思想,即在实施改进计划后需评估进展效果,并开展新一轮的精益改进。

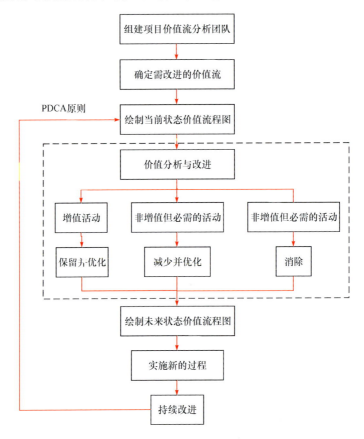

图 8-4 价值流图分析的基本过程

2. LPS

1) LPS 理论基础

最后计划者系统(last planner system,LPS),是指计划不是由上层领导者提出的,而是由传统计划的最后一层(通常是施工小组,它们直接分配明天的工作任务)提出短期(通常是一周)的施工进度计划。

传统工程项目生产计划通常采用"推动式"模式,即项目负责人根据项目目标和资源约束等,由上而下地安排施工进度计划。然后工人对上层的计划进行简单的执行。任务通过这种方式层层往下"推",上层"推"下的计划通常难以实现,使整个过程变得很不稳定。特别是在大型工程项目总承包模式中,总承包商因专业化要求,常将具体的施工任务分包出去。随着分包商的增多,传统项目生产计划的不可靠性和信息的不充分造成资源配置同总进度计划的逐渐偏离。

LPS 同传统工程项目最大不同之处在于采用"拉动"流程设计,对上层计划进行分解,得到一个应该完成的工作量,而实际的工作有一个可行的范围,工作组权衡项目的约束条件,自行决定下周的工作量,并做出保证。最后计划者身处施工现场,他对项目实际情况有着最充分的认识,能充分考虑施工现场约束条件,做出最合理的工作安排,最大限度地保证了工作流的稳定性,减少了窝工等现象。

LPS 有四个层次的拉动式计划,如图 8-5 所示,四个层级的拉动式计划通过长短期计划相结合,从而控制整个项目计划能够按期完成,提高项目工作流的稳定性。具体内容如下:

(1) 综合计划。综合计划是一个整体长期的规划,整个项目细分成若干阶段,各阶段间建立起一个有机的联系。每个阶段都有一个关键的节点,前节点"拉动"后续节点,这个项目因此形成一个高效良好的完整体系。事实上可以把拉动式综合计划理解为项目的里程碑计划,每个阶段的关键节点是后续各个阶段的里程碑。里程碑的日期由后续的各个里程碑来"拉动"。制订综合计划可以参照普通长期计划的做法,但制订计划的团队必须包括高层管理人员和施工现场管理人员。

(2) 阶段性计划。阶段性计划属于中期计划,一般计划时间是一个季度,主要作用是施工企业的各部门根据阶段性计划,评价在未来一个季度里项目进度是否都合理、人员安排是否都充足、供应链是否可靠、资金是否到位等。只有保证了劳力、材料、资金,才能达到控制阶段性目标,为下一步的计划控制打好基础。

(3) 前瞻计划。前瞻计划是滚动性的计划,目的是使工作流达到最优目标,并且保证工作流同劳力、材料、资金等资源相匹配。其制订者为实际现场管理者。前瞻计划周期应根据项目特点、材料供应、机具投入、计划的可靠性等确定,一般是 3~12 周。如图 8-6 所示,前瞻计划制订步骤如下:①确定最佳的施工顺序和速率,形成最优的工作流,并与项目的约束条件匹配;②为每周工作计划做前提准备,确保各层计划间的协调性,必要时对上层的进度计划提出变更和更新;③根据下层次周计划的实施情况和反馈机制,实时更新前瞻计划,同时向周计划提出更新要求,使计划的工作流能不间断地执行。前瞻计划与综合计划之间关系紧密,为收到工程管理的预期目标,宜以综合计划为基础制订前瞻计划。

(4) 每周工作计划。每周工作计划是在计划任务前做好充分准备工作,评估计划实施的可靠性,是最后被执行的计划。每周工作计划由施工现场的施工小组共同制订,计划周期为一周。计划任务的制订应做到以下几点:为每周计划所需的工作做好前期准备;保障所需的劳力、资金、材料、机具等到位;选择最优的工作次序,保证制订的工作量能够在本周内完成,并且工作量不能过少,尽量确保同上层

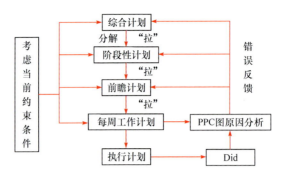

图 8-5　四轮拉动式计划层次

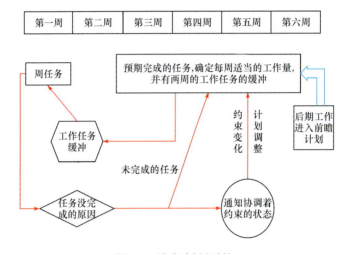

图 8-6　前瞻计划的制订

的计划进度和工作组的能力相匹配;每周工作计划不断根据前面几周的计划完成百分比(percent plan completed,PPC)的情况进行修改。为了很好地执行计划,应该每周举行两次会议。根据2003年以来中国铁路客站建设的实际,有的将周工作计划调整为日工作计划,逐日总结完成量,排定次日工作量,分析上层、下层工作组的衔接效果,更好地实现精益建造。

2) LPS的实施控制

LPS的整体实施控制主要包括三个方面,即生产单元控制、工作流程控制和PPC控制。

(1) 生产单元控制。生产单元是指工作队的任务范围,对应于工作计划的内容。其目的是向最后计划者提供工作计划标准,控制标准如下:①能够很好地做好前期准备;②工序合理,符合逻辑;③工作量适当,确保最后计划者完成;④计划工作的施工先决条件和资源能确保到位。

生产单元的控制范围在单元内部协调,以提高工人在单元内生产效率。它是 LPS 乃至整个项目实施的基础。

（2）工作流程控制。工作流程控制是对各个生产单元的生产次序和转换速率进行控制,形成连续、稳定的工作流,控制任务是确保各个工作组或生产单元之间默契、顺畅地协同工作。传统的项目计划控制仅仅停留在结果的控制上,每个工作队只关注合同分配的任务,不关注工作流的过程,一旦某个环节出问题,则可能导致整个工作流的崩溃。工作流控制强调过程的控制,一旦出现偏离,立即进行纠正,检验控制的效果主要看工作流能否持续流动。

（3）PPC 控制。在 LPS 中,PPC＝实际完成的工作量/计划的工作量,是最为关键的一个指标。PPC 的完成率可以作为评价计划者的绩效考核指标,以避免做出乐观、盲目或保守的计划。通过测量工作计划的实际完成情况,对计划执行情况进行总结,画出 PPC 分析图,找出未完成任务的原因,如工作量过多、资源的协调或临时分配有问题、设计深度不够、信息或指令的传递有误等,这有利于后续的工作计划改善。

3. JIT

准时制（just in time,JIT）是精益建造中一个非常重要的概念,它最基本的思想是在需要的时候按照需要的量生产所需要的产品。JIT 强调通过物流的平衡达到零库存,要求工序与工序之间的时间间隔尽量小,上一步工序完成立即进入下一步工序。

1）采购过程管理的准时化

在传统的采购模式中,采购来的原材料等都是先进入仓库,形成库存,再由仓库调出用于生产。因此,传统采购的目的很简单,就是补充库存,以一定的库存来应对企业的生产需求,保证供应。传统采购是填充库存,为了保证企业生产经营的正常进行和应对物资采购过程中的各种不确定性如市场变化、物资短缺、运输条件约束等,常常产生大量的原材料和外购件库存。虽然传统采购方式也在极力进行库存控制,想方设法地压缩库存,但是由于机制问题,其压缩库存的能力是有限的。特别是在需求急剧变化的情况下,常常导致既有高库存、又出现某些物资缺货的局面。高库存增加了成本,缺货则直接影响生产。而作为一种先进的采购模式,准时化采购不但可以有效克服传统采购的缺陷,提高物资采购的效率和质量,还可以有效提升企业的管理水平,为企业带来巨大的经济效益,使企业真正实现柔性生产。采购使企业实现了需要什么物资就能供给什么样的物资,什么时间要就能什么时间供应,需要多少就能供给多少,从而使原材料和外购件库存降到最低水平。从这个意义上讲,采购最能适应市场需求变化,使企业能够具有真正的柔性。

准时化采购不同于传统的采购模式,它追求采购的原材料的库存为零、缺陷为零的最优目标,同时有利于暴露生产过程中隐藏的问题。从深层次上提高生产效率,过高的库存不仅增加了库存的成本,而且将许多生产上、管理上的矛盾掩盖起来,使问题得不到及时解决,日积月累,小问题就可能积累成大问题,严重地影响企业的生产效率。而准时化是一种理想的物资采购方式,它设置了一个最高标准,一种极限目标,即原材料和外购件的库存为零,质量缺陷为零。同时,为了尽可能地实现这样的目标,采购提供了一个不断改进的有效途径,即降低原材料和外购件库存—暴露物资采购问题—采取措施解决问题—降低原材料和外购件库存。采购通过不断减少外购件和原材料的库存来暴露生产过程中隐藏的问题,从解决深层次的问题上来提高生产效率。

通过精简采购作业流程,消除订货、收货、装卸、开票、质量检验、点数、入库、转运等时间、精力、资金的浪费,从而提高工作效率,创造利润。它的核心是在恰当的时间、恰当的地点,以恰当的数量、恰当的质量提供恰当的物品。

准时化采购的一个重要特点是要求交货的准时性,这是实施精益建造的前提条件。交货准时取决于供应商的生产与运输条件。进一步减少并最终消除原材料和外购件库存不仅取决于企业内部,而且取决于供应商的管理水平。采购模式不仅对企业内部的科学管理提出了严格的要求,而且对供应商的管理水平提出了更高、更严格的要求。采购不仅是一种采购方式,也是一种科学的管理模式,采购模式的运作,在客观上将在用户企业和供应商企业中铸造一种新的科学管理模式,这将明显提高用户企业和供应商企业的科学管理水平。根据国外一些实施采购策略企业的测算,准时化采购可以使原材料和外购件库存降低 40%～85%。有利于企业减少流动资金的占用,加速流动资金的周转,同时有利于节省原材料和外购件库存占用空间,从而降低库存成本。

2) 质量控制过程管理的准时化

准时化生产方式的质量管理是从每一个细节入手,持续不断地推行质量管理。质量管理主要工作在于事前预防,依靠质量保证系统从源头落实做好自检及设计审查,避开不该有的疏忽。准时化生产强调全面质量管理,通过将质量管理贯穿于每一工序中来实现提高质量与降低成本的一致性。

解决问题的及时性是推行准时化生产的有力保障,事前预防自然重要,然而如果生产过程真的出现了质量问题,及时的事后解决也是非常必要的。准时化质量控制要求质量问题出现时,迅速找出问题的源头,作业的前后部门相关人员相互协作,及时将问题解决,力求将由质量问题带来的损失降至最低。

实施采购后,企业的原材料和外购件的库存很少以至于为零。因此,为了保障企业生产经营的顺利进行,采购物资的质量必须从根源上抓起,也就是说,质量问题应由供应商负责,而不是企业的物资采购部门。采购就是要把质量责任返回给供应商,从根源上保证采购质量。为此,供应商必须参与制造商的产品设计过程,制造商也应帮助供应商提高技术能力和管理水平。这不仅对供应商有利,对企业也很有帮助。传统的观念认为质量不良是不可避免的,所以必须检验,精益建造强调从根源上保证品质,品质的控制应该注重于预防,而不是传统方法的事后检验。如果多道工序变成一道,那么责任明确后反而会非常认真地检验,工序质量的不良率反而大幅度降低。要保证客站的品质,要从采购、库存、生产、送货、售后服务等各个方面做得非常仔细。品质保证的五要素包括人、材料、设备、方法、环境,也就是通常说的 4M1E。只有各个要素的"品质"都得到保证,产品的品质才能真正得到保证。

3)现场管理的准时化

准时化生产方式使从原材料加工到产成品的整个生产过程均衡而且连续不断地进行。看板管理是准时化得以实现的一种有效手段,因此在现场管理中,应该很好地应用看板管理。看板管理是一种逆向思维,它强调以后序拉动前序,因此在现场管理中有效的看板管理系统可以使生产线上的前道工序随时知道后道工序何时需要多少数量的某种物料,从而在恰当的时间为后道工序提供其所需物料,这样可以确保生产现场的连续性、准时性。

4)实现 JIT 生产需注意的问题

(1)建立可靠稳定的材料供应链。材料供应不及时,不仅会造成人工、机械等的闲置,还会影响工程进度;材料供应过快,必然会造成现场库存的浪费,增加材料的库存损耗和材料看管的人工费等。

(2)重视人的作用。JIT 的生产方式必须得到员工的配合。激励员工参与,强化员工管理,进行必要的培训,适当放权,建立一个团队合作的环境,是 JIT 生产的基础。

(3)充分利用看板管理和其他多种管理方法。看板管理是实现 JIT 生产的关键,起着传递信息的作用。看板的具体形式可以是板、信号或电子平台等。当工作准备就绪后,现场经理将与工作相关的信息分别放入每一个参与方所对应的看板槽。相应的参与方通过互联网下载这个看板并进行工作的人员安排。如果看板槽在其对应工作开始日期前的两天还没有下载或者在对应工作开始日期后取消,管理人员就能通过这个系统察觉出问题,并且采取措施,提醒相关方或更换相关方。

8.1.3　精益建造的构架

精益建造的构架是以精益建造思想为指导,逐步建立各种先进的管理措施,如标准化、动态管理、信息化、样品样板、网格化等。以人为本,文化贯穿精益建造过程,通过系统的发展和不断的改进,一步步实现精益建造的目标。精益建造框架图如图 8-7 所示。

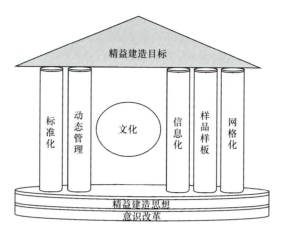

图 8-7　精益建造框架图

1. 精益建造的支撑

标准化、动态管理、信息化、样品样板、网格化是在项目建设过程中逐渐总结和完善的理论体系与方法,它在客站建设过程中能够带来工期的缩短、投资的节约、质量的提升,为客站的精益建造起到了良好的支撑作用。

(1)标准化是精益建造的基础。管理制度标准化、人员配备标准化、现场管理标准化和过程控制标准化四个方面共同构成了精益建造的标准化模块。

(2)动态管理是精益建造的保证。精益建设是一个不断改进的动态过程,它永远都在找问题,分析原因,解决问题,使管理工作得到改进,达到一个新的水平。

(3)信息化是精益建造的桥梁。参与各方从项目策划到交付的全过程中需要信息化管理,共享信息。只有信息对等、信息流畅,才能保证信息的准确,保障项目管理人员、作业人员更好地实现项目精益建造。

(4)样品样板是精益建造的先行。像 TQC 一样,精益建设在实施方面还面临着许多问题,这些问题都是因为员工抵触而拒绝接受任何变化才产生的,因而对各阶层管理者的教育十分必要。制订详细的初期试行计划,以样品样板先行是可取的,而不是在整个项目范围内全都实施精益建造。

(5)网格化是精益建造的手段。精益建造是一个不断模块化施工的过程,它能明显降低施工中的劳动强度,使劳动生产率明显提高,做到施工现场整洁文明、工期缩短等。

2. 精益建造的纽带

文化是企业长期建设、发展过程中形成的管理思想、管理方式、管理理论、群体意识以及与之相适应的思维方式和行为规范的总和。它是连接精益建造支撑和目标的纽带。

1) 文化建设

文化是当今企业管理的高级阶段,是当代企业竞争的最高形式,优秀的企业文化以无形的文化力来驱动企业发展,既是时代对管理提出的要求,也是强化企业管理、提高管理水平的有效途径。

(1) 文化的功能。

① 文化的导向功能。文化的导向功能实质是文化对企业领导和员工具有引导作用。共同价值观念明确了价值取向,也是员工具有对事物评判的一种共识,具有共同的价值目标,领导和员工以他们认定的价值目标去行动。企业目标是企业的发展方向,完美的企业文化会从实际情况出发,以科学的态度制定企业发展的目标,这种目标一定具有科学性和可行性。

② 文化的约束功能。文化的约束功能主要通过完善道德规范和管理制度来实现。道德规范是一种从伦理关系来约束企业领导者和员工行为的规范。如果违背道德规范的要求,会受到舆论的谴责,产生内疚的心理。制度是文化的内容之一,是企业制定的内部法规,要求企业领导者和员工必须严格遵守与执行,具有很强的约束力。

③ 文化的凝聚功能。文化以人为本,尊重人的感情,从而在企业中形成相互信任、团结友爱的和睦气氛,也强化了团体意识,使得员工之间能够形成强大的向心力和凝聚力。员工的共同价值观念形成了共同的理想和目标,企业作为一个命运的共同体,员工则是实现共同目标的重要组成部分,就会使整个企业的步调一致,演化成一个统一的整体。

④ 文化的激励功能。共同价值观念使每个员工都能感到自己行为和存在的价值,这种自我价值的实现是人的最高精神需求的一种满足,因此这种满足会带来强大的激励。"以人为本"的文化是领导与员工、员工与员工之间互相支持,互相关心。特别是领导对员工的关心,会使员工感受到受人尊重,员工就会振奋精神,努力工作。另外,企业形象和精神对企业员工同样具有极大的鼓舞作用,尤其是企业文化建设的成功在社会上产生的影响,会使企业员工产生强烈的自豪感和荣誉感,他们会加倍努力,以自己的行动来维系企业的荣誉和形象。

⑤ 企业文化的调适功能。企业部门之间、员工之间,由于多种因素难免会产生一些矛盾,而解决这些矛盾就需要部门或员工进行自我调节;企业与企业、企业与环境、企业与客户、企业与国家、企业与社会之间都会存在不适应和不协调的地方,都需要进行适应和调整。调适功能实际也是企业能动作用的一种表现。

(2) 客站文化建设措施。

① 明确企业文化建设思想。客站建筑企业在建设企业文化时要明确以下问题。a) 强化以人为本。文化以人为载体,人是文化形成的第一要素。企业文化的

建设过程中要强调尊重人、关心人、信任人、理解人。b) 企业要形成团体意识，全体职工具有共同的价值理念、一致的奋斗目标，才可以形成向心力，成为具有战斗力的整体。c) 突出企业文化的个性化。个性化是企业文化的重要特征，这是由于文化本来就是在本身组织发展的历史过程中形成的。每个企业都具有自己的经营特色和历史传统，企业文化的建设需要充分地利用这一特点，构建具有独特的企业文化。当企业具有自己的特色，而且被客户所公认时，就能够在企业之林中独树一帜，具有一定的竞争优势。d) 注意企业文化的经济性。企业作为一个经济性组织，企业文化就是一个微观的经济组织文化，具有经济性，要有利于提高企业生产力和经济效益，有利于企业的生存和发展。

②加强培育共同价值理念。企业共同价值观念的培育需要企业领导通过深入细致的思想工作把高度抽象的思维逻辑转变为员工接受的观点。在这一因素下，思想政治工作显得十分重要，既能唤起职工对自己工作和生活意义的深思，也能引起职工对自己事业和理想的深思。企业共同价值观念的培育是一个经历服从、认同、内化系列过程的引导和教育。企业共同价值观念是由多个要素共同构成的一个价值体系，在培育过程中应注意多元要素的融合，既要考虑国家和企业价值目标的实现，也要充分照顾员工需求的满足，当然首先要考虑的是国家和民族的利益。

③塑造积极向上的企业精神。企业精神的塑造是由企业领导者倡导，依据企业的任务、发展方向和特点，进而建立在企业价值观念的基础上的内在的追求和信念，通过企业员工的外部表象和群体行为而外化，塑造的一种企业精神状态。企业精神和企业价值观是两个密切相关的概念，企业精神是企业价值观的集中体现，企业价值观则是企业精神的前提。企业精神和企业价值观共同构成企业文化的核心。企业精神的形成具有人为性，因此企业的领导者需要根据企业的任务、现实情况、发展方向等有意识地引导，亲手培育而成。在企业精神的塑造过程中，应注意将分散的、个别的好人好事从整体的角度上概括、提炼、培育和推广，使之成为具有代表性的企业精神。

④注重企业形象设计。企业形象的设计一般经过形象调查、形象定位和形象传播三个阶段。形象调查是企业了解公众对企业本身的态度、认识与印象等方面的基本情况，为企业形象的设计提供基础信息。形象定位是在形象调查的基础上，依据企业的实际情况，利用美誉度和知名度定位企业形象。形象传播是通过广告和公关的方式，向社会传播企业形象的相关信息，使更多的客户认识和理解，从而提高企业形象。铁路客站建筑企业可以通过提高企业的服务水平和质量标准来提升企业的形象，并根据企业的实际状况进行设计。

2) 文化管理

文化管理是管理的最高阶段，它要求所有的企业人员要共有一个价值观，共享一种发展愿景,在这种管理下,员工的积极性和自觉性被充分地调动起来,企业从一个他组织的系统转变为一个自组织的系统。

（1）文化管理的原则。

文化管理的基本原则如下:尊重人、理解人、关心人、爱护人;企业员工具有强烈的民主意识和参与意识;制度"硬管理"和文化"软管理"有机结合;人的经济属性和文化属性有机结合;培育和培训高素质的人,促进人的全面发展。从这种文化管理在我国建筑企业的实际应用情况来看,多数铁路客站建筑企业处于从经验管理向科学管理的过渡阶段,离文化管理还有很大的差距。

（2）文化管理的措施。

① 企业的发展依靠人,这是企业的基本经营理念。在过去相当长的时间内,人们曾经热衷于片面地追求产值和利润,却忽视了创造产值、创造财富的人和使用产品的人。在生产经营实践中,人们越来越认识到,决定一个企业、一个社会发展能力的是人们拥有的知识和智慧,人掌握的才能和技巧。作为会经济活动的主体的人是最重要的资源,一切经济行为,都是由人来进行的和完成的;一个企业中的人没有了活力,企业就不可能有活力和竞争力。因而,铁路客站建筑企业必须树立"企业发展依靠人"的经营理念,通过全体成员的共同努力,为企业创造发展向前的动力和条件。有人曾将"企业"的"企"字拆解成"人"和"止",理解为"企无人则止",这是很生动、很形象的拆解方式,这也说明了"人"在企业发展中的重要地位,当然,这里的"人"不应仅仅理解为单纯的个体,而应是所有的"人力资源"。

② 人本管理的最主要任务是开发人的潜能。据科学实证分析,最伟大的科学家一生中的大脑利用率还不足 10%,这也就是说,每一个人都潜藏着大量的才智和能力。人本管理的目的就是最大限度地调动人们的积极性,使员工可以将自身最大的激情和创新能力奉献到企业中。

③ 企业必须尊重每一个人。每一个人,无论是领导者还是普通员工,都具有独立的人格、尊严和权利。无论是东方国家还是西方国家,人们常常把尊严看得比生命还重要。在一个企业里面,应提倡人人平等,提倡相互尊重,提倡互助友爱。企业作为一个团队,只有尊重每一个人,才能建立起一种"劲向一块使"的团队合作精神。因为一个有尊严的人会对自己有严格的要求,当他的工作被充分肯定和尊重时,他会尽最大努力去完成自己应尽的责任。

④ 建立和培养具有高素质的员工队伍,是企业成功的基础。每一个企业都应把培养员工、提高员工的个人素质作为企业发展的经常性任务。在知识结构日新月异的今天,技术生命周期不断缩短,知识更新速度不断加快,每个人都必须不断学习,不断地提高自己的综合素质,以适应环境的变化。因此,对企业来说,提高员工素质,也就是提高企业的生命力。

⑤ 促进人的全面发展。企业必须树立全新的人才观,树立全面发展的人才观。要想促进企业的全面发展,就必须为每一位员工提供全面发展、塑造自我、展现自我的广阔空间。

⑥ 凝聚人心,形成强有力的团队。如果企业是一个生命体,那么企业中的每一个员工就是生命体中的一分子,所以管理能提高企业的凝聚力与向心力。一个有竞争力的现代企业,就应当是齐心合力、配合默契的团队。因此,现代的铁路建筑企业必须增强企业的凝聚力,把企业建设成现代化的有强大竞争力的团队,促进企业有效的运营。

对铁路客站建筑企业来说,既靠制度强制员工执行,也要靠伦理道德的自觉约束。压力机制包括竞争压力和目标责任压力。竞争使人产生危机感,这种危机感会给人一种积极向上的动力。因此,在进行企业的制度设计时,要充分考虑优胜劣汰的竞争机制。目标责任制要求企业必须使员工明确的自己的奋斗方向和责任,只有对大的蓝图有所了解,才能心中有底,只有明白自身在这个蓝图中的位置和责任,员工才会产生安全感。企业的保证机制主要是承诺员工的一些利益因素,为员工提供一个广阔的发展空间;法律保证主要是指通过法律保证员工的基本权利不受侵害;社会保障体系主要是保证员工的正常生活。企业福利制度则可以作为一种激励和增强企业凝聚力的手段。另外,员工的积极性、创造性的发挥,很大程度上受环境因素的影响,这里主要指企业内部的人际关系和工作氛围。和谐、友善、融洽的人际关系,会使人心情舒畅;企业的工作条件和环境的改善,也会影响员工的心境和情绪。

3. 精益建造的目标

铁路客站是铁路服务旅客和社会的场所,是展示铁路形象的窗口,是一个时期城市经济社会发展、文化建设的典型代表。新时期铁路客站的建设受到所在城市及社会各界的广泛关注。客站建设是把为旅客创造安全、便捷、舒适的候乘环境,全面满足旅客的服务需求具体地落实到项目中的实践过程。

1) 以实现客站功能为目标

铁路客站功能的核心内涵就是"以人为本、以流为主"。"以人为本"就是以旅客为本,以方便旅客使用为前提。从客站总体规划到细部设计,都以尽力为旅客提供方便、舒适的乘车环境,快捷、便利的换乘条件和人性化的优质服务为目标;"以流为主"是指客站应以使流线达到明确清晰、短捷通畅、互不干扰作为主要目标。

(1) 注重流线组织,缩小换乘距离。

一是流线组织简洁顺畅。要把各种流线简洁顺畅放在重要位置,尤其是进站和出站的流线。二是流线组织短捷合理。用立体的建造手法将其他交通方式引入客站,最大限度地缩短旅客在站内及换乘的行走距离,避免流线迂回。三是站内导向直观明确。要以直观的信息、标志引导系统,使旅客在铁路客站内的每一个方位都有明确的方向感,能够便捷地完成进出站过程。

由于铁路客站人流复杂,空间跨度很大,各种流线结点多,结点处的服务功能也很繁杂,所以尽量减少旅客步行距离,减少各种行程的结点,可以提高旅客对建筑空间的认知,降低心理压力(图8-8)。

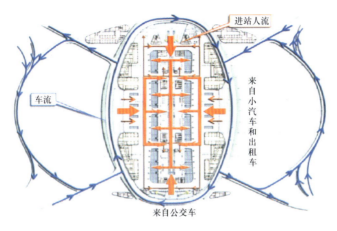

图 8-8　北京南站进站流线

从进站和出站旅客的主要行为、心理需求以及环境心理的影响因素可以看出,空间可识别性、流畅的交通组织和短捷的车站设计是减少旅客焦虑感的关键。空间和流线组织方式越简单、通过方式越简单,空间可识别性越强,旅客更容易分辨出入口、售票、安检、候车等各功能区的方向与位置。旅客无须花费过多的时间和精力去寻找下一个行为目的地,交通流线各环节中旅客停留的时间也就越短,交通转换效率越高,交通流线越直接,旅客步行距离越短,心理承受能力越强,旅客的焦虑感越少,舒适度越高(图8-9)。

图 8-9　静态标志图

（2）为旅客提供舒适的站内空间。

客站的重要功能是为旅客提供舒适的空间环境，要把最大的空间、最便捷的通道、最好的环境留给旅客。广厅、候车区、售票厅、贵宾室等重要空间，应做到空间开敞、视线通透，尽量创造优美的室内景致和宽阔的视野。雨棚应采用跨度大、空间高、开敞通透、方使用的无站台柱雨棚，确保站台通畅无碍（图 8-10）。

图 8-10　兰州西站候车厅图

新技术的应用带来了站房空间的创新，空间尺度的改变引起旅客心理的变化（图 8-11）。围绕流线布置的功能空间，打破了以往用实墙划分空间结构的方式，实现了铁路客站站内空间尺度的突破。反过来，空间尺度的突破又方便了旅客的流线组织。一般情况下，人的心理偏向与自然环境接近的尺度，在铁路客站内也是如此，这主要是由客站建筑的职能决定的。

图 8-11　武汉站大跨度屋顶结构

（3）为旅客提供良好的站内服务。

一是舒适的候车服务。候车区域应营造优美的站内景观，构建和谐的候车环境。二是便捷的乘降服务。三是方便的信息服务。站内应设置包括电视、通信、网络、公用电话、自动查询等先进的信息服务设施。四是周到的商业服务。为旅客提供方便的吃、穿、用等配套服务。

我国在经历改革开放后的第二代铁路客站模式后，逐渐意识到结合铁路客站的商业开发不能盲目开展，必须与车站的规模和运营形式相结合。商业空间是铁路客站建筑空间的重要组成部分,便捷的商业模式(图 8-12)和合理的空间布局可以简化站房空间的构成要素,提高旅客对客站环境和空间关系的认知,改善个人空间的感受。

图 8-12　便利式商业

2) 以实现客站的综合协调为目标

综合协调不仅是指铁路客站内部各种设施间的有机结合,而且要以系统理论的方法,科学分析各种相关因素,按照"综合协调、整体最优"的原则,以客站为中心,实现城市其他交通工具与铁路之间的有机结合、系统优化,建立各种交通方式换乘的综合枢纽。

(1) 与城市规划相协调。

一是站址选择应与城市规划相配合。在适应和满足城市功能布局、交通网络及城市景观等方面要求的前提下,铁路客站应尽可能深入城区,充分发挥铁路运营全天候、准时、方便的服务功能。二是铁路客站应与城市融为一体。系统整合站区内部与周边区域的城市功能,以带动车站周边区域发展。三是客站应与城市轨道交通、道路交通有效衔接,最大限度地方便旅客换乘。

铁路规划必须与城市规划紧密结合,才能满足为国民经济发展服务的职能要求。铁路客站的建设要以带动城市经济社会发展为主,在满足城市总体规划要求的同时,城市发展也要结合铁路建设,进行客站的综合交通规划,其主要包括道路网络调整及优化、公共线路与设施规划、步行系统规划、停车设施规划、地下空间综合利用规划等。

(2) 客站各组成部分形成统一整体。

把紧密相关的站前广场、站房、站场客运设施等三大部分,作为完整的整体统一规划建设,并在平面位置、空间关系上重叠、复合。

(3) 铁路客站各专业系统应实现整体最优。

铁路客站的建设是由 30 多个专业集成的综合系统工程,应在各子系统功能完善、配置优良的基础上,注重系统整合,达到系统整体功能最优。

（4）促进大型客站综合化。

铁路客站作为进出城市的主要场所，往往因自身独特的职能特点，形成商业、休闲、娱乐、住宿等多功能集合的客站区，成为城市的主要标志。同时，大型铁路客站往往是综合多种交通形式的场所，铁路旅客人流与社会人流在此汇集，因此需要综合考虑不同人群的需求，做到客站功能综合化。

我国新建大型铁路客站也有向综合性车站发展的趋势，例如，上海虹桥站汇集了高速铁路客运专线、货运线、城市轨道交通、公交车、长途车运输、航空运输等多种模式，设计日客流量达百万人次，是上海对境内境外交通的交会点，其中铁路交通主要是京沪高速铁路（图8-13）。虹桥站综合枢纽除设有交通运输职能，在机场航站楼和高铁车站内还设置一些商业设施，形成一个共同的开发体系，同时针对不同场所的客流量和特点进行布置。

图 8-13　上海虹桥站站场布局关系示意图

3）以实现客站前瞻规划设计为目标

铁路客站的站房规模、功能布局以及站场设计中有前瞻意识，使其在未来较长的时期内能够满足运输服务的需求；在站房及内部设施上充分考虑建筑的节能、环保，适应可持续发展要求；充分利用先进的建筑技术，确保铁路客站建筑经得起时间的考验，成为不朽之作。

（1）前瞻性的规模、布局与标准。

站场规模是制约运输能力的重要因素之一，到发线与站台的数量保证将来能够具备充足的运输能力；为旅客提供的站内通过、滞留和等候空间，需充分考虑将来发展的需求，尤其要针对一些永久性的工程进行前瞻性的把握，如宽敞的通道、大跨度的柱网布置、易于分割的充足的候车空间；对于标准的确定还要充分地考虑使用耐久性要求。

（2）完善的公共安全技术。

铁路客站作为大型公共建筑，是人员密集的场所，必须确保公共安全。一是结构安全。必须慎重对待结构方案，防范工程技术风险。二是消防安全。科学合理地确定疏散口的数量与宽度，避免拥堵，确保旅客安全疏散。三是交通疏解安全。

合理安排通道、出入口与扶梯,避免人车混行与交叉,确保人流和车流疏解畅通。

（3）先进的节能环保技术。

一是节能降耗。结合气候特点,合理选用建筑维护材料,应用太阳能光伏发电一体化、热电冷三联供、地源热泵等先进的节能技术,对建筑能耗进行有效控制。二是减振降噪。采取减振降噪以及其他环保措施,有效减少列车通过车站内部空间时产生的振动和噪声。

（4）以绿色理念打造客站品质。

这既是铁路客站建设多年来坚持的目标,也是今后客站建设面临的重点任务。2012 年 8 月,国务院出台的《节能减排"十二五"规划》明确提出要"开展绿色建筑行动";针对铁路行业,强调要"推进客站节能优化设计,加强大型客站能耗综合管理",进一步明确绿色客站建设的方向。

把握绿色铁路客站内涵。绿色铁路客站是指在铁路客站的全寿命周期内,最大限度地节约资源、保护环境和减少污染,为旅客和工作人员提供健康、适宜、高效的使用空间,为城市提供方便快捷的综合交通服务。其核心要义是用最小的资源消耗,实现最佳的环境质量,打造与自然和谐共生的建筑。

4）以实现客站文化为目标

有文化的建筑才是真正有生命力的建筑。建筑的文化既是历史价值的体现,也具有时尚的引导作用,同时表达了对地域性、民族性的深层次理解。我国有几千年的文明史,有许多优秀的建筑文化遗产,这都是创作的源泉。新时期铁路客站建设的文化性,重点在于追求铁路客站的交通功能、时代特征与地域文化的完美结合,形神兼备、和而不同。

（1）体现地域特征及人文特征。

一是地域特征。铁路客站建筑形式和空间要与当地地理气候特征相适应,与具体地形地貌相协调。二是人文特征。站房建筑应从人文环境的历史性、文化性、社会性入手,以建筑语言综合体现人文特色与文化底蕴。

昆明站进站大厅通过以具有地域特色的热带植被的景观绿化设计,强调了铁路客站建筑的文化性,弱化了站房内外的景观界限,增加了室内空间的趣味性,美化了站房环境,并且可以有效降低列车通过时的噪声。

（2）体现时代特征。

建筑作品是时代的写照,是经济社会、科技文化的综合反映。站房建筑应注重体现时代特征,适应时代要求,表现时代风貌,以全新的建筑语言,体现先进的理念和现代文化,体现当今建筑建造技术发展水平。

（3）体现交通建筑特征。

一是体现交通功能的空间特点。客站的交通功能要求建筑内部应是大跨度、宽敞明亮、相互渗透的开阔空间。二是体现简约的建筑风格。铁路客站建筑形式应以功能使用为前提，提倡简洁、实用的风格。

（4）以建筑艺术塑造客站品质。

建筑艺术使客站形象具有文化价值和审美价值，体现了地域特征和时代感，反映了客站的建筑品质。

以执著的职业精神追求建筑品质。同样从事一项工作，追求不同，境界不同，结果一定不同。一定要把客站的建设当成事业来做，而不仅仅是当成任务来完成；把每座客站当成艺术品来塑造，而不仅仅是当做工程来对待。

（5）以地域文化展现建筑品质。

铁路客站的建筑品质，应体现鲜明的地域文化特性，适应自然环境和社会环境。每座建筑都应与周边建筑风格、地区景观乃至城市风貌相协调。例如，兰州西站表现了"山水交融、飞天甘肃"的丝路文化；武汉站表现了"九省通衢，千年鹤归"的江汉文化；银川站表现了"回汉交融，现代银川"的塞上气息，是对伊斯兰文化诠释的经典之作；哈尔滨西站利用现代建筑技术营造的建筑风格，充分体现出了这座城市的风貌。另外，需要特别强调的是，要牢记功能决定形式，不能脱离客站的功能，盲目追求标新立异，否则无论客站建筑立意多么新颖，概念多么诱人，都不会长久。

5）以实现客站建设适度适用为目标

必须贯彻强本简末的原则，要有适合发展阶段的节俭理念，最大限度地降低建设成本。客站建设要出精品，但是要杜绝高档、豪华建筑材料的简单堆砌；要系统考虑建筑全寿命成本，综合把握客站规模及建设标准，注重近远期结合，把铁路客站建设成为资源节约型、环境友好型车站。

（1）合理把握客站规模及标准。

一是合理的客站规模。铁路客站建设用地要遵循空间集约化原则，依据普速铁路、客运专线、城际铁路等不同铁路客站的客流特点以及客站效率来确定客站的建设规模。公共区域的规模与设施水平努力做到最优，非公共区域则在保证基本使用的条件下，应尽可能压缩规模，降低造价。二是区别对待不同类型的站房标准。重要客站其标准应适当提高，一般中小型客站应突出实用与简约的标准。

虽然铁路建设在城市发展中作用巨大，但是城市发展也不能一味被动适应铁路建设，只有将铁路布局与城市综合规划有机结合起来，才能充分发挥铁路运输的重要作用，为城市环境保护和持续发展创造条件，达到双赢的目的。

在铁路规划建设中，客站建设用地要留有充分的弹性，以适应未来发展变化的需要。既要考虑铁路线路走向和客站功能的需要，又要本着集约用地的原则，同时铁路客站的规划要为城市区域间预留足够的联系方式。以往铁路在穿越城市时会对城市区域产生明显的分割作用，严重制约了城市的自然生长。随着城市一体化发展的要求，铁路客站与站场采取下穿地道和高架桥等手段来化解这种矛盾，使铁路两侧的城市区域联系更加便捷，旅客进出站更加方便，从而更加全面地发挥铁路客站的城市功能。

（2）充分考虑近远期结合。

在铁路客站的规划与建设中，既要解决当前的矛盾和问题，又要本着"立足当前，着眼长远"的原则，在技术标准与规模的确定、工程设施的配备等方面，均应兼顾近远期的发展需求。按照未来发展趋势控制工程的规模与投资，避免因初期投资限制造成建成不久就因规模不足、标准落后而需改造或废弃，确保铁路客站建筑成为不朽之作。

（3）兼顾建设投入与维护成本。

铁路客站的全寿命成本由建设投入和运营维护费用两部分构成，一次性投资和维护费用都影响投资效益。因此，经济性并不是造价越低廉越好，建设中既要重视对一次性投入的控制，又要综合考虑维护费用的开支。

8.2　精益建造管理措施

项目建造管理的水平与能力是衡量客站建造质量的关键因素，项目建造管理将直接决定项目的使用和运行，而客站建设面临的环境却日益复杂，高风险、快变化、高质量、短工期、低成本等作为客站建造管理所要面临的问题，是精益建造管理所需面临和解决的问题。以客站为对象，总结出了五个精益建造的管理措施。

8.2.1　标准化管理

1. 标准化管理思路

标准化管理是当今世界大型企业集团普遍采用的先进管理模式，是一种项目目标要素的集成管理，能够快速提高管理工作绩效。推行客站建设标准化管理，就是要通过标准化将客站建设经验加以总结、规范和推广，实现客站建设各阶段项目管理工作的有机衔接和客站目标要素的集成管理，整体提高客站建设管理水平，为又好又快推进大规模客站建设提供保障。

2. 客站项目标准化管理实施

"管理制度标准化、人员配备标准化、现场管理标准化和过程控制标准化"，这四个标准化构成了客站标准化管理框架，也是客站建设参建各方推行标准化管理必须达到的基本要求和微观目标。

1）管理制度标准化

客站的建设技术、管理和作业三大标准，是铁路客站建设推行全面标准化管理的依据。各建设单位应根据铁路总公司颁布的有关铁路客站建设管理的规章制度、规范性文件和项目管理指南,按照标准化管理要求,结合建设项目实际,系统清理、整合和修订建设项目现有工作流程、管理标准、岗位标准、技术标准、作业标准、工艺标准等。

2) 人员配备标准化

对于人员的配备,也需要实行标准化,根据不同的岗位要求来配备不同的人才,使得各个专业的具有不同能力的人才都能将其能力展现出来,这就是人员配备标准化的目标。

客站人员标准化配备应该考虑作业范围、人员数量、相应能力和资格。为了达到统一的技术规范、标准化作业,通过目标规划设定、知识和信息传递、技能熟练演练、作业达成评测、结果交流公告等现代信息化的流程,让作业人员通过一定的教育训练技术手段,达到预期的水平提高目标。

施工单位人员管理,全面推行"架子队"模式,提高标准化作业水平。通过制定《劳务用工管理办法》、《架子队管理实施办法》等规章制度,明确架子队的组建原则和实施细则,对劳务用工的引进、选择、培训、合同管理、工资发放等方面都做出明确的具体规定。

3) 现场管理标准化

现场管理标准化就是有效管理现场的各个施工要素,明确各个施工活动的要求、流程以及作业内容,并根据工作的实际要求设置专业的检查人员来对各项工作进行检查,确保施工现场的秩序。

客站现场管理标准化主要对场地布置、封闭管理、办公及生活区管理、宣传环境、标志标牌、安全标志、安全防护、便道便桥、管线布设、机电设备、施工用电、物资存储与搬运、环水保管理、危险源管理等通用性现场进行了统一规定,并对实行工厂化的场所如钢筋加工厂、实验室、构配件组装等场所进行专项规定,以实现作业环境标准化。

4) 过程控制标准化

在施工过程中要有具体的过程管理工作标准作为指导,才能确保各个施工活动有序进行,这就是过程控制标准化的主要内容。

客站过程标准化主要从以下几个方面进行控制:①源头把关,强化原材料质量控制。总指会同指挥部、施工、监理单位,推行施工单位自控、监理单位监控、指挥部重点控制、总指抽查的质量控制模式,强化对原材料质量的控制。②推行试验先行、首件认可、样板引路制度。在兰州西站建设中,坚持试验先行,明确作业标准。通过试验总结技术参数、施工工艺标准,验证主要设计参数,分析试验中发现的质量问题,进一步完善,为展开大面积施工提供可靠的技术支持和有效的质量控制。③加强工序细化控制。将传统工序进行细化,并在每一细节上进行深入研究和控制，以提高标准化作业深度和精度。

3. 业主标准化管理体系

原铁道部推行以建设单位为核心开展多方参与的标准化管理活动，加强了对建设单位的引导和管理。铁路工程业主方在执行标准化管理时，可以用标准的方法确定并规范建设单位各项管理工作的具体内容、接口关系、相关职责和流程等，采用科学先进且具有普适性的铁路建设项目管理方法、手段和技术，并借助管理标准体系的建立和运行，结合工程实施实际情况的跟踪与反馈开展持续改进工作，从而实现铁路客站工程业主方管理的全面标准化。业主方管理标准体系可划分为几个子系统。

（1）工作标准子系统，包括各岗位、各部门的工作职责和工作要求，各管理的流程及工作绩效考核标准等。

（2）技术管理标准子系统，包括核心技术认定标准、技术知识系统的管理规定、技术创新和工艺攻关的具体措施、各项工程技术规范和工艺操作规程等。

（3）施工要素管理标准子系统，包括项目施工进度、质量、安全、文明控制标准、效益管理标准等。

（4）项目文化管理标准子系统，包括形象标志、员工文明礼仪规范、企业文化核心内容等。

4. 在实施标准化管理工作中应强调的问题

（1）进一步提高认识、加强领导、强化基础、积极实践，增强主动工作的自觉性，充分发挥建设单位在铁路客站建设管理中的主体作用。

（2）结合实际、注重成效。紧密围绕铁路客站建设的实际，制定科学合理、充分体现项目特点、简便实用、覆盖客站各个专业的管理标准。

（3）强化质量安全意识，注重施工工艺，按照"抓源头、抓过程、抓细节"的要求，坚定不移地推进铁路建设标准化管理。

（4）建立健全专业化施工管理机制，进一步加强和规范专业化施工招投标与施工队伍管理，严禁变相转包或分包工程。

（5）要及时地总结推进标准化管理工作的经验做法，将行之有效的做法科学化、标准化，不断提高铁路客站建设标准化管理水平。

8.2.2　动态管理

1. 动态管理思路

项目实施过程中主客观条件的变化是绝对的，不变则是相对的；客站涉及专业多、施工结构复杂、工程规模大、工程建设周期较长,在客站建设进展过程中平衡是暂时的,不平衡则是永恒的。因此,在客站实施过程中必须随着情况的变化进行项目目标的动态控制。

2. 动态管理实施

1) 建立动态管理制度

客站建设目标是前提,制度是保证。目标明确、结构合理、运行有效的规范化管理制度对于项目的正常建设至关重要。为此,特制定了如下动态管理制度,保证客站建设的顺利实施。

(1) 预判制度。评估可能发生的变化,找出工程施工过程中影响质量、进度、造价偏差的原因,然后根据存在的原因和不足,制定技术措施,并在下一个施工循环中实施这些措施。

(2) 专业评审制度。针对工程中发生的问题,由各个专业委员会、专业组分别负责对产生问题进行专业化的评价和审核,并提出应对措施,对措施应用进行实时跟踪,检查实施效果。循环这一过程,直到出现满意的实施效果。

(3) 工作联系单制度。工作联系单是用于联系工程技术手段处理、工程质量问题处理、设计变更等的函件,多见于施工单位出具联系单给建设单位或设计单位,建设单位也常常向设计单位出具联系单,收件单位均要依据具体情况予以答复。

(4) 日对接制度。处理当日工序、交叉施工问题,考核质量、进度。例如,复杂结构件,由技术部门对图纸进行分解,并组织生产、质量、作业班组等部门对图纸理解消化,提出质量控制点;每道工序在自检合格后,才能交接至下道工序。未经自检,质检员有权拒绝验收;跨组工序交接,由上道工序组长、下道工序组长及质检员共同参与进行联合检查,经三方签字确认后,由质检部门存档备查。检查不合格的直接返回上道工序整改,下道工序组长有足够理由不予接收的也直接返回上道工序。经签认接收后的工序质量缺陷,由下道工序作业组负责整改。

2) 做好沟通协调

协调是客站动态管理中的一项重要工作,客站协调的关键在于管理协调,具体包括计划、组织、交界面、合同、信息等方面的协调。

(1) 计划协调。在管理活动中,无论是目标责任者的自我控制还是上级对下级的宏观控制,都需要以计划为依据。特别是在实现目标的过程复杂,人们对目标还不甚了解的情况下,计划可以引导人们有秩序地实现目标。客站建设的目标主要包括投资、质量、进度、安全、环境和创新。

(2) 组织协调。工程项目组织是把分散的、没有联系的人力、财力、物力、时间、信息、知识、环境等因素在一定的空间和时间内联系和配置起来,创造的一个有机的项目实施整体,以协调项目的各项工作正常进行。客站的组织形式主要包括三种类型:直线制、职能制、矩阵制。不管采用何种模式,其从上到下所包含的不同层级、同层级之间都会存在指令或衔接,不可避免地会出现矛盾、冲突,这些都需要进行协调。

(3) 交界面协调。由于项目的复杂性、专业化分工的细化、各组织和部门的目标差异、信息黏滞以及建设项目中存在的文化冲突,建设项目管理组织内的人员之间、不同组织的人员之间、同一系统和不同系统的组织之间、设备之间、工艺之间、建设阶段之间或其他类型的非人员因素之间,均可能产生各类界面。客站建设的界面矛盾常常反映在以下几个方面:工作内容的范围界限不清楚,导致责任不清楚;界面一侧的工作没按事先规定完成而影响了界面另一侧的工作;双方责任以外的交界面部分工作由哪一方负责不明确。交界面的矛盾最终都反映在信息上,要及时地解决交界面上的信息,否则工程就会受到影响。交界面之间存在许多矛盾得不到解决,除了组织原因,往往是信息不畅的障碍造成的,分析和克服这些障碍才能实现交界面的控制。

(4) 合同协调。建设工程项目的合同协调包括合同的订立、履行、变更、索赔、解除、终止、解决争议等过程中的各项协调工作。客站建设合同中应明确各参与方的责、权、利,包括工程进度、质量、相应的关键控制点、成本控制及变更、索赔管理;明确的工作界面及关键施工项目;合同中的风险管理等。

(5) 信息协调。客站管理信息量大、交互频繁,特别是要实现高效率的组织、计划和协调,更要求信息获取、存储和处理的完整性、及时性和准确性。信息协调最重要的是使信息准确、畅通和共享。

3) 构建动态管理框架

基于互联网,将信息化技术运用在客站动态管理工作中,把信息化技术、项目管理技术和专业技术服务相结合,以信息化动态管理平台为工具,实现全体参建单位在同一平台上开展信息交流、建设管理工作,尤其是学习借鉴当前国际项目建设新理念的基础上,采取新型管理措施,并借助专业技术服务,对客站进行动态管理。图 8-14 是结合客站管理实际构建的动态管理系统。

针对客站动态管理系统,结合工程实践,其主要工作包括以下方面。

(1) 建立基于"互联网+"式的客站建设项目动态管理,将项目从立项审批到建设实施,实行全过程公开,接受社会监督,从制度上规范客站建设过程中的权力运行,从源头防治贪污腐败行为。

(2) 以项目动态管理系统为工具,实现全体参建单位在同一平台上开展建设管理工作。动态管理系统分办公系统、工程计量、设计管理、工程建设管理、阳光工程、企检共建等六大功能模块,各参建单位及参建单位各级人员根据权限不同,可通过后台管理进行信息录入、修改、确认、审核(审批)等工作。

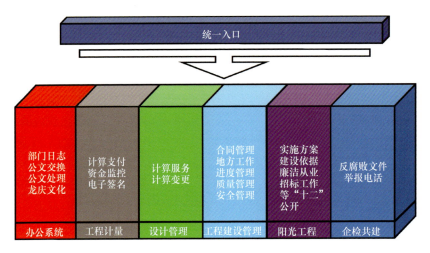

图 8-14　客站动态管理系统

（3）建立"阳光工程"管理模块，将实施方案、建设依据、廉洁从业、招标工作、设计管理、征地拆迁、履约行为、工程进展、质量管理、安全管理、文明施工、立功竞赛等"十二公开"内容向全社会公开，提高客站建设项目的透明度，广泛接受社会各界的监督。建立"企检共建"模块，通过"走出去，请进来"，把建设项目中容易产生腐败的环节，置于监察机关的督促范围内，确保在工程建设过程中廉政建设制度落实。

（4）以企业内部协调、管理习惯和需求为出发点，量身定做、适应性开发，以满足适应管理、规范管理、公开管理过程的需要，实现工作流程、组织责任、信息整合的标准化。

8.2.3　信息化管理

我国是全世界高铁运营里程最长、速度最快的国家之一。到 2015 年年底，我国铁路营业里程达到 12 万 km 以上，新建铁路客站 800 余座，同时大批既有车站需要现代化改造。因此，更新管理理念，全面提升车站，特别是大型铁路客站的运营管理水平，是实现铁路"又好又快发展"目标的重要保障。

信息化管理是现代化建设项目管理的重要手段，主要在信息沟通、实时控制、计算机分析、问题处理等方面，对站房质量、安全、工期、投资、环保、稳定提供重要的平台。兰州西站的信息化管理主要体现在以下三个方面。

1）BIM 技术的使用

建立以 BIM 应用为载体的项目管理信息化，提升项目生产效率、提高建筑质量、缩短工期、降低建造成本，具体体现如下：

（1）三维渲染，宣传展示。

（2）快速算量，精度提升。

（3）碰撞检查，减少返工。

（4）合理安排空间布局，优化管线。

（5）虚拟施工，有效协同。

（6）冲突调用，决策支持。

BIM 数据库中的数据具有可计量的特点，大量工程相关的信息可以为工程提供数据后台的有力支撑。BIM 中的项目基础数据可以在各管理部门进行协同和共享，工程量信息可以根据时空维度、构件类型等进行汇总、拆分、对比分析等，保证工程基础数据及时、准确地提供，为决策者制定工程造价项目群管理、进度款管理等方面的决策提供依据。

2）视频监控

随着我国电子计算机应用技术、广播通信和移动通信技术及电子科学技术的发展，电子视频监控系统得到了广泛的应用。

目前电子视频监控系统在铁路客站建造现场的监控管理与应用方面主要表现在能直观地加强对客站的现场施工管理与应用，它的应用使领导和管理部门能随时随地直观地视察客站的施工生产状况，促进并加强客站施工现场质量、安全与文明施工和环境卫生的管理，通过对客站施工现场重点环节和关键部位进行监控，特别是对客站现场操作状况与施工操作过程中的施工现场质量、安全与文明施工和环境卫生管理等方面起到了应有的监督作用。

视频监控系统在客站现场施工生产安全方面的应用主要包括以下几个方面：

（1）全面了解项目的施工进展。因为视频监控可以记录施工现场每天的施工情况，通过对录像的整理分析，可以对项目的各部分施工进展有一个全面的把握，使出现的工程问题得以及早解决。

（2）对项目重点部位的管控。由于客站现场作业点多面广，尤其是项目的重点环节和关键部位多且复杂，经常出现安全隐患及违章行为不能及时消除的现象，从而造成或引起安全事故发生，通过视频监控系统对重点环节和关键部位进行监控，可有效增加监控面，及时制止安全隐患及违章行为发生。

（3）历史资料留存。常规的资料留存以纸质资料的形式为主，内容多以描述为主，且留存量大，查阅不方便。视频监控的出现彻底颠覆了常规的纸质资料留存的方式，它拥有实时性、直观性、大量性、易查阅等优点，值得在客站的施工中推广应用。

（4）视频监控系统是一种有效的取证手段。客站施工是一个技术复杂的建造过程，且具有参与方多、建设期长等特点，在这个过程中难免会出现设计变更、不可抗力等一些能导致索赔的事件，而视频监控则可以为各有关方提供真实准确的证据视频资料，为客站施工提供一个更加公平的实施平台，为各参与方的利益提供更加有效的保证。

3）移动客户端

移动客户端主要有手机客户端（包括 QQ、微信平台、相关 App 等）和掌上电脑。移动客户端作为一种终端主要在工程的检查、问题的处理和协调方面、对工程的实时监控和设计更新等方面发挥重要作用。这种终端的使用不受地域的限制，既可以在终端上对项目的实施进展进行监控并发现问题和解决问题，又可以通过终端提前对工程进行设计更新等一系列行为，并将更新数据实时传输到施工现场，将各个参与方有机地联系起来，这样可以提高工作效率，并保证施工质量。

8.2.4　样品样板管理

1. 样品样板的基本理念

样品制度是采购材料、器具、配件之前，由供应商提供各种样品，由建设、施工、监理等主要参建单位比选确认采用样品的品类、型号，封样保存，作为材料采购时的标准。

样板的确认制度是建立在铁路站房装修工作量大，易出现质量不均衡、不稳定，外观效果不一致问题的前提下，以单项工程具有代表性的做法，先试做、统一工序和质量标准，再全面推开施工的制度。

通过工程样板，可以确定工程质量的预控措施，树立形象生动的立体教材，充分体现建筑设计意图。

2. 在工程样板实践中的重点环节

推行铁路客站装饰、安装工程"样板引路"的实践表明："样板引路"是纠正错误设计、防止质量通病发生最行之有效的方法。但由于各建设单位的重视程度不一，"样板引路"工作在各客站建设中存在较大的差异，个别建设单位没有把"样板引路"工作纳入项目管理的重要范畴，有些施工单位为了抢进度，忽视了"样板"制作，抱着一种先做，上级检查发现有错了再改的思想来抢进度，其实，这既得不偿失，又会造成很大的浪费。"样板引路"工作做好了，既可以保证和提高工程质量，又可以加快工程的施工进度。有的建设单位和施工单位没有深刻领会"样板引路"的作用，或者不知道操作步骤。

1）样板制作与确认依据

包括初步设计批复、修改设计文件；控制线装修装饰设计审核依据，已审查确认的控制性装饰装修设计、效果图；空调、室内与景观照明、客服系统专项设计审查、审核意见；铁路旅客车站细部设计；已审核的装饰、安装施工图及相关材料，涂装面、构件的标准、规格、等级、成分及技术参数等。

2）样板制作的工艺要求

依据已审核的装饰、安装施工图，在拟装饰、安装工程实施部位按事先确定的比例制作实样，样板应将拟采用的材料、安装与涂装工艺、连接节点、整体效果体现清楚，并形成书面作业指导书。

3）样板的管理要求

建设单位要始终坚持把"样板引路"工作纳入项目管理的重要范畴，做好"样板引路"的策划和准备工作，编制《样板引路实施规划》《样板引路实施办法》等相关管理办法，及时组织设计、监理、施工单位对照样板确认依据予以确认。实行铁路客站项目群管理的建设单位，要根据设计单位和施工单位的经验与实力情况选择某座客站作为全线客站的"示范站"。客站的选择要具有代表性、全面性，要能真正起到指导整条线路客站施工的作用，每一分部的做法都要落实到位，发现的问题要及时落实整改到位，明确全线统一的细部做法，不留死角。

3. "样板引路"的工程实践探讨

1）"三新"施工应采用"样板引路"

随着建筑科学技术的进步，"新技术、新材料、新工艺"技术运用越来越多，但由于地区差异及施工单位技术能力不同，"三新"施工的效果与国家标准或行业标准还有一定距离，因此针对"三新"施工，按照国家、铁路总公司相关管理规定，通过试做鉴定，达到行业认证或许可后再推开，这是典型的样板引路。例如，银川站采用了拱券为核心形象，融地域文化与现代风格为一体，具有浓郁的地方特色。设计人员采用了清水混凝土来表现室内拱空间建筑风格，但设计文件里没有对清水混凝土的纹理、是否留栓洞，通过样板进行对比后，最终选定方案，效果较好，充分体现出了混凝土的粗犷、厚重美，如图 8-15 所示。

银川站的主体结构大量采用拱形双曲清水混凝土结构，参建各方组成清水混凝土技术推进小组，场外试做大量清水混凝土构件样板。通过"样板引路"，最终在清水混凝土模板配置、脱模剂选用、混凝土配合比、用材、浇筑振捣、拆模时间、表面修补及养护控制等方面形成了成熟的技术与方案，并编制出完善的清水混凝土质量控制措施及作业标准，使后续体量巨大的清水混凝土结构施工一次性成功，实体质量远远超过优质工程的混凝土质量标准，观感效果也完全达到设计预想的效果，取得国家专利，如图 8-16 所示。

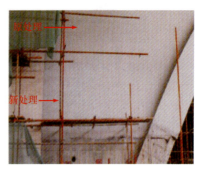

图 8-15　银川站饰面效果　　　　　　图 8-16　有无栓洞的样板对比

2) 高档精装饰工程的重点部位采用"样板引路"

目前,工程精装饰的要求越来越高,精装饰工程的质量关系整个工程的品位与形象,因此对于精装饰工程的重点部位必须采用"样板引路"。精装饰工程有其艺术性要求,"样板引路"有助于装饰风格及设计的最终明确,避免无谓返工,同时有助于检验装饰与土建、机电安装之间的配合,保证后续大面积装饰施工能有条不紊的展开。例如,海南东环三亚站室内吊顶设计,针对板宽和板缝的尺寸问题,设计人员指导制作了三种样板,组织有关单位的技术人员,到现场进行了确认,最终确定板宽 18mm、板缝 90mm 的方案。同时,根据装饰装修效果图,决定采用弧形板,效果很好,如图 8-17~图 8-19 所示。

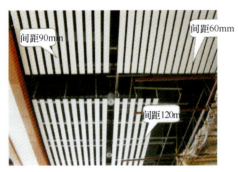

图 8-17　板宽和板缝比例关系样板　　　　　图 8-18　直板拼接样板

图 8-19　6m 长弧形板样板

3）工程的设计存在优选时宜全面采用"样板引路"

客站工程要经得起严格检查与质量评定，其观感质量及各项测量数据要求均非常高，施工过程中必须通过做样板，以高标准来要求，才能发现问题并及时沟通研究解决办法，从而确保后续大面积施工过程质量达到客站工程质量标准。

此外，客站工程对细部节点的做法要求非常高。屋面、门窗、楼地面、装饰、机房设备安装等评优时都是检查重点，通过做样板，确定工程大量细部节点的创优做法，施工单位才容易在后续大面积施工中一次成优，避免后续的返修工作。

例如，海南东环三亚站的设计具有浓郁的海岛风格，幕墙和室内局部装饰均采用木纹色铝材饰面，其中木纹的选择是难点。设计单位需要通过"样板"比选来确定，在实施过程中，对木纹色分别制作了不同的样板，经比对后选用了海南独特的花梨木纹理装饰，取得了很好的效果，实现了建筑师的原创意图，为海南岛增添了一道靓丽的风景，如图 8-20 所示。

图 8-20 三亚站实景

4）重大关键技术施工采用"样板引路"

如果工程存在一些重大关键技术，是否能顺利解决对整个工程的质量、安全、进度、造价具有重大意义，且涉及该技术的施工内容具备做样板条件，所以应采用"样板引路"。

深圳北站采用铝镁锰板和阳光板组合屋面，如图 8-21 和图 8-22 所示。设计单位对阳光板的选择确定了强度、硬度、透光率等技术参数。施工单位按设计要求制作了样板，但样板制作后在强烈的阳光下出现了很刺眼的眩光，且阳光板与铝镁锰板的节点处理不好，存在漏雨的隐患。在样板验收后决定更换阳光板，但施工单位在样板还没有确认之前，就对阳光板进行了部分采购招标，为此给更换材料造成了一定的麻烦。

图 8-21　产生眩光的阳光板样板　　　　图 8-22　整改后的阳光板样板

5）多工种协作穿插施工区域采用"样板引路"

在工程建设过程中,总是存在一些各工种协调穿插非常多的施工区域,如机房、管道井、设备层、技术层、楼层和通道的吊顶内空间等,这些区域的施工应采用"样板引路"。因为往往这些区域空间有限,多工种交叉施工,极容易因协调问题造成相互挤占空间、前道工序成品破坏、返工拆改、检修空间不足及被迫降低楼层净高等问题。通过"样板引路",在样板施工中做好管线综合平衡,协调各工种的穿插施工,方可避免此类区域大面积施工出现上述问题。

8.2.5　网格化管理

1. 网格化管理的基本理念

网格化管理是指资源协同者应用网格理念(资源的整合、共享与协同)将各种资源有效配置(如划分成网、格等形式)整合形成集成资源,为资源需求者提供可透明地使用整个网络乃至整个社会资源的服务,最终达到整合组织资源、提高管理效率目的的一种管理模式。

2. 网格化管理的应用现状

网格化管理是一种新型的管理方法,在多个领域都有所尝试,并取得了一定的理论和实践成果。首先是在城区的网格化管理,其主要依据"各司其职、优势互补、依法管理、规范运作、快速反应"的原则,将地区各网格内的巡警、城管等人员之间的联系、协作、支持等内容以制度的形式固定下来。其次是工商部门的网格化管理,其实际上是将所管辖区域划分为若干个"格",相邻的若干个格联结成"网",每个"格"设置一名巡查干部负责其格内的经济户口管理和市场主体经营行为的监管,相邻的两个以上的网格责任区为一个巡查组,以组为单位对辖区经济秩序实施执法检查，这是一张纵横交错的监察管理网络。在"网格化"管理模式中，监督管理网是沿着横向、纵向不同脉络进行编织的。最后主要是市容环卫的网格化管理，将市容划分为固定面积网格，并实行分层管理，每层配备责任管理人及一定的清扫作业工人，责任人每天必须在自己"包管"的区域网格巡查，环卫监督、城管队员和社会监督员还要进行联合检查。

3. 客站网格化管理要点

网格化管理在虹桥、南京南、杭州东、上海南、兰州西、银川、中川机场等客站建设的实践过程中取得了良好的效果。其实施要点主要包括确定网格化管理范围、设置网格化管理组织机构、加强网格化管理举措。

1）确定网格化管理范围

客站网格化管理模式主要使用在工程某些部位的装饰、装修工作。在指挥部统一管理的基础上，将装饰装修安装阶段剩余施工任务按施工区域、施工内容等划分成单元网格，通过激励考核措施，对各区域实施网格化管理，以便及时发现处置施工过程中发生的各类质量事件，实现过程盯控、动态管理的目标。

2）设置网格化管理组织机构

兰州西站的网格化管理组织机构是一种严格的刚性组织结构，结构层次分明，职责划分清晰。

（1）组织机构。①指挥部成立以总指挥长为组长、主管站房副指挥长为副组长、工程部各专业检查组为成员的网格化管理领导机构，现场设管理办公室，主要负责现场日检查评比及月度综合考核。②各施工单位成立以总承包单位为组长的现场网格化组织机构，按照区域、施工内容及专业划分网格单元，实行项目负责人、区域负责人，技术、安全、质量负责人，班组负责人四级管理，将施工质量管理责任传递到班组、个人。③监理单位按照总监负责制，按照区域、专业配齐相关专业监理人员，协助指挥部做好日评比和月度考核工作。

（2）主要职责。①指挥部组长、副组长每周听取工程部现场管理办公室周检查评比情况汇报，并对存在的问题提出改进要求。②工程部现场管理办公室按照《施工班组每日考评表》负责每天分专业、区域对班组已完成施工项目进行评定，并签署考核结果。③监理单位各专业组除按照相关监理规范对当日完成任务检查验收外，还需要协助指挥部现场管理办公室对当日完成施工项目进行检查评定并签署评定意见。④施工单位管理机构主要负责现场实施，按照施工组织要求配足各种所需资源，确保现场推进，并按照相关要求落实激励考核工作。

3）加强网格化管理举措

在客站网格化管理组织机构和职责的基础上，将施工质量控制单元最小化，通过最小、最优、易于控制的单元划分，对施工过程实施细致的管理举措，使施工质量贴近验收标准。兰州西站管理举措的具体内容包括以下方面。

（1）实行日验收考评、月综合考核的形式，日验收评定结果除按创优规划进行单日奖罚外，其评定结果将纳入月综合考核中，促进施工单位以积极的态度对待每日的施工作业。

（2）施工单位按照施工组织要求按月上报施工计划，并按单元格划分区域，每日给现场管理办公室上报需要评定的区域、施工内容及专业，并全程配合进行现场评定，对提出的问题督促整改。

（3）指挥部现场管理办公室各专业组按照施工单位日计划对当日施工作业内容进行全面巡视（主要巡视现场材料是否合格、作业工具是否符合要求、作业安全防护是否到位、前一天提出问题是否整改到位等），对不符合相关作业要求或对前一日问题未按要求整改的禁止进行相关施工。

（4）每日下午定点，由各专业组对当日所完成施工任务进行检查验收评定，并按照评定表签署评定结果（评定结果分为优良、合格、不合格三项）和相关意见，对不合格项目经监理核定后下发处罚通知书并督促整改。

（5）指挥部每月组织一次综合评定，评定办法及考核按照兰州枢纽工程建设指挥部《兰州西客站创建"示范性精品工程"管理办法》执行。

8.3 客站的精益建造实践

客站的建成更重要的在于其精益的建造过程。根据精益建造的理念，结合客站自身的特点，客站的精益建造过程具体分为精益策划、精益设计、精益施工三个阶段。

8.3.1 精益策划

项目策划是项目管理的基础性工作，其效果将直接影响项目管理工作的成效。从工程项目立项至工程正式开工前对项目前期策划，加强对项目总体性的分析和把握，对项目的实施进行全面的研究与判断，尽可能地了解并满足客户和项目利益相关方的需求，为项目全面顺利实施做好准备。

在项目前期策划阶段，建设单位着手对项目利益相关方分析，配合相关单位对客站与市政及站场配套情况、周边环境情况的调查和分析；参与客站建设的目标论证和项目定义。在策划中，要综合考虑以下因素：拉动国家经济，发挥社会效益，与商业开发同步，同步市政配套设施。

1. 拉动国家经济

根据《中长期铁路网规划》，到2020年铁路网规模将达到15万km，覆盖80%

以上城市,到 2025 年进一步扩大铁路网络覆盖,铁路网规模达到 17.5 万 km,其中高速铁路 3.8 万 km,更好地发挥对经济社会发展的保障作用。与此相适应,按照点线能力配套的原则,中国铁路客站建设与"十一五"规划相比,在数量上有了新的变化。作为城市与交通建设的重要组成部分,新时期的铁路客站建设在其设计理念、城市功能及空间形态设计等方面发生了重要变化。尤其对位于城市中心的铁路客站,与城市发展规划密切相连,了解铁路客站对城市经济社会的影响,将有助于铁路客站的可持续发展,提升铁路客站在城市中的价值。

铁路客站对城市的经济、文化更具有吸引力,有助于区位集聚的形成。新时期下铁路客站的功能由传统客货位移这一核心功能扩展到具有高附加值的一站式休闲、娱乐服务,为旅客提供了完整的运输产品,在满足自身功能需要的同时,充分发挥了其自身的经济潜力,推动区域经济发展。

2. 发挥社会效益

社会效益主要是指社会效益评价,由于项目的建设与运营,对社会、经济、政治、自然环境等发展目标所做的贡献和效益。

客站所发挥的主要社会效益包括缩短乘客旅行时间、增加投资和就业机会、减少能源消耗、提高地区或部门科学技术水平、提高资源利用和远景发展、提高人民群众物质文化生活水平及改善社会福利。

客站在一定程度上促进了周边的商业开发。在客站建设阶段,利用其所提供的区位优势,对交通枢纽周边的土地同步进行高密度的商业开发,进行房地产、商业和娱乐等经营性项目的建设,取得土地的增值收益,以充分体现交通枢纽周边土地资源的潜在价值。

客站在一定程度上促进了城市用地结构的调整和城市生产区、生活区、商务区、休闲娱乐区等功能分区的进一步明确。

3. 与商业开发同步

铁路客站商业开发对于完善铁路站房的现代化建设具有重要的现实意义。以国内大型铁路客站商业开发为例,结合国外铁路枢纽物业建设情况,对目前国内铁路站房商业设计和实际工程操作中遇到的问题及新思路进行探讨,提出对铁路客站商业开发的建议。

在以往铁路客站规划建设中,商业功能无疑处于补充地位,只是对客站运营的一种补充。受体制的影响,各地方部门也没有把商业开发作为整个客站建设的重点从源头抓起,进行早期整体策划。客站建成后,商业只是在可能范围内进行适当的填充,以满足旅客的部分需求。这也导致了客站商业开发的先天不足,以致旅客的需求、客站商业开发的收益都无法得到有效保障。随着我国铁路建设的深入,铁路客站中商业的地位正在发生巨大的变化。高铁的大量建设、运营模式的升级、旅客品位的提高,都对铁路客站商业开发形成有力的冲击。

客站的建设除了对站内商业有积极的影响,对客站周边也有非常重大的影响。通过对国内外铁路客站周边区域的分析可以看出,客站周边步行 15min 范围内的城市肌理与周边地区存在明显的差异,这些差异地区就是高铁车站最直接和直观的影响范围,可以称为铁路客站的直接影响区。这一区域的用地范围大约为 1km^2。在这一区域进行商业开发,经济效益明显。

4. 同步市政配套设施

我国铁路客站逐渐被城市所包围,已经深入城市交通网的内部。在发达国家的大城市中,市内公共交通发达、中心区高度密集的综合性多功能车站就往往向空中发展,呈立体结构的综合体。以铁路运输为中心,将铁路客运(包括高速铁路客运专线)与公路客运、城市轨道交通及城市商业服务设施综合衔接利用,形成一个高效率、多功能的建筑综合体,其设计理念的核心是"以人为本"的设计思想。

1) 市政交通配套设计

(1) 综合交通枢纽。客站综合体不仅是铁路客站,更是集中组合了多种交通工具的客运枢纽,共享社会资源,可以统一指挥、集中调度,各种交通工具由互相竞争的关系转向联系合作的关系,对城市的整体运输水平起到巨大的推动作用。交通换乘是综合枢纽的核心功能,应该打造立体的交通零换乘,以地上、地下、铁路、轨道、公交、公路组成交通换乘中心,形成快捷高效的交通体系。

(2) 车站与市政公交系统、出租车的换乘设计。站前广场是铁路客站与城市交通的接驳中转,是铁路与城市衔接的纽带,也是客流和车流集散的地点。因此,站前广场换乘设计要考虑以下影响因素:一是保证站前广场行人空间,避免行人与车租车、公交车存在冲突;二是解决站前拥堵;三是保证外围交通顺畅。

(3) 车站和地铁换乘设计。客站进行各种交通方式换乘的人流巨大时,往往需要综合利用地下空间,使各车站集中布设于同一站域之内 ,通过多层的衔接,使人流便捷地在地下进行换乘 ,并诱导人流迅速地在地下分散。北京西站就采用了多层衔接的换乘方式。

2) 市政管网配套设计

为了满足客站需要,交通枢纽除了考虑道路系统,还考虑河道水系改造、雨水系统、污水系统、电力系统、给水系统、燃气系统、通信系统、消防系统、绿化及环卫系统等。

8.3.2　精益设计

精益设计应该综合考虑投资、质量、进度之间的关系,达到三者的最优结合。

在此基础上，最凸显的问题是工程施工中经常存在设计变更，由此造成工程投资增加、工程质量缺陷、工程进度拖延，造成了施工不稳定的隐患。目前来看，变更不可能完全消除。但是，在设计阶段可以通过不断完善施工设计方案，减少后期变更，尽可能地消除设计变更造成的浪费，从而实现精益设计。

1. 精益设计理念

精益设计主要通过"并行工程"来监督和审核设计方案的质量。并行工程是指在共用信息平台的支持下，设计单位进行方案设计的同时，施工企业进行施工组织设计，材料供应商根据施工企业计算得出的预计材料用量、种类和质量要求制订生产计划。

并行工程能够使业主、施工企业和材料供应商同步参与方案设计。业主适时监督设计方案的进度和质量，及时提出设计质量存在的偏差；施工企业根据设计方案的进度同步进行施工图深化设计、施工组织设计和施工方案的选择，并确定出所需要的材料种类和数量，能够使材料供应商据此进行生产计划。施工单位进行施工图深化设计起到再次审核方案的作用，并通过共享信息平台及时将问题反馈给设计单位，设计单位立即重新设计。由于该过程在正式的施工生产开始之前，所以并行工程能够提高设计方案的质量，同时缩短工期，有效地消除了设计阶段质量成本的影响因素。精益设计管理流程如图 8-23 所示。

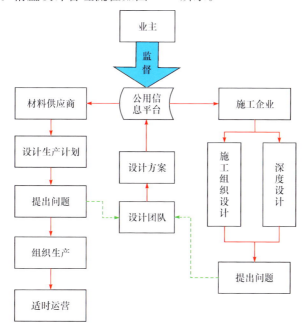

图 8-23　精益设计管理流程图

从图 8-23 可以看出,精益设计管理能够有效地将设计单位、施工单位和业主紧密地联系在一起,消除了传统管理模式下施工企业与设计单位分离的弊端,使施工企业参与方案设计的整个过程,并将施工企业的经验融入设计方案中,减少了工程变更。通过并行工程,施工企业在设计阶段就进行施工组织设计和施工方案的选择,能够节省工期、降低费用,并提高设计方案的质量。

2. 精益设计实施要点

在实施精益设计管理时,应当从以下几个方面实施。

（1）在设计工作开始之前,业主应当充分地与设计单位和施工单位相互沟通,在设计单位和施工企业的帮助下准确地定义建筑产品的质量水平。

（2）建立共同的信息平台,业主、材料供应商和施工单位能够同步地获得设计方案进度并及时反馈意见。

（3）因为设计与施工存在一定的差异,所以应当在设计环节考虑实际施工的情况,加强施工企业在设计环节中的作用,由施工企业派出施工代表参与方案的设计。在方案设计的同时,施工企业同步进行深度设计,对设计方案的正确性和合理性进行检验,确保设计质量。

（4）设计单位内部要进行精益设计管理。一是设计单位对设计方案质量实施管理时采用"拉动式"设计方案质量控制系统,即以满足业主定义质量水平的设计成果为起点,采用由后向前的顺序,确定在设计方案中的各项指标、参数和计算公式,确保方案设计的质量水平与业主所定义的质量水平无偏差;二是方案在设计阶段就要考虑质量成本的因素,避免出现"重质量而轻成本"的现象。

在共用的信息平台的支持下,实施精益设计管理,把设计单位和施工单位的关系由外部关系转为设计团队关系。当设计出现质量问题时,能够共同商讨解决方案,通过整个质量链上各个企业共同努力对设计方案的质量进行监督和管理,将业主要求的质量水平准确地体现在设计方案中,确保设计方案的"零缺陷",从而达到消除设计环节产生的设计评审费、设计方案质量不足和质量过剩所产生的质量成本的目的。

8.3.3　精益施工

施工是保证投资、质量、进度实现的关键过程,施工质量的好坏直接决定了客站建设的成败。因此,重点应该在施工阶段做好精益建造。

1. 精益建造组织结构模式

根据精益建造的思想,尽量减少浪费,因此在组织结构的设计上要减少管理层次,使组织结构尽可能扁平化。这种结构从顶层的决策层到底层的操作层,中间相隔层次极少,不仅能够解决信息流动不畅、决策速度缓慢等问题,而且可以给信息员工以较多的现场决定权,缩短上下级之间的距离。同时,这种模式使信息技术为所有组织内的决策提供信息,全体员工共同拥有同样的信息资源,各部门员工之间、上下级之间可实现充分的交流,职能部门与组织单元之间的界限变得模糊,组织结构呈现出互相交错的网络化。

扁平网络制的精益建设组织结构模式(图 8-24 为兰州西站管理中的模式),是由若干相互独立的组织构成的一个成员不断变动的组织系统。网络制组织结构模式的主体由两个部分构成,一个部分是中心层,另一个部分是外围层。也就是指,以项目最高管理层为中心,由若干规模各异、拥有专长的项目参与方通过计算机信息网络连接而成的一种超越空间的扁平网络化组织形式。各项目参与方之间通过信息技术及通信技术来提供互补的核心竞争力和共享资源,以完成整个生产过程。该模式具有六个基本特征:地理上分布、充分利用信息通信技术跨越组织边界、互补核心竞争力、共享资源、参与方不断变动、参与方地位平等。

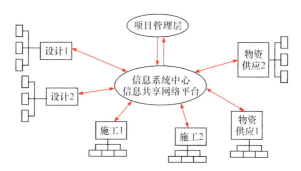

图 8-24　兰州西站扁平网络制的精益建设组织结构模式

2. 精益施工管理

施工中存在大量的无价值活动,精益施工的原理就是通过消除施工中的无价值活动,实现快速、高质量、低成本地完成施工任务。

在施工过程中存在非常多的无价值活动:①最大的无价值活动就是施工的不连续、经常的停滞所造成的无价值活动;②作业人员的工作不到位造成的材料浪费;③施工过程控制不严,导致计划执行差、工作流不稳定;④作业人员质量检验工作不细致、不深入、不严谨、不经济引起的投入过大而造成的无价值活动;⑤人员管理不到位,造成人员积极性差、效率低。

针对上述问题,在施工中采取有效措施进行改进,从而实现精益建造目标。

1) 消除停滞、连续施工

一是实行拉动施工体系,即前后工序拉动,实现前后工序的无间隙、连续施工。例如,兰州西站施工中采取的倒排工序,后道工序施工要在什么时间开始,前道工序必须保证在这个时间完成,从而保证客站实施进度的连续性,消除停滞。二是将工序进行组合,连续施工,消除停滞。例如,以脚手架为例,脚手架和模板施工本身不创造价值,属于无效作业,但又是保证施工的必不可少的作业,因此缩短其作业时间,可以减少浪费,优化施工。在实践中,施工队伍将脚手架和模板换为一体化综合模板,消除了时间浪费、简化了操作,满足了精益施工技术要求。图 8-25 为运用精益施工准则之前的操作过程。

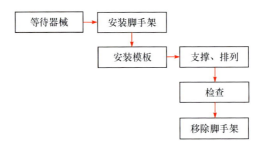

图 8-25　运用精益施工准则之前的操作过程

2) 加强材料的管控

原材料的费用往往在工程造价中所占比例相当大,由于目前管理存在欠缺,容易出现物资材料的浪费问题,这极大地影响了整个项目的建造成本,违背精益建造的理念。因此,通过科学管理措施,优化项目施工的流程,从而避免非必要的原材料损耗,将原材料成本降低到最低水平,从而最大限度地提高项目的效益。在客站中实施对材料的精益管控。

(1) 做好材料的供应。保证材料的准时供应,保证材料费用的节约。实施精益施工应与供应厂家建立供应链关系,对材料实行准时采购。施工中的所有原材料不可能一次全部到位,而且也没这个必要,当需要的时候才发出领料单,材料也只有见到领料单时才能够使用,这样做不仅可以减少材料堆放时的不必要的损耗,而且可以减少工料看管的管理费用,还可以起到提高材料利用率,明显减少二次搬运费。例如,施工和建材采购中采用牵引式生产方式,对于直接材料,在进行施工采购方面,与上游企业建立良好的战略伙伴关系,不仅节省订货费用,产品的质量也得到保障。

(2) 做好原材料的领发制度。对原材料的入库以及出库建立台账,并且根据施工的进度安排,对不同时段原材料的需要量进行准确计算,领用材料需要采取限额领用机制。

（3）做好材料的保管。施工材料需要妥善储存,避免因人为因素或者天气因素而导致材料的浪费,同时要定期盘点核销大宗材料,计算损耗率并分析其影响因素。

3）加强施工过程控制

计划是预期目标,施工控制是接近目标,防止产生偏差。当施工结果与计划不符或不可能达到时,整个建造过程需要重新计划。由于环境是动态变化的,建造系统又十分复杂,所以好的施工计划和施工控制能够提高施工可靠性,减少浪费。兰州西站工程项目贯彻精益建造思想的计划体系,在工程实施过程中,采取"准确、高执行度"计划体系,由整个项目团队（建设、施工、监理、设计）共同参与,商议制定,明显提高了工期计划的可靠性和执行力,保证工作流的稳定性,避免材料及设备的耽误,达到减少成本、缩短工期、减少浪费的目的。兰州西站准确、高执行度计划体系如表 8-2 所示。

表 8-2　准确、高执行度计划体系

类型	控制内容	制定时间	执行人
季度计划	总进度、关键节点	实施前 3 个月	参建单位负责人
月计划	施工专项方案实施	实施前 1 个月	参建单位技术负责人
周计划	材料、设备	实施前 1 周	工段长
日计划	施作完成情况	实施前 3 日	各班组人员

4）加强质量检验

质量检验是不增加价值的活动,是生产过程中的一种浪费,应当从生产过程中消除。但是,从整个质量控制的角度来看,质量检验是质量控制的一个重要手段,也是对质量控制结果的测量,对整个生产系统无疑是有价值贡献的。因此,对于质量控制中的质量检验工作既不能完全否定,但是也应当注意到质量检验工作所带来的成本增加问题,尽可能地简化质量检验的环节。客站精益建造中,当质量控制缺陷不能完全避免时,应尽可能地接近工作实施过程去识别和改正质量缺陷。显然,最接近工作实施过程的无疑就是建筑工人自身,因此在精益建造的质量控制模式中,考虑把部分质量检验工作从检验人员和现场管理人员的手中转移到建筑工人上来,同时把部分质量缺陷修补的决策权下放,简化质量控制流程,以达到尽早发现和修补质量缺陷的目的。表 8-3 便是根据上述原则设计的质量职能责任表。

表 8-3　质量职能责任表

人员	质量职能与责任
现场管理人员	根据前瞻计划和质量计划,编制滚动质量计划; 采纳工人的改进建议,编制周控制质量计划; 根据周控制计划,编制质量控制点检查清单; 对建筑工人进行质量交底和必要的技能培训; 编制质量控制程序; 关键质量控制点的抽查; 特定风险领域的质量控制
现场建筑工人	在周质量控制计划编制时提出质量建议; 按质量计划和控制程序实施质量控制活动; 进行规定范围内的质量检查,填写质量记录; 向现场管理人员汇报质量信息; 进行关于质量控制改进的相关工作

对于现场管理人员来讲,质量检查不再是其主要工作职能,他只需要对少数的关键质量控制点进行抽查,其主要的质量职能在于控制性质量计划的编制和质量缺陷的预防。

5)加强人员管理,提高作业水平

(1)重视技术人员群体。第一线作业人员往往被认为是水平最低、工资待遇最差、最受歧视的人群,在我国建筑企业更是如此。但事实上,任何成功的产品都直接反映着第一线作业人员的素质、技术,他们的工作态度、工作激情与产品质量直接相关。要尊重第一线施工人员的劳动,认真听取他们的建议,鼓励他们为企业经营献计献策,从他们的切身利益出发,为他们提供良好的工作、生活环境,这是精益建设管理模式里人员管理最重要的思想之一。

(2)不断提高施工人员素质。工程施工人员专业素质对工程质量有直接的影响,我国建筑行业属于劳动密集型行业,农民工是建筑业的主体,这类施工队伍文化素质有待提高,专业知识缺乏,施工质量不稳定,因此施工企业需要不断提高施工人员素质,从而为改进施工技术并保证施工质量提供人才保障。

(3)实现全体员工自觉化。没有全体员工自觉化,精益生产是不可能实现的。一是培养员工的共同价值观,以企业发展为己任,关心项目。二是领导班子要有良好的表率作用,班子要能吃苦,要让员工感觉到班子有素质,愿意跟着干。三是有激励机制。项目盈利了要为员工谋福利,有能力的年轻人要给予提拔的机会。四是关心员工。领导要为员工考虑,关心他们的工作、生活、个人疾苦,尽量帮助他们解决后顾之忧。

(4)加强团队工作精神。精益建造是不断追求完美的过程,要求每一个员工不仅要对本职工作永不停息地改进，而且要以整个企业的利润为终极目标，充分发扬团队合作精神。团队工作需要注意以下要点：在团队工作中，要求每位员工不仅仅是执行上级的命令，更重要的是积极参与，起到辅助决策的作用；组织团队的原则并不完全按照行政组织来划分，还需要根据业务的关系来划分；团队成员强调一专多能，要求能够比较熟悉团队内其他人员的工作，以保证协调工作顺利进行；团队人员工作业绩的评定要受团队内部评价的影响；团队组织是变动的，不是一成不变的。

参 考 文 献

陈康.2009.我国高速铁路客站建筑设计初探[D].北京:北京交通大学.

陈梅.2008.精益施工的柔性拉动体系研究[J].青岛理工大学学报,29(6):110-114.

陈梅.2009.视频监控技术在铁路系统的应用和发展[J].铁路通信信号工程技术,6(5):2-4

陈威翰.2013.中小型铁路客站通用设计研究[D].成都:西南交通大学.

戴荣里.2014.BIM技术在兰州西站项目的应用[J].施工技术,43(9):100-101.

邓斌.2014.建筑工业化背景下的精益建造流程管理[D].泉州:华侨大学.

董川.2013.基于建成环境主观评价的当代中国大型铁路客站文化表现研究[D].成都:西南交通大学.

杜志刚,侯宁,李玉国.2008.浅谈施工质量管理中样板管理[J].科技风,(17):20.

葛晓敏.2012."样板引路"在建设工程实施中的实践与思考[J].建设管理,6:48-50.

李明,李前进,刘芳.2009.精益建造中的施工质量控制模式初探[J].科技风,6:18-21.

李迎九.2011.新时期铁路客站建设管理初探[J].上海铁道科技,2:1-3.

刘其斌,马桂贞.1997.铁路车站及枢纽[M].北京:中国铁道出版社.

马新仓.2013.统筹资源,协同管理,科学有序搞好兰州西客站的建设管理工作[J].甘肃科技,29(21):113-114

邱光宇.2006.精益建设的理论体系及其在我国建筑行业运行的研究[D].镇江:江苏大学.

王峰.2014.高速铁路网格化管理理论与关键技术[J].石家庄铁道大学学报,27(1):51-54.

王磊.2004.客站综合体一谈大型城市铁路客站设计的发展方向[D].成都:西南交通大学.

王麟书.2005.关于我国铁路客站站房建设思考[J].中国铁路,11:5,27-29.

徐新·杨高升.2012.建设项目精益施工系统的脆弱性探究及优化设计[J].项目管理技术,9:103-107.

杨子玉.2014.BIM技术在设施管理中的应用研究[D].重庆:重庆大学.

尹从峰.2011.基于生命周期理论的铁路客站适应性设计研究报告[D].北京:北京交通大学.

张浩.2013.基于精益思想下施工企业质量成本管理研究[D].西安:西安建筑科技大学.

赵杰.2011.走精益化施工之路[J].水利水电工程造价,(1):9-11.

郑海波.2016.精益建造理论在兰州西客站工程项目管理中的实践及应用[J].中国铁路,6:47-51.

郑键.2007.创新建设理念建造一批百年不朽的铁路客站[J].中国铁路,(9):30-34.

郑健.2010.中国高铁客站的创新与实践[J].铁道经济研究,6:1-3.

郑健.2012.聚焦安全提升品质深入推进铁路客站科学发展[J].铁道经济研究,(5):1-7.

第9章 铁路客站建设与管理中的典型问题及处理措施

9.1 建设管理类

9.1.1 专业设计界面的合理划分

1. 问题概述

铁路客站由站房、站场、跨线设施和站前广场等几个部分组成,为了充分考虑各部分的特殊性和专业性,各部分往往分别由专业设计院设计,各部分设计范围交叉、专业交叉、分工交叉等因素导致设计界面叠加问题难免存在,使得结合部的设计成为问题的焦点。例如,有的站房的进出站通道由站场设计单位负责设计,而其装修部分由站房设计单位负责设计,两个设计单位之间结合不到位,致使通道照明配电管线、各种箱体等未预留镶嵌式洞口,造成返工或废弃工程。有时在同一个设计院,也存在站房建筑、结构和设备等各专业设计之间结合不及时、不全面,导致结构设计时预留洞口不到位,甚至遗漏,使设备安装管线布置不明确、无法敷设。

客站建设中最典型的是路基与站台的交叉、站房结构与路基的交叉、雨棚基础与路基的交叉、站房结构与地方配套市政广场工程结构的交叉、客服系统与通信信号的交叉等。

2. 解决方案

为了及时解决各专业界面间的交叉,建设管理单位应提前组建专业化项目管理机构,通过可研阶段组织各设计方深入对接,明确设计界面的划分原则和各专业设计范围,协调工程审批部门以此作为审批范围依据之一,批复设计界面、投资界面和施工界面,避免结合部的设计遗漏。

专业界面的划分,优先以既保证工程质量又确保界面最少的原则进行。站房、站场一般由两家单位设计,为确保站场路基的整体一致性,对站房部分过渡段按站场路基基床标高为界面划分,站房结构回填区轨面以下一定高度范围由站场设计单位负责设计,其以下部分由站房设计单位负责设计。为确保站台及相关挡墙质量,站台墙及站台面以下土方工程由车场单位负责设计,其上装修面部分则由站房单位设计。对部分侧式站房,为确保地下进出站通道与站场路基、线路的设计质量,地下进出站通道主体由站场设计单位设计,靠近站房侧一定范围则由站房设计单位负责设计。

9.1.2　不同标段间的联测联控

1. 问题概述

多数客站施工时,站房主体、站台墙、站场线路等分别由不同标段的不同单位施工,如果不加强施工过程中的阶段性施工控制桩联测,不对施工控制桩组织复测、确保闭合,则不同施工单位测量的误差叠加后将造成实际施工控制点误差超标,影响站房建筑物、站台的限界不能满足设计要求。

2. 解决方案

(1) 加强与地方测绘部门的对接,在施工图设计前完成铁路坐标与地方城市坐标转换,确保路、地坐标系统一。

(2) 严格执行设计交桩程序,建设单位组织站场设计单位给站场、站房等施工单位做好设计交桩。

(3) 施工单位制定施工控制桩加密方案,并图示标明位置(施工控制桩选点尽可能布设在周边相对固定的建筑物上,便于后期保护),建设单位组织各方闭合联测,无误后,由监理组织复核,确保准确后方准开工。

(4) 加强施工过程中的复测。例如,在站台墙施工前,组织站场与站房施工单位一并复测,并在各站台中间共同确定线路中心点和站台边缘点,确保两家控制点闭合。

9.1.3　批复时序对站房建设工期的制约

1. 问题概述

大多数城市站房因规模、造型、与市政衔接等问题,设计方案稳定时间较长,与各方对接工作量大,开工时间往往都晚于本线。例如,兰州西站工程,其配套的兰新客专工程于 2009 年开工,而兰州西站施工图完成时间为 2013 年 1 月。同时,现代化枢纽型客站选址往往在市区,征地拆迁、管线迁改等工作难度大、周期长,若批复时间晚,则不利于征拆、迁改及时完成。对涉及既有线的客站,往往存在多次线路拨移工作,对站房施工制约较多。

2. 解决方案

(1) 建设单位应统筹考虑站房与站场批复时序,在初步设计批复后可以及时组织开展征拆、迁改，并系统考虑土石方施工的准备工作，将涉及站房土方施工的划至站前标段，为站房主体施工赢得时间。

（2）建设单位及早介入、研究施工方案，重点优化关键路线上分部、分项工程的施工组织措施，从源头上控制好工期。例如，兰州西站施工中，提前 3 个月研究方案，将既有兰新上、下行正线一次拨至站房南侧，为两个施工区域创造了同时组织施工、加快建设的条件，并将原"围护桩＋中隔墙＋放坡开挖"的基坑支护方案调整为"围护桩＋挡墙＋土钉墙"等易于现场组织的形式，并缩短工期约 50 天。

（3）针对工期短、难度大的问题，可以及早编制指导性施工组织设计，完善工程措施。例如，兰州西站施工中，通过方案优化，倒排工期，并邀请专家论证，将南、北站房分期施工的方案优化为一起分区域施工，并通过前期的工程措施、周密的准备，使钢结构焊接避开了最冷的季节，既保证了质量，也缩短了工期。

9.1.4　商业开发对电力增容的需求

1. 问题概述

由于客站的商业开发方案往往滞后于客站的电力设计，电力设计中商业开发的业态分布及用电量测算尚不能提供准确的电力设计参数，所以商业开发的电力需求在电力设计中没有涉及，存在后续电力增容的问题。如果客站电力容量无法满足商业开发电力需求，则商业用电需要与站房用电分别供电，需要独立设置商用变压器和商业供电回路。例如，兰州西站建设中，根据商业规划整体要求和业态测算，需要增加 8000kV·A 商业开发用电负荷。

2. 解决方案

（1）商业开发在站房规划中及早考虑，确保商业开发功能与站房设计综合进行，结合客服功能，配置商业布局的电力需求。

（2）若涉及电力扩容，则由站场设计单位负责变更设计，根据站房上一级电源情况，结合原设计开展扩容改造工作。例如，兰州西站建设中，对 330kV 电力供电系统内的设备及电缆线路进行核算，确保满足 35kV 变配电所增容需求。

（3）站房设计单位按照商业独立供电原则，在站房内分设商用变配电室，确保商业用电不影响站房运营安全。

9.1.5　城市核心区域的交通拥堵

1. 问题概述

大型站房多位于城市铁路枢纽区域，交通拥堵，时有限行。若涉及既有线，既有线往往将城市分割,周边的交通功能不完善,给站房施工车辆、土方运输、原材料运送和人员交通等带来诸多不便。同时,由于在初设批复时往往不考虑周边交通临时疏解的工程费用,所以需要在建设中增加该部分工程投资。

2. 解决方案

(1) 做好前期调查工作,完善设计方案。例如,兰州西站建设中,在初设批复前即开展周边交通情况的专项调研,对既有铁路、专用线、街道道路、弃土场等深入调查,与交管等部门深入对接,并优化新增一处上跨立交桥、利用了一处上跨立交桥,作为站房、站场的施工便道。

(2) 通过现场调研查勘,将既有铁路、专用线拨移,为站房施工提供交通条件。例如,兰州西站施工中,将兰新上、下行正线在站房主体施工开始之前向南拨移至南站房的南侧,为站房施工创造条件。

(3) 通过对站房周边既有巷道拓宽、整修,确保大型运输车辆进入。例如,兰州西站建设中,对原兰州西站附近的西站西路和货场西侧道路路面拓宽整修,既服务周边居民出行,又保证车站材料运输。

(4) 对各参建施工单位如材料厂、钢筋加工厂、生活区等统一规划,使场内循环道路畅通。

9.1.6 狭窄空间内的交叉施工

1. 问题概述

在客站建设过程中,虽然有时划清了工程和管理界面,但由于站房的施工空间有限,存在狭窄空间交叉施工的问题,例如,站房主体、两侧车场咽喉区等部位的施工中,多单位间的交叉工作在所难免。

狭窄空间内多单位交叉施工中的典型问题如下:一是不同单位对同一块场地使用时间的需求有矛盾;二是结构物形成时间对其他标段有影响;三是便道共用、管护的责任不清晰;四是机械设备和车辆的相互影响;五是交叉作业时存在劳动安全隐患,如图9-1所示。

2. 解决方案

(1) 项目管理机构可派专人常驻现

图9-1 狭小空间作业

场,随时解决交叉施工中的问题,根据施工进展,分时段划分交叉作业管理责任。

（2）协调各参建单位共同研究优化施组,明确时间节点目标,并根据现场实际开展动态优化调整。

（3）以网格化方式划小检验批单元,做好各工序的交接工作。

9.1.7　无站台柱雨棚基础周边过渡段的施工

1. 问题概述

大型客站的雨棚设计,一般采用无站台柱雨棚。雨棚柱多设在两线中间,线间距在5.0m左右,承台施作直接影响路基。路基或桩基施作次序前后都存在基础开挖空间小、不便于机械施工的现象,即使采用机械施工,基坑构筑物周边回填也仍需要人工处理。

2. 解决方案

（1）人工回填时要严格按照分层夯实的质量要求,做到层层控制,不能以机械代替人工。

（2）对回填区按构筑物或改良土处理,如采用低标号素混凝土填筑,或用水泥、石灰等改良土压实回填。此种方式的直接成本略有增加,但可从源头上解决沉降问题。例如,考虑实际操作过程中沉降返工处理产生的费用,从经济角度考虑,是切实可行的一种方式。

9.1.8　协同办公信息平台建设

1. 问题概述

工程项目管理信息化实施或集成应用技术是指用信息化手段实现对项目的业务处理与管理,或进一步用系统集成的方法将项目管理的各业务处理与管理信息系统模块进行应用流程梳理整合或数据交换整合,形成覆盖项目管理主要业务的集成管理信息系统,实现项目管理过程的信息化处理和业务模块间的有效信息沟通。

工程项目管理信息化的实施从过去的单项业务处理过程应用发展到管理信息系统应用或集成应用,必须首先实现工程基础信息的规范,才能使工程项目管理信息化和集成化处理有据可依。

客站施工涉及专业多,工期紧张,对总体施工组织安排、分区域和各专业的工期节点控制,必须采取动态分析的措施,既系统考虑,也分项研究,才能有针对性地解决问题、控制关键路线。在施工中,项目管理机构往往对现场进展的掌握不能面面俱到，深度有限，对一些关键节点也掌握得不及时、不准确，建立建设单位管理协同办公平台尤为迫切。

2. 解决方案

（1）建立信息化平台。由建设单位主导建立信息平台，具体如下：项目办公事务管理（与业主、监理、设计、分包分供单位、上级机构、地方政府的沟通）；项目进度计划管理；材料的采购计划与入库、限额领料与出库、盘点及周转材料的管理；设备管理（包括租赁及内部调拨）；工程承包合同的计量与支付、劳务合同的结算与支付；项目成本管理与核算；项目施工组织设计、技术方案、工法及图档管理；项目质量与安全管理（管理过程的及时有效记录及审批过程的可追溯管理）；工程项目管理的动态数据实时传输、实时监控和分析预警管理；微信和 QQ 等移动通信平台。

（2）信息化平台协同应用。参建各方利用信息平台及时掌握现场进展情况，有针对性地做出优化，对总体、分区域进展、关键路线的控制等情况综合分析，建设、监理、设计及施工单位及时会商提出对应调整意见。

9.1.9　强化建设监理工作

1. 问题概述

大型客站涉及专业多，持有电气、暖通、给排水、钢结构等专业资质的监理工程师较少，从事过大型客站监理工作的专业工程师人员不足，不能满足现场需求。许多监理工作人员是临时借调、聘用，不利于工作开展。在站后专业和装饰装修、设备安装等方面，体现得尤其明显。

2. 解决方案

（1）合理安排人员。针对安装类监理工程师偏少的问题，特意招聘和培养这些专业人员，配置一些监理员承担旁站、巡视、检查工作。

（2）加强培训，提高业务素质，尤其是在施工图审阅和实施过程中，必须针对实际情况加强分析，及早提示、防范问题。

（3）对消防、电梯安装等关键专业和单元，优先考虑注册设备监理工程师任职，熟悉工程概况和设备参数，全程参与施工验收。

（4）对于无标准、超标准和四新技术方面依据缺失的问题，采用专家论证、工艺评定、调研论证和试验检测等措施，协助建设单位一并开展工作。

（5）建设单位加强管理，要求固定监理人员。确实需要更换的，严格履行程序要求。

9.1.10　营业线对站房建设的影响

1. 问题概述

在营业线原位修建客站,必须对运营铁路进行过渡,而过渡施工有一整套严密的程序要求,且时间节点明确,直接影响客站建设的总工期。在临近运营铁路地段修建客站,在2~5年的施工过程中,涉及大量物料搬运、特种设备使用和人员通行,对铁路运输安全有潜在影响。运营铁路在新建客站的平面位置永久性拨入前后,对轨道专业、站房专业各自的施工要求高,对相互间有序衔接的要求高,对既有线物理隔离措施的设置要求高。

2. 解决方案

(1)建设单位牵头,组织参建各方和设备管理单位、行车组织单位研定方案。本项工作包含大量的方案研究和优化工作,需综合考虑运营铁路的平面条件、周边地形、建筑拆迁、市政配套工程体量和站房结构布局等,区分情况,具体对待。例如,兰州西站是在原编组站调车场位置新建26万 m²,先后分四步对兰新铁路进行了13次过渡施工,并由建设单位协调对货场和几十条岔线陆续停用。这一过程中,在项目管理机构协调的基础上,由建设单位统一组织,提高效率。

(2)加强施工过程中的综合控制。一是站房、既有线两家施工单位应严格控制分部、分项工程时间节点;二是搭设物理隔离通道和全封闭棚架,做好专项设计、审查;三是严格控制各专业的施工质量和设备安装质量;四是拨入永久线位前后,加强对接工作,做好安全防范;五是提前规划和处理好物料运送的通道。

(3)选择既有线方面的专业化队伍施工,并加强安全培训工作。设备单位做好全过程监管,对特种设备和机械制定专项管护措施。

(4)站房与车场若由一家单位施工,会减少协调工作。

9.1.11　换热站及一次网的建设

1. 问题概述

容易出现的问题如下:热源的选择不合理,如有的不选择地方集中热源,导致供热质量低,供热不稳定;各方之间的提前对接不到位,导致一次热网不能与站房同步完成,往往是站房投用在前,采取过渡措施,而热网未及时跟进;前期工作和初设阶段,对于地方热源供热参数如压力、温度、流量等,与热源单位的沟通不深入,导致供暖系统末端的设计能力不足,达不到预期供热效果。

2. 解决方案

（1）科学选定热源。尽量采取由地方热电厂集中供热的热源，这一类热源比较稳定，可避免过渡或采取中转措施的问题。

（2）加强对接。在开通前至少一年即与热源单位深入对接，解决一次热网铺设路径、预留负荷问题，必要时对一次网实行有效的过渡，确保热源及时供暖。

（3）过程修正。对地方换热站的实际供暖参数深入调查、据实选定，对高大空间、玻璃幕墙等围护结构的特殊情况在初设阶段深入对接、修正设计参数，并加大末端供暖设备功率、容量，保证供暖质量。例如，兰州西站，对供热压力、温度进行了过程修正，将压力、温度从原来的 1.6MPa、130℃ 分别调整为 1.0MPa 和 90℃。

9.1.12　绿色建筑理念的树立

1. 问题概述

受建筑技术、行业特点、建设工期等因素限制，绿色建筑在铁路客站目前只停留在概念阶段，还缺乏系统的研究。对绿色建筑的认知差距，导致设计、施工、监理在建设和管理中存在差距。由于绿色建筑设计人才匮乏，且采取绿色建筑方案会增加工作量和难度，降低了在站房工程中实践绿色建筑理念的积极性。部分站房在建设中过多关注了装修效果，忽略了节能技术的应用。

2. 解决方案

（1）加强对设计单位的引导，在可研阶段提出站房绿色建筑要求，并将其作为设计方案比选的主要指标，如建筑朝向、体型、窗墙比、太阳能与地热利用、智能照明控制，节水器具、雨水与中水利用、商品混凝土应用、高强度钢、钢结构混凝土、高性能混凝土、建筑垃圾等方面。

（2）建设单位加强协调，在项目前期组织多个工种、多个责任方参与"整体设计"，并贯穿于立项、规划、设计、施工以及后期使用的全过程。例如，有的站房在可研阶段就在室内日照、幕墙保温、中水回收利用、太阳能发电、风力发电、智能楼宇控制等方面深入研究，并取得了效果。

9.1.13　工序交接的控制难点

1. 问题概述

客站施工中，先后多个工序由不同施工单位进行，经常存在工序交接不到位，导致质量问题传递，后续工序无法解决，甚至形成永久缺陷。例如，站前单位施工的旅客地道主体,对变形缝、施工缝防水处理不到位,或在标高有误的状况下就移交站后施工单位装修,导致装修后地道渗漏,或因标高不够无法实施排水沟,导致渗漏的雨水无法及时排除。又如,站前单位施工的高架站台雨棚立柱预埋件,在位置偏差超标、未处理到位的状况下,就移交站后单位安装雨棚,导致雨棚立柱错位。此外,还有土建施工与扶梯安装之间的交接有误,导致扶梯与楼地面间产生较大高差。

2. 解决方案

(1)制定专门的工序交接管理制度,建设单位选派专人现场管理,在现场组织相关单位进行交接。

(2)建设单位配备足够的专业技术管理人员,加强现场检查。充分发挥监理的作用,做好过程控制。

(3)严格执行合同约定的索赔条款,界定责任方的赔付内容。

9.2 结构施工类

9.2.1 结构尺寸和轴线偏差控制

1. 问题概述

站房混凝土柱、墙、梁施工时,浇筑前未进行校正、校正位置未经复核或对轴线控制不力,造成主轴线偏差,误差进一步叠加后,导致上层钢结构安装无法准确就位,给后续施工造成困难。同时,钢筋混凝土结构施工时钢筋垫块厚度不足或间距过大会导致保护层厚度不均匀,影响混凝土结构施工质量。有时还存在钢结构安装中混凝土中的预埋件有偏差,影响结构安装位置等情况。

2. 解决方案

(1)加强现场管理,混凝土浇筑前对钢筋、模板校对。检查保护块布置情况,将偏差控制在误差允许范围内。

(2)混凝土柱或钢结构柱安装时,每层柱的定位轴线以地面控制线为基准点引出、复核,在每一节的范围内所有构件安装连接完成并校验合格后,再从地面引测上一节的定位轴线。

9.2.2 变形缝的处理

1. 问题概述

客站施工中存在大量的变形缝,变形缝施工中容易出现的问题如下:

（1）轨行区上部变形缝内的垃圾未清理干净，不利于下部轨道行车安全。轨行区顶部竖向变形缝外侧做法一般为镀锌铁皮，伸缩量过小，结构变形时易受力使铆钉脱落，存在安全隐患。例如，有的车站运营后，维护部门为确保安全将外侧铁皮拆除，但拆除后则影响轨行区顶部的美观。

（2）轨行区伸缩缝与上水管沟、排水沟结合部防水处理不规范，下部导流槽搭接部位处理不规范，在管沟积水时易顺伸缩缝流下，造成出站层漏水，影响车站使用。

（3）施工中变形缝内堵塞的保温材料不交圈、封闭不严，起不到保温隔热作用。变形缝两侧墙体内外温差较大，易产生冷凝水附着在墙体上，严重时造成两侧墙体长期潮湿、冻胀，致使抹灰涂料层脱落。

（4）室内地坪水平变形缝，只填塞保温材料、未做防水处理或盖板两侧缝隙密封不严，而缝两侧地坪不平整，致使地坪上的水顺着变形缝两侧缝隙流入缝内，污染下层墙体。

（5）变形缝外侧装饰材料伸缩量与结构伸缩量不一致，容易导致装饰材料的受力脱落。例如，站台结构与进站扶梯（一般钢结构）之间变形系数不一致，导致靠近扶梯处的站台砖到夏季受热膨胀鼓起，影响使用。

（6）传统变形缝扣板一般为镀锌铁皮，铁皮与顶板或墙体之间的抹灰不易平整、较粗糙，影响美观，还有许多问题不宜处理。

2. 解决方案

（1）在浇筑板或柱时，直接用同缝宽的苯板填嵌，自然形成水平、竖向保温带。

（2）在安装外侧扣板前，沿变形缝做一道防水以阻隔湿气向外渗出，防止墙面污染、涂料脱落等现象，且对外侧扣板安装采取加强措施，确保不受车体震动影响脱落。

（3）在安装室内水平变形缝盖板前，沿着水平缝做一层防水，防水层应铺至两侧墙或地坪不少于 150mm 处，并将盖板两侧缝隙进行密封处理。

（4）除正常按照 6m 设置一道伸缩缝外，在扶梯与站台面结合部位再设置一道伸缩缝，确保受热变形时满足相关要求。

（5）轨行区顶部竖向变形缝外侧不设铁皮封堵，防止铁皮脱落，影响列车运行安全。

（6）加强工序检查，减少人为因素造成的隐患，并对变形缝处的细部及薄弱部位进行加强和改进，确保施工质量，增加建筑物的外观美感，完善使用功能。

（7）及时清理缝内垃圾，将其作为施工过程的一道验收工序，且在技术交底中要求操作者应尽量避免将砖块、混凝土砂浆残渣落入缝内。

9.2.3　站房地下结构的防水施工

1. 问题概述

客站地下结构施工中,因地下结构防水混凝土施工缝处混凝土松散、防水混凝土表面不规则收缩裂缝、预留管道、管井和结构预埋件与混凝土脱离等因素,容易导致地下结构的渗漏水。现场施工管理中,由于控制不力,在不同班组负责的施工区域之间,在不同作业班组或受工序影响的不同阶段,施工遗留的施工缝防水处理中均容易出现由于措施不当造成漏水等施工质量问题。另外,施工现场管理中对成品保护不重视,预埋好的橡胶止水带不加保护,受碰撞变形后导致防水效果未达到预期。

2. 解决方案

(1)严格按照防水混凝土规范选择施工缝位置,并严格执行防水混凝土浇筑施工的工艺要求。

(2)在混凝土浇筑前,专人检查钢筋、模板内部空间,清除杂物、按规定处理新旧接茬,确保混凝土内不夹杂杂物,消除新旧混凝土之间的夹层。

(3)对施工结合点复杂、施工交叉多、不便于通过人工清理的部位,为避免出现环形裂缝,可采取用埋入式橡胶止水带、后埋式止水带等方法处理。

(4)在预埋管道前,认真清除管道表面锈蚀层,加强振捣、确保混凝土密实度,保证管道与混凝土黏结严密;压力和热力等管道穿墙时设置套管,避免受压、受热时管道与结构脱离形成裂缝。

(5)加强不同班组负责的施工交叉区域、施工缝等部位的质量控制管理,树立成品保护意识。

9.2.4　大体积混凝土的施工

1. 问题概述

客站施工中存在大体积混凝土施工,受场地、城市交通等影响,在浇筑混凝土时经常出现混凝土供应不及时,致使在浇筑过程中形成意想不到的冷缝。同时,大体积混凝土二次振捣、养护和温度控制措施不到位,容易造成混凝土密实度不够、开裂等问题。

2. 解决方案

(1)制订大体积混凝土浇筑方案,配足振捣人员和机械,根据当地混凝土供应量、交通状况、施工班组组成、施工机械、人力等因素，设置合理的分段、分区域浇筑范围。

（2）按规定时间拆模，加强混凝土养护，设置混凝土内部温度监控措施，确保混凝土芯、表、环温差符合规范要求。

（3）严格施工过程质量控制，避免出现冷缝。

9.2.5　幕墙围护结构保温问题

1. 问题概述

铁路客站外立面多由玻璃幕墙、干挂石材组成，易与主体钢结构形成冷热桥，造成冷热源的流失，且石材间易透风，加上接缝处的封堵不到位，容易形成"针大的眼、斗大的风"现象，导致保温效果不好。

2. 解决方案

（1）在节点间增加橡皮密封装置等，阻断冷热桥的形成。

（2）在石材和保温层背部加封闭措施，增加石材幕墙的密闭性，并固定保温材料，避免受雨水浸泡后发生堆落、降低保温效果。

（3）采用双银镀膜、充氩气等办法，提高玻璃幕墙的导热参数。

（4）对接缝处加岩棉材料隔热，在岩棉材料外部增加玻镁板背衬，起到封闭作用，提高保温效果。

（5）除提高钢结构本身及接缝处的保温措施外，全面考虑供暖系统，形成地暖供热、热风机、使用外保温材料等综合性的保温体系。

（6）采用防寒门斗和热风幕隔离保温方案。

9.2.6　站台墙侵限

1. 问题概述

客站站台墙设计和施工中，有的参建人员对站台墙存在"非建筑物"的错误认知，易造成设计和施工控制的缺陷。施工中由于施工精度控制不当，易造成站台墙侵限。运营后因线路拨道等也易造成侵限。黄土等软弱地基地区，容易因地基遇水沉降引起站台墙的侵限。

2. 解决方案

（1）加强站台墙范围地基处理的质量控制。对过渡段采用级配碎石回填，提高承载力，减少后期因不均匀下沉造成的侵限。对过渡段以外的段落，加强对路基本体施工质量的控制。

（2）经建设各方和设备单位协商、征得统一意见后，根据现场情况优化增大结构尺寸。

（3）创新工法、确保施工质量。例如，在站台墙两侧每隔一段距离用钢筋对拉，杜绝站台墙脱落后侵限的隐患。

9.2.7 站房结构柱及雨棚柱预留接触网支座

1. 问题概述

安装接触网设备前，需要在站房结构上设置预留件。由于站房、接触网的设计和施工分属不同单位，各单位间如果沟通不到位，对纵断面单独考虑，造成从源头上导致的标准不一；两家施工单位沟通不到位，分别按本专业的要求施工，经常发生"站房专业在支座施工时，影响整条接触网线的标高调整；接触网专业支座施工时，与站房结构一些参数不匹配"的问题。

2. 解决方案

（1）支座的预留由站房设计、施工单位负责，确保结构的安全。
（2）支座的预留施工，接触网负责标注定位，调整线条。

9.2.8 幕墙和吊顶二次结构的整体稳定性

1. 问题概述

客站幕墙施工中幕墙龙骨安装问题比较普遍，主要表现如下：各种体系的龙骨连接在一起、龙骨固定件直接固定在加气混凝土块上、随意将龙骨拴接改为焊接、龙骨与预埋件错位、龙骨落地支撑不牢固、幕墙龙骨在结构变形缝处不断开、用镀锌挂件代替不锈钢挂件、焊接工艺粗糙等。

在站台雨棚吊顶方面，突出的问题有龙骨强度或稳定性不够、龙骨吊杆与结构连接不牢、条板卡扣不牢或防风卡扣不到位、短条板安装不牢靠、吊顶龙骨与其他吊架共用等。

2. 解决方案

（1）建设单位加强组织管理，通过网格化管理等手段控制施工工艺。
（2）监理单位配备装饰装修专业监理人员，严格进场材料的检测验收，做好过程控制。

（3）按样品样板工程管理的办法预先控制整体质量。

9.2.9　市政配套高架桥、地铁建设滞后

1. 问题概述

市政配套高架桥、地铁施工对保障客站枢纽功能的完整实现尤为重要，实际中容易出现的问题如下：高架桥及广场未及时形成，影响旅客正常乘降；站房下地铁预留结构不能与站房同步开工，影响铁路站房总体工期。

2. 解决方案

（1）主动向地方政府汇报站房主体工期控制节点等重大事项的进展情况，协调地方政府的配套建设。

（2）认真研究市政规划方案，预测高架桥及广场是否能够与站房同时运营。提前做好在合理位置设置临时广场的应急预案，提供地方政府预备实施。

（3）对代建的高架桥、地铁等项目统一纳入站房施工组织。根据站房布局和工程进展，对部分区段的地下轨道交通工程可采取顺做法、对部分区段采取盖挖顺做法，与站房同时交付使用。

9.2.10　屋面的检修通道

1. 问题概述

当前客站的设计、施工阶段往往重主体、轻附属，对于运营维护工作中的人员安全通道、检修通道问题，或欠缺考虑、没有设置通道，或考虑得不够全面、通道存在安全隐患。尤其在西北、华北、东北降雪量较大地区，由于行人易滑倒，此问题较为明显。

2. 解决方案

（1）在设计阶段一并考虑安全通道、检修通道，通道的形式、数量、与屋面等结构的连接方式，确保可靠、全部覆盖。寒冷地区应设计屋面融雪系统，如电伴热、防雪坠落等装置及设施。

（2）大型的吊顶、屋面板等，应在靠近安全通道、检修通道处设置易拆式的洞口，确保检修人员出入。

9.3 设备安装类

9.3.1 室内外给排水设备安装缺陷

1. 问题概述

室内外给排水设备安装中容易出现的问题如下：管沟及井室施工中，沟（井）内各系统的管道排布有时随意性大，占用检修空间；室外排水管道施工时坡度控制不到位，易造成管道反坡；未严格按规范要求施工检查井导流槽，导致沉淀污物；化粪池排气孔未严格执行设计要求；厕所、盥洗间、有水设备用房的地漏位置设置不合理，或因地坪反坡，导致地面积水；施工单位给班组技术交底不到位，对注意事项和卡控要点未落实到位，现场未按照规范施工，造成返工。

2. 解决方案

（1）设计、施工单位分别做好给排水安装专项技术交底，对可能发生的施工缺陷和重点注意事项，一次交底到现场班组作业层。

（2）设计阶段做好室内外给排水设计结合，根据室内标高、防冻要求控制室外排水管道标高，确保排水畅通。

（3）做好卫生间、盥洗间、浴室等给排水管道安装和地面装修专项设计，并将要求以作业指导书形式下发班组，严格按照作业指导书标准实施。

9.3.2 机房专用空调的设置标准

1. 问题概述

综控室、调度大厅等主要设备用房，需要安装设备专用空调，同时满足人员办公舒适性。专用空调体量大、噪声大，如果不做处理直接放在室内，将严重影响人员正常作业。此外，设计单位未能提供人机共用的相关标准、未能按不同设备区域布置专用空调、未能办公区域布置中央空调等，也是容易出现的问题。

2. 解决方案

在确保机房温度、湿度要求的前提下，可通过在综控室、调度大厅内增设独立专用空调用房，设置专用送风通道将空调风送至室内，并增加吸声等措施，确保将噪声降至最低。

9.3.3　候车大厅设备单元的优化

1. 问题概述

国内客站建设中,因站房内宽度较大,考虑通风要求,绝大多数客站都在候车大厅内设置了以送风为主要功能的设备单元柱,以满足高大空间内的空气流动和温度需求,但设备单元的设置占用候车空间。

2. 解决方案

(1) 通过加大站房内两侧主送风设备的功率,延长送风距离。在客站建设中,经科学计算后调整了新风机组配置,以满足送风距离、送风量要求。

(2) 充分结合客站所在位置的气候特点,在满足舒适度指标的前提下,优化或取消设备单元柱,增加候车厅的面积,提高空间利用率(图 9-2)。

图 9-2　兰州西站候车厅

9.3.4　客服信息设备的安装和配置

1. 问题概述

客服信息设备的安装和配置中,容易出现在设计阶段未将实名制和行包管理系统与客服信息系统一并纳入初步设计中。同时,自动售、取票装置的数量、位置原考虑较少,而根据形势发展,网上购票旅客呈逐渐上升态势,导致需求有时不能得到满足。

2. 解决方案

(1) 及时跟进客运、公安系统的文件规定,在施工中进行变更完善,满足运营需要,避免返工。

（2）做好预测。根据网上购票旅客所占比例和后期逐渐发展的需要,增大自动售、取票窗口数量,并将窗口尽可能设置在便于旅客的位置。

9.4　装饰装修类

9.4.1　站房室内石材面层的铺设

1. 问题概述

站房室内石材面层铺设中容易出现的问题如下。

（1）对天然石材的挑选不严格,原材料存在色差。

（2）石材铺设前,因板材背面和侧面防碱背涂处理不达标,致使石材返碱,影响整个大厅效果。

（3）地面石材、厅内结构柱、墙面石材（或铝板）、吊顶因选择模数不一致,致使地、墙、顶不交圈,对缝错乱,影响站房室内装修效果。

（4）因地暖供热、使用空调等因素,引起环境温度急剧上升,造成地面石材在受热后膨胀、鼓起。

（5）环境温度下降时,因收缩因素导致石材间缝隙过大。

2. 解决方案

（1）采取派驻石材驻厂监造和现场试验检验等手段,从源头卡控天然石材原材料,消除色差。施工中加强管理,确保同一部位使用的石材来自同一矿区,并严控石材防碱背涂质量。

（2）把好深化设计关,以地面石材规格为基础,选择墙、顶石材或铝板规格,确保地、墙、顶对缝模数统一；在墙砖尺寸受限制的站房,要通过深化设计控制好对缝模数,按照对缝、对中等方式保证装饰面层协调。

（3）充分考虑地暖、空调等热膨胀对石材的影响,通过专业热力计算,留设合理的温度缝,留足受热膨胀条件,避免石材受热膨胀鼓起。

9.4.2　钢结构的涂装

1. 问题概述

新时期客站结构中,钢结构占据一定地位,钢结构涂装是结构耐久性的重要保障。钢结构涂装容易出现的问题如下：涂层材质耐久性差,易脱落、引起钢结构锈蚀；为确保美观，有时在涂装后需刮腻子，但腻子与钢结构的结合不好、易开裂，在北方地区较为明显。

2. 解决方案

（1）加强涂料选型，尽量采用满足防火要求的薄型防火涂料。加强工艺控制，减少涂装遍数。加强维修养护，根据材料性能确定维修保养的间隔时间。

（2）涂装问题与施工季节的关联性强，尽量避免在冬季施工。如果必须在冬季施工，为防止涂料受冻，宜将水性防火涂料改为油性防火涂料。

（3）采用胶性钢结构专用腻子，提高观感质量，如图 9-3 所示。

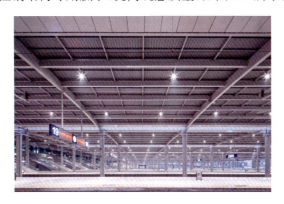

图 9-3　钢结构外观

9.4.3　商业外观的装修

1. 问题概述

如前所述，站房商业设计往往滞后于站房主体设计，因此容易出现商业二次深化设计与站房深化设计不对接的问题，造成商业装修外观与站房整体不协调。同时，商业需要的用电、用水等，与原设计预留不统一，造成用电负荷、给排水等容量不够。另外，商业餐饮中存在大量的排烟和通风管道，如果在站房设计时没有计及，则将导致原设计排烟管道及通风管道容量不足，造成站房内空气流通不畅，影响候车环境。

2. 解决方案

（1）对商业深化设计制定装修原则，并加强与站房施工单位装修对接，保持风格一致。

（2）严格控制商业业态布局，确保与原设计预留位置一致，容量和类型相符。

9.4.4　景观照明

1. 问题概述

景观照明对客站整体建筑美学表现力非常关键。正常情况下，设计只考虑站房正常轮廓效果，在施工装修阶段，政府及有关部门有时会提出灯光秀的需求。变更设计时，往往原设计未做预留，将产生拆改等返工问题。

2. 解决方案

（1）在方案设计时，就考虑灯光景观整体效果，并广泛征集有关各方的意见，避免出现方案返工，尽量做到同步设计、同步施工。

（2）若在站房建设后期相关方提出景观照明，变更设计施工应尽量利用已实施的管线、箱体，减少不必要的损失，如图 9-4 所示。

图 9-4　兰州西站照明效果

9.5　给排水类

9.5.1　车场股道间客车上水管沟与排水管沟的设置

1. 问题概述

通常，车场股道间客车上水管沟与车场排水管沟分别由两家单位设计、两家单位施工，存在不便于统一控制的问题。同时，两沟分设的方式，使各沟的空间和间距过小，不便于维修和施工质量控制，尤其是底板混凝土密实度不易控制，影响管沟强度和防渗水效果。例如，某客站的管沟断面最小仅为 60cm×120cm。另外，由于两沟分设，靠近给水沟一侧的雨水排集时，不易汇集到排水管沟，有一部分直接流入给水管沟内。

2. 解决方案

（1）将给排水管沟合二为一，从源头上解决问题。例如，国内西南地区某大型客站和西北地区某既有站改建的客站施工，均是将给排水管沟合二为一，解决了上述问题。

（2）混凝土水沟的施工质量不易控制，如果能将其换为复合化学塑料的高强度排水管，用新技术、新工艺处理好管间接缝，会利于排水设施的质量控制，减少运营后的维修工作量。

9.5.2　屋面排水设施

1. 问题概述

站房体量大、汇水面积大，屋面排水设施容易出现的问题如下：雨棚天沟落水口与雨落管等接口易脱开、掉落；落水口、天沟等结合部密封不严，导致漏水；由于地域因素，西北、东北、华北等地区易发生排水设施冻胀、冻裂；当前大多采用虹吸式排水，因设计、施工等考虑不周，在强降水时易造成汇水量过大、排水管能力饱和而导致天沟溢流的问题。

2. 解决方案

（1）在易脱落的转角及横向布管范围内，对排水设施用吊架、卡箍等进行连接和固定，并加强处理，确保吊架的强度。加强施工过程控制，特别是对涉及隐蔽工程的部分需要重点关注、全面检查，确保工艺达标。

（2）对结合部接缝处加强细部处理，确保接缝严密，并对柔性防水加强处理。不同材料之间，用焊接连接无法保证质量时，用卡箍进行连接。

（3）北方地区气温寒冷，在天沟里加设电伴热后效果较好。

（4）对排水量取值时，要取上限进行分析，并考虑极端情况下的排水处理措施，加密设置落水口与虹吸式立管的数量，增设溢流系统。对屋面的设计造型要综合考虑。

（5）建议采用铝镁锰板直立锁边的方式。

（6）加强对防水重点部位的控制。对采光天窗、排水天沟采用加强型防水措施，如采用优质防水材料以确保耐久性、延展性。增加防水层，提高防水效果。对排水天沟施工工艺和材料要加强控制，如采用耐腐蚀性材料，并确保焊接质量达标。

（7）加强变形缝处理。对不同结构之间、高低跨之间的变形缝，宜用软连接方式处理，以形成排水系统。

9.5.3　客车上水管、卸污管和设备单元井室之间的冲突

1. 问题概述

因线间距、承轨层标高、卸污管沟的坡度等制约，客车上水管、卸污管沟和设备单元井室不易设置，导致设备检修困难、排水管沟坡度不足、卸污管道易受冻等问题。

2. 解决方案

（1）对卸污管路采用电伴热保温措施，解决埋深不足、易冻裂的问题。

（2）协调设计调整检漏沟底板厚度，解决水沟及设备单元井超出轨面、影响限界的问题。

（3）对客车上水及卸污设备尺寸进行优化，减小井室内设备的需用空间。

9.5.4　站场、站内外雨污排水的过渡

1. 问题概述

客站建设中由于市政配套工程与站房建设不同步，容易导致车场雨污排水系统不能及时与市政管网接口，形成全站雨污排水的过渡。从站内局部来看，因车场排水沟滞后于站房主体，导致站房及雨棚屋面排水系统形成后，大量雨水不能及时有效排走，随意散流至地面后浸泡路基。

2. 解决方案

（1）对于有条件的，利用原车场及周边雨污排水系统进行临时抽排，主要是对原排水系统进行局部改造后，将站场、站房生产及生活污水、雨水采取提升收集等措施及时排出。

（2）对于缺少有利条件的，多采取综合性临时过渡排水措施，如集中收集后的提升抽排等，宜永临结合。

（3）路基排水设施应随路基本体及时施作。

（4）从设计阶段就应考虑临时排水措施，以利于综合控制。

9.5.5　雨落管的安装

1. 问题概述

由于设计未对悬挑管件做特殊固定处理，对不同材质管件的连接未做专门设

计,容易造成横向落水管脱落、有保温材料的落水管无明显征兆脱落、连接封堵不严造成漏水等问题。

2. 解决方案

（1）设计将横向及悬挑管件固定在结构上,避免使用不同材质管件的连接设计。

（2）严格按设计要求选择材料,按工艺要求进行施工。

（3）严格验收程序,认真做好闭水试验。

9.6　其　　他

9.6.1　商业开发占用空间比例的调整

1. 问题概述

大型站房受总批复面积限制影响,设计部门为将建筑面积控制在批复之内,对站房设计空间内部分能利用的空间未进行建筑结构设计,造成建筑体内空间浪费。同时,受经营观念影响,车站等客运部门对生产办公用房的需求遵循"宁多勿少"原则,致使站房内大多建筑面积是为车站、客运等生产办公使用,商用面积有限,造成资源浪费。随着铁路经营理念和方式的发展,对大型站房商业开发工作的要求越来越紧迫。

2. 解决方案

总体上,客站的商业开发应遵循综合性的原则。以兰州西站为例,采取以下商业开发措施。

（1）结构填土区改造。对原南北站房出站层站台墙以内填土区进行结构改造,增加商业面积 2640m²,并将改造增加的部分与原设备用房调整,把商业用房靠外侧,提高商业开发价值。

（2）高大空间的夹层利用。对北站房高架夹一层上增加夹二层,增加商业面积 3224m²。对南站房采取同样措施,增加 1620m²。将北站房夹一层中的办公用房调整至南站房夹二层,增加北站房夹层的商业开发价值。

（3）临广场面改造。将北站房靠近广场侧的商务贵宾厅变更为商业用房,增加面积 315m²。

（4）统筹客服与商业。将高架候车层东西夹层下方部分客服区变为商业区,增加 2650m²。

（5）城市通廊公共区域的利用。在出站层南北城市通廊两侧部分区域已预留商业强弱电及地暖等条件，将来会增加商业面积 $4283m^2$。

（6）预留发展空间。在高架候车层候车区域预留商业强弱电、地暖等条件，将来增加商业面积 $11000m^2$。

（7）广告开发。在墙、体、柱、扶梯部位预留了广告用电。

通过以上举措，释放了更多的房屋用于商业开发，为客站经营开发多作贡献。目前兰州西客站已使用的商业面积 $18600m^2$，较原设计增加了约 $11000m^2$。通过将预留条件的区域再挖掘，完善相关配套后会再增加 $20000m^2$。

9.6.2 隔振降噪

1. 问题概述

根据环保工作的新要求，正线承轨层、站台墙侧面的隔振降噪措施有时不满足环保要求，机车振动、噪声等造成声污染，影响旅客舒适度。

2. 解决方案

（1）在底渣与路基面之间设置隔振垫。

（2）在站台墙靠轨道侧设置火山岩复合降噪吸声板等材料。

（3）在轨道层上方顶棚、出站层顶部设置微孔无机吸声喷涂，如图 9-5 所示。

图 9-5　喷涂效果

9.6.3 动静态标志方案的调整

1. 问题概述

许多客站内的静态标志虽然设置较多，但杂乱无序，个别的还相互冲突，缺少简单有效的可辨认性，易误导旅客。静态标志在首次完成后存在缺陷，且不易整改。有的客站将动态标志大屏设在进站楼梯口位置,既影响高架候车层的整体空间,也易导致旅客拥堵。

2. 解决方案

(1) 简单易识。建设单位组织综合研究,在确保静态标志使用功能的情况下,适当调整设置位置和数量,确保容易辨认。

(2) 模拟测试。对静态标志先喷绘模拟,待运营一段时间、逐步完善后再正式施作。有的车站组织了由各类人员的验收,如路内职工、普通旅客、特殊旅客(老年人、小学生)等,验证静态标志的合理性。

(3) 优化调整。对标志大屏的位置重新研究优化,不得设置在进站楼梯口,有的改至候车大厅内,有的调整至站台层进站扶梯中间,如图 9-6 所示。

图 9-6　标志效果

9.6.4　安保要求

1. 问题概述

随着反恐防暴安保措施的不断提升,设备配置也不断加强,如实名制和高透视的安检仪,都是近两年提出的,原设计不能满足安保要求。安检仪的平面位置与客流量的设计以及流线相关,各省、市、区的要求有时也不同,调整起来很难有统一的标准。此外,安检仪的位置与商业开发需求也容易发生矛盾。

2. 解决方案

(1) 在安保过检的区域内多预留配线插口,以备随时调整。
(2) 安检仪与实名制设备的距离,根据旅客流量的实际情况进行设置。

9.6.5　站台上进站扶梯下空间的利用

1. 问题概述

由于设计阶段考虑不周,容易出现对进站扶梯下空间未能更好利用,造成空间浪费的问题。如果在开通后再利用,会造成废弃工程且无法满足保洁等用水需求。

2. 解决方案

（1）通过前期与车站客运、公安等部门深入对接，了解车站客运、公安部门工作性质和需求，利用站台进站扶梯下空间为车站、公安、保洁等值勤人员提供临时办公岗点，如图9-7所示。

图 9-7　临时办公点

（2）利用站台消防用水和站场股道间雨排水沟便利条件，解决保洁等用水和排水问题（非生活污水）。

9.6.6　站房直梯与扶梯钢结构梁的标高控制

1. 问题概述

站房直梯与扶梯钢结构梁施工中，由于直梯、扶梯厂家技术规格书中对其与结构及装修完成面中标高关系未作为技术要点明确，加上现场配合人员在前期未与结构设计深入对接，致使直梯、扶梯钢结构过高或过低，造成装修完成面与直梯、扶梯面出现高差。

2. 解决方案

（1）直梯、扶梯等设备招标工作要提前进行，以确保结构设计时直梯、扶梯结构安装标高能满足安装后与装修面在同一标高的要求。

（2）要求相关安装厂家提前进驻现场，加强现场沟通，对影响安装的部位提前与土建施工单位对接，明确各自标高关系，使结构施工准确无误。